Pesquisa humanista da alma

Dados Internacionais de Catalogação na Publicação (CIP)
(Câmara Brasileira do Livro, SP, Brasil)

Kerényi, Karl
    Pesquisa humanista da alma / Karl Kerényi ; tradução de Markus A. Hediger. – Petrópolis, RJ : Vozes, 2019.
    Título original : Humanistische Seelenforschung
    Bibliografia.
    ISBN 978-85-326-5899-9
    1. Alma 2. Grécia – Religião 3. Humanismo 4. Mitologia I. Título.

18-19019   CDD-292.08

Índices para catálogo sistemático:
1. Grécia antiga : Mitologia e religião   292.08

Cibele Maria Dias – Bibliotecária – CRB-8/9427

Karl Kerényi

Pesquisa Humanista da Alma

Tradução de Markus A. Hediger

EDITORA VOZES

Petrópolis

© 1966, 1996, Klett-Cotta – J.G. Cotta'sche Buchhandlung Nachfolger GmbH, Stuttgart

Título do original em alemão: *Humanistische Seelenforschung*

Direitos de publicação em língua portuguesa – Brasil:
2019, Editora Vozes Ltda.
Rua Frei Luís, 100
25689-900 Petrópolis, RJ
www.vozes.com.br
Brasil

Todos os direitos reservados. Nenhuma parte desta obra poderá ser reproduzida ou transmitida por qualquer forma e/ou quaisquer meios (eletrônico ou mecânico, incluindo fotocópia e gravação) ou arquivada em qualquer sistema ou banco de dados sem permissão escrita da editora.

CONSELHO EDITORIAL

Diretor
Gilberto Gonçalves Garcia

Editores
Aline dos Santos Carneiro
Edrian Josué Pasini
Marilac Loraine Oleniki
Welder Lancieri Marchini

Conselheiros
Francisco Morás
Ludovico Garmus
Teobaldo Heidemann
Volney J. Berkenbrock

Secretário executivo
João Batista Kreuch

Editoração: Fernando Sergio Olivetti da Rocha
Diagramação: Sheilandre Desenv. Gráfico
Revisão gráfica: Nilton Braz da Rocha / Nivaldo S. Menezes
Capa: Renan Rivero

ISBN 978-85-326-5899-9 (Brasil)
ISBN 978-3-608-91804-5 (Alemanha)

Editado conforme o novo acordo ortográfico.

Este livro foi composto e impresso pela Editora Vozes Ltda.

Sumário

Apresentação à edição brasileira, 7
   Gustavo Barcellos

Prefácio, 11

Pitágoras e Orfeu, 17

O nascimento de Helena, 53

A criança original, 70
   1 Crianças divinas, 70
   2 A criança órfã, 73
   3 Um deus dos vogules, 76
   4 Kullervo, 80
   5 Nārāyana, 89
   6 Apolo, 96
   7 Hermes, 103
   8 Zeus, 110
   9 Dionísio, 118

A festa egeia – Um estudo mitológico, 122

Mitologia e gnose, 155
   1 Sobre origem e fundação na mitologia, 155
   2 O conhecimento do caminho, 179

Aretusa – Sobre a forma humana e a ideia mitológica, 206

O mistério das cidades altas, 223

Estudos sobre labirintos – *Labyrinthos* como reflexo linear de uma ideia mitológica, 229
   1 Problema/mistério, 229
   2 Babilônia, 230

3 Morte/vida, 234
4 Ceram, Polinésia, Austrália, 238
5 Escandinávia, Inglaterra, Alemanha, 243
6 Idade Média/Virgílio, 249
7 Construção/caverna, 251
8 Dança, 255
9 Aprofundar-se/voar, 262
10 Infinito/imortal, 264
11 Ornamento/símbolo, 269
12 Normandos/romanos, 275

Do labirinto ao sirto – Reflexões sobre a dança grega, 280

O grande daimon *do Simpósio*, 294
1 Preliminares: o tema dos mistérios no Mênon, 294
2 Diotima, 298
3 A doutrina dos demônios, 300
4 O mistério, 303
5 O pano de fundo, 306

Mnemosine/Lesmosine – Sobre as fontes "memória" e "esquecimento", 314

A cosmogonia órfica e a origem do orfismo – Uma tentativa de reconstrução, 325

Homem e máscara, 342

Reflexões sobre a Pítia – Um fragmento, 359

Autoconfissões de Lívio, 364

Conceitos fundamentais e possibilidades futuras do humanismo – Uma carta aos humanistas jovens, 369

Louvor ao concreto – De uma carta a um amigo poeta alemão, 382

Fontes, 387

Índice de nomes e temas, 391

Apresentação à edição brasileira

Karl Kerényi (1897-1973) é um dos mais importantes mitólogos do século XX, participando da formação de diversas gerações de estudantes do mundo grego antigo e de psicólogos junguianos. Trabalhou com C.G. Jung e particpou intensamente do círculo de Eranos, tendo sido muito influente também na obra de James Hillman, de quem foi professor de Mitologia. (Hillman chegou a tomar aulas particulares com Kerényi.) Foi cofundador – e, durante muitos anos, diretor de pesquisas – do C.G. Jung Institute em Zurique, particpando da avaliação de candidatos a analista. Qualquer livro dele traduzido no Brasil, acredito, deve ser recebido com entusiasmo, tanto pela comunidade junguiana quanto pela dos estudos clássicos. Este livro de Kerényi, claro, não é exceção; é mais uma preciosidade do sábio húngaro.

Os textos são, na sua totalidade, muito importantes. São estudos em torno de diversos aspectos da cultura helenista feitos por um extraordinário filólogo, que muito ajudam na ampliação e na compreensão da mitologia de muitos povos e do mundo grego em especial, mas que também contêm observações de inegável caráter psicológico, tornando-os, assim como o próprio autor atesta no inspirado Prefácio, verdadeiros "estudos da alma". Isso faz com que muitos desses ensaios, para não falar no livro como um todo, possam interessar tanto a estudantes de literatura clássica, helenismo, psicologia profunda e mitologia quanto a profissionais de psicoterapia de linha junguiana, já, em boa parte, seus leitores.

Kerényi é bastante conhecido e aclamado pelos junguianos, que certamente estudam sua obra nos demais volumes que a Editora Vozes já publicou – entre eles, especialmente, *A mitologia dos gregos. Vol. I: A história dos deuses e dos homens* e *A mitologia dos gregos. Vol II: A histó-*

ria dos heróis –, talvez os volumes principais no que tange ao estudo da mitologia grega feita por Kerényi, e que representam sua contribuição de referência. Portanto, é certo que encontrarão aqui mais material de aprofundamento, pois o presente volume inicia-nos em aspectos específicos e muito instigantes dos estudos do mundo da Antiguidade helenística: o motivo arquetípico da criança divina, famosos estudos sobre os labirintos, sobre o *daimon* do Simpósio, sobre memória e esquecimento, a cosmologia órfica, as máscaras, o nascimento de Helena, mitologia e gnose, além de suas importantes considerações sobre o humanismo. Para uma formação em psicologia junguiana, esses estudos são uma obrigatoriedade.

Kerényi era húngaro. Viveu na Hungria até 1943, exilando-se então na Suíça, como um refugiado político, onde permaneceu até sua morte, em 1973, escapando da ameaça nazista de que invadiria o país em 1944. A vida de Kerényi, pela independência e originalidade de seu pensamento sobre mitos e humanismo, registra a façanha de tê-lo feito ser banido da comunidade intelectual e acadêmica húngara, tanto, num primeiro momento, pelos governos de direita pró-nazistas, quanto, logo mais tarde, pelas universidades comunistas húngaras do pós-guerra.

Kerényi é responsável pelo início de uma interpretação, por assim dizer, *científica* das figuras míticas gregas, alinhando-se profundamente com o pensamento arquetípico de Jung. De modo ainda mais enfático e mais compromissado com a ampliação psicológica da mitologia do que seu predecessor e professor, que tanto o influenciou, Walter Otto (que se declarava antipsicológico/antijunguiano, ainda que seu livro *Os deuses da Grécia* seja um dos primeiros estudos míticos repleto de um inequívoco toque de alma), publicou com Jung, em 1941, um volume que ficou bastante conhecido pela inovação, que recebeu o título de *Ensaios sobre uma ciência da mitologia*. Nele, reuniam-se trabalhos de ambos os pensadores sobre os mitos da Criança Divina e sobre Core; são estudos mitológicos de autoria de Kerényi, acompanhados dos comentários psicológicos de Jung. Naturalmente, por "ciência", aqui os dois homens entendiam as humanidades, como a história ou a antropologia, não o laboratório ou o jaleco branco.

Vivendo nas montanhas próximas de Ascona, até sua morte com 76 anos de idade, manteve-se subsidiado, como tantos outros acadêmicos de Eranos, pela Fundação Bollingen, e lá preparou e escreveu, além de conferências, aulas e seminários, uma obra bastante extensa, tendo publicado livros e ensaios definidores (ao menos para nós, junguianos) sobre figuras como Asclépio, Prometeu, Dioniso, Hermes, Atena, os Mistérios de Elêusis (Deméter/Perséfone), Zeus e Hera.

Como lembra o grande Charles Boer – ele mesmo um importante classicista e professor emérito de Literatura e Mitologia na Universidade de Connecticut (que conheci no círculo de Hillman nos anos de 1990) –, no Prefácio que escreveu para uma nova edição, da Spring Publications, de uma extraordinária monografia do mestre húngaro/suíço sobre *Hermes: guia das almas* (extraordinária talvez porque seja Hermes o espírito mais aparente nos caminhos de Kerényi, seu *daimon*), "um de seus métodos era não confiar nos textos apenas, mas ir aos sítios, sentir os invisíveis do lugar, olhar cuidadosamente as imagens. Por exemplo, certa vez Hillman lembrou-se dele dizendo que a forma de melhor compreendermos Dioniso era nos deitarmos debaixo de um vinhedo, num verão muito quente, e ver o calor cintilante libertar-se dos cachos maduros de uvas gordas". James Hillman é certamente o maior e melhor herdeiro dessa tradição de enxergar a alma da mitologia e a mitologia da alma. Tradição que está com você agora, leitor, que tem em mãos neste momento um livro seriíssimo de mitologia com a palavra *alma* na capa.

Gustavo Barcellos
Novembro/2018

Prefácio

A importância do fato de que a edição da minha obra completa pode ser iniciada com a minha participação não deve ser exagerada. Mesmo assim, pareceu-me importante que eu mesmo organizasse os volumes segundo uma ideia de natureza biográfica. Naturalmente, uma apresentação histórica seria possível também em uma única dimensão, na linha de uma sequência estritamente cronológica, ao modo dos anais. A isso corresponde, no campo da autobiografia, a forma do diário. No entanto, não consegui escrever nem mesmo meu diário, de tal modo que os fenômenos relacionados já existentes, que formam esferas conexas numa vida e também na história, não tivessem se imposto ou interferido. Menos ainda conseguiria escrever minha autobiografia senão na forma de relatos alternantes sobre aquilo que ocorreu logo nesta, logo naquela esfera.

O tempo de vida ocupa logo esta, logo aquela esfera, e assim se transforma em vida. Contemplado do ponto de vista do espírito, que se amplia nas diferentes esferas, isso ocorre de tal maneira que postos de observação espirituais são estabelecidos logo nesta, logo naquela esfera. Quando os abandonamos, podemos voltar para eles mais tarde e continuar sua construção. Em minhas obras, refletem-se esferas que se formaram diante dos meus olhos a partir de diferentes postos e que sempre me deixaram partir apenas para que eu ocupasse outro posto de observação. Disso resultou a ideia para a organização dos meus escritos. Desde o início, ela não segue estritamente a cronologia, mas permite que o esboço fundamental da vida transpareça.

Tratam de esferas da vida e, ao mesmo tempo, de esferas concretas da existência humana, do humano no sentido humanista, mas não mais completamente no antigo sentido humanista. A reflexão sobre o sentido humano da minha profissão, da filologia clássica, que representei na Hungria, um país com uma longa tradição humanista, em todos os níveis acadêmicos e pedagógicos, era uma esfera própria na minha vida. Essa reflexão se expressou já no início da década de 1930, na forma de discursos fundamentais acalorados na Associação Filológica de Budapeste, numa palestra romana em 1936 e, numa fase posterior, em 1945, na carta a humanistas jovens sobre "conceitos fundamentais e possibilidades futuras do humanismo", escrita já a partir de uma posição nova e que é publicada neste tomo. A palestra, realizada em 1957, sobre as perspectivas da ciência da Antiguidade clássica, encontrará seu lugar em outro volume.

O que provocava meu desagrado na representação tradicional da minha ciência em todos os lugares (não só na Hungria) e que me instigou à oposição era o ponto morto geral da pretensão de ser o mais alto grau de cientificidade – sem qualquer perspectiva sobre um desenvolvimento humanamente importante. Era o resultado de uma postura ambivalente em relação à matéria antiga, cujas possibilidades não esgotadas eram reprimidas. "Ciência do conhecimento irrelevante" – foi assim que um *literary gentleman* da Hungria, que estudou filologia clássica no início do século em Berlim, descreveu esse estado: uma crítica que deveria ter ressaltado ainda mais a falta de uma humanidade abrangente, interessada pela existência humana. A ciência oficial exigia apenas um interesse histórico pela matéria reduzida ao historicamente interessante e apontava apenas para a utilidade escolar daquilo que era preparado para o uso escolar. Pelo menos, reconheceu a necessidade de uma reaproximação à concepção humanista mais antiga após um período do historismo unilateral. Após a Primeira Guerra Mundial, pretendia construir um novo humanismo na base do pedagogicamente utilizável como aquilo que o helenismo e a Antiguidade *realmente* continham em termos historicamente interessantes.

No fundo, porém, o propósito continuava sendo uma domação, e assim seguia uma tradição solidificada: a domação de uma matéria perigosa, que abarcava também dimensões diferentes daquelas em que os historiadores e pedagogos costumavam se movimentar. Implicações humanas mais sérias, principalmente consequências de natureza religiosa, não podiam ser tocadas. "Humanismo", contanto que permanecesse na tradição dos humanistas do Renascimento, coincidia com o simples prazer de se ocupar com a existência antiga. "Filologia", contanto que proviesse de uma conquista da Reforma, da ocupação científica com a língua do Novo Testamento e fosse de origem teológica, assumia uma postura crítica em relação a toda sua matéria como tradição que, de forma alguma, era de natureza puramente científica: a superioridade da existência cristã ou moderna (em sua forma secularizada) deveria assim ser protegida perante a existência antiga. Por mais que uma pessoa se apaixonasse dentro dessa tradição pela matéria antiga, ela sempre assumia uma postura tão contrária quanto favorável a ela. Uma ambiguidade raramente admitida impedia a pesquisa e, mais cedo ou mais tarde, estava fadada a levar ao desinteresse humano, ao ponto morto.

Existe sobretudo uma dimensão como esfera a ser investigada da qual a filologia tradicional procurava manter a maior distância possível. Essa dimensão se transformou em um campo de pesquisa especial com a constituição de uma pesquisa medicinal da alma por volta da virada do século. Esta desenvolveu um método científico, a psicanálise, que, em implicação estrita, exige a presença física de um contemporâneo como analisando. Uma aplicação menos rígida, mas, por isso, também mais problemática foi provocada no espírito explorador de médicos psicólogos pelo fato de que a existência dessa dimensão é testificada por toda a literatura mundial em todos os tempos. A Antiguidade participa desse testemunho de forma poderosa. Mesmo assim, a filologia tradicional se viu no direito de se negar à aplicação de um método dos médicos, apesar de estes terem sido os pesquisadores mais significativos do seu tempo: o lugar de seu método não era a história do espírito.

A filologia pôde se esquivar da aplicação desse método e do modo de pensar que dele resultava, não, porém, de sua tarefa: a exploração de um campo que não pode ser ignorado em nenhuma literatura, arte e religião. Se o método adequado ainda faltava, ele podia ser criado com os sentidos abertos para tudo que diz respeito ao humano e com uma consciência aguda e honesta, que representa a origem de todo método científico. A "pesquisa filológica da alma" continha, no espírito histórico positivo do final do século XIX, uma obra que, logo após sua publicação em 1893, conquistou merecidamente o lugar como um dos livros mais apreciados da filologia tradicional: *Psique*, de Erwin Rohde, com o subtítulo: "O culto da alma e a fé na imortalidade entre os gregos". A obra delimitava o campo de forma tão restrita que o leitor pôde se sentir superior a ele e também assumir uma postura de total rejeição. O método filológico permitiu ater-se às concepções e aos atos que tinham a alma e suas vivências como seu *objeto*, obstruindo dessa forma o caminho para uma pesquisa que realmente merecesse ser chamada "pesquisa da alma".

Esse tipo de caminho só pode partir da suposição de que todas as afirmações sobre a alma – todas as concepções dela – são manifestações da própria alma – a não ser que já tenham sido desenvolvidas e transformadas em teorias, sofrendo um processamento especulativo. Mas mesmo nessas teorias se expressa, em última análise, a alma. Ela é, sobretudo, *não* objeto, mas um sujeito ativo que se expressa, que precisa ser levado em consideração. Assim, torna-se possível indicar o ponto de vista metódico da psicologia do profundo com todas as suas consequências. Independentemente da psicanálise, e instigado mais pelo poeta D.H. Lawrence, eu assumi esse ponto de vista e compreendi a própria alma como sujeito: Em 1934, num pequeno estudo sobre a "alma órfica", que, em 1937, se transformou em um estudo maior sobre "Pitágoras e Orfeu" – o primeiro ensaio deste volume. Seu centro é ocupado pelo ser humano com todas as suas possibilidades, de forma concreta como ser psíquico e físico, sim, muito físico, de forma humanista, mas justamente por isso já não mais completamente segundo a antiga concepção humanista, pois hoje conhecemos melhor essas possibilidades. Escolhi como título deste volume "Pesquisa humanista da alma" para caracterizar a direção nessa especificidade, sem saber que ela me reuniria com Carl Gustav Jung. Ela preservou essa especificidade também após o encontro com o grande médico e psicólogo. Originalmente, sua única intenção era – como também a do meu ensaio "Imortalidade e religião de Apolo", redigido apenas poucos meses antes de "A alma órfica" – meramente abrir uma brecha no muro que protegia a filologia clássica tradicional.

Meu objetivo não era a "pesquisa da alma", mas, desde "O nascimento de Helena" (1937), a pesquisa mitológica, que na época, estava entregue à degeneração dentro daqueles muros. O escrito teórico correspondente foi o ensaio "O que é mitologia?", de 1939. Um exemplo foi o estudo de 1940 "Sobre o mitologema da criança original", que – como modelo da "criança divina" – marcou o início de uma cooperação literária com C.G. Jung. Ele vem aqui em terceiro lugar. A primeira sentença: "Mitologia jamais é..." fala de um ponto de vista polêmico dentro da ciência da Antiguidade; a passagem "Um deus mansi", de aspectos referentes à pátria; "Kullervo", a criança original finlandesa, do inverno da guerra finlandesa – mas muito pouco do futuro, daquilo que ainda estava por vir na época, do encontro com Jung. Foi apenas através desse escrito que me conscientizei da medida em que a minha pesquisa mitológica é também "pesquisa da alma", em que medida ela o era já desde a "Alma órfica": jamais – nem mesmo depois em primeira linha – eu a pratiquei com a intenção de realizar uma "pesquisa da alma", mas sempre recorrendo apenas a uma dimensão ignorada. Desde então, tentei identificar essa dimensão na própria matéria antiga. Se o leitor me permitir que indique a minha direção num sentido geral, ela consistia sempre na aquisição e conquista de um número cada vez maior de dimensões, enquanto a ciência da Antiguidade se entregou ao domínio da tendência fatídica de se limitar a um número cada vez menor de dimensões: um empobrecimento involuntariamente falseante por meio da simplificação, que precisava ser combatido com uma imagem mais rica do ser humano perante os olhos.

Com este volume, retorno para um posto de observação que eu havia ocupado principalmente durante os quinze anos de 1937 a 1951 e me exercito, como pretendo fazer também nos próximos volumes, em comedimento. Não antecipo as fases do desenvolvimento dos meus pensamentos. Nem mesmo nós mesmos podemos sempre ter certeza se eles foram mais penetrantes e sustentáveis nos anos da juventude ou na idade já mais avançada. Quando fui capaz de formular os pensamentos mais antigos em seu sentido original de forma mais aguda e fundamentá-los melhor, eu o fiz e excluí o excesso infrutífero. Preservei a lealdade histórica ao processo intelectual que levou aos passos individuais, que os atravessa e os une. Talvez, nessa forma purificada, em seu contexto mais íntimo, que apenas agora se manifesta e do qual fazem parte o movimento e a flexibilidade, possam servir melhor como fundamento para uma compreensão correta do que em seu estado menos ordenado em decorrência das circunstâncias históricas.

O título original do volume era: "Tentativas de uma pesquisa humanista da alma". O título mais sucinto diz a mesma coisa. De algum modo, sempre ressalto o caráter experimental dos meus trabalhos desde o meu primeiro livro *O romance greco-oriental à luz da história da religião*, de 1927. Caso surgisse uma das minhas antigas obras ou contribuições para antologias após 1965 na forma de uma reimpressão, sem prefácio ou posfácio meu que informe ao leitor em que medida o conteúdo representa apenas um ponto mais antigo no desenvolvimento dos meus pensamentos referentes ao objeto e em que medida ele representa ainda o meu ponto de vista atual, tratar-se-ia de uma edição não autorizada e publicada contra a vontade do autor. Em cada um desses casos, peço que o leitor aguarde a publicação do volume correspondente das obras reunidas.

Ascona, primavera de 1966.
K.K.

Pitágoras e Orfeu

1

A figura de Pitágoras se apresenta ao historiógrafo atual da filosofia antiga como semelhante à figura de Orfeu em mais de um sentido. A própria Antiguidade clássica estabeleceu uma ligação entre os dois como proclamadores da mesma teoria: da teoria da passagem da alma imortal por todo tipo de corpos vivos neste mundo e por uma existência fantasmagórica que, no fim, se eleva ao divino no outro mundo. Como ocorreu no tempo arcaico o encontro das duas figuras – uma histórica: a de Pitágoras, e outra mítica: a de Orfeu – é uma pergunta cuja resposta científica dificilmente pode começar por outra via senão pela tentativa sincera de compreender as peculiaridades dos dois fenômenos e, destarte, separá-los e reuni-los ao mesmo tempo.

Pitágoras é um fenômeno homogêneo: *uomo e idea*, homem e ideia ao mesmo tempo, como os italianos entusiasmados o chamaram de um ponto de vista espiritual elevado[1]. Um fenômeno homogêneo é também Orfeu com tudo aquilo que seu mito proclama. Dois fenômenos significativos e importantes em si da história do espírito europeu, mas que parecem apresentar também uma semelhança decisiva no fato de que ambos não resistem à crítica da história da filosofia. Aparentemente, eles se dissolvem na mesma generalidade: na mencionada teoria da migração da alma, na fé na imortalidade de um misticismo primitivo.

A semelhança não se limita, portanto, ao conteúdo de uma teoria mística: ela se encontra também na mesma dificuldade de uma avaliação histórica.

---

[1] Centofant. Cf. ROSTAGNI, A. *Il verbo di Pitagora*. Turim, 1924, p. 2.

De certa forma, essa teoria absorveu a figura de Pitágoras e o igualou a Orfeu em seu papel e em sua importância histórico-filosóficos. Por outro lado, um positivismo exagerado deseja atribuir também ao cantor mítico uma existência histórica[2]. Naturalmente, uma suposição desse tipo está fadada a permanecer totalmente infrutífera: uma existência história meramente suposta se foge completamente à avaliação histórica. No entanto, vemos justamente por meio da comparação com essa figura verdadeiramente mítica com que violência a história crítica da filosofia é obrigada a operar quando ela tenta dissolver a personalidade histórica de Pitágoras no místico. Orfeu é e permanece mito, e *como mito* ele se oferece como ideia. Não "homem e ideia" precisamos dizer sobre ele, mas "figura mítica e ideia". Procurar sua origem em algum ponto diferente deste seria uma ocupação vã e desnecessária enquanto não surgir um testemunho histórico desconhecido em prol do Orfeu histórico.

No caso de Pitágoras, porém, a origem histórica da ideia não é irrelevante. *Ela mesma* é histórica: não é imagem, mas germe agora invisível de uma planta visível. Existem testemunhos do ser humano que pertence à "ideia" e que continua a viver nela: eles preservam sua memória em tom repreendedor ou adulador, combatem ou reverenciam o estudioso culto e o sábio que molda a vida humana. A história crítica da filosofia vinculou esse tipo de avaliações de Heráclito e Platão a menções igualmente antigas ou ainda mais antigas de sua teoria da migração da alma e procurou remetê-las exclusivamente a um conhecimento e a uma obra míticos: "Ele queria saber todas as coisas no céu e na terra" – assim falavam sobre Pitágoras –, "todo o futuro e todo o passado, revelar a cada ser humano a sua preexistência, informar todos os castigos e todas as recompensas no além"[3]. Nesse caso, avançamos apressadamente – assim me parece – dos testemunhos literários mais antigos para uma "ideia" de Pitágoras. Para uma ideia, porém, que não era sua nem de sua escola, dos primeiros pitagóricos, mas que corresponde a um mito da alma adotado.

---

[2] GUTHRIE, W.K.C. *Orpheus and Greek Religion*. Londres, 1935. Em Gnomon 15, 1939, p. 280s. ele ressalta o caráter hipotético dessa concepção.

[3] REINHARDT, K. *Parmenides und die Geschichte der griechischen Philosophie*. 2. ed. Frankfurt a. M., 1959, p. 233.

O mito da alma individual migradora, que aqui é pressuposto, pode, em sua forma universalmente conhecida, ser chamado um mito ocidental-oriental. Se hoje contarmos a um europeu criado na fé cristã algo sobre a doutrina da migração da alma dos indianos, ele a compreenderá sem qualquer dificuldade com seu próprio conceito de alma. Um ser especial, o "homem interior" em nós, portador da nossa responsabilidade moral, que, segundo a convicção cristã, é desligado de seu corpo e continua a existir no além, é então obrigado a renascer sempre de novo até ter pago por seus pecados. Na acepção cristã, é absolutamente inquestionável que cada ser humano possui esse tipo de alma, e basta aplicar um simples raciocínio puramente mecânico para estender essa qualidade a todos os seres vivos ou pelo menos aos animais. A ideia da justiça universal se funde com essa concepção clara e racional da alma no princípio da igualdade de todas as almas. É apenas com um peso no coração que nos rendemos a um pensamento tão aristocrata quanto o de Goethe: que nem todos os seres humanos seriam imortais da mesma forma e que apenas as grandes enteléquias – não, portanto, as almas, que são propriedade de todos – poderiam se manifestar na eternidade. "Não duvido da nossa subsistência" – assim declarou Goethe –, "pois a natureza precisa da entelequia. No entanto, não somos imortais da mesma forma, e para que possamos nos manifestar futuramente como grande entelequia, é preciso sê-la"[4].

Chamei de ocidental-oriental a teoria da migração da alma, concebida segundo o princípio da igualdade de todas as almas, pois, apesar de ser oriental, ela é imediatamente compreensível ao europeu no nível moral e racional. A crença de Goethe poderia ser contraposta a essa teoria como possibilidade de um mito oriental e aristocrático da alma. Precisamos, aqui, pelo menos mencionar esse tipo de possibilidade. Pois pressupomos como natural o mito ocidental-oriental também nos pitagóricos mais antigos e acreditamos até mesmo numa influência oriental sobre Pitágoras. A filosofia grega anterior a Heráclito e Parmênides é vista "como expressão helênica peculiar de ideias religioso-especulativas que, na época, permeavam todo o mundo oriental"[5].

---

[4] Entrevista com Eckermann, 01/09/1829.
[5] FRANK, E. *Plato und die sogenannten Pythagoreer*. Halle, 1923, p. 144.

Chama, porém, atenção o fato de que, mais ou menos ao mesmo tempo como a filosofia greco-arcaica, surgem Lao-Tsé e Confúcio na China. Não seria aqui a observação de um amadurecimento concomitante muito mais instrutivo do que a hipótese não comprovada de correntes? Não deveríamos antes concentrar-nos no aspecto peculiarmente helênico, antes de nos refugiarmos no mito da alma ocidental-oriental, antigo-moderno e generalizador, que ofusca qualquer peculiaridade?

Este estudo pretende compreender ambas as figuras, Pitágoras e Orfeu, em sua relação verdadeira por meio de seus próprios mitos ou teorias da alma. Procuro identificar, por meio de um processo de desvelamento cauteloso das ocorrências historicamente comprovadas, aquilo que, na época, entrou no mundo no sul da Itália e na grande Grécia dos séculos VI e V a.C.

2

Pitágoras era um homem do século VI, da era da *tyrannis* grega – mais precisamente, daquele tempo em que as camadas populares mais baixas do mundo mediterrâneo ocupado pelos gregos sob a liderança dos filhos rebeldes da nobreza dominante voltavam a florescer como "povo" e – naturalmente – há muito tempo como "helenos". Pitágoras era um espírito dominante, sobre cujo efeito sabemos muito mais do que sobre sua vida. A justificativa incerta de sua imigração da sua ilha natal Samos com a ascensão de Polícrates ao poder tem, no mínimo, o valor de um símbolo histórico: Pitágoras e o tirano como tipo de sua era significam contrastes reais e uma verdadeira rivalidade.

Na segunda metade do século, Pitágoras chegou à cidade grega Crotona no sul da Itália. Nenhum crítico das fontes históricas duvida que, aqui, ele fundou uma aliança aristocrática que dominava e dirigia o Estado. No entanto, partindo desse ponto, a história da filosofia e a pesquisa histórica avaliam de modo completamente diferente a atuação de Pitágoras. O historiador que hoje escreve a história da "Grande Grécia" no sul da Itália tende a remeter o crescimento surpreendente do poder de Crotona a partir do final do século VI, seu papel de liderança na primeira metade do século V, à aliança pitagórica e à propagação da escola pitagórica, ou seja, ao efeito do grande homem[6]. Essa interpretação é confirmada pelo fato de que a destruição e aniquilação da aliança pitagórica coincide com a democracia e a impotência política de Crotona na segunda metade do século V.

A história da filosofia registra uma ascensão surpreendente das ciências naturais e da matemática na mesma época, desde a atuação de Pitágoras. Trata-se, na história da ciência grega, pela primeira vez de uma autêntica pesquisa natural. Em seu centro está o interesse pela embriologia e as origens da vida humana. Um excelente conhecedor italiano da história do espírito da Grande Grécia reconhece aqui o fundamento da primazia da Itália no campo das ciências positivas[7]. Mas fundada por quem? A história crítica da filosofia nega, na área da ciência, qualquer efeito real de Pitágoras, mesmo que as fontes antigas vinculem seu nome de forma absolutamente natural com a matemática e testifiquem a diversidade de suas pesquisas.

O ceticismo se estende também ao catálogo dos pitagóricos preservado da Antiguidade tardia por causa de sua riqueza abundante. De fato, ele dá testemunho de uma vida espiritual incrivelmente ativa no tempo arcaico, sugere uma área de propagação excessiva para a escola pitagórica e declara pitagóricos também pensadores autônomos ou de outras vertentes, como, por exemplo, Parmênides. No entanto, não tem se levado em conta a cultura arcaica peculiar e rica do Ocidente grego. Já podemos considerar um grande avanço em relação à crítica exagerada quando ouvimos "que os 'chamados pitagóricos' posteriores, como Aristóteles os chama, estavam certos quando remetiam a Pitágoras as origens de seu tipo de ciência, que eles – ao contrário da 'meteorologia' iônica – chamavam simplesmente de *mathemata*, i.e., 'os estudos'"[8].

É muito saudável quando a nova moda de retratar Pitágoras como um tipo de pajé é refutada com a observação aguda: "Ela mesma não deve esperar uma refutação séria". O "milagreiro Pitágoras" era um queridinho da pesquisa da história da religião. A razão pela qual a história da filosofia é incapaz de al-

---

[6] GIANELLI, G. *La Magna Grecia da Pitagora a Pirro I*. Milão, 1928, p. 1ss.
[7] OLIVIERI, A. *Cività Greca nell'Italia meridionale*. Nápoles, 1931, p. 145.
[8] JÄGER. W. *Paideia I*. Berlim, 1934, p. 221.

cançar uma compreensão de Pitágoras que corresponda à realidade histórica e, sobretudo, histórico-cultural é que ela não consegue se libertar nem das lendas pitagóricas da Antiguidade tardia, nem das concepções modernas sobre videntes e milagreiros primitivos, nem do mito ocidental-oriental da alma.

Estamos longe de compreender todo o significado histórico-cultural do Ocidente grego. A compreensão correta para aquela "Grande Grécia" começa com sua inserção no contexto orgânico dos dois mundos concêntricos, cujo setor comum ela ocupa.

O círculo interior é o mundo itálico antigo. A grande unidade da antiga Itália começa a se desdobrar em sua realidade perante os nossos olhos. O século VI e a primeira metade do século V são o auge daquela antiga cultura itálica, que "se apoiara nas duas colunas fundamentais do helenismo e do principado etrusco"[9]. O itálico antigo não equivale simplesmente ao etrusco, tampouco simplesmente ao grego. Falava-se da grande influência da cultura da Grande Grécia sobre a essência etrusca do século VI[10]. O termo "influência", porém, não é uma expressão adequada. Trata-se da penetração de um mesmo mundo com elementos que nós conhecemos como gregos e cuja origem realmente é, em parte, grega. A semelhança que reconhecemos entre as descrições da famosa luxúria grega, da "vida sibarita", e nas imagens do viço etrusco é expressão da mesma forma interna, que se impõe vitoriosamente.

Se quisermos compreender essa forma em sua oposição à forma grega e à romana, que surgirá mais tarde, precisamos remeter ao outro e maior dos dois círculos concêntricos: ao mundo mediterrâneo antigo. Nesse caso, comprova-se a característica da antiga Itália segundo a qual ela se rendia à natureza mediterrânea antiga, "àquele mundo natural e mais antigo onde ela parecia adotar e se apropriar das formas gregas"[11]. Ao contrário da criação especificamente grega, do "reino do espírito", o que caracteriza a cultura mediterrânea antiga e, também, a cultura itálica antiga, é o "arraigamento na natureza, no devir e desvanecer, na morte e no submundo". Descrições

---

[9] ALTHEIM, F. *Epochen der römischen Geschichte I*. Frankfurt a. M., 1934, p. 155.
[10] CIACERI, E. *Studi Etruschi*, 3, 1929, p. 83ss.
[11] ALTHEIM, F. *Die Welt als Geschichte*, 3, 1937, p. 23.

itálicas de excursões ao Hades, desde as descrições órficas até Dante, cidades fúnebres etruscas e representações de demônios fazem parte desse mundo.

No século VI, o Ocidente grego estava prestes a se render completamente à cultura mediterrânea antiga, que, na época, se manifestava fortemente na emergência das camadas populares mais baixas. Desses impulsos testifica a emergência da prática de cultos orgíacos, que Eurípedes, com boas razões em relação aos cretenses – os verdadeiros portadores da natureza mediterrânea antiga –, considerava característica. A maior ilha do mundo itálico antigo preserva em si ainda por muito tempo bens culturais cretenses tão específicos quanto o culto de Êngio: uma cidade siciliana supostamente fundada pelos cretenses, onde eram criadas três mil vacas em torno do templo das deusas-mães[12]. Na Sicília, a antiga cultura mediterrânea se estende em termos de tempo e espaço até o círculo de atuação de Pitágoras. Se procurarmos exemplos para o modo de vida etrusco-mediterrânico, pensemos não só em Síbaris, mas também nas grandes cidades sicilianas. Em Acragas, que continua a florescer no século V, a vida não era menos "sibarítica", e a construção de túmulos (até mesmo para animais) era desmedida. É de importância simbólica que, segundo a lenda, seu tirano Fálaris encontrou a morte na luta contra Pitágoras. E é igualmente simbólico, mesmo que comprovado também historicamente, que Pitágoras incitou os cidadãos de Crotona a lutar contra Télis, o tirano de Síbaris, guerra esta que levou à destruição total da cidade exuberante.

Outro símbolo ajuda a compreender a situação de Pitágoras na história do mundo. Nosso continente recebeu seu nome de Europa, noiva de Zeus, que ele havia sequestrado na forma do deus-touro mediterrâneo. Simbólico é o fato de que a nossa Europa é vinculada à Creta antiga por meio do mito grego. A natureza europeia é determinada em suas origens por uma relação profunda com a antiga cultura mediterrânea. A relação é ambígua: É positiva e negativa, representa, ao mesmo tempo, uma adaptação e um distanciamento: um conflito do qual surgia com frequência algo essencialmente novo. A novidade mais extraordinária e europeia foi a religião homérica. Como outro

---

[12] BAYET, J. *La Sicile grecque*. Paris, 1930, p. 48.

evento desse mesmo conflito foi a religião de Deméter. Pitágoras mantinha relações com ambas e, por sua parte e em contato imediato com o mundo itálico antigo, deu continuação àquele conflito do qual surgiu novamente algo novo no fenômeno da escola pitagórica: ao lado da religião homérica e de Deméter, uma terceira visão do mundo europeia, fraternalmente vinculada àquelas.

3

A associação peculiar de Pitágoras com uma grande deidade da religião homérica, com Apolo, faz parte do núcleo da tradição. A lenda, que o transforma em um filho do deus pítico, é apenas uma forma amenizada de uma sentença de fé, que o catecismo dos pitagóricos[13] continha nesta versão: "Quem é Pitágoras?" "O Apolo hiperbóreo." Coloca-se ao lado desta outra sentença de fé, que nos é transmitida por Aristóteles explicitamente como doutrina secreta dos pitagóricos: "Os seres dotados de razão são três: Deus, o ser humano e o tipo de Pitágoras". Caso as duas sentenças não se anulem como contraditórias, elas significam que, segundo a fé pitagórica, existiam dois tipos de seres humanos: pessoas como Pitágoras, que são deuses entre os humanos, e os mortais comuns. Só isso já se opõe ao conhecido mito ocidental-oriental da alma. E visto que o desenvolvimento posterior por meio dos mitos da alma de Platão levou também na Grécia ao princípio da igualdade de todas as almas, a fé pitagórica precisa, necessariamente, ser a mais antiga.

Mas ela não estaria em oposição à religião homérica? Descobrimos que a fé pitagórica se apoia conscientemente em Homero, recorrendo ao próprio Homero para expressar aqui o mais difícil e misterioso.

Segundo a lenda, Pitágoras possuía o dom de se lembrar de nascimentos antecedentes. A lenda cita toda uma série de pré-nascimentos: uma invenção tardia, que pressupõe um interesse completamente diferente do que a fé pitagórica mais antiga. Trata-se do interesse pela migração das almas, um processo assombroso guiado por Hermes. Por isso, Pitágoras precisa – na figura de Etalides – tornar-se filho de Hermes. A fé pitagórica autêntica não

---

[13] DELATTE, A. *Études sur la litt. Pythagoricienne.* Paris, 1915, p. 271 e 16.

gostava dos fantasmas herméticos, era apolíneo. Luciano o reproduz numa paródia, mas numa forma que exclui aquela invenção tardia[14]. Ele só tem conhecimento de um único nascimento anterior: da identidade de Pitágoras com o Euforbo troiano. A identidade, e apenas a identidade, é confirmada também por Calímaco, de modo que vemos: Euforbo era, na verdade, já Pitágoras (Fr. 191).

Isso é importante na narrativa: por meio da identidade com Euforbo, Pitágoras consegue se aproximar muito de Apolo. Não só porque Euforbo era filho de Panto, sacerdote de Apolo![15] Pois quem venceu Pátroclo no 16º canto da Ilíada? Teria sido Heitor? Ele acreditava que sim. O moribundo, porém, lhe diz palavras tão estranhas (849): "A Moira assassina e o filho de Leto me mataram, dos homens, porém, Euforbo: Tu és apenas o terceiro". Juntamente com Apolo, Euforbo matou Pátroclo. Homero narra como o deus tornou sua vítima indefesa no momento em que a lança do homem o acertou. A contagem, que supõe que Moira, Apolo e Euforbo tenham sido apenas dois, traz a associação sugestiva para alguém que se vê em uma relação misteriosa com Apolo. Dos três que eram apenas dois: Quais dois eram um? Se alguém quisesse dizer: Eu, talvez, sou Apolo, este poderia designar-se homericamente de "Euforbo".

"Entre os deuses, Apolo – entre os homens, Euforbo" resulta no sentido da narrativa segundo a qual Pitágoras já teria existido uma vez como aquele herói da Frígia. Todo o resto – que Pitágoras teria reconhecido o escudo de Euforbo no Heraião de Argos – nada mais é do que aparato de autenticação da poesia lendária posterior. Conseguimos chegar a algo mais antigo e primordial do que a fé registrada no catecismo pitagórico. Quem se expressou de modo homérico possuía uma religião apolínea muito peculiar. Só pode ter sido Pitágoras ou um seguidor da mesma religião que lhe era muito próximo. O modo homérico de se expressar seria nada menos do que surpreendente em Pitágoras, um filósofo do século VI. A lenda o insere numa relação de aluno com os homéricos de Samos. No entanto, nossos recursos científicos

---

[14] *Alectryo*, p. 16s.
[15] ROHDE, E. *Psyche II*. Tübingen, 1921, p. 418.

não nos permitem decidir a pergunta se, por trás da narrativa lendária, se esconde uma afirmação real de Pitágoras. A possibilidade não pode ser negada. É provável que a identidade significativa com o Euforbo homérico, com esse símbolo do apolíneo no ser humano, tenha sido sugerida originalmente e de modo enigmático por uma história de pré-nascimento.

O que nos interessa mais, porém, é aquela religião de Apolo que reconheceu em Pitágoras o seu deus e, por meio dele, vislumbrou aquilo que é apolíneo. Se ela se fundamentava numa confissão do filósofo ou se registrou o essencial de sua atuação em forma artística por impulso próprio: deparamo-nos com a ideia de Pitágoras primeiramente nessa religião.

4

A novidade da religião pitagórica de Apolo é que ela aparenta ter uma relação com a alma e com o mito da alma que ela não teve em sua forma homérica. A migração das almas permitiu a encarnação de Apolo em Pitágoras. Mas essa migração divina pode realmente ser compreendida como migração de almas? Aquilo que reconhecíamos dela parece condizer mais com a fé de Goethe do que com o princípio da igualdade de todas as almas. Quando a isso contrapomos os testemunhos mais antigos da fé pitagórica na migração das almas, a contradição se apresenta como menor do que se esperaria segundo a concepção geral.

Já foi observado que o famoso mito da migração das almas não foi atribuído aos pitagóricos antes do século I a.C.[16] Aristóteles se limita a dizer: "Segundo o mito dos pitagóricos, uma alma qualquer entra em um corpo qualquer". Isso não pressupõe necessariamente o *status* e a origem divina de *todas* as almas. É uma coisa quando, com a alma, um ser divino entra no corpo, e outra quando, por meio de uma substância, chamada de "alma" (ψυχή) – que, em grego, significa também "vida" – o corpo é simplesmente animado. Cada ser vivo (ζῷον) possui "alma" no sentido de "vida" (ζωή). Graças a essa

---

[16] RATHMANN, G. *Quaest* – Pythagoreae Orphicae Empedocleae. Halle, 1933, p. 10 [Dissertação de mestrado]. As citações seguem DIELS, H. *Die Fragmente der Vorsokratiker*. 5. ed. Berlim, 1934.

identidade de significado, qualquer um, mesmo sem um conhecimento mais aprofundado da teoria da alma de Pitágoras, podia formar um conceito geral dela e distorcê-la. Evidentemente, foi o que fez Xenófanes quando – não sem uma dose de maldade – narrou a anedota (Fr. 7) segundo a qual Pitágoras teria reconhecido a alma de seu amigo falecido no uivo de um cão que acabara de levar uma surra. Íon de Quios – contanto que os versos (Fr. 4) atribuídos a ele sejam autênticos – fala em outro sentido quando diz a respeito de um grande indivíduo, Ferécides, o suposto mestre de Pitágoras: "Assim, ele, caracterizado por um senso heroico e respeito, tem também após sua morte uma vida feliz para a sua alma, se é que Pitágoras, o sábio, realmente obteve conhecimentos sobre todos os seres humanos". O *emprego* da palavra "alma" nessa oração não é necessariamente pitagórico.

Empédocles, o poeta e filósofo de Agrigento, uma personalidade impressionante do Ocidente grego no século V, é tido como testemunha certa para a fé segundo a qual cada corpo abriga um ser divino caído. Ele está incluído no catálogo dos pitagóricos. A tradição o acusa de furto intelectual. Em suas poesias ele teria publicado doutrinas pitagóricas secretas e teria sido excluído da comunidade. Não é fácil duvidar de que, por meio desse tipo de narrativas, é testificado um tipo de concordância entre teorias de Pitágoras e Empédocles. O próprio Empédocles elogia Pitágoras numa forma que, mais tarde, é acatada por Lucrécio, para, de modo semelhante, confessar-se seguidor de Epicuro. As poesias educativas do poeta de Agrigento, por sua vez, parecem revelar uma mudança na postura do poeta em relação ao público. Os explicadores perceberam a mudança do ponto de vista nos textos e deduziram uma conversão religiosa de Empédocles entre as duas poesias[17] ou, supondo uma sequência diferente das obras, uma *counterconversion* para a ciência[18]. A opinião segundo a qual teria ocorrido uma mudança de ponto de vista mantendo-se, simultaneamente, a mesma visão do mundo[19] não

---

[17] DIELS, H. *Über die Geschichte des Empedokles*. Sitz.-Ber. Preuss. Akad. Wiss., 31, 1898, p. 396-415. • WILAMOWITZ-MOELLENDORF, U. *Kl. Schr.* 1. Berlim, 1935, p. 473-521.

[18] BIDEZ, J. *La biographie d'Empédocle*. Gand, 1894, p. 159. • KRANZ, W. *Hermes*, 70, 1935, III.

[19] NESTLE, W. *Philologus*, 65, 1906, p. 555.

pôde ser alcançada, pois pressupunham sem qualquer reflexão o princípio da igualdade de todas as almas também em Empédocles.

Uma avaliação mais baixa do ser humano é a visão fundamental em ambas as poesias; tanto naquela sobre a natureza quanto naquela sobre as expiações. Essa avaliação é ainda mais baixa sempre que a poesia e a filosofia gregas contrapõem a existência humana à divina, a ignorância mortal ao verdadeiro conhecimento sobre-humano. Os seres humanos não são apenas incapazes, são também indignos de saber mais do que lhes "é permitido". São chamados de "seres de um só dia", termo este que Píndaro tornou inesquecível como expressão de sua visão apolínea do mundo[20]. Empédocles pretende expor da natureza apenas "tanto quanto é permitido saber a um ser de um só dia" (Fr. 2). Nessa poesia científica ele cita como musa a Eusébia, a piedade (Fr. 4), não a Aleteia, o "inoculto", como poderíamos definir a deusa de Parmênides[21]. Já nas primeiras palavras, a natureza humana é profundamente rebaixada. O ponto de vista do poeta é claramente designado nesse poema: Seu jovem amigo, o qual ele instrui, deve "conhecer apenas até onde o conhecimento moral se eleva" (Fr. 2) – "não mais" – ele repete – "do que é sagrado" (Fr. 4).

Da forma mais nítida possível manifesta-se aqui a divisão pitagórica. De um lado, a doutrina exotérica para os excluídos, que desejam aprender; do outro, uma doutrina esotérica, que, por ora, ainda lhes é privada. Aqui acusmáticos que precisam ser instruídos, ali compartilhadores de uma sabedoria superior, dos quais o jovem amigo de Empédocles não faz parte. E – o que é ainda mais importante – o motivo da divisão também é informado: a avaliação da raça humana. Esse motivo é explicitamente declarado na poesia sobre as expiações. Sem contradição, junta-se ao anterior o acréscimo: Adota-se o ponto de vista da Aleteia, da verdade esotérica e desvelada (Fr. 114). Nenhuma novidade fundamental, no máximo a postura do poeta em relação ao público – caso os amigos de Agrigento, aos quais se dirige a orgulhosa doutrina aberta, não tenham sido originalmente uma sociedade fechada, uma verdadeira aliança aristocrática de pitagóricos. Nossa tarefa não é construir

---

[20] Cf. *Werkausgabe*, IV, p. 134.
[21] RIEZLER, K. *Parmenides*. Frankfurt a. M., 1934, p. 47, segundo Martin Heidegger.

história, mas compreender uma ideia que se revela nas poesias de Empédocles. Ela é, sem qualquer dúvida, a ideia pitagórica.

Podemos deixar em aberto em que medida o agrigentino milagreiro pretendia ser um segundo Pitágoras em sua aparência e conduta de vida. Mas quando ele se imagina deus na poesia sobre as expiações – afinal de contas, foi também um "deus" que apresentou as instruções sobre a natureza (Fr. 23) – nos deparamos frontalmente com a ideia pitagórica da divisão da humanidade: existem seres humanos, e existem "aqueles como Pitágoras". Ver-se elevado muito acima dos mortais, que estão fadados a múltiplas ruínas, é consequência de descendência divina. Foi destacado corretamente que Empédocles jamais fala de migração de almas, mas sempre do destino do *daemon*. O equívoco fundamental dos antigos explicadores de Empédocles, porém, permanece inabalado também nos mais recentes. Acredita-se que, no fundo, o filósofo apresenta sim uma teoria da migração das almas segundo o princípio da igualdade de todas as almas, só que, em vez de falar de "alma", ele fala de algo divino, do *daemon*, que habita todos os seres vivos sem distinção.

Nas obras que conhecemos de Empédocles não encontramos nada disso. O que ele diz sobre si mesmo e homens como ele é até contrário a uma doutrina da igualdade. Segundo ele, residem entre os seres vivos, em invólucro humano, animal e vegetal, seres divinos caídos. Ele também é esse tipo de *daemon*. Como se lembra, ele já foi garoto e menina, arbusto, ave e peixe – provavelmente um golfinho, o animal apolíneo do mar[22]. "*Daimones*" se destacam em cada reino dos seres vivos como forma de aparência mais nobre. "Entre os animais, tornam-se leões que habitam as montanhas e dormem no chão, mas louro entre as lindas árvores folhosas" (louro, a planta apolínea!) – assim diz um fragmento da poesia sobre as expiações (Fr. 127). A Antiguidade tardia e a insensatez moderna aplicavam isso a todos os seres humanos. Quando Empédocles passa a falar do destino futuro e melhor, ele também se refere apenas a uma classe distinta: "No fim, tornam-se videntes e cantores, e médicos e príncipes para o ser humano terreno, do qual eles nascem como

---

[22] Fr. 117. WILAMOWITZ. Op. cit. (anotação 17), p. 486.

deuses, os mais ricos em honras" (Fr. 146). Tampouco pode-se deduzir que, no fim, todos os seres humanos se transformarão em deuses, nem mesmo que, em algum momento, todos os imortais teriam sido mortais. Aqueles distintos compartilham "da matilha e da mesa dos outros imortais, são isentos dos sofrimentos humanos e indestrutíveis" (Fr. 147). Empédocles se considera um desses seres elevados acima da mortalidade comum e, aparentemente, também o Pitágoras, quando afirma sobre ele: "Havia, porém, entre aqueles um homem de conhecimento extraordinário, que verdadeiramente adquiriu a maior riqueza de espírito e que mais dominava obras inteligentes das mais variadas. Pois quando se esticava com todas as suas forças espirituais, facilmente contemplava cada uma de todas as coisas num período de dez e até mesmo vinte vidas humanas" (Fr. 129) – notamos que ele não fala em "lembrar-se", mas em "ver".

As palavras "quando se esticava com todas as suas forças espirituais" se referem a uma forma determinada da existência divina e designam o modo como Pitágoras partilhava dela: descrevem a revelação apolínea que nele se realiza. Empédocles havia escrito um hino a Apolo, que, mais tarde, foi destruído por sua irmã ou filha: assim nos conta a tradição. Conhecemos sua teoria sobre os deuses, que, segundo a tradição, estava exposta em sua poesia sobre a natureza. A afirmação de que essa "boa doutrina" – assim ele a descreve explicitamente (Fr. 131) – se ocupava sobretudo com Apolo era uma suposição crível. Apolo é o deus sobre o qual Empédocles ensina que ele seria a própria "força do espírito sagrada" (φρὴν ἱερή), inconcebível em forma concreta e representada incorretamente[23]. Se Pitágoras teve não só conhecimentos humanos comuns, ele se elevou àquela "força espiritual", à forma de existência que consiste na capacidade de "percorrer o mundo inteiro com pensamentos rápidos".

A ideia pitagórica do próprio Pitágoras, de deus, do ser humano e da "natureza de Pitágoras" em lugar algum pode ser compreendida de forma tão nítida quanto em Empédocles, seu adepto e – como creio poder dizer – seu seguidor consciente no Agrigento do século V! Ele proclamava uma migração

---

[23] Fr. 134. Cf. HORNA, C. *Wiener Studien*, 48, 1930, p. 5s.

de *daemones*, i.e., de deuses, que não é uma migração de almas no sentido ocidental-oriental posterior. Poderíamos chamá-la uma "metempsicose". A palavra grega μετεμψύχωσις pode, em sua interpretação estritamente linguística, significar apenas o renascimento *em uma nova alma*. Se supormos que *empsychoun, empsychosis* é usado para a animação no sentido do avivamento do corpo, outro significado gramaticalmente possível seria o avivamento do mesmo corpo por meio de uma alma nova. *Metempsychosis*, porém, jamais se refere a isso. A entrada de uma alma no corpo se chama – do ponto de vista da alma – *ensomatosis*, "incorpação"; a entrada em outro corpo, *metensomatosis, transcorporatio*[24]. Supostamente, Pitágoras teria dito *palingenesia*, "renascimento", não *metempsychosis*[25]. Essa palavra só ocorre em fontes tardias, mas quando surgiu expressava com precisão a reentrada de um ser divino num corpo humano: o ser superior não entrava diretamente no corpo, mas na *psyche*, por meio da qual o corpo era animado. A precondição para esse tipo de diferenciação era a natureza diferenciada da própria doutrina pitagórica da alma.

O que Píndaro nos informa sobre a "crença na migração das almas" dos nobres agrigentinos da mesma época condiz, em princípio, com a visão do mundo altamente aristocrática acima exposta. Ela jamais fala dos muitos ou de todos, mas apenas daqueles que, nesta vida, são reis, atletas nobres ou sábios e que, na próxima vida, podem chegar às velhas ilhas dos bem-aventurados, o lugar dos heróis parentes dos deuses, de Cadmo, Peleu e Aquiles[26]. Não podemos nem mesmo afirmar seguramente que aquela "imagem da vida", da qual Píndaro falava em um treno, competia a todo ser humano. "Ela dorme com membros ativos" – lemos sobre ele (Fr. 116); no entanto, revela no sonho a decisão vindoura entre o bom e o ruim. É o portador do dom especial dos videntes. Será que, nessa poesia, Píndaro estende o privilégio aristocrático ao *daimon* caído para os iniciados nos mistérios de todas as classes? O fragmento não nos fornece uma resposta. O desenvolvimento democrático levava em

---

[24] STETTNER, W. *Die Seelenwanderung bei den Griechen und Römern*. Stuttgart, 1934, p. 5.
[25] *Servius in Verg. Aen.*, 3. 68.
[26] Fr. 127. Bowra e Ol. 2.

todos os lugares para a igualdade de todas as almas. O aristocrata Píndaro, porém, é uma testemunha ruim para isso.

Por outro lado: Encontrar o pensamento pitagórico em relação íntima com a aristocracia greco-arcaica e em oposição à democracia emergente corresponde tanto às circunstâncias gregas reais como à situação histórica global, que determinava essencialmente a escola pitagórica. A tradição preservou uma acusação supostamente feita pelo partido democrático em Crotona contra os pitagóricos. Sendo ela histórica ou não nessa forma, ela resume de modo epigramático a essência da posição política e visionária da escola pitagórica. Diziam que uma sentença secreta dos pitagóricos ensinava: "Venere os amigos" – i.e., os pitagóricos – "como deuses, trate o restante como animais". Os versos pitagóricos teriam ensinado: Aos olhos de Pitágoras os seus camaradas eram como deuses; os outros eram nada[27].

5

Qual teria sido a contribuição própria e livre de Empédocles é uma pergunta justa, visto que, de resto, ele parece se identificar tanto com o pensamento pitagórico. Por mais sucinta que a nossa resposta precise ser aqui, ela completa a imagem da escola pitagórica com mais um traço essencial e nos permite fazer a transição para a teoria da alma pitagórica.

O aspecto verdadeiramente empedocleano era sua explicação da natureza. A livre-ocupação com a natureza fazia parte da essência do pitagorismo. Era, ao mesmo tempo, a ocupação livre com aquele mundo mais antigo arraigado na natureza que, na época, sob formas democráticas ou tirânicas, voltava a se impor, e com sua visão natural do mundo. O pitagorismo se posiciona na linha de separação e unificação de dois mundos: um mundo puramente espiritual e um mundo essencialmente físico até mesmo na alma. Na ideia, participa de ambos, em correspondência exata com sua situação histórica na fronteira entre helenismo nobre e o antigo espírito mediterrâneo itálico-siciliano. A tripartição pitagórica dos seres dotados de razão é

---

[27] IAMBL. *De vita Pyth.*, p. 159.

espiritual e nobre ao mesmo tempo. A separação com ênfase aristocrática dos portadores da força espiritual é necessariamente complementada por uma concepção homogênea, igualmente ressaltada, de todos os outros. O fundamento amplo que abarca *todos* os seres vivos em si mesmo pertence à ideia da mesma concepção aristocrática do mundo. E nesse amplo quadro do "vivo", a sentença fundamental da igualdade das almas de todos já vale como igualdade de vida de todos.

Quando, em nossos textos, Empédocles diz "alma" (Fr. 138), ele compreende a "vida", como, semelhantemente, o poeta de comédias siciliano Epicarmo, que apresenta uma proximidade muito grande, tanto temporal quanto em sua formação espiritual, ao antigo pitagorismo[28]. Já não podemos mais recuperar a teoria das almas do próprio Pitágoras. Mas as antigas opiniões pitagóricas sobre a alma que conhecemos, parece-nos característico dos pitagóricos: A "teoria das almas" é, para eles, "teoria da vida" no sentido da palavra moderna "biologia"; e "animação", uma realidade como "avivamento". A teoria pitagórica da alma abarca em si uma ocupação científica séria e livre com o mundo animado dos corpos, é essencialmente ciência natural. Nela parte o estudo daquela situação que Pitágoras – assim precisamos crer – ocupava de modo tão exemplar; no fundo, o *seu* estudo é continuado por seus alunos: um estudo do mundo de vivência físico e, ao mesmo tempo, do antigo mundo mediterrâneo voltado para o corpo. Assim mergulhamos com a contemplação da teoria da alma pitagórica na atmosfera do corpo: da pesquisa natural e – como veremos isso mais tarde – de uma religião primordial.

Pitagórico não é a espiritualização do mundo físico por meio de um conceito metafísico da alma, adotado como algo dado e pronto de uma religião (mesmo que primitiva). E a religião homérica também não servia para oferecer esse tipo de conceito de alma[29]. Pitagórico é isto: ver o corpo animado como uma entidade viva dada e pronta, cujo mistério, designado com a mesma palavra "alma" e "vida", deve ser investigado. Por isso, a alma pitagórica desaparece, por um lado, completamente no corpo, e por isso se revelam

---

[28] ROSTAGNI. Op. cit. (anotação 1), p. 7ss.
[29] BÖHME, J. *Die Seele und das Ich im homerischen Epos*. Leipzig, 1929.

ao pesquisador pitagórico, por outro, em cada expressão da vida forças especiais, que podem ser compreendidas como partes da alma atribuídas a diferentes partes do corpo. Um problema principal da teoria da alma e da pesquisa natural pitagóricas – i.e., ambas como uma única ciência – é a distribuição desse conceito de alma tão amplo no corpo.

Uma solução para o problema é sugerida por Filolao, um líder da segunda geração dos pitagóricos: "A cabeça pertence à razão (νοοῦ); o coração, à alma (ψυχᾶς) e ao sentimento; o umbigo, ao arraigamento e ao crescimento do embrião (τοῦ πρώτου); o membro sexual, ao lançamento das sementes e à geração". Portanto, significam para Filolao "o cérebro o princípio do ser humano, o coração o do animal, o umbigo o da planta, o membro sexual o de todos, pois tudo floresce e cresce a partir da semente (Fr. 13)". Uma solução mais tardia, mas essencialmente ainda veteropitagórica é esta: A alma humana possui três partes: a razão (νοῦς), as forças espirituais (φρένες) e aquele *thymós*, que, em Platão, é considerado a parte animal nobre da alma. O lugar do princípio da alma se estenderia desde o coração até o cérebro. O *thymós* residiria no coração, *Nus* e *Phrenes* no cérebro. "Razão" e *thymós* seriam próprios de cada ser vivo; as "forças espirituais", apenas ao ser humano[30]. Não podemos, aqui, falar sobre o parentesco entre essa teoria da alma e a teoria da alma platônica no *Timeu*. Característica típica da concepção pitagórica da alma é aquele traço que remete aos tempos mais antigos da escola e se manifesta num fragmento de Epicarmo. O que chama atenção na fonte posterior é que a "razão" – o *Nus* como parte líder da alma atribuída ao cérebro – é própria a todos os seres vivos. Epicarmo a chama de *gnoma* e apela à sabedoria da galinha, que choca a sua cria e assim lhes dá "vida" (Fr. 4). Assim, o ser humano e o animal se tornam muito próximos, a igualdade dos seres vivos – contanto que não sejam seres vivos do tipo de Pitágoras – é iluminada também desse lado.

Ambas as soluções, tanto a de Filolao quanto a posterior, pressupõem igualmente as pesquisas científicas de um colega mais jovem de Pitágoras, do

---

[30] ALEX. *Polyhistor em Diog. Laert.*, 8.30. Cf. WELLMANN, M. *Hermes*, 54, 1919, p. 225.

médico Alcmeão de Crotona. Segundo o catequismo dos pitagóricos, o mais sábio é o número; entre os seres humanos, porém, a ciência dos médicos. Não foram apresentados argumentos convincentes contra a afirmação de que as pesquisas de Alcmeão teriam complementado a ciência de Pitágoras segundo esse princípio. Suas pesquisas e seus resultados brilhantes, a descoberta científica do cérebro, a descoberta basicamente correta de seu papel na vida do corpo animado, se fundamentavam na ideia pitagórica da alma. Para entendermos completamente essa ideia precisamos contemplar rapidamente os dois outros problemas principais da teoria da alma pitagórica. Eles foram instigados pela mesma ideia, instigados também pelas pesquisas embriológicas, cujo fundador também foi Alcmeão.

Uma ideia da alma, que, para nós seres humanos modernos, pode ser descrita mais facilmente como o "mistério de toda vida", não foi razão e incentivo apenas para pesquisas de natureza fisiológica e topográfico-anatômica. Perguntava-se coerentemente pelo "o quê" que era procurado e pelo momento em que ocorria o ser vivo. O "o quê" designa o problema da substância da alma; o momento é uma questão embriológica. Ao pitagorismo de Alcmeão corresponde o fato de que encontramos nele ambos os problemas. E é característico da situação veteropitagórica original que esses dois: a compreensão puramente espiritual de algo eterno, o princípio da vida, e o aprofundamento no corpo, andam juntos, se complementam e, no lugar do problema da imortalidade – que é apenas platônico – formam um problema científico orientado pelo aquém, que reúne em si os dois mencionados: o problema da psicogonia.

A suposição de uma substância da alma voltada para o além e hostil à vida era contrária à ideia pitagórica. Acima da vida e além da morte estavam os deuses, os números. Para o pitagórico, a substância da alma era princípio da vida, e ele avaliava a vida concomitantemente como algo inferior e superior. Inferior, porque sua religião apolínea a contrapunha de modo ainda mais destacado do que a religião homérica ao ser eterno e indolor dos deuses. Mais inferior ainda, porque era, para ele, a vida de todos, até mesmo dos animais. De forma igualmente natural, porém, ele tinha a vida em alta estima, pois não conseguia negar o ser à substância da alma, que era o princípio da vida. Não era o ser vivo individual, mas a parcela de vida indestrutível nele que era uma realidade eterna, semelhante aos próprios deuses.

Alcmeão encontrou a semelhança no movimento eterno, um atributo dos astros divinos. Seu melhor explicador moderno supõe, corretamente, creio eu, que ele via o astro como algo essencialmente móvel e, por isso, reconhecia nele o princípio da vida[31]. O esperma era, segundo ele, uma gota do cérebro, e a formação do embrião começava na cabeça. O movimento da alma continuava, portanto, nos filhos, e não só como movimento em si, mas como progressão numa via. Se o movimento retornasse para si mesmo, como o movimento dos astros, então também os seres individuais movidos, i.e., animados – não só a alma como vida comum a todos – seriam eternos. "Os seres humanos", disse Alcmeão, "perecem porque são incapazes de atar o início ao fim" (Fr. 2).

A pesquisa psicogônica dos pitagóricos manifesta em Alcmeão suas duas direções. Ela se orienta ao mesmo tempo pelas alturas dos astros e pelas profundezas mais sombrias da geração física. Nem a ideia movedora – a concepção pitagórica da alma como princípio da vida que pode ser pesquisado e compreendido cientificamente – nem todo o talento científico extraordinário do grande médico greco-itálico podem ser negados. No entanto, estamos longe de conhecer a solução completa por meio da qual Alcmeão conseguiu resolver o problema da psicogonia. Talvez tenha sido possível que algo diferente e mais elevado nascesse na alma nascida. Por outro lado, Alcmeão não aceitou o movimento na geração dos seres vivos como princípio exclusivo e único. Um fragmento deixa claro que ele considerava imprescindível o calor da semente no momento da geração (Fr. 3). Ou seja, também ele já se movimentava dentro daquela estrutura que – a despeito de toda a liberdade nos detalhes – inere a toda solução veteropitagórica do problema da alma. A inclusão das qualidades, uma das quais é o calor, faz parte dessa estrutura, e Alcmeão foi um clássico da teoria das qualidades[32].

---

[31] OLIVIERI. Op. cit. (anotação 7), p. 130.
[32] REINHARDT. Op. cit. (anotação 3), p. 223ss.

Em Filolao apresenta-se a nós tanto a estrutura quanto uma solução exemplar, e ele explica várias contradições contidas na tradição da teoria da alma pitagórica. "Uma alma qualquer entra, segundo os mitos dos pitagóricos, em um corpo qualquer" – assim diz a tradição. "As partículas de sol no ar seriam a alma ou aquilo que a move" – Aristóteles explica em outro lugar –, "pois elas parecem estar em movimento constante"[33]. Segundo a fonte posterior já mencionada, seria o raio quente do sol que gera toda a vida, mas que produz a alma apenas em união com um elemento frio[34]. Isso não contradiz a Alcmeão, pois o móvel e caloroso no ser humano se alimentava, tanto segundo ele quanto segundo os outros pensadores arcaicos, dos elementos parentes do cosmo. A teoria embriológica de Filolao mostra como esses dados aparentemente contraditórios devem ser harmonizados. A estrutura da psicogonia pitagórica se revela claramente aqui.

Segundo Filolao, o embrião se desenvolveu de algo caloroso num lugar caloroso. Pois calor possui o esperma, e quente é o ventre materno[35]. Um ser vivo naturalmente caloroso – ele já é animado pela alma, que inere aos seres vivos ao ar livre? Filolao descreveu como, no momento do nascimento, por meio do encontro do caloroso, do embrião, com o frio, o ar, se inicia a inspiração e a expiração. Para ele, este é o nascimento da alma, o encerramento da psicogonia. Reconheceu-se muito corretamente que, naquele momento, nascia aquilo que, segundo o famoso ensino pitagórico, a alma realmente é: harmonia[36]. Harmonia do calor e do frio, do úmido e do seco, das quatro qualidades clássicas, e, ao mesmo tempo, uma imagem da harmonia do céu.

A estrutura dessa psicogonia oferece espaço tanto para aquela concepção segundo a qual a alma seria uma substância fogosa automovida quanto para a outra: a alma seria harmonia. O desenvolvimento posterior deu preferência à primeira concepção e vinculou essa substância da alma totalmente física e não individual à individualidade do ser individual. Originalmente,

---

[33] DIELS, 58 B 40.
[34] DIOG. LAERT., 8.27. Cf. anotação 30.
[35] DIELS, A 27.
[36] OLIVIERI. Op. cit. (anotação 7), p. 47.

isso nada tinha a ver com a imortalidade individual: "Ela se ligava e separava, ela voltava para o lugar de onde vinha: da terra à terra, o sopro para as alturas! O que é difícil nisso? Nada" – dizia Epicarmo (Fr. 55). Em bom sentido pitagórico, isso podia ser dito também sobre o calor e o automovido no ser humano. Cebes, um dos dois alunos de Filolao no *Fédon* platônico, teme que a alma dos que acabaram de falecer seria levada pelos ventos. Símias, o outro, defende a opinião complementar da alma: ela é harmonia, fundamentada no corpo, que se dissolve com este.

A tradição atribui essa opinião a Filolao ou, em geral, aos sábios pitagóricos. Ela pode muito bem já ter sido a opinião de Alcmeão, que, provavelmente, partia do pressuposto de uma harmonia entre as oposições no cérebro[37]. Toda a medicina pitagórica se apoia na convicção de que o princípio de vida a ser mantido e preservado no corpo é a harmonia. Essa medicina como terapia dos aparentemente saudáveis era o fundamento da educação pitagórica e foi continuada e complementada por meio da música. Para os pitagóricos, a harmonia é a qualidade cientificamente palpável da vida – em seu sentido biológico – e, ao mesmo tempo, seu mais nobre desdobramento. Visto, porém, que ela é essencialmente harmonia do corpo e se encerra com a dissolução de seu portador, era inevitável aperceber-se aqui de uma contradição com qualquer tipo de teoria da migração das almas, que, no fundo, não é uma teoria da migração dos deuses, mas uma "teoria da migração de vida". Mas e se a "vida" mesmo assim for percebida como núcleo indestrutível, sensível e doloroso do corpo? Nesse caso, "migra" também a "alma", não só o deus que se serve dela como recipiente vivo.

A ideia pitagórica da alma se desdobra completamente apenas em toda a psicogonia. "Alma" é, porém, também antes da harmonia no ventre maternal e no esperma. Consequentemente, todo o cosmo, do qual provêm as inúmeras pequenas substâncias da alma, é animado. Animado não num sentido "animista" ou "espiritualista", mas num sentido "vitalista", se formos usar uma expressão moderna, que não corresponde totalmente à visão antiga. "Alma" é "vida", mas a vida é divina num cosmo divino, que ela "anima". Um cosmo

---

[37] Ibid., p. 138.

animado não é uma dedução absurda para o pitagorismo e para aquele mundo, no qual Pitágoras fundou a sua escola. Por meio dessa animação e desse avivamento do todo a corporalidade é estendida a todo o mundo divino. Depende unicamente do sentido físico ou espiritual do contemplador se, por meio dessa contemplação do mundo, tudo se torna corporal ou também o corpo se dissolve em algo não corporal como, por exemplo, a harmonia: que consiste dos números eternos e se manifesta no mundo imperecível dos astros, essencialmente independente dos corpos que eles "realizam".

O vivo como realidade calorosa, movida e palpável parece dissolver-se aqui em números, e justamente o corpo, que servia como objeto da ocupação na ciência natural pitagórica, parece se esquivar deles. Aquilo que era vivenciado de modo imediato e em si mesmo não podia ser compreendido pela ciência, mas apenas pela religião.

6

A religião apolínea dos pitagóricos se referia a algo que ficava acima da alma, no sentido de "estar acima da vida". Na esfera humana, a religião de Apolo significava para o helenismo uma necessidade de pureza indiferenciada para toda a existência. Na esfera divina, significava a realização da necessidade de pureza mais sublime, em relação à qual as purificações e os castigos religiosos só se comportam como suas formas de expressão do corpo e da alma: uma clareza e simplicidade que inere ao puro mundo harmonioso dos números[38]. Na fronteira entre esse mundo apolíneo e o outro, o mundo físico e vivo, desdobrava-se o ensino pitagórico da alma como harmonia. Mas a religião grega tinha seus modos de testificar também do ser e do poder daquele outro mundo da vivência. Um desses modos também conduzia a uma postura de fronteira como a indicada pela alma pitagórica: ela, porém, não espelhava o além da vida, mas as profundezas do aquém. Nela se expressava a alma órfica. Um outro modo se concentrava na própria profundeza. Não via o mundo de vivência como polo contrário ao mundo do ser divino, mas

---

[38] Cf. *Werkausgabe*, IV, p. 31-45.

como sua raiz e seu fundamento: é o modo da religião de Deméter. Como forma de ocupação com o vivo, o pitagorismo possuía, além da ciência natural, estes dois modos.

A alma órfica é um fenômeno paradoxal da história da religião grega na era de transição do século VII para o século V. "Alma" seria, nesse caso, tanto uma concepção específica da alma quanto a realidade concebida. Em sua forma perfeita, verdadeiramente psíquica, a alma é concebida pelos pitagóricos como harmonia. *Age*, porém, também aqui algo que deseja alcançar essa harmonia, que deseja sê-la: a alma pitagórica não só como objeto de reflexão, mas como um ímpeto da própria alma que deseja se realizar. O paradoxo da alma órfica consiste já no fato de que ela – apesar de não existir uma concepção especificamente órfica da alma, mas apenas uma concepção transmitida como órfica – persiste. "Desafio qualquer um a comprovar a existência de uma teoria da alma órfica" – escreveu Wilamowitz com todo direito, quando, já no fim de sua vida, expressou sua total incredulidade diante de todas as concepções modernas sobre os órficos.

E realmente: Quando um poema órfico ensinava que a alma, levada pelo vento, vinha do espaço sideral e era inspirada, isso se encaixa tão bem na psicogonia pitagórica que não pode ser chamado exclusivamente órfico. E qual é a concepção de alma que se expressa na figura mítica de Orfeu? Nessa figura somos obrigados a identificar um parentesco com tudo aquilo que a Antiguidade designa como órfico, caso contrário toda a identificação desse fenômeno com o nome de Orfeu seria sem sentido. O mito de Orfeu narra o poder da música de gerar harmonia e o destino trágico do cantor quando este se depara com a harmonia aparentemente menos harmoniosa do ser físico-natural. Se nisso se expressa uma concepção da alma, essa concepção é pitagórica. Até mesmo a narrativa das Mênades, das representantes do físico-natural, que dilaceram Orfeu, exala o aroma de um outro mundo mais duro e mais selvagem do que o mundo farto, suave do pitagorismo no sul da Itália.

Paradoxal é também o surgimento de Orfeu no mundo da cultura grega. Supostamente, ele vem da Trácia. A região montanhosa da Trácia é o pano de fundo de sua figura, como o é também a presença sempre ameaçadora da realidade dionisíaca. O fato de ele viver nas alturas selvagens das montanhas corresponde ao modo de vida dionisíaco. Mas com sua música apolínea ele doma os animais selvagens e os poderes assombrosos do submundo: ele amarra e purifica muitas forças demoníacas desse tipo, cuja libertação parece fazer parte da plenitude da existência dionisíaca. É o mundo dionisíaco em que Orfeu vive e age e onde ele encontra seu fim de modo dionisíaco[39].

O paradoxo da conexão do apolíneo com o dionisíaco no mito de Orfeu ainda nos ocupará. No entanto, para a compreensão do surgimento histórico do orfismo, é importante saber que Orfeu – de modo paradoxal – também pertence à Grande Grécia e à Sicília impregnadas de várias culturas e aparece igualmente em conexão com a religião dionisíaca. Mas, evidentemente, de maneira um pouco diferente do que na Trácia. Se é que podemos falar do orfismo como uma religião especial dentro da religião dionisíaca, sua pátria é o sul grego da Itália e a Sicília. Onomácrito, na Atenas de Pisístrato, teria sido o primeiro a publicar escritos órficos. No entanto, era impossível imaginar o trabalho do ateniense sem a ajuda dos órficos da Grande Grécia. Nessa ocasião, menciona-se um Orfeu de Crotona; em outra, um Orfeu de Kamarina, na Sicília, como autor da viagem ao Hades de Orfeu. Segunda pátria e momento verdadeiro do nascimento do orfismo dificilmente podem ser separados do ressurgimento do antigo mundo mediterrâneo.

Nos pitagóricos encontramos uma distinção clara entre os pensamentos pitagóricos e órficos. Quando Filolao cita uma famosa sentença órfica, ele apela aos "antigos teólogos e videntes" e assim se distingue deles (Fr. 14). Os portadores do dom de vidente têm suas experiências especiais e conhecem uma liberdade da alma da qual falava Píndaro como "imagem da vida". Foram videntes aqueles que testificaram a Filolao que o corpo era prisão e lápide da alma. Isso contribuiu tanto para a substancialização do princípio da vida quanto a visão física segundo a qual alma seria um grão de poeira do sol.

Isso nos leva ao maior (mesmo que não último) paradoxo da alma órfica. Como "alma", ela é contraposta ao "corpo". Mesmo assim, nenhuma forma de manifestação da religião órfica passa, nem de longe, a impressão de um traço espiritualista. A obra e as artes de sacerdotes itinerantes permanecem

---

[39] OTTO, W.F. *Dionysos*. Frankfurt a. M., 1933. Cf. *Werkausgabe*, VIII, 1994, p. 239, anotação 4.

características para ela ainda séculos mais tarde, na era de Augusto. A alma órfica não criou para si mesma um corpo social especial que poderia ser considerado uma contraimagem polar às comunidades pitagóricas. O modo de vida órfico, especialmente a abstinência do consumo de carne, não é uma razão suficiente para pensar nas "fraternidades religiosas" órficas, que teriam se oposto à "ordem de cavalheiros semipolítica dos pitagóricos". No entanto, precisamos admitir que à religiosidade órfica adere um traço não aristocrático, que se expressa também socialmente. Ele revela a origem da alma órfica em algo muito profundo e, no fim, contribui para a vitória do princípio da igualdade de todas as almas. A ação daqueles videntes e sacerdotes sempre foi de natureza mais particular e comunal e era essencialmente – não apenas historicamente – vinculado às camadas mais profundas da existência humana.

As artes dos sacerdotes órficos – dos orfeotelestes – eram cerimônias de mistérios, por meio das quais eles ordenavam mortais ordinários como participantes da hierarquia e do destino divinos. Para Platão isso representava uma insensatez plebeia. Esse lado do orfismo não pode ser questionado, tampouco quanto o fato de que essas cerimônias tinham, pelo menos em parte, sua origem na religião dionisíaca. Não foi à toa que a invenção dos mistérios dionisíacos era atribuída a Orfeu. Existiam escritos órficos sobre temas báquicos e – o que também é muito notável – sobre temas pertencentes à esfera da grande deusa-mãe do antigo mundo mediterrâneo e oriental. Certa vez, o pitagórico Filolao, que conscientemente se apoia em conteúdos órficos, escolheu como título de um livro as próprias Mênades. Em constante presença ameaçadora do físico-natural, da realidade dionisíaca, encontramos tanto a alma pitagórica quanto a alma órfica. A conexão paradoxal entre o apolíneo e o dionisíaco caracteriza ambas. Nesse aspecto estão intimamente entrelaçadas. Sim, na unidade mais elevada de oposições polares – das oposições daquelas duas almas – revela-se aqui que a ocupação pitagórica com o psíquico vivo também pode ser vista como ocupação do apolíneo com dionisíaco.

O mito de Orfeu continha algo semelhante. Aquele mito nos ensina como de tal ocupação pôde surgir tanto a alma órfica quanto a pitagórica. A figura mítica de Orfeu pertence ao círculo da religião de Apolo. *Vates Apollineus* – assim o chama Ovídio. As informações antigas sobre sua descendência imediata ou indireta de Apolo comprovam suficientemente que sua relação íntima com o deus "puro" e "purificador" é primordial. O fato de que as Mênades da Trácia o diláceram em seu delírio dionisíaco não é razão para negar crédito a todos aqueles relatos antigos que lhe atribuem a fundação do culto dionisíaco ou mesmo só a participação no dionisíaco. A ação apolínea de Orfeu – ou, passando do mito para a história: o desejo de purificação apolínea da alma órfica – não é explicada de forma mais completa do que por meio das experiências dionisíacas. O próprio Dionísio é o deus que "dilacera os homens", que "devora carne crua" e, ao mesmo tempo, aquele que é dilacerado. Portanto, podemos ter isso como certo, contanto que não nos apoiemos no mito tardiamente comprovado do Dionísio Zagreu dilacerado pelos Titãs, mas exclusivamente no culto.

Um paradoxo do culto consiste no fato de que o iniciado nos mistérios de Zagreu com uma conduta de vida puramente "órfica" antes ainda participa do "banquete da carne crua", onde o animal sacrificial é dilacerado ainda vivo e devorado. Eurípedes testifica e conhece isso como costume cultual da Creta. Sua descrição oferece uma visão do todo, que, por meio de designações claras, estabelece vínculos com o orfismo. O quanto, porém, a antinomia primordial do costume orgiástico ainda se intensificaria numa atmosfera apolínea! Na intensificação dionisíaca da existência, o vivo é devorado pelo vivo. Naqueles que experimentaram pessoalmente a vivência sanguinária da devoração do vivo surge então igualmente intensificado o sentimento do destino compartilhado com o mundo animal, a compaixão com este e o medo da queda na mesma existência animal sofredora: desperta o pensamento assustador da "migração da vida" e o desejo de fuga. O contato religioso com a realidade dionisíaca é, para a alma órfica, tão determinante quanto o poderoso impulso apolíneo por pureza. A *outra* face da alma pitagórica, a face voltada para o assustador, é aquilo que se apresenta a nós como alma órfica. Para a conduta grega – ao contrário, por exemplo, da budista – permanece característico que esse assombro recebe, a despeito de tudo, cuidados religiosos. Também aquilo que dilacera – as Mênades e os Titãs – é dionisíaco. Quando Orfeu cai vítima dele, isso equivale à justificação de uma vida que não fecha seus olhos diante dele, mas sabe lidar com ele.

Na dilaceração de Orfeu se expressa de modo inconfundível o outro lado da realidade dionisíaca. Um lado revelava a crueldade como atividade. No outro lado, torna-se visível o dionisíaco naquele destino que se contrapõe à intensificação: no sofrimento da crueldade. No ataque sanguinário da dilaceração, o ser atacado, aquele que deve ser destruído, não é o morto – como no mito de Osíris, que é terrível por motivos totalmente diferentes – mas *o vivo*. E este não se transforma em cadáver, mas – assim somos levados a crer – ele sofre e experimenta a dilaceração até a destruição total. A cabeça do Orfeu dilacerado, porém, continua a cantar. No mito de Zagreu, Dionísio, a criança, sofre a redução violenta e definitiva do ser vivo – e se revela irredutível. Esse Dionísio é o vivo, que está presente também na casa de Perséfone, na morte, que está lá para ser avivado – como acontece também em seu culto –, e então ressurge. A mesma qualidade dionisíaca, que, vista do lado da vida, é o desenfreamento da intensificação máxima, se manifesta no outro extremo do destino na face da morte, como *irredutibilidade*. Assim, também a alma órfica se apresenta como imagem completa: da mesma forma como conhece o desenfreamento assustador, ela sabe também de sua própria irredutibilidade.

Na vivência dionisíaca, o princípio da vida se torna substância vivenciada, o próprio corpo se transforma em alma dançante imortal. O êxtase dionisíaco é a exteriorização do mais íntimo, um sair de si mesmo – mas, ao mesmo tempo, também entusiasmo, a presença manifesta de um deus no ser humano, seu ocupar-o-lugar-da-consciência. Na esfera dionisíaca não temos qualquer motivo para distinguir dois aspectos: a atividade negativa da natureza humana, seu ceder espaço, de um lado, e, de outro, a entrada da deidade vinda de fora. As camadas mais profundas da natureza entram em movimento no ser humano. Uma história de migração das almas miticamente exposta apenas divide no tempo *aquilo* que a alma órfica contém em si mesma. Um poeta alude ao "aquilo":

> Sob aquilo que acreditamos ser
> Somos algo diferente,
> Somos, de certa forma, tudo (D.H. Lawrence).

O mito de Orfeu e a vivência de um culto orgiástico primordial fornecem em perfeita harmonia a explicação daquilo que, no orfismo, se manifestava como fenômeno histórico. A experiência dionisíaca, que chamava a alma órfica para a existência, era o reconhecimento daquelas forças e possibilidades escondidas "sob aquilo que acreditamos ser". Assim emergiu a alma órfica. Isso era para o homem grego ao mesmo tempo teofania. Era a manifestação do espírito titânico e suave, terreno sombrio e celestial resplandecente daquele mundo perigoso e selvagem que inere também ao ser humano: um tipo de epifania dionisíaca.

Vida e pensamento órficos são vida e pensamento dionisíacos, mas numa atmosfera determinada pelo desejo apolíneo de pureza, numa existência que já não é mais tão primária a ponto de ser capaz de suportar as contradições da existência, que o culto délfico ainda permite na coexistência de Apolo e Dionísio. Vivia-se num mundo cultural relativamente jovem, que, em muitos aspectos, era apenas o sucessor de tempos fundadores de mitos mais antigos. O titanismo dilacerador vivenciado no culto foi reinterpretado como "pecado", querendo ter em si apenas o oposto dele: a vida divina como algo delicado e fino no ser humano, que precisa ser purificado e protegido contra todo sangue e toda hostilidade à vida. O propósito das cerimônias dos mistérios órficos era ressaltar aquela vida divina, despertar o deus no ser humano.

Sabemos muito pouco sobre as consagrações órficas; no entanto, é certo que, em relação à hierarquia rigidamente espiritual do pitagorismo aristocrático, elas representavam um princípio diluidor. O princípio da deificação mística é, em sua essência, democrático; sua exclusividade, porém, aparentemente aristocrática e, por isso, perigosa para qualquer aristocracia verdadeira. Dizia-se: "Os portadores dos sinais externos da consagração são muitos, poucos, porém, os verdadeiros bacos". Um verdadeiro baco, porém, se tornava uma pessoa numa base diferente do que no âmbito apolíneo: alguém era baco em virtude daquela alma que é de todos, inclusive dos animais. Não que, a partir desse fundamento, não fosse possível alcançar uma veracidade naturalmente nobre, do ponto de vista grego até divina! Mas o perigo interior de cada misticismo, tanto do físico-psíquico quanto do puramente psíquico (cristão e oriental) consiste no fato de que não existe um signo facilmente palpável para a distinção entre o verdadeiramente místico e divino e a imitação ou o falso. Apenas quando se coloca lado a lado o verdadeiro e o falso percebe-se talvez, como numa obra de arte, a qualidade de um e a falha do outro.

Em túmulos do sul da Itália e – notavelmente – da Creta dos séculos IV a II a.C., foram encontradas pequenas plaquetas de ouro, que eram dadas aos mortos como mapas e passaportes no submundo. Em uma plaqueta proveniente da antiga região de Síbaris encontramos a afirmação do falecido que, liberto dos renascimentos, se transforma em deus: "Escapei do ciclo triste e doloroso". Com esse tipo de formulações ou declarações semelhantes sobre a própria deificação concordam escritos órficos e pitagóricos posteriores. Mas não foi Empédocles que se expressou neste mesmo sentido? Comparado com sua consciência de deus aristocrático-pitagórica – mesmo que expressado de modo órfico por meio de mitos e consagrações –, percebemos naquelas plaquetas a decadência plebeia total. Precisamos acrescentar que a possibilidade, ou até mesmo realidade, desse modo plebeu, que mais tarde se manifesta como forma de decadência, já existia na identidade objetiva da "alma" órfica e pitagórica como o "vivo" irredutível e eterno.

No ciclo dos renascimentos, essa mesma alma revela sua natureza essencialmente física: ela é portadora de dores e alegrias *par excellence*. A alma órfica o é até mesmo no reino da morte, no submundo. Revelações sobre prazeres e torturas físicos dos falecidos representavam parte característica dos escritos órficos. Estavam vinculados ao mito da Trácia por meio da viagem de Orfeu ao Hades. Mas essas descrições mostram novamente o parentesco com uma cultura típica da antiga região mediterrânea: com a cultura etrusca, e com uma cultura do Oriente antigo, que pertence à circunvizinhança mais ampla do antigo mundo mediterrâneo: com a cultura egípcia[40]. Não se trata necessariamente de influências órficas sobre a Etrúria nem exclusivamente de empréstimos do Egito, mas de um distintivo da mesma cultura, que, na era do "orfismo", voltou à vida literária primeiro em formas gregas. Aqueles prazeres e torturas dos mortos estende a corporalidade sensível e dolorosa do vivo até

---

[40] PETTAZZONI, R. *La confessione die peccati*, III. Bolonha, 1936, p. 189.

mesmo ao estado da morte. Morte e submundo se tornam do modo mais natural um poder religioso num mundo de vivência, que só consegue enxergar ser e não ser em formas físicas, por meio dos temores e anseios da vida.

Com a menção dessas revelações aludimos ao último paradoxo da alma órfica. Seu corpo verdadeiro, que ela havia formado para si mesma, é "de papel". Não existe nada mais característico para o fenômeno geral do "orfismo" do que isto: Ele liga uma concepção totalmente física do mundo a uma preferência por livros sagrados, que, na região grega, é singular. De um lado, mitos sangrentos e um panteísmo cru, que ensina que tudo teria surgido do coração ou no estômago de Zeus e se encontraria em seu corpo (21a; 167); de outro, uma escrita religiosa totalmente não grega, que lembra o antigo Oriente. Os passaportes de mortos acima mencionados também encontram suas analogias no Oriente: no Egito. Por meio de sua escrita e do tipo de sua escrita, o orfismo se revela como orfismo pertencente àquele mundo e cultura com os quais se ocupava o pitagorismo.

Compreendemos ambos. De um lado, os paradoxos, que designam a metade do caminho entre as antinomias de um mundo primordial voltado para o corpo e a harmonia das novas antinomias formadas pelo espírito. De outro lado, compreendemos que os pitagóricos, como autores órficos, trabalhavam naquela formação e, por meio de sua ocupação órfica com a alma, participavam da mesma investigação como os médicos pitagóricos.

7

Dizem que a narrativa da viagem de Orfeu ao Hades, que continha as revelações órficas sobre os destinos da alma, teve um pitagórico da mais antiga geração como seu autor. Segundo uma tradição relativamente antiga – o já mencionado Íon de Quios –, o próprio Pitágoras teria escrito sob o nome de Orfeu. Portanto, sua figura começou já na época, no século V a.C., a ser absorvida pelo mito da alma, como a de Orfeu também já havia sido absorvida. A diferença essencial entre as duas figuras – também independentemente da historicidade de uma e do mítico da outra – revela-se no fato de que a imagem de Orfeu, do mágico encantado, era determinada pelo dionisíaco desde o início: por aquela possibilidade da natureza selvagem primordial e da ternura primordial dos seres vivos, que temos chamado a alma órfica. A imagem era apenas moldura e, como moldura de algo vivo, estava fadada a empalidecer. A ideia de Pitágoras – e de seus alunos mais próximos – era tão ampla e grande que ela abarcava tanto as possibilidades do vivo e psíquico quanto uma possibilidade sobrepsíquica: Ser como Euforbo, como ser humano agir como Apolo. Apenas quando o senso aristocrático para essa possibilidade não estava mais presente, o vivo psíquico e seu mito tornaram-se vitoriosos no pitagorismo, num pitagorismo que se transformava cada vez mais em um modo de vida plebeu-ascético e em escrita: i.e., cada vez mais órfico.

A ideia de Pitágoras, porém, não abriu espaço apenas para a ocupação científica e "órfica" como o vivo psíquico, mas também para sua contemplação e veneração para além do modo da piedade órfica – espaço para um outro tipo de ocupação: para a paz com ele. O modo do orfismo – contanto que fosse o modo dionisíaco – contribuiu, por meio de intensificação, para a solução das antinomias inerentes ao ser físico-psíquico. À ideia pitagórica correspondia antes uma relação pacífico-jurídica. Pois existe uma isonomia natural igualmente inerente ao físico-psíquico: aquela que é própria à religião de Deméter ("isonomia" em sentido físico é uma palavra de Alcmeão e só é parcialmente traduzida por "equilíbrio"). A postura religiosa verdadeiramente pitagórica em relação aos poderes da vida é fundamentalmente "isonômica", investiga e respeita pacificamente as leis daqueles poderes. Na política, seguiu da essência estritamente aristocrática dos pitagóricos *não* um governo tirânico e criminoso! Na vida em si, aceitaram o primordial, o folclore e o profundamente corporal ao modo da religião de Deméter.

Um exemplo é a abstinência do consumo de carne. Em sua forma intensificada, como abstinência absoluta, ela é, para o modo de vida pitagórico posterior, igualmente característica quanto aquilo que Platão chama "a vida órfica". É justamente aquela forma órfica da abstinência que está fundamentada na vivência dionisíaca – já orgiástica da Creta. Esse tipo de abstinência significa, porém, em cada forma, algo profundamente corporal. O traço corporal se evidencia especialmente no sermão poético de Empédocles e, ao mesmo tempo, como algo que certamente é veteropitagórico. O novo

Pitágoras de Agrigento descreve o banquete sacrificial do antigo helenismo com as cores do canibalismo (Fr. 137). Os homens infelizes não sabem que eles abatem seus pais, mães e filhos e devoram a própria carne. O que se percebe aqui de modo imediato é o parentesco de toda carne viva, e percebe-se de modo especialmente terrível esse parentesco, que se baseia na identidade de algo divino em cada ser vivo: a alma, como substância da vida, é ferida sob o pretexto do culto. Ambos são veteropitagóricos: o nojo perante o sacrifício do boi e o respeito pelo parentesco de tudo que é animado e avivado, para a comunhão do vivo que abarca o mundo inteiro.

A resistência contra o sacrifício do boi precisa ter suas razões religiosas antigas naqueles primórdios em que o boi era o animal sagrado do antigo mundo mediterrâneo. Essa resistência se revelava em Atenas por meio das complexas cerimônias da bufonia ("abate do boi"). Só que lá ela tinha suas raízes em Deméter. Respeito e preservação eram devidos ao boi que puxava o arado. Na religião de Deméter encontramos os preceitos – inscritos em pedra em Elêusis – que subjazem à "vida pitagórica": respeito aos pais, culto sem sangue, preservação dos "seres vivos" (ζῶια, "animais")[41]. Proclamava-se que, por meio dos mistérios de Elêusis, a comunhão dos seres humanos era fundamentada[42]. Essa "comunhão" (κοινωνία) como presente divino era um presente de Deméter, que, de um lado, doava aqueles mistérios e alimentos sem sangue – pão no lugar de carne – e, de outro, santificava o laço unificador, que existia de modo mais natural no parentesco e que deveria unir os seres humanos sob sua maternidade. A religião de Deméter, essencialmente materna e, em oposição à religião de Apolo, feminino-natural, tinha sua pátria no sul da Itália e na Sicília como religião grega e lá era especialmente poderosa, pois se alimentava daquilo que era natural da terra. Foi com ela que Pitágoras firmou uma aliança. Para ele, o sexo verdadeiramente religioso, que adora os deuses e é objeto natural da adoração aos deuses, era o sexo feminino. Não é à toa que as quatro estações da vida feminina – assim ele teria ensinado – são chamadas como quatro deuses: a virgem se chama Cora; a

---

[41] *Porph. de abst.*, 4.22.
[42] *Inscr. Graec.* II², 1.134, p. 17s.

mulher jovem, Ninfa; a mãe, Méter; e a avó, Maia[43]. Todas são originalmente nomes de figuras divinas que o sexo feminino imita e assim vive sua própria vida como vida cultual. Pitágoras educou também as mulheres, e a tradição enumera suas alunas famosas. O que mais chama a atenção em sua atividade educacional é a preocupação e o respeito que ele dedica às exigências e aos pontos de vista femininos. Assim, ele se movimentava na esfera da religião de Deméter, que abarcava tudo que era feminino e vinculado à vida doméstica e corporal, o mais íntimo em cultos femininos fechados. Essa religiosidade explica várias das regras de vida aparentemente apenas supersticiosas que eram observadas pelos pitagóricos.

Mas queremos nos concentrar nos traços maiores. Os pitagóricos se entregaram ao culto da alma (o culto aos mortos era na Grécia uma preocupação primariamente feminina), no entanto, tudo isso dificilmente pode ser separado do culto pitagórico à vida. Venerar os pais e a esposa, e até mesmo os filhos[44], tudo que era vinculado pelos laços da família, fazia parte desse culto à vida. Os pitagóricos trataram das questões referentes ao casamento e à descendência com o máximo cuidado feminino. Os escritos pitagóricos posteriores iluminam, às vezes de modo surpreendente, questões essenciais, ignoradas já pela antiga história da filosofia, apesar de corresponderem perfeitamente ao espírito de Pitágoras. No escrito "Sobre a alma do mundo", supostamente escrito por Timaio, o pitagórico, vemos que as narrativas sobre as migrações da alma e seus castigos podiam ser compreendidas como mentiras educacionais (104a). Por outro lado, é característico que o escrito que ostenta o nome de um pitagórico itálico nativo, o de Ocelo, ressalta a eternidade da raça humana e termina com um grande capítulo sobre a eugenia.

A pesquisa natural pitagórica criou o fundamento teórico para a psicogonia. A eugenia representa o acréscimo prático. As verdadeiras executoras do grande negócio do contínuo nascimento das almas – o eterno renascimento da vida – são as mulheres. São elas que presenteiam os deuses entre os seres humanos com o receptáculo psíquico-vivo. Elas são como Deméter,

---

[43] IAMBL. Op. cit., p. 56.
[44] Carmen aur. Pyth., 4, sem alteração feita por Nauck.

a grande parideira de almas dos pitagóricos. Pois a deusa de Elêusis era, no ensinamento pitagórico, idêntica com Reia-Cibele[45]; como esta, ela era a mãe-deusa de todos os seres vivos ao estilo oriental e do antigo mundo mediterrâneo, onde a Méter ainda era venerada pelos cultos do sul da Itália e da Sicília. A veneração religiosa de Pitágoras era dedicada a ela, à mãe de tudo, e às mulheres como sua encarnação humana.

Se existe algo que podemos dizer sobre seu lugar espiritual, é o seguinte: Ele encontrou dentro de si a realidade do apolíneo, mas se via inserido num mundo de vivência igualmente real e divino. Todas as nossas deduções partem dessa situação, que suporta uma avaliação tanto do ponto de vista da história da filosofia quanto do ponto de vista da filosofia da história. Ao sentido corporal daquele mundo de vivência, Pitágoras contrapôs o seu próprio, o sentido espiritual, no entanto ele tratava e respeitava o eterno nela com veneração religiosa. Essa era a sua postura fundamental, a partir da qual o seu pensamento abarcava o mundo. Ele residia hiperbolicamente distante dos seres humanos, nos números eternos e harmônicos além da vida e, ao mesmo tempo, junto à "fonte e raiz". Pitagórica é também essa cunhagem, mas a visão que ela expressa é a de Deméter: ela fixa a visão da raiz e da fonte do mundo. O *tetraktys* pitagórico, a misteriosa formação do número quatro era uma fórmula para unir o mais profundo ao mais elevado. Ela é igual ao 10, ao número pitagórico da harmonia do mundo celestial (= 1 + 2 + 3 + 4), e como 4 é o número das raízes do mundo[46], apareçam estas como quatro qualidades na ciência dos médicos ou como quatro elementos em Empédocles.

Quem quiser, considere a conexão do 4 – um número fundamental característico das culturas arcaicas, talvez também do antigo mundo mediterrâneo[47] – com o 10 moderno como um símbolo da história mundial no mesmo sentido como o mito da Europa e do deus touro. A lenda até inventou um

---

[45] DELATTE, A. Op. cit. (anotação 13), p. 144s. • OLIVIERI. Op. cit. (anotação 7), p. 41ss.
[46] Ibid., p. 249ss.
[47] FROBENIUS, L. *Schicksalskunde*. Leipzig, 1932, p. 116ss. O antigo mundo mediterrâneo ainda não foi pesquisado. Exemplos para o número 4 são as "quatro cidades" e as "quatro aldeias" áticas e o nome pré-grego Hyttenia com o mesmo significado. Cf. KRETZSCHMER, F. *Gotta*, 11, 1921, p. 277.

traço do antigo mundo mediterrâneo para a pessoa de Pitágoras: o motivo da caverna, no qual o portador da revelação se retira – como o Rei Minos de Creta. Existe outra tradição, que, em seu valor simbólico, está acima de qualquer dúvida. Em profundidade ela se compara à história de Euforbo e cerca a grande figura do filósofo apolíneo com um brilho suave e caloroso. Pitágoras morreu em Metaponto, na cidade com os dois enormes templos de Apolo, construídos ainda durante a sua vida. A casa, porém, que havia pertencido a ele, foi consagrada pelos montepontinos como santuário de Deméter[48].

1934-1937

---

[48] IAMBL. Op. cit., p. 170.

O nascimento de Helena

No início ou quase no início dos *Contos cípricos*, daquele grande poema épico que continha a pré-história da *Ilíada*, havia uma cena mística sem igual em toda a literatura grega. Ela relata a fuga da grande deusa Nêmesis. Zeus a persegue com seu ardor: no mar e no oceano, onde ela procura escapar na forma de peixe; e na terra, na forma dos animais terrestres. A citação que preservou essa narrativa para nós[1] aqui se encerra, mas os excertos antigos nos contam que Zeus alcançou a Nêmesis nos ares: ele, como cisne; ela, como ganso. Como aves selvagens de um submundo pantanoso, eles celebraram as núpcias divino-animais, cujo fruto foi a mulher mais linda e a maior fatalidade para a humanidade: Helena.

Se nos concentrarmos aqui não no aspecto mais impressionante, no próprio casamento dos cisnes, reconhecemos com a maior facilidade uma história familiar de transformação, mais especificamente, o motivo da "fuga mágica"[2], para assim inserir o mito no catálogo dos motivos dos contos de fadas. Pois é evidente que Zeus, assim como o bruxo com poderes de transformação no conto de fadas, assumia uma forma correspondente a cada troca de figura da perseguida. O mapa de disseminação desse conto de fadas mágico, cujo casal de heróis é representado por Zeus e Nêmesis apenas na Grécia, nos foi informado numa palestra – a última – de Leo Frobenius[3]. Ele abarca toda a Europa, o Sudoeste Asiático, a Ásia Central, o sul da Ásia, partes da

---

[1] *Athenaeus*, p. 334. • ALLEN, E.B. *Homer*, II. Leipzig/Berlim, 1922, p. 157.
[2] EITREM, S. *RE* 23, meio volume, p. 1.118, Leda.
[3] *Paideuma* I, 1938, n. 17, p. 16.

África, e deixou rastros de sua propagação também no noroeste da América. Para ele, é apenas um exemplo entre muitos, que testificavam a existência de um mundo encantado europeu ou continental especial – em oposição ao mundo dos contos de fadas oceânico e pacífico. Ele observou também que, em termos gerais, encontramos em solo russo-asiático a mais rica possibilidade de desdobramento desse mundo encantado; no Ocidente, porém, o seu oposto: empobrecimento e dissolução. Isso se aplica também ao nosso caso: os paralelos mais lindos aos detalhes do mito grego do nascimento de Helena a partir do ovo e daquele casamento aviário pantanoso primordial foram preservados nos povos fino-úgricos da Rússia.

A poesia épica estônia *Kalewipoeg*, do século XIX, composta de motivos de antigos cânticos e traduções populares, contém a narrativa do nascimento da bela Linda, mãe do herói. Ela nasce do ovo de um tetraz, que havia sido encontrado. A semelhança com o nascimento de Helena foi percebida[4]. É principalmente aquela forma da lenda grega segundo a qual Leda encontra o ovo num local pantanoso ou numa floresta se aproxima da versão estônia. A forma lendária do *Kalewipoeg* parece já um pouco desgastada e processada. Em uma forma totalmente primordial, o motivo da "fuga mágica" aparece num mito cosmogônico do povo siberiano dos mansi[5]. Deus – o "homem que observa o mundo", mas que é também descrito como "grou branco" – persegue o deus inimigo Pareparseque em todas as transformações. Ele sofre transformações semelhantes quando, por fim, celebra seu casamento em penagem dourada de ganso com sua noiva em penagem dourada de cisne: a senhora de todas as aves aquáticas[6]. Poderíamos citar outros exemplos[7].

Se, porém, quisermos entender o mito grego, não podemos negligenciar as vantagens que ele mesmo oferece. Ele realmente não faz parte das formas míticas mais diluídas, antes concorre com as tradições estônias e mansi mais ricas. Além disso, é, na poesia épica grega, antigo não só em termos de forma,

---

[4] SCHWEITZER, B. *Herakles*. Tübingen, 1922, p. 224.
[5] MUNKÁCSI, B. *Vogul népköltési gyütemény I*. Budapeste, 1902, p. 12s.
[6] Ibid., p. 28ss.
[7] Ibid., p. 52ss. J. Harmatta chamou minha atenção para essas fontes.

mas também em termos de motivo. A versão última e definitiva dos *Contos cípricos* era, a julgar pelos excertos e citações preservados, provavelmente mais jovem do que Homero. A preocupação de justificar todos os eventos da *Ilíada* por uma pré-história que correspondia a ela em todos os detalhes se evidencia claramente em todos os excertos preservados da poesia épica. Mesmo assim, esta continha narrativas de cuja concepção o poeta da *Ilíada* se distanciou conscientemente. O casamento de Zeus e Nêmesis pode ser considerado uma dessas narrativas: após nos ocuparmos um pouco mais com essa história, isso ficará bem claro. Por ora, basta saber que, segundo uma análise magistral, o julgamento de Páris, outro motivo dos *Contos cípricos*, foi a precondição para toda a nossa *Ilíada*[8]. E isso é perfeitamente natural quando tratamos do conteúdo dos *Contos cípricos* como um todo e não de seus detalhes.

No entanto, é possível que alguém duvide que isso se aplica também às narrativas como a da decisão de Zeus bem no início dos *Contos cípricos*. A Terra sofria sob o peso dos humanos, cujo número havia aumentado excessivamente, e Zeus decidiu aliviá-la – como relatam os *Contos*[9], talvez não pela primeira vez no chamado ciclo épico, dessa história poética do mundo que abarcava também os *Contos cípricos* e que serviu para a redação das duas preciosidades incomparáveis, a *Ilíada* e a *Odisseia*. A mesma causa divina havia provocado a guerra tebana, cuja história continha outro poema épico cíclico, anterior em sua sequência cronológica. Portanto – somos tentados a concluir –, uma invenção miserável de poetas cíclicos posteriores com a finalidade de ordenar e reunir, não um motivo original de uma concepção mítica do mundo! Um plano poético – não um plano mundial. E talvez nos sentimos inclinados a rejeitar, juntamente com esse plano, também aquele passo para a sua realização, o casamento de Nêmesis. Estaria, porém – assim queremos perguntar para a defesa apenas do plano mundial – o antigo Oriente tão distante do mais antigo helenismo a ponto de nos impedir de recorrer à mítica história do mundo de determinadas tábuas babilônicas e assírias? Nessas

---

[8] REINHARDT, K. *Tradition und Geist*. Göttingen, 1960, p. 16ss.
[9] BETHE. Op. cit. (anotação 49), p. 153s.

tábuas podemos ler: "Os homens se tornaram numerosos". Essa constatação ocorre repetidas vezes, e repetidas vezes segue uma catástrofe mundial[10].

Normalmente, as lendas de dilúvios ocorrem em contextos semelhantes, não só no Oriente, mas também nos gregos[11]. Não temos nenhum direito de ver essa motivação como invenção puramente poética, não verdadeiramente lendária – como invenção que seria possível também fora do epos cíclico. Segundo o excerto detalhado que cita os versos motivadores[12], o poeta cíprico se referia explicitamente à possibilidade de um dilúvio – provavelmente de um segundo, pois o primeiro, cujos sobreviventes foram Deucalião e Pirra, antecede a mítica história do mundo dos gregos. Contra o plano de Zeus de destruir a humanidade por meio do dilúvio e de relâmpagos levanta-se agora do deus da "repreensão", Momo, que Hesíodo enumera entre os filhos da noite, os irmãos de Nêmesis[13]. Ele sugere a Zeus os dois casamentos: o casamento com Nêmesis e a união de Peleu com Tétis, um casamento semi-humano, destinado a provocar a briga das deusas e a levar ao nascimento de Aquileu. A informação segundo a qual a deusa Têmis, a representante da ordem natural, teria sido a verdadeira conselheira de Zeus, se baseia na correção de um excerto extremamente abreviado e deduzido[14]. O conselho de que Zeus deveria se casar com Nêmesis, uma referência ao poder vingador cuja esfera começa onde cessa a ordem natural, combina com Momo, que é conceitualmente aliado a Nêmesis[15], sendo, de certo modo, o seu sinônimo. Mas o conselho corresponde também à ideia de Têmis. Pois o *seu* âmbito é a ordem natural: este é complementado e determinado pelo reino de Nêmesis, como o é o dia pela noite. Esse vínculo conceitual é a precondição para o culto de Rhamnus em Ática, onde, além de Nêmesis, também Têmis tinha o seu lugar.

---

[10] Trad. E. Ebeling. In: GRESSMANN, H. *Altorientalische Texte zum Alten Testament*. Berlim, 1926, p. 201ss.

[11] USENER, H. *Die Sintflutsagen*. Bonn, 1899, p. 33ss.

[12] SCHOL. In: *Hom.* – Ilias, I. 5.

[13] *Theog.*, 214.

[14] *Procl. Chrest. I.* • BETHE. Op. cit. (anotação 49), p. 224.

[15] Ilias. Op. cit., 3. 410 e 412.

Zeus decidiu então – independentemente de quem lhe dera esse conselho – casar-se com Nêmesis, assim como ele já havia se casado com Têmis por ocasião da fundação da ordem mundial[16]. Seja que essa decisão e sua justificativa pertençam apenas ao plano poético do poeta cíprico, seja que façam parte de um mítico plano mundial, no qual a era da grande poesia épica grega reconhecia o sentido dos eventos mundiais: o casamento dos cisnes se revela nesse contexto não como algo ainda mais recente, mas como um tema mítico, que *o mais tardar* foi reestilizado em prol desse plano cósmico ou cíclico. Como mero motivo podemos atribuí-lo àquele tesouro mítico que foi recalcado por Homero e cuja emergência no ciclo foi observada repetidas vezes. Gilbert Murray expressou o *consensus philologorum* justificado[17]: "Mesmo supondo que, como poema, a Cípria possa ser chamada 'posterior' à *Ilíada*, basta dizer que um todo literário posterior ou uma massa de motivos mais primordial pode conter um núcleo mais antigo, e no que diz respeito às poesias lendárias não homéricas (do Ciclo) é evidente que este é o caso". O que percebemos de modo imediato em toda essa história de transformação, incluindo o casamento dos cisnes (voltaremos a falar mais tarde sobre o exuberante, natural e primordial – não no sentido de uma determinação temporal, mas como *qualidade atemporal*): O "mágico" e "teriomorfo" bastam como sinais seguros do motivo pré-homérico.

O decisivo, porém, é a reestilização evidente, que nos permite distinguir duas camadas na narrativa da própria Cípria: uma mais recente, mais espiritual, e outra mais antiga, mais natural. O poeta cíprico faz questão de mostrar que o comportamento de Nêmesis em relação a Zeus corresponde exatamente à sua *ideia*, àquele lado de sua ideia por meio do qual ela está ligada a Aedos: ela não queria experimentar o amor do pai Zeus, porque era torturada por seu pudor (αἰδώς) e pela *nemesis*, ou seja por sua própria natureza – ἐτείρετο γὰρ φρένας αἰδοῖ καὶ νεμέσει. Aedos e Nêmesis surgem no mesmo momento, na mesma situação: a Aedos no ser humano, que se vê como violador de uma ordem; a Nêmesis, porém, contrapondo-se a ele como

---

[16] *Hes. Theog.*, 901.
[17] *Die Anthropologie und die Klassiker.* Heidelberg, 1910, p. 85s.

figura de uma nova ordem, que substitui a antiga ordem violada – da ordem da vingança. Em Homero ambas se apresentam unidas[18], e segundo Hesíodo elas abandonam a terra juntas, quando os seres humanos da Era do Ferro não percebem nem sustentam nem uma nem outra[19]. Se Nêmesis, como os outros poderes do cosmo, continua a agir, ela o faz apenas para prejudicar os mortais[20]. Também a *aidos* se transforma no "pudor não bom"[21]. A Nêmesis do poeta cíprico é totalmente a *nemesis* ligada à *aidos*, é profundamente a ideia da vingança cósmica: ela o é também contra si mesma, quando seu pudor virginal, o pudor dos jovens seres naturais inviolados, é ameaçado pelo cio divino. Sua fuga e suas transformações testificam, na opinião do poeta cíprico, sua validade universal como uma ordem existente e espiritual, que pode ser expressada com estas palavras: Aquilo que é ferido se vinga. Esta ordem não pode ser infringida: Nêmesis é si mesma na medida mais alta justamente quando *ela* é ferida e aparentemente subjugada. O ferimento aumenta o espírito de vingança: Nêmesis da à luz e renasce em sua filha Helena.

Mesmo se nos livrarmos da última estilização espiritual, que se manifesta nas palavras "pois torturada foi pelo pudor e por Nêmesis", resta ainda o bastante do conteúdo de um mito: a resistência da jovem natureza feminina indomada, o comportamento artemisíaco da feminilidade primordial diante da vontade masculina que tudo domina. A figura da deusa Nêmesis, como os gregos do período clássico a conheciam, é totalmente incompreensível se partirmos do conceito da vingança e não dessa realidade feminina primordial. Os atributos da famosa estátua de Nêmesis em Rhamnus apontam para a descendência da deusa e para a sua inclusão entre os poderes primordiais pré-olímpicos; o escudo em sua mão direita com as representações etíopes era, para os antigos, uma alusão ao seu pai: Oceano[22], à água primordial e, ao mesmo tempo, à beira do mundo, residência dos etíopes, de onde Nêmesis,

---

[18] Ilias. Op. cit., 13. 122. • *Il.* 649. • ERFFA. *Aidós* – Philologus Suppl. 30.2, 1937, p. 5 e 11.
[19] *Erga*, 197ss.
[20] *Theog.*, 223.
[21] *Erga*, 317ss. • ERFFA. Op. cit. (anotação 66), p. 48.
[22] PAUS. I. 33. 3.

a representante da última e extrema ordem, lança seu olhar sobre o mundo. Em sua mão esquerda, ela segurava o galho de uma macieira: aparentemente como uma irmã das Hespérides, como referência à mesma mãe, a Noite. Mesmo que assim se abram perspectivas e panos de fundo, por meio de verdadeiros recursos artísticos, tudo isso já se encontra a caminho da conceitualização dessa figura divina. O núcleo não conceitual, porém – a feminilidade primordial –, também está presente e assim se revela como pré-clássico, preservado por uma tradição que se tornava cada vez mais incompreensível.

Esse núcleo se revela no fato de que, de um lado, a figura de Nêmesis – como que iluminando a natureza parente de sua filha Helena – chega a tocar a figura de Afrodite. Corria o boato sobre a estátua de Rhamnus de que seu escultor Agorácrito a teria criado originalmente como uma Afrodite, dando-lhe o nome de Nêmesis apenas mais tarde[23]. Por outro lado, a figura de Helena, onde ela possui um culto próprio, apresenta traços de Ártemis. Em Rodes, ela pertence ao grupo dos "enforcados", que representam uma forma de manifestação especialmente assustadora de Ártemis[24]. Sua veneração por moças jovens em Esparta, que a louvam como colega de brincadeiras[25], aponta na mesma direção. E também a *Odisseia* compara a rainha, que, após longas aventuras amorosas, é levada de volta para casa, não com Afrodite, mas com Ártemis (4.122). Helena se apresenta como uma *doppelgängerin* de sua mãe: a noiva que resiste a Zeus, que apresenta outros muitos pontos de contato com Ártemis. Esse contato é – entre outras – uma prova inegável da natureza feminina primordial de Nêmesis.

Ambas as deusas têm como seus atributos o cervo ou a corça: um vínculo com o mundo animal, que, em Ártemis, testifica a profunda união e unidade da pureza feminina com a indomabilidade animal. Encontramos o mesmo vínculo em Nêmesis[26]. Ainda nos tempos mais tardios e nas províncias mais distantes do Império Romano, ela preserva – mesmo cada vez mais

---

[23] PLÍNIO. *Nat. hist.*, 36. 17.
[24] PAUS. Op. cit., 3. 19. 10. • ALTHEIM, F. *Terra Mater*. Giessen, 1931, p. 72.
[25] *Theocr.*, 18.
[26] COOK, A.B. *Zeus I*. Cambridge, 1914, p. 275, ilustr. 200.

conceitualizada – tanto de sua natureza primordial artemisíaca que, unida a Diana[27] ou até mesmo igualada a essa deusa[28], ela chega a presidir os "jogos de caça" do anfiteatro[29]. Esse laço resistente da deusa da vingança com a natureza selvagem e sem leis do mundo animal nos faz pensar. Isso revela uma feminilidade do mundo primordial e designa ao mesmo tempo a sede da deusa situada na margem temporal e espacial do mundo. Animais selvagens, não só o grifo, outro acompanhante de Nêmesis[30], mas também o cervo e a corça, apontam para os tempos cultivados os limites em que começa o deserto ou, em termos temporais, o mundo primordial. Rhamnus em Ática, o "espinhoso" segundo seu nome, algo que continua sendo com sua vegetação densa e situado na costa mais distante do país, era um desses lugares de margem e fronteira ideais. A figura da Nêmesis tem sido comparada com uma forma de manifestação de Ártemis, que era venerada num dos santuários de floresta mais distantes da Antiguidade: com a Diana do Lago Nemi[31]. Os galhos de macieira, que eram usados no culto àquela deusa[32], não comprovam a identidade das duas deusas, mas chamam nossa atenção para o fato de que Nêmesis apresentava um parentesco mais com as formas mais antigas do que mais recentes de Ártemis. Formas divinas pré-homéricas são características da antiga Itália[33]. Encontramos ali o antigo tipo da Ártemis alada[34]. Essa figura apresentava a relação mais íntima com a representante do estado primordial em toda mitologia que, ainda na Atenas clássica, se apresentava com asas negras e, segundo Hesíodo, havia dado à luz Nêmesis[35]: a mãe Noite.

Na mitologia grega, a figura mista é um sinal de mundo primordial. Unir formas de seres diferentes em uma única figura significava para os

---

[27] *Carnuntum*, CIL III, 14.076.

[28] *Aquincum*, CIL, 10.440. • KERÉNYI. *Die Göttin Diana im nördlichen Pannonien* – Pannonia 4, 1938, p. 209.

[29] SCHWEIZER, B. *JdI* 46, 1931, p. 202.

[30] COOK. Op. cit. (anotação 74), p. 270, ilustr. 196. • HERTER, H. *RE* 32, p. 2.376, Nemesis.

[31] Ibid., p. 273ss.

[32] GRATTIUS. *Cyneg.*, p. 483ss.

[33] ALTHEIM, F. *Terra Mater*. Op. cit. (anotação 9), p. 45ss.

[34] ALTHEIM, F. *Griechische Götter im alten Rom*. Giessen, 1930, p. 103s.

[35] ARISTOPH. *Aves*, 695. • HES. *Theog.*, 223.

gregos algo mais negativo do que positivo, sim, significava a própria ausência de figura. Figura mista e conceitualidade se encontram na mesma oposição às figuras puras das realidades do mundo vistas por meio dos olhos gregos. Deuses primordiais, pré-homéricos, têm ambas as qualidades em medida maior do que as figuras divinas de Homero: figura mista e conceitualidade. A conceitualidade sustenta a figura mista e a preserva até os tempos tardios, quando a conceitualização progressiva é capaz de gerar novas misturas e, no fim, leva à realização do paradoxo: mais puro conceito – mais pura quimera. Nêmesis sofreu o mesmo destino: em representações tardias, ela se mostra alada[36]. A conceitualização fez com que a primordialidade da deusa se evidenciasse de forma crua em sua imagem.

A famosa estátua em Rhamnus pelo menos aludia, na medida do possível dentro da arte clássica, àquela figura mista. A deusa Nêmesis foi representada em forma afrodisíaca, mas ela ostentava o sinal de seu contato com o mundo artemisíaco como coroa sobre sua cabeça: uma coroa que consistia em cervos e seres femininos alados[37]. Estas eram interpretadas como deuses da vitória[38]. Nice, a "vitória", como deusa é o exemplo clássico de como a conceitualização é capaz de preservar uma figura mista primordial e transferi-la para um tempo dominado pela figura puramente humana. Existe uma antiga figura alada de Ártemis: o chamado "tipo persa". Uma compilação dos monumentos[39] mostra a deusa alada em vasos, terracotas, chapas de ferro, pedras lavradas antigas, não só como domadora das grandes feras, mas também como senhora das aves do pântano, *la Dame aux cygnes*, que segura e guia os cisnes pelo pescoço. Às vezes, é difícil decidir se, no vaso, a figura representada à frente da deusa – com ou sem aves do pântano – é seu companheiro ou companheira – ou se é uma forma de manifestação dela mesma. E assim como sua figura é fluida, sua designação também é incerta. Às vezes

---

[36] VOLKMANN, H. *Arch. Rel.-Wiss.*, 26, 1928, p. 296ss. • SCHWEITZER. Op. cit. (anotação 77), p. 175ss.

[37] PAUS. Op. cit., I. 33. 3.

[38] Ibid.

[39] RADET, G. *Cybébé*. Bordeaux/Paris, 1909.

ela apresenta os traços da Górgona e tem quatro asas[40], outras vezes ela já manifesta o tipo da Nice arcaica. Ela é, certamente, uma "senhora dos animais" e precursora da Ártemis homérica. Nêmesis, a noiva de Zeus do poeta cíprico, lhe é bem mais próxima do que a sublime filha de Zeus em Homero.

A realidade primordial da mulher, conceitual e sem forma ou, o que equivale ao mesmo, na forma mista e que altera suas formas representando a feminilidade como algo não restrito ao gênero do "ser humano" – é isso que nos resta quando a livramos da última estilização espiritual da Cípria. Essa figura primordial não precisa, necessariamente, ter o nome de Nêmesis. É forte o impulso de designá-la com uma palavra que transcende o humano e não a rebaixa ao meramente animal para "moça" ou "mulher". Não existe dúvida quanto ao que também pertence a integridade natural desse ser. Pertence ao ser feminino também a criança – e também a forma mais primordial da criança: o ovo. Após o casamento das aves, segue o botar ovos. Dos ovos surgem gêmeos divinos: os Dióscuros Castor e Polideuces[41], e as mulheres fatais Helena e Clitemnestra[42]. Queremos ignorar que os filhos são gêmeos – também um motivo primordial[43] –, e, por ora, do fato de que, nas filhas, se destaca um lado da feminilidade que parece justificar a designação "Nêmesis".

Um mito primordial, pré-cíclico e, em seu estilo, também pré-homérico, transparece na narrativa da Cípria. A isso se contrapõe a lenda em que uma mulher terrena, filha de Téstio[44], esposa de Tíndaro, ocupa o lugar de Nêmesis. Seu nome, porém, parece ter sua origem num mundo diferente, pré-helênico: Leda – este é, no mundo inteiro, o nome da amante do cisne

---

[40] Ibid., p. 45, ilustr. 59.

[41] O verso inicial da narrativa do casamento dos cisnes revela que estes dois eram, para o poeta cíprico, os filhos de sua deusa Nêmesis. O verso que segue imediatamente pode ser a continuação original, da mesma forma retrospectiva como Hesíodo (*Theog.*, 535ss.), conta a história de Prometeu.

[42] Clitemnestra, a assassina do marido, que se vinga de sua negligência, é designada em nossas fontes apenas como filha de Leda e Tíndaro. Isso é apenas resultado da avaliação de seu ato pela posterioridade.

[43] EITREM, S. *Die göttlichen Zwillinge bei den Griechen, Skrifter Videnskabss.* Christiania, 1902, 2.2.
• HAGGERTY-KRAPPE, A. *Mythol. Universelle.* Paris, 1930, p. 53ss.

[44] BOWRA, C.M. *Hermes* 73, 1938, p. 218. • MARESCH, G. & KRETZSCHMER, P. *Glotta*, 14, 1925, p. 299, 303s.

mitológico – corresponde acusticamente à palavra *lada* da Ásia Menor, onde significa "mulher"[45]. Ela é portadora daquele nome que correspondia àquele ser primordial que, em grego, por algum motivo qualquer, recebeu o nome de "Nêmesis". Em cada versão da lenda – realmente como amante do cisne, uma das manifestações de Zeus[46], ou apenas como aquela que encontra o ovo do qual surgirá a Helena[47] – ela aparece como mulher terrena, forçosamente inserida nas circunstâncias ordenadas do mundo enrijecido de Zeus em Homero e Hesíodo, de um mundo que não permite à natureza qualquer aleatoriedade primordial e aos olímpios no máximo uma transformação jocosa. Os objetos mais típicos dessa lenda são as imagens em vasos[48] que mostram o ovo gigante deitado no altar de Zeus, um milagre inédito numa casa real civilizada, aparentemente naquele momento em que deveria ser sacrificado. Felizmente, a bela criança chocou a tempo, para a maior surpresa da mãe e de seus filhos adultos, os Dióscuros.

Isso pressupõe uma forma relativamente "magra" de um conto de fadas como fundamento. O mito de Nêmesis, com a exceção da última espiritualização e contemplando aqui apenas a forma mais antiga do conto, pode, em comparação com a lenda de Leda, ser visto como mais exuberante, natural e primordial – mesmo que, por ora, apenas na base de um sentimento. Mas a qualidade que podia ser descrita com essas três palavras pode ser identificada também em outro aspecto. Até agora temos usado a designação "conceitual" de modo indistinto para formações tanto primordiais quanto muito tardias de seres míticos. Agora que percebemos como um tipo de "conceitualidade" em um mito primordial se manifesta juntamente com a qualidade da naturalidade acima descrita, precisamos substituir essa designação, pelo menos nesse tipo de casos, por outra. Oferece-se para tanto a palavra "simbólico", no

---

[45] Cf. PRELLER, L. *Griech. Myth.* II³. Berlim, 1875, p. 90. A palavra remete, ao mesmo tempo, ao norte. Cf. KRETZSCHMER. Op. cit., p. 307s. • GERCKE, A. & NORDEN, E. *Einleitung in die Altertumswiss.* 14. Leipzig, 1939, 6.70s.

[46] *Eur. Hel.*, 18ss.

[47] *Apollod. Bibl.*, 3. 127. • SCHOL. In: CALLIM. *Hymn. Dian.*, 232.

[48] Reunido por STRADONITZ, R.K. *Die Geburt der Helena aus dem Ei, Sitz.-Ber. Preuss. Akad.* 32. Berlim, 1908, p. 691ss., tábuas 6-9.

sentido de Goethe: como aquilo que "coincide perfeitamente com a natureza"[49]; por meio do qual o mundo, por assim dizer, se expressa sobre si mesmo. Nesse sentido, também as imagens oníricas e os motivos de contos de fadas são simbólicos, e o são também os mitos. Se adotarmos uma visão mais precisa dessa distinção terminológica, podemos chamar os contos de fadas de mitos no sentido de que eles não são mero entretenimento e expressão quase cerimonial de eternos desejos e temores humanos: Eles permitem que o mundo se expresse sem limites, mesmo que simbolicamente. A observação mais importante, porém, que podemos fazer aqui é esta: A forma mítica mais exuberante possui a linguagem simbólica mais substancial, muito mais substancial do que a lenda diluída de Leda do período clássico e helênico.

No mito de Nêmesis, a feminilidade primordial se expressa por meio de sua natureza também pelo fato de ela parir filhas fatídicas, mais especificamente, a mais linda e fatídica filha da história do mundo mítico: Helena. Os gregos entendiam essa linguagem simbólica: eles deram prova disso quando deram à mãe de Helena, que antigamente era chamada apenas de "mulher", "Leda", o novo nome de "Nêmesis". O que significa a palavra *nemesis* pode ser determinado da forma mais segura a partir dos verbos derivados νεμεσ-ᾶν, ᾶσθαι, ίζεσαι. Todos expressam a ira justa, às vezes também a ira injusta, mas que sempre é provocada por aquele que é atingido por ela. A nêmesis ocorre como vingança espontânea, executada pelos deuses ou humanos irados. Aqueles verbos pressupõem a nêmesis linguística e logicamente como algo que já está no mundo: eles foram formados a partir do substantivo. O enfurecido *sente* a nêmesis, transforma-se em seu portador e agente. Por outro lado, essa forma linguística e conceitualmente pura da nêmesis não pressupõe necessariamente aquela mulher primordial como sua encarnação simbólica. A razão desse vínculo não pode ser encontrada na ideia da vingança cósmica, mas apenas no símbolo: naquilo que a realidade da mulher dos gregos expressava sobre si mesma.

Conhecemos a teoria muito antiga segundo a qual o sofrimento teria entrado no mundo como vingança da mulher. Nós a encontramos em versão mítica no início da nossa Bíblia. Não nos importa como se explica a formulação da história do paraíso em seus detalhes. O principal permanece

---

[49] *Farbenlehre*, § 916s.

indubitável: ela nos conta que, por meio da conduta feminina da primeira mulher, a miséria e a morte como castigo se tornaram o destino da humanidade. E nos deparamos não só aqui com uma história primordial que apresenta a mulher primordial como fonte do sofrimento na terra e, ao mesmo tempo, esse sofrimento como merecido. Também os gregos possuíam a mesma concepção curiosa da feminilidade e do sofrimento humano, expressada em forma mítica. A tradição não conhece uma narrativa do helenismo antigo sobre a criação do primeiro homem, mas sim da mulher primordial, chamada Pandora. Hesíodo nos conta repetidas vezes[50] como ela – o lindo mal (καλὸν κακόν)[51] – foi criada para castigar a humanidade. A humanidade é castigada pelo sacrilégio de Prometeu, e seu castigo é a mulher, a verdadeira fonte de todo sofrimento. "Antes os seres humanos não conheciam sofrimento, labuta e doença" – assim ele escreve em "Os trabalhos e os dias"[52] – "mas a mulher tirou a tampa do pito, para criar grandes amarguras para o ser humano". Naquele misterioso recipiente, no pito, sobre o qual Hesíodo não nos dá outras informações, os males costumavam estar guardados. Agora que o homem possui a mulher e se deleita com sua beleza, ele possui também os males. Querer remeter essa teoria à experiência pessoal do poeta contrariaria o antigo estilo de vida, que conhece até mesmo o mais subjetivo apenas em formas tradicionais fixas e no qual só podem ser feitas experiências primordiais. Quando Hesíodo, em sua teogonia, acredita ser obrigado a justificar por que a mulher é um mal, ele revela apenas o quanto ele mesmo como helênico do mundo fixo de Zeus já se distanciou daquela experiência humana primordial da qual provém o ensinamento do mito de Pandora.

A pesquisa sobre a confissão de pecados[53], sobre esse fenômeno muito comum na terra, que o verdadeiro helênico dos tempos históricos recusava com desdém, nos permite uma visão mais clara daquela experiência primordial que subjaz a todo mito sobre a natureza geradora de sofrimento

---

[50] *Theog.*, p. 570ss. • *Erga*, p. 60ss.
[51] *Theog.*, p. 585.
[52] *Erga*, p. 90ss.
[53] PETTAZZONI. Op. cit. (anotação 40), I-III, 1925-1936. • *Die Welt als Gesch.*, 3, 1937, p. 392ss. • ENKIDU. *Werkausgabe*, IV, p. 3ss.

da mulher. Sob circunstâncias antigas, a confissão pertencia à esfera de domínio da mulher. A confissão no velho México – para citar apenas esse exemplo – era praticada no culto de Tlaçolteotl, a "deusa da imundície", uma manifestação daquela "mãe dos deuses", que, por sua vez, apresenta uma semelhança assombrosa com a "Grande Mãe" e "Senhora dos Animais" da Ásia Menor. Na antiga América e na antiga Ásia Menor, a mais feminina de todas as deusas, a própria natureza feminina elevada à deusa maior, incentivava a confissão dos pecados. O principal pecado confessado é, em toda parte – não só no México –, o crime sexual, que é acompanhado por uma curiosa consciência do pecado: não existe a percepção de uma intenção maldosa, mas mesmo assim o perpetrador se vê como causa de consequências nocivas, pelas quais ele precisa pagar. Podemos citar muitos exemplos primitivos para esse tipo antiquado de consciência de pecado e sua relação com a vida sexual. Frobenius me disse que, sob condições antigas, existe uma relação também entre a confissão de pecados e a caça e o convívio com o mundo animal, e o Enkidu babilônico da Epopeia de Gilgamesh é prova disso.

Não estou tentando analisar. A relação entre mulher e vingança, sendo que a feminilidade era compreendida como puramente animal e em união com o mundo animal, era uma experiência primordial. Vemo-nos aqui diante de uma integridade natural. O símbolo autêntico, oferecido pela própria natureza, da feminilidade primordial possuía traços ameaçadores e inevitáveis que levaram os gregos de tempos muito remotos a dizer: Essa mulher primordial, essa "Leda", é a própria Nêmesis. Antes da versão completamente espiritualizada da Cípria, onde a Nêmesis já aparece como a ideia grega da vingança cósmica, mas ainda em sua atmosfera primordial, existiu Homero. Ele testifica que aquela redesignação da mulher primordial como Nêmesis é pré-homérica. E certamente Homero foi a razão pela qual essa redesignação não se impôs completamente e pela qual Leda permaneceu humanizada como mãe de Helena e seus irmãos[54]. Está na hora de voltarmos nossa

---

[54] Mãe dos Dióscuros (Od. II. 298) e, portanto, também das duas irmãs, visto que a genealogia era certa em relação à mãe.

atenção para a *Ilíada*, o poema no qual Helena é tão heroína quanto Aquileu é seu herói, e assim tentarmos descobrir o ponto de vista de Homero.

Na *Ilíada*, Helena é filha de Zeus. Sua mãe não é mencionada. Ela *poderia* ser Nêmesis. A Guerra de Troia foi travada por causa de Helena. Helena aparece no terceiro canto – pela primeira vez no poema – num estado de espírito que só pode ser descrito com as palavras da Cípria: "torturada pelo pudor..." Na conversa com Príamo, ela se descreve como "sem pudor" (3.180). E mesmo assim! Os anciãos do povo dos troianos atribulados estão sentados, feito cigarras, no portão da cidade, eles, os sábios e eloquentes oradores, fora do alcance dos encantos femininos. E quando ela aparece, acompanhada de suas duas filhas – as lágrimas em seus olhos não podiam ser vistas, pois ela se escondia por trás de brilhantes véus brancos –, os velhos dizem uns aos outros (156): "Οὐ νέμεσις" – não há Nêmesis ali, que os troianos e gregos já sofrem e sofrem há tanto tempo por causa dessa mulher. Pois ela é como uma das deusas imortais.

Palavras simples e naturais nessa situação – mesmo assim, ocorre-lhes algo indizivelmente grande; a beleza é remida do pecado. Que significado deveriam ter para o futuro! Já que eles pressupunham aquela figura primordial como mãe de Helena, na qual uma consciência de pecado primitiva e irracional vinculava de modo indissolúvel a beleza ao castigo, e se não estivessem voltadas contra aquilo, elas teriam tido peso suficiente para evitar algo. Após palavras desse tipo, o poeta cíprico, que normalmente observa e justifica tudo que está escrito na *Ilíada*, teria sido impossibilitado de ser o *primeiro* a interpretar a Leda como Nêmesis. Só se a mãe de Helena, uma grande deusa de um tempo e mundo mais antigos, já era vista como Nêmesis antes de Homero, podia surgir aquela situação típica da Cípria: A figura primordial não esmorecia, o poeta cíprico não conseguiu se esquivar de seu efeito. Ele tentou reestilizá-la em espírito homérico. Antes de Homero, aquela figura era não só uma grande deusa, mas símbolo: uma imagem expressiva da feminilidade cósmica, que pariu sua filha e *doppelgängerin*, o lindo mal, para a humanidade. Por meio de Homero, esse símbolo se dilui, que, em seu motivo – uma experiência primordial da humanidade –, ainda

• 67

continha em si as antinomias de um mundo natural primordial. Em seu lugar permaneceu o poder insuperável da última ordem como possibilidade atemporal e assexual do cosmo, por meio da qual as leis violadas se vingam. O poeta cíprico pretendia representar ambos de forma unida: tanto a ideia da vingança cósmica quanto a deusa primordial. O culto a Nêmesis fez o mesmo. Até o fim da Antiguidade percebia-se que a vingança se aproxima com asas poderosas das margens do cosmo moral, das profundezas inesgotáveis da selva primordial.

Nossa última pergunta diz respeito a Helena: Em que ela se transformou por meio de Homero? Os heróis podem caluniá-la, vê-la e designá-la causa da guerra: já as palavras introdutórias da *Ilíada* identificam Éris, a discórdia, e não Nêmesis como o meio dos planos destruidores de Zeus. Sua vontade se cumpriu quando os dois grandes, Aquileu e Agamenon, se "desuniram" (1.6): ἐξ οὗ δὴ τὰ πρῶτα διαστήτην ἐρίσαντε – ... A isso corresponde na pré-história da *Ilíada* a sentença de Páris, também uma obra de Éris. Tudo indica que Homero recorre à sentença de Páris, mas lá se detém e não toma conhecimento do papel da outra deusa muito maior como mãe de Helena, e a exclui conscientemente. Por meio da boca dos velhos, ele separa *seu* mundo do mundo da mulher primordial. Na *Ilíada*, Helena se apresenta como totalmente liberta de qualquer vínculo com Nêmesis. Mas liberta a qual preço?

Por meio de outro vínculo, que, de forma alguma, é fácil de suportar: o vínculo com Afrodite. Aquela é senhora; esta, serva. Sua revolta nos permite adivinhar o peso dessa relação que a mulher real precisa suportar. É a segunda grande cena de Helena no terceiro canto da *Ilíada* (383-420). Helena, a filha de Zeus, se volta contra aquela que tudo domina como uma mulher se volta contra outra. "Senta-te tu ao lado de Páris" – ela objeta à grande deusa. Seria realmente algo que despertaria a Nêmesis – νεμεσσητόν – se ela obedecesse e se sentasse ao lado de Páris! A resposta de Afrodite é: "Queres que te devasse?" Helena se assusta e lhe segue em silêncio. "Em frente ia seu destino – ἦρχε δὲ δαίμων". Se Afrodite a abandonasse, ela seria entregue à Nêmesis, à vingança daqueles que sofriam por sua causa.

E assim também a figura da Helena de Homero é simbólica. Isso não quer dizer que ela seja *apenas* simbólica ou que ela seja simbólica num sentido diferente do que o podem ser as figuras – também os personagens históricos – em *toda* grande arte poética, como, por exemplo, em Shakespeare ou Goethe. Ou Nêmesis ou Afrodite: estas são as duas possibilidades extremas da beleza feminina. As transformações do mito de Nêmesis e Helena são representadas pelas duas: ou permanecer a filha de Nêmesis e elevar-se da fonte da consciência do pecado para o castigo da humanidade (e Homero refuta isso) ou (e é disso que Helena e a *Ilíada* são o símbolo eterno) servir à senhora penosa e indiferente e portar o brilho puro e inocente de Afrodite como se fosse o seu e como destino trágico dos homens mortais.

1937

A CRIANÇA ORIGINAL

K. Kerényi

1 Crianças divinas

A mitologia nunca é uma biografia dos deuses, como muitas vezes parece ao observador. Em todo caso, não no que se refere à "mitologia propriamente dita"[1] – à mitologia em sua forma mais pura e original. Por um lado, ela é mais do que isso; por outro lado, é menos. Sempre é menos que uma biografia, embora possa narrar o nascimento e a infância, os atos juvenis dos deuses, às vezes inclusive sua morte prematura. O admirável desses atos reside em que revelam um deus na plenitude de sua forma e de seu poder e, por meio disso, o modo de pensar biográfico – o pensamento em idades da vida como se fossem fases de uma evolução – fica de fato excluído. Por outro lado, a mitologia é mais do que aquela biografia, pois, mesmo que não narre nada que se relacione organicamente a uma idade de vida em particular, abrange as próprias idades de vida enquanto realidades atemporais: A figura da criança tem a mesma função na mitologia do que aquela da moça preparada para o casamento, a *Core* e a mãe. Também elas são na mitologia – como toda figuração possível do ser – formas de expressão do divino.

---

[1] Cf. NILSSON, M.P., apud GERCKE, A. & NORDEN, E. *Einleitung in die Altertumswissenschaft*, II, 2 (Leipzig: [s.e.], 1933, 4, p. 62), com meu artigo "Was ist Mytologie?" (*Europäische Revue*, 1939, p. 557ss.). Tb. em edição completa VII (*Antike Religion*. Stuttgart: [s.e.], 1995, p. 11-26).

1 Cabeça do Eros Arqueiro
Cópia da era hadrônica.

Os atos da criança Apolo permanecem atos apolíneos; e as travessuras da criança Hermes, mais que infantis, são típicas de Hermes. O helenismo clássico decidiu considerar aqueles dois deuses sob um aspecto eternamente juvenil, uma vez que Apolo e Hermes, como figuras reconhecidas por sua pureza e perfeição, aparecem do modo mais claro, entre todas as figuras possíveis da terra, na forma do jovem atemporal; do mesmo modo que a figura de Zeus se revela na forma do homem régio, ou a de Saturno, do final na Antiguidade, na forma do ancião rabugento. O helenismo arcaico reconhecia seu Apolo, seu Hermes e seu Dionísio em figuras barbudas, e isso comprova que o ser divino e a plenitude da vida humana também podem ter outro ponto de contato: no auge daquela maturidade alcançada pelos mortais. A tarefa mais árdua consiste em captar, no florescimento passageiro da juventude, o aspecto atemporal que cada um desses deuses representa. Antes que a arte grega tivesse resolvido o problema, as figuras barbudas masculinas – figuras de certo modo desprovidas de idade – constituíam a forma mais adequada de representá-lo. A partir da figura de homens, jovens e anciãos divinos, a mitologia grega nunca expressou uma idade biográfica, mas sempre a essência de Deus. O tipo arcaico barbudo – seja Hermes, Apolo e Dionísio, representados na plenitude de sua força vital como o *acme* do homem grego, como Zeus ou Posídon – constitui a forma mais simples de expressão visual daquela existência atemporal que Homero atribui aos deuses com as palavras: eles não envelhecem, nem morrem, *são* eternos. Representados de modo arcaico, na maturidade desprovida de idade, ou na figura ideal clássica, esses jovens ou homens divinos têm em *primeira* linha um valor simbólico: possuem plenitude de vida e plenitude de sentido *ao mesmo tempo*. Segundo sua essência, são independentes de qualquer relação biográfica imaginável.

Muitos deuses aparecem não apenas na forma de homem ou jovem, mas também na figura de uma criança divina, e até poderia parecer que a *criança* possui aquele significado biográfico que acaba precisamente de ser negado. A mitologia grega não introduz a criança Hermes e a criança Dionísio porque sabe também de seu pai e de sua mãe? Não é porque a história do nascimento deve ser continuada, da maneira mais natural, com a história da infância? Mas também esse modo de pensar aparentemente biográfico se limita a inserir a idade infantil na história dos deuses. Logo que a figura da criança está presente, é suprimida e substituída pela figura do deus. A criança Hermes é de imediato Hermes; o pequeno Héracles detém logo sua força e valentia. A plena capacidade de viver e de sentir da criança prodígio em nada é inferior à do deus barbudo. Antes, parece ser ainda mais rica e comovente. Com o aparecimento da criança divina – seja no hino homérico a Hermes, no mito de Zeus ou de Dionísio, ou na 4ª écloga de Virgílio –, sentimo-nos transportados para aquela atmosfera mitológica que conhecemos como "ambiente dos contos de fadas". Se alguém acredita ter encontrado na criança divina o momento biográfico da mitologia, logo ficará pensativo. Pois é aqui, neste ponto aparentemente biográfico, que nos encontramos ainda mais distantes da biografia e no interior daquele elemento primordial da mitologia em que crescem e prosperam livremente as criaturas mais admiráveis.

Onde estaria, portanto, o equívoco? Na suposição de que a figura das crianças divinas seria o resultado do pensamento biográfico? Ou na ideia de que, nesse caso, o ponto de vista biográfico talvez possua apenas significado secundário e que o elemento primordial e imediato seja o próprio jogo da mitologia? Seria um jogo comparável ao de um grande compositor invisível que faz variações do mesmo tema – a imagem originária da criança – na tonalidade de diversos deuses? Aquela criança original – a criança divina de tantos mitologemas – não seria o único *filius ante patrem* verdadeiro cuja existência em primeiro lugar havia suscitado a história de sua origem? Se quisermos entender as narrativas mitológicas das crianças divinas precisamos expor essas ideias com clareza ou rejeitá-las. No entanto, o caminho que leva à compreensão dos mitologemas é o de deixar que falem por si mesmos.

2 A criança órfã

Os mitologemas antigos sobre as crianças divinas despertam um ambiente de conto de fadas. Isso sucede não de um modo incompreensível e completamente irracional, mas a partir dos seus traços fundamentais que sempre se repetem e que podem ser identificados claramente. A criança divina é, na maioria dos casos, uma criança abandonada e, muitas vezes, ameaçada por perigos extraordinários: ser engolida como Zeus ou despedaçada como Dionísio. Por outro lado, esses perigos não são algo surpreendente, mas característicos de um mundo titânico, do mesmo modo que as desavenças e ardis fazem parte dos mitologemas antigos. Às vezes o pai é o inimigo, como Crono, ou apenas está ausente, como Zeus quando Dionísio é despedaçado pelos titãs. Um caso incomum é narrado no hino homérico a Pã. O pequeno Pã foi abandonado por sua mãe e sua ama que, assustadas, deixaram o recém-nascido para trás. Hermes, seu pai, recolheu-o, cobriu-o com uma pele de lebre e o levou ao cume do Olimpo. De repente, duas esferas do destino estão frente a frente: em uma, a criança divina é uma criatura disforme e abandonada; na outra, está sentada entre os deuses, ao lado de Zeus.

A mãe desempenha um papel insólito: Ela *é* e *não é*, simultaneamente. Para aclarar isso com um exemplo das tradições itálicas: A criança Tages, de quem os etruscos receberam sua ciência sagrada, surgiu de dentro da terra diante dos olhos de um homem que lavrava[2] – tratava-se de uma criança da mãe Terra e ao mesmo tempo do tipo mais puro da criança abandonada, sem pai nem mãe. Sêmele já estava morta quando Dionísio nasceu, e também a mãe de Asclépio não sobreviveu ao nascimento de seu filho. Além disso, poderia mencionar aqui os personagens das lendas que igualmente são filhos abandonados, enjeitados ou separados violentamente de suas mães; no entanto, pretendo me ater essencialmente à "mitologia propriamente dita" e, por isso, cito exclusivamente deuses que se encontram no centro dos autênticos mitologemas e cultos. Algo parecido sucedeu também a Zeus, o maior de todos os deuses. Recém-nascido, sua mãe – para salvá-lo – o enjeitou. A presença das amas divinas ou dos animais-ama no mito de Zeus e das amas no mito e no culto à criança Dionísio têm dois significados: a *solidão* da criança divina e o fato de que, apesar disso, no mundo primitivo ela *se sente em casa*. Trata-se de uma situação com dupla face: a de uma criança órfã e, ao mesmo tempo, a de um filho favorito dos deuses.

Trata-se de uma variação diferente do mesmo tema em que a mãe compartilha o abandono e a solidão. Ela anda errante e apátrida e é perseguida, como Leto, a qual é protegida pelo recém-nascido, o pequeno Apolo, frente ao poderoso Tito. Ou ela vive apenas desprovida de glória, distante do Olimpo, como Maia, a mãe de Hermes. Sua situação – originalmente aquela da mãe Terra, cujo nome ela detém – não é mais muito fácil no hino homérico. A situação simples revela o abandono do deus recém-nascido nas duas variações. Na primeira: o abandono da mãe com a criança, como Leto com Apolo, na ilha deserta de Delos. Na segunda: a solidão da criança no mundo primitivo e selvagem.

O ambiente de conto de fadas se concretiza. Um motivo dos contos de fada parece ser o tema da criança órfã e abandonada presente nos contos populares da Europa e da Ásia. "Onde era e onde não – bastaria que houvesse uma cidade e que em sua parte meridional houvesse uma casa em ruínas

---

[2] CÍCERO. *De divinatione*, 2.23. • OVID. *Metamorphosen*, XV, 553. • FESTUS, S.V. "Tages". [As fontes para as demais edições podem ser encontradas no dicionário de mitologia. Sobre Hermes, cf. meu ensaio *Hermes der Seelenführer*, 1944.]

habitada por uma criança órfã que ficou completamente desamparada depois da morte de seu pai e de sua mãe" – assim inicia um conto de fadas húngaro[3]. Há paralelos tanto para a variante da completa solidão como para a variante com a companhia da mãe ou da ama. Um conto da floresta negra dos tártaros da região de Altai começa assim[4]:

>Há tempo, há muito tempo,
>Criado por Deus,
>Criado por Pajana,
>Um menino vivia órfão.
>Sem alimentos para comer,
>Sem roupas para vestir,
>Assim vivia ele.
>Ali não há mulher que case com ele.
>Uma raposa veio até ele;
>A raposa falou com o jovem:
>Como te tornarás um homem?, perguntou-lhe.
>O menino disse:
>Como me tornarei um homem,
>Nem eu mesmo sei!

Um canto épico também proveniente de uma tribo altaica, a dos schor, aproxima-se mais da outra variante[5]:

>Altyn Sabak, a mulher,
>Vivia em terra deserta,
>Sem gado, sem povo.
>Alimenta ela um menino pequeno,
>Ao mar branco joga a vara de pesca,
>Um jovem lúcio
>Ela pesca a cada dia.
>Em água da fonte ela o cozinha.
>Seu caldo eles tomam.
>Esse menino órfão
>O alimenta Altyn Sabak.

---

[3] KÁLMÁNY, L. (org.). *Ipoly Andor Népmesegyüjtemény*, 14. Budapeste: [s.e.], 1914.
[4] RADLOFF, W. *Proben der Volksliteratur der türkischen Stämme Süd-Sibiriens* I. São Petersburgo: [s.e.], 1866, p. 271.
[5] Ibid., p. 400.

Nesse caso, a mulher é a irmã mais velha do herói: uma peculiaridade desses cantos.

A presença dessa situação no conto e na epopeia – apesar desses exemplos estarem distantes do domínio clássico – levanta a questão: A criança órfã foi a antecessora da criança divina? Ela foi acolhida na mitologia a partir da representação de um tipo de destino humano e elevada à categoria divina? Ou ocorreu o inverso? A criança divina seria a mais antiga e a criança órfã do conto de fadas apenas seu pálido reflexo? O que nesse caso está em primeiro lugar: o conto ou o mito? O aspecto precedente foi a solidão do mundo primordial ou a imagem puramente humana do destino do órfão? A questão se torna ainda mais incisiva quando se leva em consideração os casos em que o mitologema da criança divina e o conto de fadas da criança órfã são completamente inseparáveis. Em seguida examinaremos um caso desse tipo.

3 Um deus dos vogules

Nesse ínterim nos afastamos ainda mais do domínio clássico. O mitologema, que talvez possibilite uma visão mais profunda das relações originais, encontra-se entre os vogules. Seu acervo de mitos, reunidos por Reguly e Munkácsi, dois pesquisadores húngaros, está disponível para nós em textos originais perfeitos que o cientista citado por último publicou em tradução húngara literal. A seguir, tenta-se pelo menos reproduzir fielmente essa tradução. Os vogules tinham adoração especial por um de seus deuses de nome "o homem que contempla o mundo"[6]. É um deus baixado do céu, baixado com sua mãe e sem ela. Com sua mãe é "baixado" de modo a nascer como filho da mulher expulsa do céu. Sua mãe caiu na margem do Rio Ob. "Sob sua axila direita quebraram-se duas costelas. Uma criança com mãos e pés dourados veio ao mundo"[7]. Essa espécie de nascimento, a saída da criança do lado direito de sua mãe, revela influência budista. O bodhisattva, que mais

---

[6] MEULI, L. "Scythia" (*Hermes*, 70, 1935, p. 160), no qual a influência budista não é levada em consideração.

[7] MUNKÁCSI, B. *Vogul népköltési gyüjtemány*, II, 1. Budapeste: [s.e.], 1892, p. 99.

tarde se tornou o Gautama Buda, entrou no seio materno pelo lado direito e, ao final de dez meses, deixou novamente o lado direito da mãe, com plena consciência e imaculado: assim sucedeu segundo a lenda de Buda proveniente das seitas setentrionais, do assim chamado Budismo Mahayana[8]. O nome de Deus "o homem que contempla o mundo" constitui uma tradução exata de "Avalokiteshvara", do nome do bodhisattva soberano da mesma religião que seus missionários na Ásia Setentrional difundiram amplamente. Avalokiteshvara é uma divindade misericordiosa, que contempla o mundo, como aquela em que se converteu o deus dos vogules: de sua essência original se desprendem qualificativos que falam de seu aspecto de ganso, de cisne e de grou[9]. Partes do corpo douradas o adaptam, como o Buda recém-nascido do nosso mundo – ao mundo-Avalokiteshvara:

> Ele que resplandecia como ouro;
> Que no fogo é trabalhado pela mão do artista...[10]

O destino do órfão independe de tudo isso e nos introduz num outro mundo, o mundo histórico de Dalai Lama, a personificação atual do Avalokiteshvara.

A criança divina dos vogules – o homem que contempla o mundo, quando ainda era um pequeno menino – também veio ao mundo sem mãe[11]. No céu se realiza uma consulta para decidir sobre ele:

> O filho pequeno de seu pai, o favorito de seu pai,
> O filho pequeno de sua mãe, o favorito de sua mãe –
> Um dia surgirá a era do homem –
> O homem que se apoia sobre seus pés,
> Como poderá suportá-la?
> Deixemo-lo nas mãos de outro,
> Nas mãos de outro ele será domesticado!
> Ele será entregue ao tio, à tia, de seu pai, de sua mãe.

---

[8] *Lalitavistara*, 6-7.
[9] MUNKÁCSI, B. *Vogul népköltési gyüjtemény*. Op. cit., II, 2, 1910, p. 58 e 67.
[10] "Sutta Nipata". OLDENBERG, H. *Reden des Buddha*. Munique: [s.e.], 1922, p. 4.
[11] Os versos a seguir provêm de dois "cantos de heróis divinos". Cf. MUNKÁCSI, B. *Vogul népköltési gyüjtemény*. Op. cit., II, 1, p. 100ss.

Ouvimos falar de um berço suspenso entre o céu e a terra no qual o menino é colocado e baixado, conforme a resolução de seu pai, do alto do céu:

> Seu pai o colocou num berço de curvatura prateada,
> Baixou-o ao mundo dos homens, os habitantes da terra de baixo.
> Sobre o telhado de seu tio humano, aquele das penas de águia,
> Caiu com a poderosa voz do trovão.
> Seu tio de repente estava lá fora e o levou para dentro.
> Educa-o de dia; educa-o de noite.
> Como assim cresce, sua tia bate nele.
>
> Como assim cresce, seu tio bate nele.
> Assim seus ossos se endurecem, assim seus músculos se fortalecem.
> Sua tia bate nele pela segunda vez,
> Na terceira vez, o tio bate nele.

Ouvimos falar de seu destino triste na casa do russo: Mantêm-no preso à dobradiça da porta e jogam a água suja sobre ele. Ainda mais triste é seu destino na casa do samoiedo, que o amarra ao seu trenó com uma corda de ferro de trinta braças. A dificuldade do trabalho que executa na casa do samoiedo aparece menos em nosso texto do que em narrativas parecidas sobre heróis legendários e filhos de deuses martirizados. O sofrimento da criança é descrito de modo ainda mais impressionante quando golpeada quase até a morte com um "bastão de osso de mamute", jogada sobre um monte de estrume e utilizada como animal de sacrifício. Aqui está o ponto mais baixo, aqui acontece a virada. O menino obtém de repente raquetes para a neve, uma couraça, uma aljava, um arco e uma espada. Com uma flechada atravessa sete cervos, com outra sete alces. Ele oferece o filho do samoiedo em sacrifício, destrói sete "cidades" samoiedas, o russo e a cidade dos russos e – "com a pressão de suas costas, com a pressão de seu peito" – mata seu tio e sua tia.

É uma epifania, não menos terrível do que aquela narrada no hino homérico que trata de Dionísio no barco dos piratas etruscos. Do destino do órfão surgiu um deus. A mudança do destino é não apenas efetiva, mas também cheia de sentido. Com nosso mitologema vogul nos aproximamos muito de um tipo de conto por todos conhecido: o de "Hans e o forte"[12]. No entanto, uma comparação precisamente deste com o mitologema revela quão inferior é, neste caso, o conto em termos de efetividade e sentido. Ele recebe apenas a importância que se pode atribuir aos atos grotescos e exagerados de um moço camponês extraordinariamente forte e às situações equivocadas que daí se originam. A diferença não está no meio ou na atmosfera social (a atmosfera da mitologia vogul é nada menos que régia), mas no que temos de chamar de a estrutura dramática do mitologema. Ao gênero conto de fadas falta essa estrutura. A extraordinária força física é substituída de antemão por informações sobre o nascimento e o modo de alimentação do moço. Ele foi amamentado durante vários anos ou comeu por nove pessoas: Seu pai era um urso ou – como num conto húngaro – sua mãe era uma égua, uma vaca, uma fada; ele saiu lentamente de um ovo ou foi forjado em ferro. É verdade que tudo isso revela a origem mitológica do conto; porém, faz a ação descer a uma esfera inferior: do nível de um drama sublime para aquele mundo dos fatos incríveis e extraordinários, ao qual estamos acostumados nos contos. O que é, por sua vez, tão impactante no mitologema? O mesmo aspecto que simultaneamente é o *sentido* do mitologema: a revelação da divindade na unidade paradoxal do mais fundo e do mais alto, do mais débil e do mais forte.

A pergunta pelo que, nesse caso, é o primordial, simplificou-se bastante. A aparição de um filho de deus e do rei a partir da criança órfã, como tema do mito e do conto, pressupõe a situação do órfão: Essa situação básica possibilita aquela aparição. No entanto, o destino do órfão não constitui, enquanto fato puramente humano, uma *base suficiente* para uma tal aparição. Visto a partir de uma perspectiva não mitológica, da vida humana costumeira, aquele destino se realiza não necessariamente numa epifania. Se a epifania é, apesar disso, de certo modo, seu fruto e sua realização, então a situação toda precisa ser entendida a partir da mitologia. A mitologia conhece algum destino de órfão combinado com figuras dos deuses, com uma figura divina a qual tal destino pertence como seu *traço essencial*?

---

[12] AARNE & THOMPSON. *The Types of the Folktale*. Helsinki: [s.e.], 1928, n. 650 [aqui acrescentado com base nos contos húngaros].

4 Kullervo

Para poder decidir, com base na observação imediata, se a criança órfã do conto e seu abandono total indicam uma das formas de destino humano no sentido da mitologia ou no da narração do relato, vamos colocar-nos diante de uma descrição desse caso em todos os seus detalhes. Não são os motivos individuais, mas é a visão de conjunto que deve falar por si mesma. O tema do nascimento miraculoso nos orientou no sentido da mitologia. Na *Kalevala* dos finlandeses, a descrição da criança órfã se encontra num marco heroico: é a servidão de Kullervo, o filho de Kalervo. Pretendeu-se reconhecê-lo, por um lado, no "Hans, o forte" dos contos finlandeses, o "menino nascido de um ovo" (em finlandês: *Munapojka*)[13]. Por outro lado, comparou-se ele com o Hamlet da epopeia dinamarquesa: Como este último, Kullervo sobreviveu na condição de vingador de seu pai[14]. No entanto, tampouco esse elemento pertence exclusivamente à epopeia. Nas canções épicas dos deuses vogules, também a criança divina que se tornou órfã apresenta a característica de um "vingador imortal"[15].

Não iremos dirigir o olhar para o marco, nem para os elementos que, na *Kalevala*, conferem aos cantos de Kullervo o caráter de um ciclo interligado da epopeia finlandesa, mas para a riqueza do próprio perfil. A exuberância legendária da *Kalevala* é, *em si mesma*, inestimável. A poesia grega resolve seus temas mitológicos, de certo modo, com desenhos claros e puramente lineares, com certo efeito plástico, mas sem a exuberância das formações inspiradas na natureza. As adaptações finlandesas de temas similares podem ser adicionadas como complemento – como uma espécie adicional de representação –, independentemente da questão do nexo histórico. Juntos, os dois tipos ilustram de modo mais completo o objeto comum. Dessa maneira deve ser elucidado aqui não apenas o destino da prodigiosa criança órfã, mas também a figura da criança divina.

---

[13] COMPARETTI, D. *Die Kalevala*. Halle: [s.e.], 1892, p. 197.
[14] KROHN, K. *Kalevalastudien*, VI. Helsinki: [s.e.], 1928, p. 29.
[15] Cf. MUNKÁCSI, B. *Vogul népköltési gyüjtemány*. Op. cit., II, 2, p. 136ss. e 265ss.

Um herói da pré-história finlandesa, de nome Untamo – assim lemos no 31º canto da *Kalevala*[16]–, exterminou o povo de seu irmão Kalervo.

> Ficou sozinha a jovem de Kalervo
> Com o fruto em seu corpo,
> A horda de Untamo a levou
> Consigo para a sua pátria,
> Para varrer a sala,
> Para limpar o chão.
> Transcorrido algum tempo,
> Um pequeno menino nasceu
> Da mulher muito infeliz;
> Como, pois, deveria ser chamado?
> Kullervo, chamou-o a mãe.
> Untamo chamou-o pérola de combate.
> O pequeno menino foi deitado,
> A criança, sem pai,
>
> Foi deitada no berço,
> Para que ali fosse embalada.
> Embala-se ali no berço,
> Embala-se, que o cabelo se levanta
> Um dia e também o segundo,
> Mas já no terceiro dia
> O menino golpeava com os pés,
> Golpeava para a frente, golpeava para trás,
> Arrebenta com força as fraldas.
> Engatinha para fora, para cima de sua manta,
> Aos golpes deixa o berço de tília em pedaços
> E rasga todas as fraldas.

"Já na terceira lua" a ideia de vingança desperta no menino "da altura dos joelhos": Ele quer vingar o seu pai e a sua mãe. Untamo fica sabendo disso. Reflete-se sobre como aniquilar o menino prodígio. Primeiro tenta-se por meio da água:

> Foi colocado num pequeno barril,
> Aprisionado num pequeno tonel,
> Assim levado à água,

---

[16] Os textos a seguir são conformes à tradução de A. SCHIEFFER. *Helsingfors*, 1852.

Assim afundado em meio às ondas,
Depois se foi ver
Transcorridas duas noites,
Se ele havia afundado na água,
Se ele havia morrido no barril.
Na água não havia se afogado,
No barril não havia morrido,
Do tonel ele havia engatinhado,
Sentado agora sobre a crista das ondas,
Com um bastão de cobre na mão,
Que na ponta tinha um fio de seda,
Pescava os peixes do mar,
E media a água do mar:
Água há um pouco no mar;
Para encher duas colheres,
Se bem medida,
Haveria um pouco para a terceira.

Em seguida, Untamo quis aniquilar o menino com fogo:
Foram acumuladas e empilhadas
As madeiras secas de bétulas,
Pinheiros, com centenas de ramos,
Árvores, cheias de resina,
Mil trenós repletos de cascas,
Centenas de braças de freixos secos;
Foi ateado fogo à madeira,
Que se espalhou pela fogueira,
Ali então foi jogado o menino,
Em meio ao calor do fogo.
Queimou um dia, o segundo,
Queimou ainda um terceiro dia.
Ali se foram para ver:
Sentado estava com cinzas até os joelhos,
Com cinzas até os braços,
Na mão tinha o espevitador,
Para aumentar a intensidade do fogo,
Para atiçar as brasas,
Nem um fio de cabelo estava chamuscado,
Nem um cacho estava danificado.

Por fim, é feita uma terceira tentativa que, nesse contexto, podemos chamar de aniquilação por meio do elemento ar: Untamo pendura o menino numa árvore,

   Ata-o a um carvalho.

Após um prazo habitual, um servo é enviado para conferir e traz essa notícia:

   Não se deu cabo de Kullervo,
   Nem na árvore ele morreu,
   Risca desenhos nas árvores,
   Tem uma varinha nas mãos,
   Repletas de desenhos estão as árvores,
   Repleto de entalhes está o carvalho,
   Homens estão ali e também espadas,
   Tem ao lado lanças.
   Quem poderia ajudar a Untamo
   Com o menino infeliz;
   Seja qual for a morte que prepare,
   Seja qual for a destruição que imagine,
   Ele não é destruído,
   Nem se dá cabo do menino mau.

Até aqui se estende a primeira variação sobre o tema – no sentido musical da palavra. Também essa primeira consiste de duas variantes. Uma análise abrangente já levaria, contudo, à dissolução de unidades que são efetivas em seu conjunto, como a criança *e* o elemento em que ela flutua. Toda variação exerce sobre nós um efeito imediato, inicialmente, de certo modo, apenas por meio de sua composição poética ou combinação artística. Mais tarde, veremos como a composição ou combinação da criança e da água é não apenas exteriormente efetiva, mas também cheia de sentido. Por ora, somente mencionemos um exemplo que ilustra a maneira como também a criança e o fogo podem se correlacionar na mitologia:

   O céu girava em círculo, a terra girava em círculo:
   O mar vermelho também girava em círculo
   No mar, dores de parto acometiam o junco vermelho-sangue,
   Pela haste do junco saía fumaça,
   Pela haste do junco saíam labaredas,

> E das labaredas saltou um menino:
> Fogo tinha como cabelo, fogo trazia como barba.
> E seus olhinhos eram sóis.

Este é um tipo de nascimento de uma criança divina relatada num canto de culto dos antigos pagãos armênios[17], um mitologema que mencionei na explicação da 4ª écloga de Virgílio[18]. É compreensível que esse mitologema seja incluído na série de "mitos da origem a partir de um junco" – expressão utilizada por Frobenius para denominar um grupo de mitologias do sol[19]. Neste caso, a consonância com a variante de "Kullervo no fogo" é suficiente para nos dar ciência do tipo de matéria original da qual podem surgir as imagens do destino do órfão, a exemplo dessas três formas de destruição de Kullervo. Sem dúvida, a matéria original é a da mitologia e não a da biografia; uma matéria com a qual se modela a vida dos deuses e não a dos homens. O que é, do ponto de vista da vida humana, uma situação de excepcional tristeza – a do órfão que está exposto e é perseguido –, aparece na mitologia numa perspectiva totalmente diferente. Essa situação se apresenta como a solidão do ser elementar: uma solidão que é própria do elemento original. O destino de órfão de Kullervo, entregue a todo tipo de destruição, exposto a todos os elementos, deveria ser o *verdadeiro* destino do órfão, no sentido pleno do termo: o de estar exposto e de ser perseguido. Ao mesmo tempo, é o triunfo da natureza elementar e original da criança prodígio. A *medida humana* do destino de órfão de *tais* seres não é um verdadeiro destino de órfão, mas é secundário. Por outro lado, somente o *extrínseco* destino de órfão, que é próprio de tais seres, é verdadeiro e significativo: verdadeiro e significativo enquanto *solidão original*, no lugar apropriado para tais seres e situações – na mitologia.

A primeira das três variações do tema de Kullervo corresponde ao nível mitológico original. Tudo aquilo que na *Kalevala* recorda as atividades

---

[17] VON KHORNI, M. (= Chorene). *Geschichte Gross-Armenien*. Cit. na tradução de VETTER. In: GELZER, M. "Zur armenischen Götterlehre". *Ber. Sächs. Ges. Wiss.* 48. Leipzig: [s.e.], p. 107.

[18] KERÉNYI. "Das persische Millenium in Mahabharata, bei der Sibylle und Vergil". *Klio* 29, 1936, p. 31.

[19] FROBENIUS, L. *Das Zeitalter des Sonnengottes*, I. Berlim: [s.e.], 1904, p. 271ss.

do forte moço do conto se conecta, nesse mesmo nível, a esse fragmento de cunho mitológico na qualidade de variação ulterior dele. Kullervo soluciona todas as tarefas de tal modo que a solução supera qualquer expectativa e ao mesmo tempo é letal – em detrimento daquele que lhe incumbiu a tarefa. Na compilação desses cantos, Elias Lönnrot procedeu conforme o espírito dos cantores da *Kalevala*[20]. A poesia popular finlandesa liga as variações do ciclo de Kullervo à mesma personagem, ainda que conheça a imagem da criança que flutua sobre a água também a partir de outros contextos. O elemento "legendário" se eleva a elemento mitológico como uma outra variação do mesmo tema musical.

A solução letal da primeira tarefa [imposta a Kullervo] desperta pouca atmosfera de conto de fadas, uma vez que reproduz a crueldade das mitologias primitivas! Kullervo, o "da altura dos joelhos", recebe nessa variação – "ficou um palmo maior" – a atribuição de cuidar de uma criança pequena.

> Cuida um dia, o segundo,
> Quebra as mãos, fura os olhos,
> Deixa a criança no terceiro dia
> De doença morrer por completo,
> Joga os lençóis na água
> E queima o berço da criança.

Untamo – conforme o autêntico estilo da mitologia primitiva – sequer fica indignado com isso, mas reflete apenas:

> Nunca mais ele servirá
> Para cuidar bem de crianças pequenas,
> Embalar bem os do tamanho do dedo;
> Não sei onde poderia usá-lo,
> Para que poderia empregá-lo?
> Deve derrubar a floresta para mim?
> Ordenou-lhe que derrubasse a floresta.

Em seguida, a história narra como Kullervo manda fazer um machado e como ele mesmo se envolve nesse trabalho. O desmate de proporções

---

[20] KROHN, K. *Kalevalastudien*. Op. cit., p. 3ss.

desmedidas é realizado primeiro com esse machado e depois – ainda mais em sintonia com o espírito da epopeia finlandesa – por meio de cantos mágicos. Com um êxito igualmente exagerado é cumprida a próxima tarefa: o cercado. O último trabalho que realiza para Untamo – a trilha – recorda de modo especial os contos de "Hans, o forte" dos outros povos europeus.

> Kullervo, o filho de Kalervo,
> Começou agora a trilhar o grão,
> Triturou o cereal em pó fino,
> E reduziu as hastes a debulho.

Kullervo alcança o ponto alto das soluções mortais na condição de pastor a serviço da mulher do ferreiro Ilmarinen, no canto 33, "A anfitriã atrevida":

> Essa velha desdentada
> Assa um pão para o seu pastor,
> Dá ao pão grande compactação,
> Aveia embaixo, trigo em cima,
> No meio uma pedra.

E, com tal provisão, despacha Kullervo com suas vacas. Para se vingar, ele aniquila todo o rebanho, reúne uma alcateia de lobos e ursos, e, por meio de mágica, faz os animais selvagens parecerem vacas e, com os ossos dos animais mortos, confecciona diversos instrumentos musicais:

> Faz uma trompa da pata da vaca,
> Do chifre do boi um apito,
> Da pata de Tuomikki uma corneta,
> Uma flauta da tíbia de Kirjo;
> Depois toca sua trompa,
> Faz soar seu apito,
> Três vezes no monte da terra natal,
> Seis vezes na foz do Ganges,
> A mulher de Ilmarinen, porém,
> Ela, a velha mulher do ferreiro,
> Há muito esperava pelo leite,
> Ansiava pela manteiga do verão;
> Ouve os passos desde o pântano,
> O barulho que vem do matagal,

Diz palavras deste tipo,
Se faz ouvir deste modo:
"Louvado seja Deus, ó Supremo,
Soa uma corneta, chega a manada,
De onde o servo tirou o chifre
Para fazer uma trompa para si?
Por que ele faz tanto ruído ao vir,
Sopra e apita com todas as suas forças,
Sopra até arrebentar os tímpanos,
Faz ruído até explodir a minha cabeça?"
Kullervo, o filho de Kalervo,
Diz palavras deste tipo:
"O servo encontrou o chifre no pântano,
Tirou a trompa do charco;
Teu rebanho está no curral,
Tuas vacas no redil,
Quer ocupar-te agora com o fogo,
E ir ordenhar as vacas!"
A dona da casa de Ilmarinen manda
A velha da fazenda a ordenhar:
"Anda, velha, vai ordenhar,
Vai cuidar das vacas,
Não creias que te livrarás,
Por haver tu mesmo amassado a massa!"
Kullervo, o filho de Kalervo,
Fala palavras desse tipo:
"Sempre será a boa anfitriã,
A sensata mulher da casa,
Ela mesma a primeira a ordenhar as vacas,
Ela mesma a cuidar dos animais".
A mulher de Ilmarinen foi
Ela mesma fazer o fogo,
Foi em seguida ordenhar as vacas,
Olhou uma vez para o rebanho,
E contemplou as vacas,
E disse estas palavras:
"Bom aspecto tem o rebanho,
Boa cor tem o gado,
Como escovado, com uma pele de lince,
Com a lã da ovelha selvagem,

> Com os ubres cheios e firmes,
> Com as tetas endurecidas".
> Agacha-se para tirar o leite,
> Senta-se para captar o leite,
> Tira uma vez, tira a segunda,
> E tenta ainda a terceira vez,
> Sobre ela se lança ferozmente o lobo,
> Chega depressa o urso,
> Na boca o lobo a dilacera,
> Sobre os calcanhares se lança o urso,
> Morde a carne da panturrilha,
> E quebra o osso da perna,
> Kullervo, o filho de Kalervo,
> Retribuiu assim a zombaria da mulher,
> O escárnio e as humilhações da mulher,
> Pagou assim a maldade da mulher.

É impossível derivar a mitologia finlandesa da grega ou vice-versa: a grega da finlandesa. Mas é igualmente impossível não perceber que Kullervo, a criança prodígio e o servo forte numa mesma pessoa, revela-se ao final como Hermes e Dionísio. Como Hermes, ele aparece por meio da confecção de instrumentos musicais, ligada ao extermínio de gado (há uma versão do mitologema da criança Hermes[21] em que não apenas a matança das tartarugas, mas também o roubo e a matança do gado, precedem a invenção da lira); como Dionísio, Kullervo aparece no que faz com os animais selvagens e com seus inimigos. Um traço dionisíaco – assim precisamos denominá-lo da perspectiva das categorias da mitologia grega – é que os lobos e ursos apareçam, graças ao poder mágico, na forma de vacas inofensivas; e também é dionisíaco o fato de que sejam eles que castiguem seu inimigo. Quando lemos a cena dramática da ordenha de animais selvagens, reconhecemos, estremecidos, o estado de espírito trágico-irônico das *Bacantes* de Eurípedes. O destino dos piratas etruscos, os inimigos de Dionísio castigados com a aparição das feras, constitui aqui uma analogia ainda mais próxima que a epifania da vingança da criança divina dos vogules.

---

[21] APOLLODOROS, R. *Bibliotheca* 3.10.2.

5 Nārāyana

A criança divina que se sente em casa na solidão do elemento original, a imagem originária da criança órfã prodígio revela a plenitude de seu significado especialmente ali onde o cenário de sua epifania é a água.

Recordemos aquela epifania de Kullervo, sentado "sobre a crista das ondas", "com um *bastão de cobre* na mão"; lembremos nesse sentido ainda a maneira com que pretendia derrubar a floresta, e logo reconhecemos seu parentesco com o homenzinho de cobre do canto 2 da *Kalevala*. É evidente que aquela criança não tinha uma estatura "que chegava aos joelhos", nem "um palmo maior", mas a de um gigante, para o qual a água do oceano é suficiente apenas para "encher duas colheres" ou, no máximo, se bem medida, haveria ainda "um pouco para a terceira". No canto 2 aparece algo similar e, em outra grande mitologia, há um paralelo marcante precisamente deste traço aparentemente contraditório da figura da *criança*. O hindu Mārkandeya, o eremita de eterna juventude, encontrou tal criança prodígio no final da época precedente e no princípio da atual. A narrativa está no Mārkandeyasamaāsyāparvan do Mahābhārata.

O sábio eremita vagava sobre o oceano do mundo quando chegou a uma árvore *nyagrodha* (*fícus indica*), sobre cujos ramos descansava um menino. A criança o convidou a descansar nela. Mārkandeya relata o que sucedeu depois[22]: "O Deus me oferece um lugar de repouso em seu interior. Neste momento, sinto-me fatigado de minha longa vida e de minha existência humana. Ele abre a boca, e eu sou atraído para dentro dele por uma força irresistível. Em seu interior, em seu ventre, vejo o mundo todo com seus reinos e cidades, com o Ganges e os outros rios e o mar, as quatro castas, cada uma com seus afazeres, leões, tigres e porcos selvagens, Indra e toda a multidão dos deuses, os *rudras*, os *adityas* e os pais, cobras e elefantes – em resumo, tudo o que eu havia visto no mundo vejo em seu ventre enquanto ando por ele. Durante mais de cem anos ando nele sem chegar ao final de seu corpo; nesse momento invoco o próprio Deus e, imediatamente, com a força do

---

[22] REITZENSTEIN, R. & SCHÄDER, H.H. *Studien zum antiken Synkretismus*. Leipzig: [s.e.], 1926, p. 83.

vento, sou expelido pela sua boca. Novamente vejo-o sentado sobre o ramo da árvore *nyagrodha*, com os signos da divindade, vestido com trajes amarelos". Essa criança divina que é o deus de tudo chama-se Nārāyana, segundo a etimologia indiana: "Aquele que tem as águas por morada".

Tudo aquilo que nessa narrativa corresponde ao estilo do mundo indiano – a descrição dos detalhes e o matiz filosófico do todo – não pode borrar os contornos do mitologema. Deparamo-nos claramente, flutuando na solidão do oceano do mundo, com a figura de um ser divino que é, ao mesmo tempo, uma criança pequena e um gigante. No mundo menos filosófico dos lenhadores finlandeses, o estilo da figura é diferente, mas seu contorno é o mesmo. Já o conhecemos na variação de Kullervo; ainda falta conhecê-lo na variação do homenzinho de cobre.

Väinämöinen, o xamã da origem, no princípio do mundo emergiu do oceano e encontrou uma criança prodígio; poderíamos dizer que é a equivalente finlandesa do Tages dos etruscos (seu nome Sampsa, "Sansão", é possivelmente um indicativo de sua força descomunal):

> É Pellervoinen, filho dos campos,
> É Sampsa, o menino esbelto,
> Que sabia bem semear a terra,
> Que sabia espalhar a semente.

Ele semeia a terra de árvores e, entre elas, planta um carvalho que, mais tarde, elevará suas copas ao céu e, com seus ramos, encobrirá o sol e a lua. A árvore gigante tinha de ser derrubada, e Väinämöinen busca a *força das águas*. E, em seguida, aparece o equivalente finlandês do Nārāyana indiano.

> Emergiu um homem do mar,
> Ergueu-se um herói sobre as ondas,
> Não é dos maiores,
> E, de modo algum, dos menores.
> *Comprido como um polegar,*
> *Alto como um palmo de mulher*
> *De cobre era o gorro do homem,*
> *De cobre as botas nos pés,*
> *De cobre as luvas nas mãos,*
> *De cobre suas faixas coloridas,*

De cobre era o cinto no corpo,
De cobre a machadinha no cinto,
Comprido como o polegar era o cabo da machadinha,
Com o fio do tamanho de uma unha.
Väinämöinen, velho e verdadeiro,
Refletiu e ponderou:
Tem o aspecto de um homem,
Tem a natureza de um herói,
Mas o comprimento de um polegar,
Nem mesmo o tamanho do casco de uma rês.
Falou então essas palavras,
Fez-se ouvir a si mesmo:
"Parece-me dos homens o mais correto,
E dos heróis o mais deplorável,
Apenas melhor que um morto,
Apenas com aparência melhor que um arruinado".
Disse o pequeno homem do mar,
Respondeu o herói das marés:
"Sou com efeito um homem, se bem que um
Do povo dos heróis da água,
Vim para derrubar o tronco
Para destroçar esta árvore".
Väinämöinen, velho e verdadeiro,
Disse ele mesmo essas palavras:
"Jamais terás essa força,
Jamais te será concedido,
Abater essa árvore,
Derrubar essa árvore maravilhosa".
Mal pôde dizer isso,
Mal pôde lançar o olhar sobre ele,
Quando o homem se transforma rapidamente,
E se torna um gigante,
Que arrasta os pés sobre a terra,
Com a cabeça detém as nuvens,
Até os joelhos estende-se a barba,
Até os calcanhares os seus cabelos,
Uma braça é o tamanho dos seus olhos,
Uma braça é a distância que separa as suas pernas.

Uma braça e meia têm
Seus joelhos, e duas as suas cadeiras.
Amolou o ferro de um lado e do outro,
Afiou agilmente a lâmina plana
Com seis duros seixos
E com sete pontas de pedras de amolar.
Começa então a andar apressado,
Levanta agilmente suas pernas,
Com a calça demasiadamente larga,
Que até tremula ao vento,
Vacila nos primeiros passos;
Sobre o movediço terreno de areia,
Cambaleia no segundo passo;
Sobre a terra de cor escura,
No terceiro passo enfim,
Pisa sobre as raízes do carvalho.
Golpeia a árvore com sua machadinha,
Corta-a com a lâmina afiada,
Golpeia uma vez, golpeia a segunda,
E golpeia já pela terceira vez,
Faíscas saltam da machadinha,
Fogo sai do carvalho,
Quer derrubar o carvalho,
Quer curvar o imponente tronco da árvore.
Finalmente, na terceira vez,
Conseguiu derrubar o carvalho,
Quebrar o imenso tronco da árvore.
E fazer descer as cem copas;
Estende o tronco do carvalho para o leste,
Joga as copas para o oeste,
Lança sua folhagem para o sul,
E os ramos para o norte.

Quando o carvalho enfim foi derrubado,
Quando o orgulhoso tronco da árvore foi curvado,
O sol pôde raiar de novo,
A afetuosa luz da lua pôde brilhar,
As nuvens se estenderam largamente,
O arco do céu se abobadou...

O canto 2 da *Kalevala*, do qual foram extraídas essas linhas, foi indubitavelmente redigido bem mais tarde que o trecho citado da *Mahābhārata*; mas a própria narrativa pode, segundo seu sentido, ou seja, de história da libertação da luz, ser colocado ao lado dos mitologemas primitivos mais originais. É verdade que, entre os povos vizinhos dos finlandeses, esses traços da infância prodigiosa aparecem na poesia épica popular russa (os *byliny*), os quais um especialista russo do século XIX quis derivar de uma fonte indiana: da história da infância de Kishna[23]. No entanto, a concordância da aventura da infância dos heróis russos com aquela dos deuses indianos se deve, na melhor das hipóteses, apenas a uma adoção de pomposas vestimentas estrangeiras e a um empréstimo por meio de diversas intermediações: Não apenas os heróis e santos russos ou indianos são adornados na lenda e na literatura com traços como, por exemplo, aquele que com seu nascimento abala o mundo e faz estremecer todos os elementos! Os encontros de Mārkandeya e o de Väinämöinen com a criança gigantesca, que habita a água primordial, assemelham-se em um nível bem mais profundo. Aqui o teor da pergunta não pode ser este: Qual dos dois mitologemas é a variação do outro? Antes, perguntamos pelo tema original comum que *ambos* variam.

Uma resposta de importância fundamental se insinua no interior tanto da mitologia indiana como da finlandesa e não nos deixa mais ter dúvidas sobre qual é a figura divina que tem como traço característico uma espécie de destino de órfão. Nārāyana é a mesma criança divina – dito com outras palavras: o Todo divino no momento de sua primeira aparição – que, nos mais antigos livros indianos que tratam da "ciência dos sacrifícios", nos *Brāhama*, sim, já no *Rig-veda*, é denominado Prajāpati[24]. Essa criança saiu de um ovo que havia surgido da água da origem e do primórdio – dito com outras palavras: do nada. Ela repousa sobre o dorso de monstros marinhos, flutua no

---

[23] STASOV, V. Proischozdenie russkich bylin, 1868. In: WOLLNER, W. *Untersuchungen über die Volksepik der Grossrussen*. Leipzig: [s.e.], 1879, p. 22ss.

[24] Sobre os *Hymne an Heranyagarbha*, o "gérmen de ouro", cf. Rigveda 10.121. Textos cosmogônicos em GELDNER, K.E. Vedismus und Brahmanismus. In: BERTHOLET, A. *Religionsgeschichtliches Lesebuch*, 9. Tübingen: [s.e.], 1928, p. 89ss. Sobre os "anões e gigantes mundiais", cf. ZIMMER, H. *Maya – der indische Mythos*. Stuttgart: [s.e.], 1936, p. 194ss.

cálice de flores aquáticas. É a criança original na solidão original do elemento original; a criança original é o desenvolvimento do ovo original da mesma forma que o mundo inteiro é *seu* desenvolvimento. É isso que a mitologia indiana sabe sobre ele. A mitologia finlandesa conhece o mesmo elemento original: a água como primórdio. E conhece também o surgimento do mundo a partir do ovo; conhece Munapojka, o filho do ovo, que tem também o nome Kullervo, a criança para a qual o mar contém apenas duas colheres de água, e que é reconhecível também no homenzinho de cobre portador da luz, no irmão finlandês do Prajapati saído do ovo e do Narayana vestido de amarelo.

A investigação etnológica dos mitos, principalmente a obra inacabada *Zeitalter des Sonnengottes* de Frobenius, depois da constatação de um tema original comum aponta em duas direções. A primeira vai em profundidade para as camadas culturais situadas nas áreas mais inferiores. Pois o mitologema aqui mencionado não se limita à região indiana ou finlandesa, mas é evidente que pertence a um período antiquíssimo da humanidade, a uma época em comparação com a qual não apenas as fontes indianas e finlandesas, mas também as do conjunto da cultura grega, são mais recentes. No entanto, não queremos partir dessa hipótese, mas ao contrário: dos mitologemas autenticados pelas fontes e recorrer àquela hipótese apenas nos casos em que eles mesmos apontam naquela direção ou para nada diferente. Contentamo-nos aqui em considerar a possibilidade de que o tema original possa se encontrar no pano de fundo em todas as partes onde repercutem suas variações – ainda que tenha se tornado bem vago e de difícil identificação. Nesses casos, faremos ressoar o próprio tema original que nos permitirá reconhecer novamente o som, em processo de decomposição.

A outra direção, em que a obra *Das Zeitalter des Sonnengottes* supera os pontos de vista expostos antes, é aquela da mitologia solar. Nosso tema original, a imagem da criança que sai engatinhando de um ovo, de um ovo dourado que surgiu do oceano – essa imagem que engloba todas as espécies de surgimento e de nascimento, de subida e de saída, inclusive o próprio *nascimento do sol* –, foi reduzida, conforme essa tendência, a um "mito do sol", a uma simples alegoria de um fenômeno natural. Por meio disso iríamos superar a própria mitologia e dissolver aquele mundo em que procurávamos uma orientação. Daí resultaria uma situação como no conhecido caso do jogo[25]. Como a mitologia, também o jogo somente pode ser entendido a partir de dentro. Se no jogo de repente se tem consciência de que se trata na realidade só de uma demonstração de vitalidade *e de nada mais*, então o jogo acabou. E aquele que assiste de fora e sabe apenas isso sobre o jogo e nada mais pode ter razão num ponto, mas sabe apenas algo superficial: ele reduz o jogo ao não jogo, sem entendê-lo em sua essência. Também nosso tema original pode ser concebido como uma forma da experiência humana do nascer do sol, como a aparição dessa experiência no sonho, na visão, na poesia – na matéria humana. Com isso, contudo, ainda não foi dito nada sobre o próprio tema, absolutamente nada sobre o mitologema como mitologema, mas dissipado e desfeito como um sonho. Mas o objetivo da compreensão da arte poética – para citar um caso análogo ao da mitologia – seria dissipar e desfazer?

Fiquemos no âmbito da mitologia, assim se evidencia por que a redução a um fenômeno da natureza – a um não mito – é injusta e insuficiente e, por isso, falsa. No interior da mitologia, o valor alegórico de uma imagem mitológica, como, por exemplo, a imagem original de todas as crianças divinas, e o valor alegórico dos próprios fenômenos da natureza – do sol nascente e da criança recém-nascida – são *iguais* na relação um com o outro. O sol nascente e a criança recém-nascida são igualmente uma alegoria da criança original, assim como a criança original é uma alegoria do sol nascente e das crianças recém-nascidas em todas as partes do mundo. Das duas maneiras – da maneira do sol nascente e do recém-nascido humano e da maneira da criança mitológica – o *próprio mundo* fala sobre a origem, o nascimento e a infância. Fala uma linguagem simbólica: Um símbolo é o sol, outro a criança humana ("Tudo que é efêmero é apenas uma alegoria" [Goethe] e um outro símbolo é a criança original. Ela fala sobre o que *existe e é válido nele* – no mundo. Na imagem da criança original, o mundo fala de sua própria infância, daquilo que o nascer do sol e o nascimento de uma criança anuncia sobre o mundo, expressa sobre o mundo.

---

[25] HUIZINGA, J. *Homo Ludens*. Amsterdã/Leipzig: [s.e.], 1939, p. 2ss.

A infância e o destino de órfão das crianças divinas não foram feitos a partir do conteúdo da vida humana, mas a partir da matéria da vida do mundo. Aquilo que na mitologia parece ser biográfico é, de certo modo, uma anedota que o mundo conta a partir de sua própria biografia – conta em sonhos, em visões, mas de modo muito mais rico do que nestes, mais rico também do que foi alcançado pelas artes "profanas": na mitologia. Conceber as figuras mitológicas como alegorias de fenômenos naturais equivaleria a privar a mitologia de seu ponto central significativo e inspirador, privar daquele *conteúdo do mundo válido* de modo atemporal que se expressa de maneira mitológica nas imagens dos deuses, assim como o faz de maneira musical, matemática, filosófica nas ideias musicais, matemáticas e filosóficas. Daí resulta o contato da mitologia com a ciência, seu caráter espiritual, pelo qual ela, assim como a ciência, excede o fenômeno individual. Um mitologema – assim como uma teoria altamente científica ou uma criação musical e, em geral, toda autêntica obra de arte – fala, tem efeito e é válido por si mesmo.

6 Apolo

A água primitiva, enquanto corpo materno, seio materno e berço, é uma imagem mitológica genuína, uma unidade significativa e representativa que não tolerará qualquer dissolução posterior. Essa imagem aparece também na esfera cristã, de modo especialmente nítido na assim chamada controvérsia religiosa da corte dos sassânidas[26]. Nela consta que Hera-Pege-Míria, a mãe grávida da criança divina, leva-a em seu *corpo materno*, como um *mar* leva um barco de mil cargas. "Ela tem só *um* peixe" – acrescenta-se, em outras palavras, o mesmo que também foi designado de barco. A alegoria cristã do peixe, como uma manifestação secundária, pertence à história dessa mesma imagem mitológica[27]: ela também receberá uma certa elucidação por meio dos mitologemas que exporemos à continuação. Por outro lado, a água original

---

[26] USENER, H. *Das Weihnachtsfest*. Bonn: [s.e.], 1911, p. 33ss.
[27] Cf. USENER, H. *Die Sintflutsagen*. Bonn: [s.e.], 1899, p. 223ss. Cf. tb. textos e monumentos em DÖLGER, F.J. *Ichthys*, II. 2. ed. Munique: [s.e.], 1928 [Este, no entanto, não coloca em primeiro plano a mitologia, mas os monumentos de culto].

como corpo materno – em ligação também com peixes e seres primitivos pisciformes – é um conceito científico; não somente é um mitologema, mas também um filosofema. Aparece sob esse aspecto não apenas na Índia, mas também entre os gregos.

Tales, o primeiro filósofo grego, imaginou que tudo surgia da água. Com isso disse pouco menos que Homero, que denominava o oceano ora "pai dos deuses", ora "gérmen de tudo"[28]. A mesma doutrina de Anaximandro, o segundo filósofo grego, refere-se às criaturas vivas e, segundo uma citação de Censorinus, fala do ser humano[29]: "Da água aquecida e da terra surgiram peixes ou seres semelhantes a peixes. No interior desses seres se formaram os seres humanos. Os rebentos ficaram em seu interior até a puberdade. Então, os seres pisciformes se abriram. E saíram os homens e as mulheres que já sabiam se alimentar". De um fragmento grego aprenderemos que aqueles seres surgidos "na umidade" eram ao mesmo tempo de tipo vegetal, no sentido de que estavam protegidos, de certo modo, em seu envoltório de folhas de acanto[30].

O que pensar dessa descrição em que a imagem de uma criança original saindo de uma flor aquática parece transformada numa teoria científica? No início do século XIX, o filósofo e naturalista romântico Oken apresentava a mesma teoria em Jena[31]. Ele não se reportava nem a Anaximandro nem a Censorinus, mas aos conhecimentos científicos e filosóficos de sua própria época. Segundo ele, o primeiro ser humano deve "ter se desenvolvido num útero bem maior que o humano. Esse útero é o mar. Que do mar surgiram todos os seres viventes é uma verdade que certamente não será contestada por alguém que tenha se ocupado com a história da natureza e da filosofia. Quanto aos outros pontos de vista, a atual investigação das ciências naturais já não os leva mais em consideração. O mar proporciona alimento para o feto; contém mucilagem, que seu envoltório pode absorver; contém oxigênio,

---

[28] HOMERO. *Ilíada*, XIV 201, 246, 302.
[29] CENSORINUS. *De die Natalie*, 4.7. ANAXIMANDROS, A 30. In: DIELS & KRANZ. *Die Fragmente der Vorsokratiker*.
[30] AETIUS, 5. 19.4. ANAXIMANDROS, A 30.
[31] OKEN, L. "Entstehung des ersten Menschen". Jornal enciclopédico *Isis*, 1819, col. 1.117ss. [Jena].

que seu envoltório pode aspirar; o mar não é limitado, de modo que o envoltório do feto pode se expandir à vontade, ainda que permaneça e flutue ali por mais de dois anos. Tais embriões indubitavelmente se desenvolvem aos milhares no mar logo que tenham sido produzidos. Alguns são lançados prematuramente à costa e morrem; outros são esmagados contra as rochas, e há aqueles que são engolidos pelos peixes predadores. Que importância tem? Ainda restam milhares que, maduros, são levados suavemente à costa, ali rompem seu envoltório, desenterram as larvas, tiram os mexilhões e caracóis de suas conchas [...]"

Esse mitologema das crianças originais é ciência levada a sério? Segundo o intuito de Oken, sem dúvida. No entanto, o paralelo mais próximo que temos – além de Anaximandro – é o relato que Maui, uma criança divina dos polinésios, fez sobre seu próprio nascimento. Maui tinha – além do mar – uma mãe divina que lhe deu à luz à beira-mar, de forma prematura[32]. "Depois que cortaste o teu cabelo e me enrolaste nele" – é assim que descreve seu destino de embrião para sua mãe –, "fui lançado na espuma das ondas. As algas me moldaram e me formaram. As ondas que rebentavam me envolveram no emaranhado de algas e me fizeram rodar de um lado para o outro; finalmente, os ventos que passavam sobre as ondas me levaram de novo para a terra; suaves medusas me cobriram e protegeram sobre a praia arenosa"[33]. Seu antepassado divino, Tama-nui-ki-te Rangi remove por fim as medusas e vê entre elas um ser humano: Maui.

O próprio Oken revela o quanto simpatiza com figuras mitológicas, em especial a da criança divina. Num ensaio sobre o surgimento do primeiro ser humano, ele fala também do surgimento do animal a partir da planta e observa: "O animal é – não só em termos poéticos, mas na realidade – a última floração ou o fruto real da planta; é um gênio que se embala sobre uma flor"[34]. Portanto, o pensamento científico de Oken é não só involuntariamente mitológico, mas ele já conhecia a imagem do Prajāpati por meio dos estudos

---

[32] GREY, G. *Polynesian Mythology*. Londres: [s.e.], 1855, p. 18, nota.
[33] HAMBRUCH, P. (org.). *Südsee-Märchen*. Jena: [s.e.], 1921, p. 290 [Düssedorf: (s.e.), 1979, p. 205].
[34] OKEN, L. "Entstehung des ersten Menschen". Op. cit., col. 1.119.

mitológicos dos românticos[35]. "Este mundo era água, era só maré: Prajāpati apareceu sozinho sobre uma folha de lótus" – assim consta num antigo texto indiano[36] e essa visão vivencia na ciência seu ressurgimento. Além do deus original hindu, também poderíamos citar Harpócrate, a criança egípcia do sol, que foi representada igualmente sentada sobre uma flor de lótus[37].

Em Anaximandro, semelhantes mitologemas antigos não recobram a vida, mas se mantêm vivos com ele. Em sua época, a dos grandes pensadores jônicos, aquele conteúdo do mundo, que constitui o ponto central da mitologia, flui para a filosofia grega. Nesse momento, aquilo que até ali havia sido uma *figura divina* imediatamente convincente e influente começa a se transformar numa *doutrina* racional. Para encontrar tais imagens divinas em processo de transformação, tais mitologemas em processo de racionalização, Anaximandro não precisava se dedicar às sagradas histórias do Oriente ou do Egito. Sua doutrina do surgimento do ser humano reproduz o tom daquele tema mitológico original com o qual nos ocupamos. Devemos buscar este tema fundamental, uma vez que aqui se trata de um filosofema grego, antes de tudo na mitologia grega.

Entre os deuses gregos, Proteu, a divindade do mar que se transforma, leva um nome que significa "o primeiro ser". O mundo do oceano e o de Proteu, a água original e o mar, têm a mesma relação que a criança original e a criança recém-nascida: ambos são símbolos – alegorias, no sentido de Goethe – do elemento atemporal do surgimento e da transformação. No entanto, na mitologia grega, tanto o oceano como o mar são o lugar de seres divinos excessivamente numerosos e demasiadamente peculiares: a criança original, a imagem originária também da infância dos deuses do Olimpo, não se sobressai imediatamente em meio a essa diversidade. Além disso, a

---

[35] CREUZER, F. *Symbolik und Mythologie der alten Völker*. Leipzig: [s.e.], 1810 [2. ed., 1819]. Refere-se, além de Görres, a MOOR, E. *The Hindu Pantheon* [Londres: (s.e.), 1810], que aportou muitas figuras mitológicas dos hindus para o Ocidente. Cf. em Creuzer o quadro de ilustrações XXI (Narayana) e XXIV (Vishnu e Brahma).

[36] *Taittiriya-Aranyaka* I 23. In: GELDNER, K.E. *Vedismus und Brahmanismus*. Op. cit., p. 91.

[37] ERMAN, A. *Die Religion der Ägypter*. Berlim/Leipzig: [s.e.], 1934, p. 62, par. 41. • CREUZER, F. *Symbolik und Mythologie der alten Völker*. Op. cit., quadro I,6 e YVII,2.

Putto com golfinho Romano

distância que separa as figuras eternas do ser olímpico, os grandes deuses de Homero e Hesíodo, do mundo do surgimento e da transformação é demasiadamente grande. Como esperar que seres olímpicos estivessem em casa nesse elemento líquido original? Ainda mais sentido tem o fato de que uma das crianças olímpicas, Apolo, tinha sim relações com o mar. Essas relações não se esgotam no fato de que seu local de nascimento, Delos, era originalmente uma ilha flutuante[38], ainda que, do ponto de vista mitológico, também isso

---

[38] PINDAR. *Fragmente* 78s. Oxford: [s.e.], 1935 [org. por C.M. BOWRA].

mereça consideração. Uma relação ainda mais profunda de Apolo com o mar leva-nos à figura grega clássica da ligação entre o mar e a criança.

A água infinita pertence à imagem da criança original, bem como do corpo materno e do seio materno. Os indianos expressaram essa relação de modo especialmente intenso. Na história sagrada denominada com base no peixe (*matsya*), a *Matsyapurāna*, Manu, o primeiro homem, diz ao Vishnu pisciforme: "Durante a grande era de lótus, quando estavas deitado no mar, como surgiu, do teu umbigo, o mundo em forma de lótus? Dormias, com teu umbigo de lótus, no mar universal; como os deuses e toda a corte de profetas, graças ao teu poder, formaram-se em tua lótus, de modo prematuro?"[39] A criança original, que recebe aqui o nome do deus Vishnu, é, segundo essa figura, ao mesmo tempo peixe, embrião e corpo materno, exatamente como os seres originários de Anaximandro. Um "peixe" desses, que é simultaneamente portador de crianças e jovens e representa as formas de transformação de um menino divino, está presente na mitologia grega. Os gregos o chamam de "animal útero" e o adoram entre todas as criaturas do mar como se nele tivessem reconhecido a qualidade do mar de portar e colocar crianças no mundo. Essa criatura é o golfinho[40], um animal sagrado para Apolo que, em referência a essa relação, chama-se Apolo Delfínio.

Conhecemos toda uma série de moedas gregas que mostram o desenho de um golfinho que leva em seu dorso a figura de um menino ou de um jovem[41]. Semelhante figura de menino representa sobretudo a Eros, a criança alada, com a qual nos ocuparemos mais tarde. Outros são Falanto e Taras, o lendário fundador e a divindade epônima da cidade de Tarento. O menino montado num golfinho frequentemente leva no cabelo sobre a testa uma flor[42]: o que parece caracterizar um ser intermediário entre uma existência de peixe e de broto. Em termos tipológicos, pode-se comparar a imagem indiana de uma criança original gigante adormecida sobre o dorso de um monstro

---

[39] ZIMMER, H. *Maya* – der indische Mythos. Op. cit., p. 49.
[40] O radical grego *delph* significa útero. Cf. *delphys* "o útero" e *a-delphos* "o irmão" (da mesma mãe). Cf. tb. a velha e confiável etimologia ATHENAEUS [s.n.t.], p. 375.
[41] Cf. o quadro de moedas em USENER, H. *Sintflutsagen*. Leipzig: [s.e.].
[42] Ibid., p. 157.

marinho – sem que exista interdependência – e uma outra figura representada nas moedas: a de Palêmon, denominado também Melicertes, que aparece morto ou apenas dormente sobre um golfinho; uma criança divina da mitologia grega, que, do nosso ponto de vista, mereceria um estudo específico. Há lendas gregas – transposições do tema mitológico na perspectiva puramente humana –, que relatam como os delfins haviam salvado seus frágeis amigos ou haviam levado os mortos até a orla[43]. Os nomes de tais amigos dos delfins muitas vezes têm um caráter inconfundivelmente mitológico, como Cérano, o "senhor", o Ênalo, "o que está no mar". A história de Árion, o cantor, que foi salvo por um golfinho das mãos dos piratas, é o exemplo mais conhecido de tais lendas. Ela indica, ao mesmo tempo, que nos encontramos aqui no domínio de Apolo, o protetor dos poetas. A segunda parte do hino homérico a Apolo nos relata a epifania do Apolo Delfínio. Na forma de um golfinho, o deus conduz seus primeiros sacerdotes para Crisa, o porto do oráculo novamente fundado. Sua epifania era simultaneamente uma epifania do navio. O Apolo em forma de golfinho toma assento no navio de seus futuros sacerdotes: uma prova de que aqui – assim como no texto cristão-oriental que citamos – "peixe" e "navio" são imagens míticas quase equivalentes[44]. Na qualidade de variações do mesmo tema, os dois juntos também expressam o mesmo.

Apolo fundou seu santuário delfínico quando criança[45]. Além de Delos, também o mar entre Creta e o continente grego constituiu um cenário significativo para sua infância. Ali sucedeu a epifania do golfinho. Não menos significativa é a localização de seu famoso oráculo, Delfos. O significado do nome do local equivale ao do golfinho. Da mesma forma que este representa o "corpo materno" entre os animais, Delfos significa o "corpo materno" entre as paisagens. A paisagem rochosa representa aqui para o helenismo o símbolo do mesmo princípio, cujos equivalentes são o próprio golfinho, o mar e o corpo materno: um símbolo da origem absoluta que significa, antes do ser, o não ser, depois do ser, a existência; aquele estado original do qual todo símbolo

---

[43] Exemplos e interpretações. Cf. ibid., p. 140ss.
[44] Ibid., p. 138s. Cf. tb. *Homerische Hymnen*: A Apolo, p. 400s. e 493ss.
[45] EURÍPIDES. *Iphigenie in Tauris*. [s.n.t.], p. 1.271.

anuncia algo diferente e novo – uma fonte original de mitologemas. Deles faz parte também um ato típico das crianças divinas que Apolo realiza em Delfos: a destruição dos monstros do mundo primordial. Porém, esse ponto, assim como a discussão sobre o valor mitológico da Ilha de Delos, nos levaria longe demais. Contentamo-nos em saber aquilo que indica a presença de Gê e Têmis, veneradas ao lado de Apolo como senhoras originais de Delfos, ou mais precisamente: que a mãe Terra venerada sob o nome dessas duas deusas indica como, na mitologia da criança original, um mundo rupestre também pode aparecer como mãe universal.

7 Hermes

O hino homérico a Hermes celebra um deus grego como criança divina de tal modo que sua descrição se tornou a imagem grega da infância divina. A infância de Hermes constitui o tema que proporciona o pano de fundo e o matiz característico a todos os outros temas tratados nessa poesia e que aparecem apenas aqui. A situação era um pouco diferente no hino a Apolo. Nele Apolo logo se desfaz de sua infância e, com base em outras fontes, forçou-nos a sublinhar os traços infantis no mitologema original[46]. No hino a Hermes, não podemos esquecer um único momento em que o deus celebrado é uma criança.

Apolo e sua irmã Ártemis aparecem, como bebês de Leto, em antigas pinturas de vasos, nos braços de sua mãe (também Hermes é representado no berço nas pinturas de vasos), mas quando Hermes aparece ao lado deles, a relação entre ele e as crianças de Leto é diferente daquela mostrada no hino a Hermes[47]. No hino, Apolo é o deus adulto em relação à criança Hermes, enquanto que nas pinturas dos vasos ocorre o inverso. A mitologia permite ambas as relações: tanto a presença de um Hermes adulto ao lado da criança Apolo como o contrário. Nesse caso, a infância não significa um poder

---

[46] Cf., além de EURÍPIDES. Op. cit. • RHODIUS, A. *Argonáutica*, I. [s.n.t.], p. 760.
[47] RADERMACHER. L. "Der homerische Hermeshymnus". *Sitz.-Ber. Akad. Wiss. Wien*, 213, I. Viena/Leipzig [s.e.], 1931, p. 201s. • KERÉNYI, L. *Hermes der Seelenführer*. • KERÉNYI, L. *Homerische Hymnen*: A Hermes.

inferior ou uma importância menor. Ao contrário: quando uma divindade aparece em meio aos demais deuses na forma de uma criança, é *sua* epifania que está no centro; ou para colocar a situação de modo mais preciso: ali a epifania é sempre a epifania da *criança* divina. Em tais casos, a pergunta dirigida a nós tem o seguinte teor: qual a *razão* que, na essência do respectivo deus, repentinamente fez aparecer a *criança* divina que está nele?

O que se esconde em Hermes para que precisamente ele tenha se tornado o herói da história da infância dos deuses do classicismo grego? O relato do hino a Hermes é separado do estado fluido das mitologias originais por duas camadas sólidas que tiveram sobre ele um efeito esclarecedor e configurador. A primeira camada é a do próprio mundo dos deuses gregos. Aquela substância do mundo – presente em ambas as imagens dos deuses dos mitologemas originais, ora com toda a sua luz concentrada num ponto, ora dispersada em todas as direções, ora confundida com a escuridão – se rompe e se divide no mundo dos deuses gregos para formar um espectro definitivo. Neste espectro, o lugar e a cor de cada divindade estão determinados para sempre; as possibilidades de cada uma estão limitadas pelas características de uma única figura, de um único aspecto do mundo. A outra camada esclarecedora e configuradora é constituída pela ordem olímpica dos deuses na poesia de Homero, que determina de uma vez por todas o trato e as relações entre eles. Semelhante estado fluido autenticamente mitológico, como a troca da idade infantil e da idade adulta de Apolo e Hermes, somente é possível fora dessa ordem olímpica. A infância dos deuses se situa em geral também fora dessa ordem. Por causa de sua natureza mais original, preexistente a essa ordem, os habitantes do Olimpo são *crianças* divinas. Esse era o caso de Hermes. O desconhecido autor do hino "homérico" a Hermes resolveu o problema: ele harmoniza esse aspecto mais original com as formas da ordem olímpica e o expressa por meio delas.

A figura de Hermes nunca se livrou completamente daquele aspecto mais original; ele continuou a existir paralelamente à ordem olímpica e ao hino homérico a Hermes, e foi o que, desde o princípio, determinou o lugar e a cor de Hermes no espectro do mundo. Hermes é o único ou quase o único dentre os grandes habitantes do Olimpo (somente Apolo, em sua qualidade de agieu, compartilha com ele essa característica original), cuja presença e essência foram indicadas por meio da ereção de um pedaço de madeira ou pedra – a "*herma*"[48]. Uma figura de culto desse tipo, em que facilmente se podia reconhecer o simples falo, chamava-se, na Antiguidade, uma figura "de estilo cilênico"[49], certamente porque Hermes possuía uma delas não apenas no Porto de Cilene na Eleia[50], mas também no Monte Cilene na Arcádia[51], o cenário de seu nascimento. Este lugar era o mais famoso, pois a ele se associou a história de sua infância. O símbolo cilênico era um gigantesco falo de madeira. No povoado de Téspias na Beócia, uma simples pedra constituía o monumento de culto a uma outra criança divina: Eros[52], que deve ser mencionada ao lado de Hermes não só por causa dessa maneira de representação.

Eros é uma divindade ligada a Hermes por um estreito parentesco de essência[53]. Na mitologia grega, sua figura infantil era a vigente, e, ligada a ela, conservou-se o mitologema da aparição da criança original. Sua essência, expressada pelo nome Eros, o "desejo amoroso", é mais monótona que a essência de Hermes. No entanto, o mesmo tom fundamental permanece inconfundível em Hermes. Poderíamos descrever de outra forma essa essência algo mais complexa: O universo conhece uma melodia do vínculo eterno entre o amor e o furto e o comércio[54]: em sua tonalidade masculina, essa melodia é Hermes. Na tonalidade feminina, essa mesma melodia (de tal maneira distinta, como mulher e homem são distintos) se chama Afrodite. O parentesco de essência entre Eros e Hermes se revela mais claramente na relação deles com a deusa do amor. Afrodite e Eros pertencem um ao outro como forças e princípios relacionados no plano da essência. Eros, a criança divina,

---

[48] As *hermakes*, montes de pedras em memória a Hermes, pressupõem linguisticamente a *herma*, o pilar que representa Hermes.
[49] PHILOSTRATOS. *Vita Apollonii Tyanae* 6.20. Londres: [s.e.], 1912-1917.
[50] PAUSÂNIAS. *Beschreibung Griechenlands...* VI, 26,5.
[51] Ibid., VIII 17,2.
[52] Ibid., IX 27,1.
[53] Cf. KERÉNYI. *Hermes der Seelenführer*. Zurique: [s.e.], p. 64.
[54] Cf. o sentido erótico do termo latino para furto (*furtum*) em OTTO, W.F. *Die Götter Griechenlands* (2. ed. Frankfurt a. M.: [s.e.], 1934, p. 142) e do termo alemão *Liebeshandel*. Para o mundo homérico de Hermes, indique-se a clássica exposição sobre Hermes no livro citado, de autoria de Otto.

é o acompanhante e companheiro natural de Afrodite. Contudo, quando se encontram reunidos em *uma* figura, tanto o aspecto masculino como o feminino da essência comum de Afrodite e Eros, essa figura é Afrodite e Hermes em um: Hermafrodito. No sentido da ordem olímpica, esse ser bissexual é classificado em termos genealógicos como filho de Afrodite e Hermes[55]. Conhecem-se suas representações helenísticas e ainda mais tardias. No entanto, o "hermafrodita" não é em hipótese alguma a nova invenção de uma arte tardia e decadente: nesta arte, a figura já havia perdido seu sentido e alcançado o estágio da simples utilização – uma utilização extremamente atrativa. O hermafrodita é uma figura divina de tipo primitivo, original[56]. No ambiente da Antiguidade, seu caráter original é comprovado pelo antigo culto conjunto de Hermes e Afrodite em Argos[57] e pelo culto cipriota, coincidente com os costumes argivos, de Afrodito[58], a Afrodite masculina. Desde a época mais remota, os etruscos tinham conhecimento das duas divindades sob o mesmo nome grego – ou mais precisamente: pré-grego: Hermes na forma de *turms*, Afrodite na forma de *turan*[59]. Onde um é o "soberano" (ὁ τύραννος), a outra é a "soberana" (ἡ τύραννος): formam um casal de deuses muito antigo[60] ou – na camada mais profunda – os dois aspectos do mesmo ser originário.

O mitologema do surgimento da criança divina a partir do estado original aparece entre os gregos relacionado com duas divindades: Eros e Afrodite. Correspondentemente, aparece em duas variações: como o nascimento de um ser originário bissexual e como o nascimento de Afrodite. A primeira

---

[55] OVID. *Metamorphosen* IV 288. Zurique/Düsseldorf: [s.e.], 1995.

[56] JOSSELIN DE JONG, J.P.B. "De oorsprong van den goddelijken bedriger". *Mededeel. Akad. Amsterdam, Letterk.* 68, I, 1929, p. 5ss. • WINTHUIS, J. *Das Zweigeschlechterwesen*. Leipzig: [s.e.], 1928. • *Mythus und Kult der Steinzeit*. Stuttgart: [s.e.], 1935. • *Die Wahrheit über das Zweigeschlechterwesen*. Leipzig: [s.e.], 1930. • *Einführung in die Vorstellungswelt primitiver Völker*. Stuttgart: [s.e.], 1931.

[57] PAUSANIAS. *Beschreibung Griechenlands...* Op. cit., II 19,6.

[58] A festa de Afrodite, chamada "Hybrística", no mês de Hermes. Cf. NILSSON, M.P. *Griechische Feste*. Leipzig: [s.e.], 1906, p. 371ss. • JESSEN. *Paulys Realencyclopädie der classischen Altertumswissenschaft*. Verbete "Hermaphroditus".

[59] Cf. CLEMEN, C. *Die Religion der Etrusker*. Bonn: [s.e.], 1936, p. 35.

[60] PLUTARCH. *Coniugalia praecepta*, 138d [s.n.t.].

variação é a "órfica", atribuída ao mítico Orfeu[61]. No princípio, um ser bissexual saiu do ovo original – assim explica essa variação. Orfeu o chamou de Fanes, ao passo que em Aristófanes, no célebre canto coral de As aves, o ser originário que sai do ovo original leva o nome de Eros. Não temos razão para suspeitar que a bissexualidade desse ser formava parte de uma doutrina secreta tardia que sempre permaneceu estranha ao helenismo e que foi inventada apenas para uso de uma seita especial. Os citados cultos de Afrodite, por meio do intercâmbio de vestimentas entre homens e mulheres, fazem as diferenciações de sexo parecerem possibilidades intercambiáveis de um e do mesmo ser e coincidem com o sentido do mitologema órfico. A figura alada de Eros, nascido do ovo, tampouco pode ser separada das figuras das antigas deusas aladas das épocas arcaicas, e o sentido dessa figura reside precisamente ali onde se encontra o significado do hermafroditismo do culto e da cosmogonia. Ambos – o ser alado e a bissexualidade – remetem ao mesmo estado original ainda completamente indiferenciado, pré-humano, sim, pré-infantil, que encontra na água original uma de suas formas de expressão. Eros ocupa o primeiro lugar entre os meninos montados sobre um golfinho. Podemos expressar esse fato significativo também da seguinte forma: O menino montado sobre o golfinho, com uma lula na mão[62], é a mesma criança divina que se sente em casa na água original – a *criança original* –, cujo nome mais conhecido, entre muitos outros, é "Eros".

Num aspecto, a segunda variação expressa algo ainda mais profundo, pois ela é ainda mais concisa. Trata-se de um mitologema conhecido; na *Teogonia* (168-198), Hesíodo relata o nascimento de Afrodite nos seguintes termos. O nascimento da linhagem dos titãs, a partir do casamento do céu e da terra, de Urano e de Gaia, havia sido em vão. Urano impedia a saída de seus filhos do interior da terra, até que Crono, o mais novo deles, com a ajuda da mãe cometeu algo terrível. Quando Urano se aproximou de sua mãe, Crono decepou com uma foice o membro reprodutor de seu pai, e o jogou ao mar.

---

[61] KERN, O. (org.). *Orphicorum fragmenta*, n. 56. [s.n.t.].
[62] Medalhão em relevo de um vaso tarentino, reproduzido como vinheta de título por USENER, H. *Sintflutsagen*. Bonn: [s.e.], 1899. • JUNG, C.G. & KERÉNYI, K. *Einführung in das Wesen der Mythologie*. Zurique: [s.e.], 1951, p. 40.

Daí surgiu Afrodite e, por conseguinte, emergiu das ondas espumantes. Nessa versão – como numa melodia que expressa o inexprimível –, o ponto inicial e o ponto final do surgimento coincidem um com o outro. Procriação e nascimento são idênticos; assim como idênticos são o procriador e o procriado. O falo é a criança e a criança – Afrodite – é um estímulo eterno para a continuação da procriação original. A imagem dos recém-nascidos expressa aqui a própria criação, a origem atemporal, com a concisão e a abrangência que somente é possível na linguagem da mitologia. O nascimento de Afrodite representa a variação do mitologema da criança original que nos possibilita entender – entender de maneira mitológica – como a pedra em Téspias e Eros, o símbolo cilênico e a criança Hermes, podem ser idênticos. Permite-nos entender como procriação e nascimento hermas e figuras mitológicas – "variações sobre o tema da criança original" –, enquanto símbolos equivalentes que expressam o mesmo aspecto inexprimível.

A herma original foi erguida sobre o monte, em uma caverna onde nasceu a criança Hermes. Essa caverna era um lugar caótico original de natureza idêntica à indicada pelo nome "Delfos". Num local antiquíssimo de culto de Hermes, o deus possuía, além de sua herma, uma fonte com peixes que lhe pertenciam e não podiam ser pescados[63]. No hino homérico falta qualquer traço de antiguidade: a caverna é uma morada digna de uma deusa, a mãe do filho de Zeus. A criança Hermes entra imediatamente no mundo da ordem olímpica e, quando abandona a caverna, nosso sol e nossa lua brilham sobre ela. No hino, *somente* acontecem coisas incomuns, que se tornam possíveis à luz da lua – nesse caso, de fato, numa dupla noite de luar. O poeta homérico é comedido. Sua arte consiste em descrever um aspecto do mundo que, ao mesmo tempo, constitui todo um cosmos para si mesmo, como o mundo de uma criança divina. Em comparação com os deuses adultos, Hermes tem de permanecer dentro dos limites de sua figura infantil, ao passo que as pegadas de uma criança divina hindu são pegadas de gigante, inclusive quando a criança divina é um "anão"[64]. Para tornar plausíveis tais pegadas de gigante

---

[63] Em Pharai junto a Patrai (Patras). Cf. PAUSANIAS. *Beschreibung Griechenlands...* Op. cit., VII 22, 4.

[64] ZIMMER, H. *Maya* – der indische Mythos. Op. cit., p. 202.

em Hermes, o poeta grego recorre a meios astuciosos. E, ao proceder assim, ele, por sua vez, caracteriza apenas a Hermes, o pai de todas as astúcias.

O primeiro encontro de Hermes também faz surgir, nesse mundo homérico-natural, alguma coisa procedente de um mundo primordial e de uma mitologia original. A casualidade do encontro é algo característico de Hermes e pertence ao mundo primordial apenas à medida que a casualidade em geral é uma qualidade inerente ao estado caótico original: esse traço do mundo primordial se conservou na natureza de Hermes do mundo olímpico. A criança Hermes se encontra com uma tartaruga, um animal do mundo primordial. Pelo seu aspecto, inclusive a mais jovem das tartarugas, com seu pescoço flácido e sua face enrugada, poderia ser classificada como o ser mais antigo da terra. Ela é, de fato, um animal mitológico arcaico. Os chineses viam nela apenas a mãe, a verdadeira mãe original entre os animais[65]. Os indianos veneravam em *Kaçyapa*, "o homem tartaruga", um pai divino original[66] e representam o mundo repousando sobre uma tartaruga – um dos avatares de Vishnu: permanecendo nas profundezas do universo, ela sustenta todo o corpo do mundo[67]. Seu nome italiano *tartaruga* mantém viva uma designação da tartaruga do final da Antiguidade: *tartaruchos*, portadora do Tártaro[68]. Ainda que de uma maneira um pouco menos atrativa que o golfinho, ela é, como este, um avatar de Apolo[69]. No entanto, no hino homérico aparece apenas na forma de um animal inofensivo, joguete e vítima de uma criança engenhosa – definitivamente: de uma criança divina. Não parece ser muito mais cósmica do que habitualmente são os joguetes dos deuses em geral, quando os deuses são deuses gregos e não violam a ordem natural do mundo. Somente pode tratar-se de um milagre homérico o que sucede com a tartaruga. Algo divino se revela por meio dela, um possível joguete divino: Hermes a transforma na lira.

---

[65] Ibid., p. 7.
[66] Ibid., p. 206.
[67] Ibid., p. 124s.
[68] A etimologia de R. Egger.
[69] ANTONIUS LIBERALIS 32,2 [s.n.t.].

No entanto, essa primeira lira inventada pela criança Hermes e oferecida a Apolo como presente não tem algo cósmico? Falamos aqui de uma *substância do mundo* que pode se expressar de forma mitológica assim como filosófica, matemática, musical e artística em geral. Esta possibilidade reside na natureza da substância do mundo, a qual, no plano das ideias, isto é, também espiritual, é apropriada para a forma de expressão filosófica e matemática. É, no entanto, também plástica e musical, e tudo ao mesmo tempo. As expressões musicais são a melhor forma de expressar a riqueza das imagens da mitologia. A natureza musical da substância do mundo pode ser reconhecida na matéria mais pictórica: na grande pintura. Um cientista húngaro, D. Kövendi, demonstrou como o nascimento da nossa criança divina original, em sua qualidade de Eros Proteurythmos, significava precisamente para os gregos a configuração rítmico-musical do universo[70]. O surgimento da lira na mão da criança original expressa essa musicalidade do mundo, inclusive involuntariamente. Ela é característica, antes de tudo, do próprio Hermes. O poeta homérico abrigou a natureza musical da substância do mundo na cor do espectro do mundo atribuída a Hermes. Ele mesmo provavelmente não ambicionava essa música original, mas seu estágio superior, apolíneo. Contudo, quando também o menino montado sobre o golfinho (que leva o nome de Falanto) segura a lira na mão[71], reconhecemos não apenas uma relação entre essa figura e Apolo Delfínio, mas também um nexo mais geral, anterior a qualquer denominação específica, característica do mundo original, entre água, criança e música.

8 Zeus

Zeus, guardião e personificação, soberano e representante da ordem olímpica – uma ordem que é sua ordem e que é o oposto do estado fluido original – esse Zeus é ao mesmo tempo o "maior menino" entre os meninos

---

[70] D. Kövendi no anuário *Sziget* 3 [húngaro]. Budapeste: [s.e.], 1939, p. 35ss. A outra conforme diálogos com o historiador da arte C. de Tolnay. Cf. seu ensaio *The Music of the Universe*. Baltimore: [s.e.], 1943, p. 83ss.

[71] USENER, H. *Sintflutsagen*. Op. cit., p. 159, 3.

divinos. Também foi uma criança divina antes de se converter no "pai dos homens e dos deuses". Isso nos obriga a formular uma espécie de pergunta histórica. O que significa esse "antes", aplicado à história das religiões?

Na mitologia, a sucessão biográfica "Deus criança/Deus adulto" tem apenas um significado ocasional. Serve à justaposição de diversos mitologemas, ou somente adquire um sentido especial no caso em que o deus em crescimento personifique o próprio crescimento cósmico – como na criança divina da 4ª écloga. O mesmo ocorre com o morrer de certas divindades: Nunca se trata de um morrer biográfico, mas sempre um morrer cósmico. Zeus não possui uma "biografia", mas, visto que seu poder pertence à sua natureza, há um mitologema que fundamenta seu poder, uma história de luta e vitória e de um novo governo mundial: uma narração em que se desenvolve o *sentido* do novo mundo de Zeus. Na mitologia, a figura da "criança divina" pode existir, de modo independente, ao lado da imagem do "Deus sem idade". Correspondentemente, em si é possível que a idade mais antiga de uma divindade apareça posteriormente na história das religiões. Esse foi o caso da clássica figura jovem daqueles deuses que os gregos, nas épocas arcaicas, conheciam como homens barbudos.

Uma prioridade é não retirar a figura da criança original, cujos diversos reflexos são as "crianças divinas" individuais, da cosmovisão olímpica. Onde a encontramos na mitologia grega, parece ter passado com sucesso pelos obstáculos da ordem do mundo olímpico ou – como no caso do menino montado num golfinho – ter caráter rudimentar. Quando recorri às designações "primordial" ou "arcaico", empreguei-as no mesmo sentido do estudo "Die Geburt der Helena"[72], sem uma acepção cronológica. Com essas expressões, indico uma qualidade atemporal que pode surgir nas épocas posteriores assim como nas mais antigas. Neste aspecto posso me reportar em geral à investigação psicológica – principalmente à de C.G. Jung – que demonstra em todos os passos elementos "arcaicos" na vida anímica do homem atual. O termo

---

[72] KERÉNYI, K. "Die Geburt der Helena". *Werkausgabe* I – Humanistische Seelenforschung. Stuttgart: [s.e.], 1996, p. 42ss.

"arcaico" empregado nesse caso, assim como as designações "primordial" ou "primitivo" deste estudo, não têm um sentido cronológico, mas, mesmo assim, científico. Ele consiste em que os fenômenos designados desse modo revelam uma semelhança real com aparições *anteriores* da história da humanidade que são cronologicamente determináveis. Figuras híbridas, ou dito de outra maneira: figuras indiferenciadas estão de fato comprovadas num período antigo da história da arte grega.

Através dessas observações, a relativa precocidade da criança original se torna muito plausível, mas não é comprovada. Em geral, não levantei até agora a pergunta pela origem da figura mitológica em questão. A pergunta pela origem seria solucionável apenas planetariamente, ou definida de modo um pouco mais humano: de uma maneira que leve em conta a totalidade da existência humana a partir de qualquer ponto de vista possível. Aqui podemos nos contentar com a possibilidade de que um tema original comum pode existir como pano de fundo em toda a parte onde escutamos o tom fundamental das variações que soam conjuntamente. Sobre o período de origem desse tema original, disse apenas o suficiente para que seja possível remetê-lo a uma época, comparada não apenas a fontes indianas e finlandesas, mas, pelo todo de seu caráter, também à cultura grega, são mais jovens. Não fiz inferências a respeito da época de origem ou do local de origem com base nos paralelos indianos, finlandeses e outros. Diferencio basicamente se aquele local de origem era um lugar ideal, uma possibilidade do espírito humano de perceber, em todas as partes, um aspecto da substância do mundo na mesma figura, ou se era uma esfera cultural geograficamente determinável em que foram criadas, de uma vez por todas, grandes figuras mitológicas originais. Ali não se trata do lugar de origem, mas apenas da próxima camada mais profunda alcançável sob o mundo da ordem olímpica: no caso da criança Zeus, a precocidade da criança original, definida até agora apenas de modo geral, torna-se compreensível também em termos histórico-religiosos.

Como "menino maior", μέγιστος κοῦρος, Zeus foi invocado num canto de culto que provavelmente foi transformado em poesia no período helênico e, bem mais tarde, esculpido em pedra em Creta[73]. Esse canto de culto é característico da religião cretense da época clássica. Ele saúda o jovem Zeus em seu santuário sobre ou – no caso de se tratar de um santuário na caverna – no Monte Dicta. Ali o deus foi representado na forma de um jovem "imberbe"[74], parece tal qual a criança montada num golfinho estampada nas moedas na jovem figura apolínea. Desse modo correspondia ao gosto clássico e pós-clássico. Originalmente, combinava com esse lugar, citado entre os locais de nascimento de Zeus, a figura de uma criança. Esse é o aspecto realmente característico de Creta[75]. Foram obtidos especialmente dois pontos seguros para a avaliação da situação histórico-religiosa em Creta. Primeiro: que se tem de considerar a criança divina – na linguagem da investigação: *the child-god* – como um fato de Creta[76] ao qual só ulteriormente foram acrescentadas as variações mitológicas localmente distintas. Além do monte mencionado, foram indicados mais dois montes como lugar do nascimento. E Zeus não era em absoluto a única criança divina que, em Creta, foi exposta aos animais e alimentada por eles. Segundo: não só a própria "criança divina" é um fato certo de Creta, mas seu destino de órfão[77] também o é. Para os cretenses, Zeus era, como as "crianças divinas" de um nível mais modesto, uma criança abandonada por sua mãe.

A Ilha de Creta foi o ponto central de uma civilização muito rica e importante que havia precedido a civilização grega no mundo mediterrâneo oriental. É muito difícil conceber as peculiaridades da religião cretense-helênica sem levar em conta aquele período civilizatório mais antigo. Nesse caso, parece que se trata de uma destas peculiaridades. Pretendeu-se supor que o Zeus criança dos cretenses e Zeus, o trovejante e soberano do continente helênico,

---

[73] *Anthologia lyrica graeca* II. Leipzig: [s.e.], 1925, p. 279s. Cf. tradução em Die Antike 13, 1937, p. 79ss.

[74] *Etymologicon magnum*, s. v. "Dikte": O termo *kouros* designa o menino já no ventre da mãe. Cf. HOMERO. *Ilíada* VI 59. [s.n.t.].

[75] NILSSON, M.P. *The Minoan-Mycenaean Religion and its Survivals in Greek Religion*. Lund: [s.e.], 1927, p. 471ss.

[76] Ibid., p. 469ss.

[77] Ibid., p. 471.

eram duas divindades de origem completamente diferente[78]. Porém, não recebemos uma resposta satisfatória para a questão de saber como essas figuras tão distintas, ainda que de fato não formassem uma unidade no plano das ideias, puderam ser designadas com o mesmo nome[79]. Tampouco se conseguiu apresentar uma prova de que os locais de nascimento de Zeus no continente realmente são posteriores e secundários, resultantes da rivalidade com os cretenses[80]. Chama muito mais a atenção que traços muito arcaicos estão relacionados aos locais de nascimento de Zeus no continente, traços que, em Creta, ficaram em segundo plano ou desapareceram por completo.

Muito arcaico é tudo aquilo que foi transmitido sobre o local de nascimento de Zeus na Arcádia, o Monte Liceu[81]. Neste caso, o lugar de nascimento não se restringe a uma caverna: esta nem sequer é mencionada. Isso já parece representar uma oposição a Creta. Quando consideramos mais precisamente as localizações cretenses[82], descobrimos que o próprio monte, como lugar de nascimento, é tão importante quanto a caverna: a caverna pertence ao monte que constitui o lugar sagrado, assim como o Monte Cilene é o santuário de Hermes. Um "sacrifício inominável" no santuário de Dicta é indicado por uma fonte[83]. Descobrimos, por outro lado, o que era ofertado a Zeus sobre o Liceu. Quando os eruditos falam de um "sacrifício humano", expressam-se de forma pouco precisa: sacrificava-se um bebê, aparentemente ao bebê divino[84]. O lugar era um verdadeiro local de morte em que as criaturas não projetavam suas sobras; quem o adentrava devia morrer no prazo de um ano[85]. Outra tradição se refere a um lugar de nascimento de Zeus em Tebas,

---

[78] WELCKER, F.G. *Griechische Götterlehre* II. Göttingen: [s.e.], 1857, p. 218ss. • NILSSON, M.P. *The Minoan-Mycenaean Religion...* Op. cit., p. 462.

[79] Como tenta Nilsson (ibid., p. 469s.).

[80] Ibid., p. 463.

[81] PAUSÂNIAS. *Beschreibung Griechenlands...* Op. cit., VIII 2 e 38, 6s.

[82] NILSSON, M.P. *The Minoan-Mycenaean Religion*. Op. cit., p. 462, 2.

[83] ATHENAEUS, 376a [s.n.t.].

[84] PAUSÂNIAS. *Beschreibung Griechenlands...* Op. cit., VIII 2,3. Cf. sacrifício à criança divina Palêmon em LYKOPHRON, 229, com o comentário.

[85] PAUSÂNIAS. *Beschreibung Griechenlands...* Op. cit., VIII 38, 6. Cf. KERÉNYI, K. *Niobe*. Zurique: [s.e.], 1949, p. 200.

onde devia se situar a "ilha dos bem-aventurados"[86]. As duas tradições nos explicam por que ninguém podia morrer na caverna de Zeus em Creta e por que também os ladrões que a haviam invadido tinham de se transformar em pássaros[87]. Em tais lugares, a pessoa se encontra fora da distinção entre ser e não ser: ou não se é ou se é eterno, fora do tempo. Também a aparição da água está ligada, na Arcádia, ao nascimento de Zeus: ela flui para que se possa banhar a criança[88]. Ninfas aquáticas – especialmente Neda, a divindade do rio borbotoante – são as primeiras amas do recém-nascido; aparentemente é Neda que o leva para Creta. No local de nascimento de Zeus em Messênia, sobre o Monte Itome, todos os dias levavam ao santuário de Zeus Itomas água da fonte em que se banhou pela primeira vez[89]. A água deve ter desempenhado uma função também no culto cretense a Zeus – junto com o leite e o mel, alimento ritual exemplar do bebê; no entanto, as tradições do continente remetem, em seu conjunto, claramente para o tema original.

Este tema original é o mesmo tanto em Creta como no continente: a aparição da criança original num lugar do mundo original, relacionada aos elementos maternos originais, às rochas e à água. Tanto aqui como lá, o caráter original, a idade avançada de seus reflexos, é indubitável. No entanto, não dispomos de base suficiente para concluir que o mitologema e o culto da criança original tenham vindo de Creta para Arcádia, Messênia, Tebas. Comparadas às tradições sobre o culto no Monte Liceu, as tradições cretenses relacionadas com a situação cósmica parecem mais limitadas e concentradas nas cavernas de culto. É inegável que uma camada mais antiga aparece aqui e ali sob uma camada mais nova, de cunho helênico e homérico, mas duas espécies de coisas não combinam. Em primeiro lugar, não se consegue a localização geográfica segura: não se situa a camada mais antiga e o ponto de partida em Creta e nem a camada mais nova e o ponto de recepção na Grécia. Tampouco se consegue uma separação pura entre a religião cretense ou

---

[86] TZETZES, apud LYKOPHRON, 1.194.
[87] ANTONIUS LIBERALIS 19.
[88] Cf. CALÍMACO. *Zeushymnus*. [s.n.t.], p. 15-41.
[89] PAUSÂNIAS. *Beschreibung Griechenlands...* Op. cit., IV 33,1.

minoico-micênica, por um lado, e a religião grega, por outro lado. Obtemos um ponto de vista útil dessa separação somente quando consideramos também uma outra região do mundo mediterrâneo: o âmbito da religião itálica antiga e romana. "Itálica antiga" e "romana" não significam camadas a serem diferenciadas em termos puramente cronológicos ou simplesmente geográficos, e tampouco podem ser associadas exclusivamente a grupos de imigrantes. Não obstante, o itálico antigo é mais velho e está muito mais mesclado com elementos mediterrâneos antigos que o romano[90]. É mais antigo – mas também contemporâneo. Se nos situamos na Roma da época inicial, encontramos o que será característico de Roma, inclusive na religião, enquanto que, ao mesmo tempo, em locais de culto fora de Roma, continua existindo o estilo itálico antigo da religião. São dois estilos que podem ser precisamente diferenciados. Em comparação com o itálico antigo, as características do estilo religioso romano incluem também uma desvantagem: a ausência de mitologemas. Essa ausência foi o resultado de um processo correspondente ao espírito romano, para o qual se cunhou o termo "demitização"[91]. Se com isso se pretendia entender que a verdadeira religião romana estava completamente desprovida de mitos, centrada numa ideia puramente estatal, a designação seria equivocada e enganosa. O fato é que nem a religião romana estava desprovida ela mesma de qualquer espécie de mito[92], nem se mostrou incompatível, em sua forma completamente madura, com os mitos da ordem homérica. Por conseguinte, contra o que se voltou o processo da demitização?

Um exemplo daquilo que foi mantido a distância da religião romana pela demitização é a figura da *Juppiter* puer, a criança Júpiter. A divindade que corresponde ao Zeus grego figurava em Roma apenas como *pater* (pai), como *Jupiter*. Outra manifestação dele, o Vediovis subterrâneo, também era venerada em Roma; mas se buscava mantê-lo o mais separado possível do aspecto de pai celestial de Júpiter. Vediovis, representado como um jovem apolíneo, deve ser apreciado como o Zeus jovem e imberbe de Creta. Originalmente,

---

[90] ALTHEIM, F. *A History of Roman Religion*. Londres: [s.e.], 1938, p. 46ss.
[91] KOCH, C. *Der römische Juppiter*. Frankfurt a. M.: [s.e.], 1937, p. 9ss.
[92] KERÉNYI, apud *Werkausgabe* VII – Antike Religion. Stuttgart: [s.e.], 1995, p. 111-128.

também ele foi um *Juppiter puer*, como aquele que tinha seu lugar de culto em Preneste, nas cercanias de Roma[93]: um culto subterrâneo que se celebrava nas grutas da montanha rochosa da cidade, junto a uma fonte sagrada, associado ao culto da deusa Fortuna. Grutas, água e rochas, sim, a figura da própria deusa Fortuna, simbolizam aqui aquele estado primordial indiferenciado em que estamos acostumados a ver a aparição da criança original[94].

A aparição da criança original impressiona especialmente no culto de *Juppiter Anxurus* em Terracina, ao sul de Roma. Seu santuário se eleva sobre uma saliência rochosa das cadeias montanhosas voltada para o mundo oceânico do Mar Tirreno. Como figura itálica antiga de Júpiter, ele pertence à mesma série que o Vedionis romano e o *Juppiter puer* de Preneste[95]. Uma descoberta feita por ocasião das escavações realizadas em seu templo revela até que ponto seu culto rememorava a infância do deus[96]. Trata-se de uma coletânea de oferendas votivas de chumbo, que encontram sua melhor definição como brinquedos de cozinha infantil[97]. Entre os pequenos utensílios de cozinha ou de sacrifício há quinze bacias, a maioria vazias, mas três com peixes; das duas grelhas da coleção, a maior está sem alimento; sobre a menor se encontram dois peixes. Ao que parece essa divindade também recebe peixes como oferenda, o que não fica sem paralelo no culto a Júpiter do estilo itálico antigo[98].

O mitologema da criança original estava tão presente no ambiente itálico antigo como em Creta ou nas camadas arcaicas da religião grega do continente. O mitologema era tão estranho para a ordem homérica dos deuses como era para ordem genuinamente romana ou, melhor dito, havia se tornado igualmente estranha para ela. Não se pode derivá-lo com certeza de Creta e nem atribuí-lo exclusivamente ao ambiente da cultura mediterrânea antiga.

---

[93] KOCH, C. *Der römische Juppiter*. [s.l]: [s.e.], p. 47ss.
[94] Mais detalhes na obra longamente esperada *Fortuna*, de A. Brelich.
[95] KOCH, C. *Der römische Juppiter*. Op. cit., p. 82ss.
[96] BORSARI, L. "Dei Tempio di Giove Anxure". *Notizie degli Jeavi antichità* – Atti Accad. Lincei, 291 V, II.2. Roma: [s.e.], 1894, p. 96-111.
[97] DÖLGER, F.J. *Ichthys*, quadro 47, e vol. V, 1932, p. 1ss. [A referência de Dölger a Vênus é supérflua].
[98] Ibid., II, p. 297ss.

Entretanto, pode-se afirmar que existiu um âmbito da civilização mais antiga, que englobava Creta, a Grécia pré-homérica e a Itália Antiga, cujo espírito foi muito mais mitológico original do que o espírito de Homero e de Roma. O mitologema da criança original indica um mundo mais antigo. O espírito mitológico original desse mundo é um dado seguro; seus limites temporais e espaciais, porém, são menos seguros. Ele adentra as épocas históricas da Grécia e da Itália.

9 Dionísio

Nosso estudo não pretende abordar todo o universo dos bebês mitológicos do mundo mediterrâneo mais antigo ou mais recente. No entanto, ao lado de Zeus, Apolo e Hermes, uma criança divina deve ser mencionada entre as maiores: Dioniso.

Um belo capítulo do livro que W.F. Otto dedicou a essa divindade[99] trata de sua profunda relação com o "elemento da umidade". A *Ilíada* apresenta o mar como refúgio de Dionísio, onde Tetis recebe o jovem deus como uma ama. Segundo uma variação de seu mitologema, a criança divina foi arrastada, junto com sua mãe, dentro de um cofre do mar para a terra. Outra ama de Dionísio, Ino, a mãe da criança divina Palêmon, aparece igualmente como uma deusa do mar. Em seu culto de Lerna, Dionísio é chamado a sair da profundeza da água. Foi designado também de *Pelagios*, "aquele do mar", *Limnaios*, "aquele do lago", e *Limnagenes*, "aquele que nasceu no lago". Sua epifania sobre o navio, na figura de um menino, caracteriza-o no mesmo sentido que Apolo Delfínios havia sido caracterizado. Até agora havia apenas um ponto que estava pouco claro: Como alguém – mesmo sendo um deus – pôde emergir da *profundeza* do mar sobre um barco que possibilita flutuar *sobre* a água?

Agora sabemos que aquele elemento original, simbolizado pelo mar, possui esta qualidade: flutuar nele e emergir dele significam a mesma coisa.

---

[99] OTTO, W.F. *Dionysos*. 2. ed. Frankfurt a. M.: [s.e.], 1933, p. 148ss. [onde é possível encontrar comprovação para o que segue].

Equivalem à noção de não haver sido excluído do não ser e apesar disso já ser. O menino montado no golfinho – essa figura grega clássica da criança divina original – aparece nas moedas, ora alado, ora segurando a lira, ora a clava de Héracles[100]. Depois, pode ser concebido às vezes como Eros, às vezes como um ser do estilo de Apolo, Hermes ou Héracles. Na arte da Antiguidade tardia, os cupidos portam os atributos dos grandes deuses. Eles são o tom básico que o mundo da Antiguidade tardia, já ensurdecido para melodias mais sutis, continua a escutar. A criança original é aquele *motivo original monocorde*, composto ao mesmo tempo de todos os sons, o qual pode se desenvolver em todas as figuras divinas. Em primeiríssima linha, em seu polo oposto: Zeus. Pois o "maior menino" do canto de culto de Creta é aquele que engloba e abraça em maior grau todas as possibilidades *indiferenciadas* e todas as possibilidades *puramente realizadas* em figuras de deuses. Zeus é aquele que está mais próximo da criança original: como seu polo oposto. Um polo oposto sempre pressupõe o outro como possibilidade e forma com ele – a criança Zeus com o pai Zeus – uma unidade superior.

A relação de Dionísio com a criança original é bem diferente. Está tão próximo dela que – para ficar nessa figura e expressar as figuras dos deuses em sons – representa a nota imediatamente mais profunda que se segue ao tom base. O menino montado num golfinho talvez não porte os atributos de nenhum outro deus com tanta frequência como os de Dionísio[101]. Aqui se trata de uma identidade parecida, como encontrada em Hermes. Nesse caso, o deus e a herma eram idênticos. No ciclo dionisíaco há algo oculto numa joeira e é chamado de "aquele que dorme na joeira", o *Liknites*[102]. Trata-se da criança Dionísio, da mesma maneira que o signo cilênico era a criança Hermes. De um modo incompreensível – ou apenas mitológico – Dionísio, por um lado, é idêntico ao símbolo conduzido em seu culto e escondido naquela joeira: o falo[103]. Por outro lado, é o deus barbudo, segundo um de seus epítetos:

---

[100] USENER, H. *Die Sintflutsagen*. Op. cit., p. 159, 3.
[101] Ibid., p. 155ss.
[102] OTTO, W.F. *Dionysos*. Op. cit., p. 76ss.
[103] Ibid., p. 152s. Devido às inúmeras evidências do falo na joeira, discordo da concepção.

"homem e mulher" em *uma* pessoa[104]. Era bissexual já em sua origem, e não somente em sua forma "afeminada" conhecida das representações posteriores. A figura abundante de seus acompanhantes arcaicos, os dançarinos demoníacos tocados por ele[105], refletiam *sua* natureza feminino-masculina. Dionísio é um tom mais profundo da escala dos deuses; no entanto, tudo isso ainda não é sua vibração mais profunda. Ela deve soar aqui no final pelo menos mais um instante.

"Väinämöinen velho e verdadeiro" saudou com palavras estranhas o homenzinho de bronze que saía da água: Parece-me...

...dos heróis o mais deplorável,
Apenas melhor que um morto,
Apenas com aparência melhor que um arruinado.

Com isso ele parece indicar o parentesco entre aquele que chegava e os mortos que habitam na água[106]. A relação correspondente do Hermes Psychopompos, do guia das almas, é conhecida: ele é uma divindade tão fantasmagórica quanto infantil. Em sua figura arcaica na Itália antiga, Apolo mostra o mesmo aspecto sombrio que Vediovis, o Júpiter subterrâneo[107]. A criança Zeus em Creta, alimentada por abelhas, era de certo modo um deus do mundo subterrâneo: Sua caverna, como seu santuário sobre o Liceu, tinham a característica do reino dos mortos. Em Creta se indicava inclusive seu túmulo[108]. O estado que – visto pela figura da criança – podemos formular como: ainda não ser excluído do não ser e, apesar disso, já ser, pode ser reformulado da seguinte maneira: ainda não ser excluído da existência e, apesar disso, não mais ser. É esse estado de isolamento que as figuras de meninos divinos expressam em memoriais de túmulos antigos: a figura de um

---

[104] Ibid., p. 163.

[105] Isso explicaria o fenômeno que discuti em KERÉNYI, K. "Satire und satura". *Studie e materiali di storia delle rel.* 9. Roma: [s.e.], 1933, p. 144ss.

[106] Sobre mar e alma, cf. WEISWEILER, J. *Indogermanische Forschungen* 57, 1939, p. 31ss.

[107] KERÉNYI, K. "Apollon". *Werkausgabe*, IV – Apollon und Niobe. Munique/Viena: [s.e.], 1980, p. 40.

[108] Cf. KALLIMACHOS. *Zeushymnos* 8s. [s.n.t.] [com o comentário].

menino encapuzado, do *genius cucullatus*[109], e a dos inúmeros cupidos. Para o mesmo estado apontam os deuses marítimos e delfins dos mausoléus e sarcófagos. E aqui, no âmbito dos túmulos, chegamos ao mesmo tempo ao matiz mais profundo da cor escura de Dionísio. Seus símbolos aparecem em representações sepulcrais e o trazem à memória. O que o homem da Antiguidade trazia à memória por meio disso era não só o equilíbrio oscilante das duas direções daquele estado – a flutuação das crianças e dos moribundos entre existência e não ser –, mas a virada segura para cima da direção que conduz para baixo: o desenvolvimento para o mais alto, o surgimento da máxima força a partir da *debilidade extrema*.

Falamos da criança órfã dos contos de fada ou, já desde o início, da lacerada criança Dionísio? Ocupamo-nos com uma primitiva visão de sonho com figura religiosa antiga ou com um filosofema original? Evocamos uma melodia original ou uma figura original? Isso deve permanecer assim, indefinido em sua essência. Porque este foi nosso objeto: o indefinido original, a criança original.

1939

---

[109] EGGER, R. "Genius Cucullatus". *Wiener Praehist.* Zs 19, 1932, p. 311ss. • KERÉNYI, K. "Telephoros". *Egyetemes Philologiai Közlöny*, 57, 1933, p. 156 (em alemão). • HEICHELHEIM, F.M. "Genii Cucullati". *Archaeol. Aeliana* 4, 12, 1935, p. 187ss. • DEONNA, W. *De Télesphore au "moine bourru"*. Bruxelas: [s.e.], 1955.

A festa egeia
Um estudo mitológico

Do prefácio de 1940

O pesquisador de mitos precisa admitir que a cena dos deuses marítimos do *Fausto* exerce uma atração extraordinária sobre ele. Ela o obriga a se ocupar com ela. Ela se impôs a partir do momento em que a mitologia começou a adquirir vida nele. Exerceu essa atração não só por meio de seu motivo, das deidades mais ou menos enigmáticas dessa procissão festiva curiosa, mas também por meio da atmosfera em que tudo parece estar imerso. Essa atmosfera é um tema próprio, que diz respeito especial ao pesquisador de mitos: trata-se de um motivo vivificante, tão vivificante quanto a própria água, não se limitando, porém, ao elemento úmido ou à atmosfera oceânica. O elemento se apresenta aqui impregnado de espírito; a atmosfera marítima, como atmosfera da origem da alma. Uma "matéria" para a pesquisa – na realidade, um *estado*, que se apodera do leitor ou contemplador. Revela-se nela a mitologia como algo absolutamente natural, tanto no sentido da natureza como no sentido do evidente, daquilo que se apresenta como compreensível ao espírito: um estado que dificilmente encontramos na religião e poesia modernas. Ambas – religião e poesia – precisam ser levadas em conta quando se trata desse tipo de estado da mitologia antiga como aqui em Goethe. Ele nos oferece um exemplo de verdadeira festividade...

1

As circunstâncias da criação de uma das obras mitológicas mais curiosas em tempos desmitologizados: a cena egeia no *Fausto II* nos foram informadas pelas declarações de Goethe. Talvez seja mais notável do que nas outras obras de Goethe como aqui, nessa criação – apesar de, evidentemente, ter exigido muito trabalho do poeta –, ocorreu algo completamente imprevisível.

Em 24 de janeiro de 1830, o poeta de 81 anos de idade proclamou sua decisão: "A partir de agora, nada deverá desviar minha atenção do *Fausto*; pois seria incrível se eu pudesse completá-lo! E impossível não é..." Na época, ele estava imerso na correnteza das figuras da clássica Noite de Santa Valpurga. "As figuras mitológicas que aqui se impõem" – confessou o poeta a Eckermann – "são sem número!" Mas ele é precavido e faz uma seleção. Em 25 de junho, ele comunica a Eckermann que a Noite de Santa Valpurga está encerrada, ou melhor – como ele mesmo modifica essa comunicação: "Ela se perdeu no infinito".

O que se realizou não foi o plano original de Goethe, mas algo aquém, mas também algo além deste. A cena que ocorre nas "baías rochosas do Mar Egeu" não havia sido prevista pelo poeta na forma daquela maravilhosa festa marítima, que serviu como o encerramento mais brilhante que podemos imaginar para todo o segundo ato – e, portanto, também para a clássica Noite de Santa Valpurga. E ele recebeu também outras coisas de um poder divino que rende ao ridículo qualquer cálculo. Repetidas vezes, ele relata como se "depara com ideias que o surpreendem", que ele "consegue realizar coisas que jamais esperara". É um "além" concedido divinamente, ao lado do "aquém" igualmente inesperado.

Em sua anotação de 6 de janeiro de 1830, Goethe esboçou como encerramento lógico, exigido por toda a trama – a fuga mágica de Helena – da clássica Noite de Santa Valpurga, uma cena com Perséfone no submundo. Lá, Fausto deveria pedir a liberdade de Helena. Em um novo esboço de 18 de junho, Goethe transfere a cena de Perséfone para o prólogo do terceiro ato, o antigo entreato de Helena, que já estava pronto à época. Mas o poeta nunca escreveu esse prólogo. Em janeiro do ano seguinte, numa carta a Zelter, ele faz uma comunicação importante que deixa claro que ele não considera mais necessário esse tipo de prólogo: "Os dois primeiros atos do *Fausto* estão prontos! A exclamação do cardeal de Este, com a qual ele acreditava prestar uma homenagem a Ariosto, talvez seja apropriada aqui: Basta! No início do terceiro ato, Helena se apresenta normalmente não como personagem de um interlúdio, mas como heroína". Não sabemos se ele ainda acrescentou algo essencial à cena marítima já existente: sua anedota sobre Ariosto faz uma referência explícita ao inesperado, ao imprevisto que aqui se deu e cujo significado ele só começa a entender posteriormente. Pois as palavras do cardeal de Este foram: "De onde tiraste todas estas farsas, senhor Ludovico?"

Na peça, não se percebe nenhuma lacuna. Nas palavras de Walter F. Otto: "O brilho bem-aventurado de todas as coisas parece anunciar a proximidade de Helena". O mar preenche tudo. No início do terceiro ato, Helena se aproxima, vindo da praia, também ela preenchida pelo mar. O plano original, rejeitado por Goethe, merece mesmo assim uma análise do ponto de vista meramente mitológico, antes de nos voltarmos para a cena dos deuses marítimos.

Goethe falou sobre esse plano em janeiro de 1827 como uma possibilidade de desempenho poético inaudito. "O discurso de Fausto à Proserpina, para convencê-la a entregar Helena, que discurso precisará ser, já que a própria Proserpina é levada às lágrimas! Tudo isso não é fácil de se fazer e depende muito da sorte, sim, quase que completamente da atmosfera e da força do momento." Primeiros esboços informam também os exemplos aos quais Fausto – ou melhor: sua sábia guia no submundo: Manto – pretendia apelar: Protesilau, Alceste, Eurídice, a primeira reencarnação da própria Helena, para casar-se com Aquileu na Ilha de Leuce, tudo isso é concebido no espírito de uma imitação classicista de Ovídio e Virgílio, da viagem ao Hades de Orfeu e Eneias e de natureza mais retórica. O plano, porém, se aprofunda muito no último esboço – naquele do prólogo ao terceiro ato. Ali, o discurso perde totalmente seu caráter de imitação. Goethe pretendia representar aquele indescritível ao que a cena abaladora na "galeria sombria" – a criação mitológica mais importante da literatura moderna além da festa egeia – apenas alude. Na "Ida às mães", o reino do nada – assim poderíamos chamar aquela esfera misteriosa com Mefisto, ao que Fausto responde: "Naquele *nada* espero encontrar o *todo*" – aquele reino do ainda não surgido e do há muito inexistente permitiu vislumbrar seu aspecto maternal. Aqui, porém, o indescritível deveria revelar em extrema intensificação do humanamente ainda pensável, do poeticamente ainda representável seus outros aspectos. Aquelas duas faces da mesma figura primordial que contém em si esse âmbito deveriam se manifestar aqui, cuja unidade o pesquisador dos mitos só revela hoje: o mais feio, a Górgona, e o mais lindo, a beleza que, por causa de sua efemeridade e irrecuperabilidade, brilha em seu auge – a Perséfone.

Cito aqui apenas os mais importantes dos verbetes do esboço: "Cabeça de Medusa"... "Proserpina velada". Num esboço mais antigo, lemos depois disso: "Manto elogia sua beleza" (a da rainha do submundo). O velamento da deusa de Sais no poema de Schiller é de natureza completamente diferente do que a Proserpina de Goethe. Esta corresponde ao velamento das noivas na Antiguidade, ao velamento de todas aquelas que eram consagradas ao subterrâneo, especialmente ao velamento dos iniciados em Agrai, dos participantes dos mistérios da "Perséfone do submundo"[1]. Com um conhecimento quase instintivo Goethe escolhe para a sua rainha do submundo uma situação simbólica, por meio da qual a própria religião expressou a natureza de Perséfone. Esse conhecimento estava muito à frente do simbolismo do seu tempo, do alegorismo rijo de Creuzer: era surpreendentemente antigo. Baseava-se a certeza desse conhecimento na familiaridade com os motivos ou na realidade atemporal da essência de Perséfone, que sempre só pode ser expressada de modo mitológico?

O aspecto mitológico primordial *antecede* a representação artística plástica ou dramática. O quanto Goethe avançou nessa direção se mostra em sua intenção de expressar a invisibilidade do mais belo não só para os olhos por meio do velamento. Ele pretendia fazer o mesmo ainda de outro modo, de modo que correspondesse à natureza do mitológico primordial[2]: "Diálogo do lado velado, aparentemente articulado pela melodia, mas inaudível". No espaço anterior, segue apenas: "Manto explica". Aqui, porém, Goethe ousa – pelo menos em pensamentos – ainda outra coisa: o mais ousado. "Fausto manifesta com determinação o seu desejo de vê-la desvelada. Êxtase antecedente" – assim segue o último esboço. Êxtase é provocada já pelo pensamento da revelação da beleza em sua deidade *não amenizada*. Amenizada,

---

[1] *Hippolytus Refutatio*, 5. 8. 43.
[2] Ibid., p. 83.

helenicamente suportável ela se tornou – essa deusa primordial, que Fausto *quase* chegou a ver na Perséfone real e atemporal – em Helena[3].

Até aqui Goethe conseguiu chegar: a ousar a ideia. Não, porém, ao plano, muito menos à execução. Fausto não poderia ter visto Perséfone: "Manto rapidamente o leva de volta". E Goethe acabou desistindo também da ideia. Pouquíssimos versos foram encontrados em seu espólio destinados àquela cena. Faltaram-lhe a "sorte", a "atmosfera e a força do momento"? Ou será que, após ter conseguido essa grandeza indescritível, esse vislumbre imediato da natureza da deidade antiga, que só podia ser expressado mitologicamente – será que ele reconheceu também que o velamento, a natureza inaudível, exige, como expressão *poética*, a aposiopese, o emudecimento – o silêncio?

2

Queremos lembrar a surpresa do próprio poeta diante de sua criação – pois quase ele perguntou a si mesmo: "De onde tiraste todos esses gracejos, mestre Goethe?" – e voltar nossa atenção exclusivamente para isso, para aquilo que ele *conseguiu*: onde ele não só recorreu ao seu enorme conhecimento da matéria e não só variou o material pessoalmente adquirido, mas onde ele recebeu a ajuda do incalculável, impessoal e sobrepessoal, mítico e divino, que, com uma palavra, pode ser chamado também de "sorte".

Nesse caso, não se trata de uma mera "*verbal felicity*" – algo grande em si –, não mera inspiração para encontrar a expressão feliz, mas de um estado especial, que Goethe descreveu como "humor e força do momento". Humor e força: eles fluem de fundamentos primordiais impessoais. Para os gregos, as musas eram os poderes sobrepessoais, das quais provinha a abundância criativa, deusas do tipo das ninfas das fontes. Por meio desses seres míticos – por meio de sua "sorte" – o poeta vivencia em *todos* os sentidos aquilo que, nos romanos, era chamado "patet mundus" *apenas* em relação aos submundanos: O mundo está aberto e transborda. Fazemos bem se, em Goethe, que, em sua festa dos deuses marítimos, recebeu essa sorte em medida mítica, prestarmos

---

[3] Ibid., p. 42ss.

atenção não só na matéria morta e na mão do criador, mas também naquilo que transbordou num momento divino de abertura do mundo – de abertura do mundo para o poeta e de sua abertura para o mundo – e preencheu a matéria e a obra com um sentido que transcende qualquer intenção pessoal.

A Noite de Santa Valpurga é a forma medieval do pensamento de que existem momentos em que o mundo se abre e libera todo o submundano que ele contém. Esse pensamento exercia uma atração enorme sobre Goethe. Ele não só criou a cena no Harz, mas inventou também uma Noite de Santa Valpurga clássica e a usou como justificação e precondição da poesia de Helena. Por mais que queiramos nos libertar aqui de todos aspectos pessoais, biográficos e histórico-literários que permaneceram de fora da obra de arte, precisamos pelo menos ler *aquele* esboço, no qual Goethe tenta conceder à sua clássica Noite de Santa Valpurga um caráter calendário-festivo. Para tanto, emprega o protagonista do segundo ato, o Homunculus.

"A receita de sua criação é misticamente sugerida, e ele apresenta provas de seus atributos. Revela-se sobretudo que nele está contido um calendário histórico geral do mundo, pois ele sabe dizer a cada instante o que, desde a criação de Adão, teria ocorrido entre os homens sob as mesmas constelações do sol, da lua, da terra e dos planetas. Como então, como prová-lo, me anuncia imediatamente que a noite atual coincide com a hora em que a batalha da Farsália teria sido preparada e que tanto César quanto Pompeu teriam passado em claro. Isso provoca uma briga com Mefistófeles, que, segundo os beneditinos, não aceita a ocorrência daquele grande evento mundial nessa hora, mas o aloca alguns dias mais tarde. Objeta-se, então, que o diabo não pode apelar aos monges. Visto, porém, que ele insiste teimosamente nesse direito, a briga se perderia numa controvérsia cronológica irresolúvel se o homenzinho químico não apresentasse outra prova de sua profunda natureza místico-histórica e observasse: que, à mesma hora, ocorre a festa da clássica Noite de Santa Valpurga, que, desde os primórdios do mundo místico, era realizada sempre na Tessália e que, segundo o contexto fundamental e determinado pelas épocas da história mundial, foi a causa verdadeira daquela calamidade."

O que, porém, restou na execução poética desse *intermezzo* calendário cuidadosamente elaborado? Antes de sua partida para a Tessália, o

Homunculus observa apenas sucintamente: "Agora mesmo, como me vem à mente, é a clássica Noite de Santa Valpurga". Mefistófeles é interrogado no próprio palco por uma esfinge: "O que dizes sobre a hora atual?" E ele dá uma resposta igualmente breve: "Estrela atira em estrela, lua circuncisa brilha" – ou seja, agosto, mês das estrelas cadentes (e da batalha de Farsália) e não lua cheia. A dominação da lua é ressaltada repetidas vezes: no prólogo de Ericto ("A lua, imperfeita, mas brilhante, surge espalhando luz amena por toda parte"); nas palavras de Quíron ("Olha para o alto! Aqui está, muito próximo, o templo eterno na luz da lua"); na oração de Anaxágoras à única deusa presente, a Diana-Luna-Hécate; e então, ressaltando a festividade do estado mundial por meio do milagre de um momento atemporal, de um instante eterno, no título da cena egeia ("Baías rochosas do Mar Egeu. Lua *suspensa* no zênite").

As Sereias não se cansam de, no decorrer da festa, lembrar essa posição dominante da deusa da lua:

> Permanece, propícia Luna, misericordiosamente
> Em tuas alturas.
> Para que permaneça a noite
> E não nos espante o dia.

E dirigindo-se às Telquines:

> Vós, consagradas a Hélio,
> Benditas do dia feliz,
> Saudações nesta hora que comove
> Provoca a alta veneração de Luna!

Nada restou de toda cronologia monástica. O aspecto calendário se reduz ao real que subjaz a todo calendário: à festa em si. A abundância criativa do poeta escolhe uma festa primordial, puramente natural como palco: uma noite de luar em sua festividade peculiar, intensificada pelo poder evocativo do lugar lendário e da histórica passagem de ano. E ocorre o que faz parte da essência de toda festa verdadeira: um aspecto mitológico do mundo – aqui o aspecto dominado pela lua – se revela. "Patet mundus". Revele-se o que queira se revelar. E também a figura mitológica mais improvável extrai realidade *deste* real: da festividade de uma noite de luar tessálica ou egeia.

3

O que originalmente havia sido planejado e imaginado se transformou em algo completamente diferente do que aquilo que o esboço nos fez esperar. No entanto, isso ocorreu apenas aos poucos.

Quíron fala da clássica Noite de Santa Valpurga em sua primeira fase continental, antes da lua alcançar o zênite e antes de os vagantes chegarem ao Mar Egeu, como de uma "noite maldita". Era esse tipo que todos esperavam aqui: um perigoso período de fantasmas, que só traz miséria para os mortais. É uma noite em que tudo *turbilha*, que faz jorrar tudo aquilo que ela traz, todas aquelas figuras do submundo, de uma fonte transbordante nas profundezas. Quíron expressa a palavra importante de Fausto, o estranho medieval no mundo helênico dos fantasmas: "A noite maldita o gerou *turbilhando*". Visto que ela turbilha livremente, ela é uma "noite de regozijo livre" para os arimaspos e todos os povos e seres míticos. A "última" das esfinges foi morta por Héracles, mesmo assim todas elas estão presentes nessa noite singular. Nisso não há ainda nada de inesperado.

Permaneçamos aqui por um instante. Se alguém acredita que o poeta estava pensando aqui ao modo do helenismo tardio, ou até mesmo do romano-ovidiano, precisamos lembrá-lo das imagens em vasos protocoríntios ou áticos com seus seres milagrosos. Goethe nunca as viu. Ele conhecia apenas obras de arte helênico-romanas de caráter suave e delicado. Mesmo assim, sua cena de Farsália só pode ser ilustrada com aquelas imagens dos vasos arcaicos. As esfinges, por exemplo, nos apontam – caso realmente queiramos encontrá-las pessoalmente – para o pequeno museu em Egina, a pequena ilha grega que, nos tempos de Goethe, só abrigava seus guerreiros arcaicos tardios. As esfinges altivas e impressionantes se apresentam em sua pureza formal helênica: uma exposição comparável apenas àquela no museu nacional de Atenas. E a descoberta da poderosa feiura no mundo da beleza grega, que Mefisto faz na cena das Greias da clássica Noite de Santa Valpurga, esta se tornou experiência nossa apenas por meio da grande descoberta arqueológica em Corfu da Górgona gigantesca.

Esse borbulho de terríveis figuras mistas – de algo mitológico primordial, que a mitologia clássica dos helenos já havia expulso para o submundo – representa apenas a fase introdutória. O auge, a festa marítima – algo inesperado na "noite maldita" – é preparado pelo canto das Sereias:

> Correm! convidados nobres e alegres
> Para a divertida festa marítima
> Onde as ondas trêmulas
> Banham a praia e crescem em silêncio;
> Lá, onde Luna brilha duplamente,
> Nos umedece com orvalho sagrado,
> Lá, uma vida livremente movida,
> Aqui, um terremoto temeroso;
> Que cada sábio corra!
> Horrendo é este lugar –

Nisso se revela também algo imaginado como fundamento da "divertida festa marítima". Uma teoria geológica é contraposta a outra, o netunismo ao vulcanismo, e glorificada. Brincadeiras sérias são estas, como o próprio Goethe caracterizou o *Fausto II*. Brincadeiras do espírito, mais "comédias" no sentido da anedota de Ariosto do que poema instrucional. Mas para onde leva essa brincadeira, qual é o destino da teoria geológica, se o vulcanista Anaxágoras reza à deusa Lua? Quando a lua ilumina um mundo recém-surgido, a montanha gerada pela força vulcânica do terremoto, isso nos lembra de uma situação mitológica primordial. Aqui, as esfinges identificam a ilha como Delos, que surgiu de modo semelhante do mar por amor de uma deusa em trabalho de parto. No entanto, aqui, a ciência natural de Goethe nada tem de pura mitologia. Uma experiência mitológica primordial da humanidade, o vínculo entre origem e água representado por tantos mitologemas, entre origem primordial e oceano, só aparece em perfeita pureza quando a lua, detendo-se em seu zênite, domina a festa. Aqui, não importa tanto se Goethe fala na base de convicção científica, mas que seu modo de falar é verdadeiramente mitológico, que sua convicção se manifesta da mesma forma como a mitologia em suas formas mais primordiais: numa grande vivência festiva.

O pesquisador de mitos encontra entre as tradições sagradas dos povos do mundo inteiro esse tipo de experiências primordiais da humanidade como a contemplação mitológica da origem da vida a partir de águas primordiais[4]. Não existe apenas *uma* ideia da origem da vida. Mas todas as imagens que surgiram nessa experiência primordial (ou em alguma semelhante) tinham para aqueles que a vislumbraram o valor de realidades, sim, de realidades superiores e divinas. Não são ideias meramente científicas que encontramos. Figuras divinas aparecem dessa forma, eventos primordiais sagrados se presenciam assim. Mesmo se não existissem as festas, essas repetições periódicas de aparições divinas originais e de outras ocorrências sagradas na vida religiosa dos povos, festas estas que, na maioria das vezes, pretendem ser vistas explicitamente como repetições daquele evento original, precisaríamos supor a existência de grandes momentos festivos nos quais os deuses e os mitologemas tradicionais eram vivenciados em sua essência.

O fato de a "festa" existir da mesma forma como, por exemplo, o "despertar" ou o "reluzir de uma ideia" torna essa suposição a mais natural. Aquilo, porém, que a "festa" é em sua forma mais pura mostra a todos que costumam imaginar o festivo de modo excessivamente sacramental ou "festivo" que eles ignoram uma qualidade deliciosa da nossa forma de ser. O poema, festa e mitologia egeus de Goethe se apresentam aqui em sua unidade original e com a mesma leveza das dádivas da natureza.

4

Se o turbilhão de figuras mistas na terra firme apresentava certa naturalidade e até mesmo violência, a "confusão" e o "aperto" no mar à luz da lua é absolutamente natural. Corresponde à lei desse elemento, do mais mitológico de todos. Domina aqui uma magia livre de qualquer feitiçaria danosa:

>Se, em terror noturno,
>As bruxas tessálicas
>Te puxaram perversamente para baixo,
>Olha calmo do arco
>Da tua noite para as ondas trêmulas
>Confusão de brilho que relampeja suave

---
[4] Ibid., p. 75ss.

> E ilumina a multidão
> Que das ondas emerge
> Disposta a qualquer serviço.
> Bela Luna, compadece-te de nós!

Assim cantam as Sereias, e não nos surpreendemos quando nereidas e tritões – "como milagres do mar" em "bandos festivos" – emergem das mais silenciosas profundezas e as figuras mais maravilhosas e encantadoras animam a festa.

"Nenhum deus, apenas figuras da natureza" – ouvimos a acusação. É provável que o conhecimento de Goethe extraiu das figuras demoníacas os seus mais profundos segredos. Dos espíritos naturais, porém, e não importa como os próprios gregos os chamavam (para os gregos, eles eram deuses e deusas) nenhum caminho levaria aos deuses[5]. As acusações – tanto esta quanto a acusação do pensamento greco-romano tardio – parecem se aplicar aqui. Mas apenas em parte e não para a desvantagem do mitológico. Serviram como modelo principalmente os sarcófagos romanos com traços das nereidas. A seguinte descrição pretende demonstrar a impressão que estes eram capazes de causar num contemplador que se mostrava aberto ao aspecto religioso da arte antiga. Eu a empresto de um grande mitólogo, que transcendia em muito o alegorismo de Creuzer, mas que não era tão próximo à natureza e à essência pagã como Goethe antes dele: Johann Jakob Bachofen.

"Na maioria das vezes, as filhas do mar, carregadas por tritões, centauros ou delfins, se apresentam na perfeita beleza da juventude, nuas ou em roupas esvoaçantes no meio do oceano, no qual elas, um coro de seres benditos, gozam os prazeres da existência elementar. A arte apela a todos os recursos para conferir a maior energia e graciosidade expressiva à mais sublime medida de felicidade sobre-humana. O espírito do contemplador se eleva acima de qualquer pensamento de labuta e tristeza terrena. Ele contempla a imagem de uma existência elevada, que pressupõe circunstâncias diferentes daquelas da natureza mortal. Nas formas mistas dos tritões e dos animais marítimos

---

[5] OTTO, W.F. *Die Gestalt und das Sein*. Darmstadt, 1955, p. 193.

desdobra-se uma força irreduzida do elemento, no qual está a semente e o rejuvenescimento de toda vida. Nenhum traço de esforço, de cansaço. Assim como os corpos curvos dos peixes parecem não sentir o fardo que carregam, assim também a postura mais ousada das nereidas não conhece qualquer temor: entregues totalmente ao prazer da vida marítima, elas revidam o favor de seus portadores com uma entrega confiante, que se intensifica numa íntima união amorosa. Anseio infinito, como o que a infinitude do mar desperta em nós, se une à sensação de vitória, expressada pela trombeta de búzio do tritão. Delfins escoltam o grupo, erotes surgem das ondas ou flutuam nos ares, acompanhantes festivos do cortejo nupcial, como aquele que o mar saudou por ocasião do sequestro de Europa"[6].

Goethe pode aprender desses monumentos de uma arte e mitologia tardia também aquele modo peculiar com que esses milagres marítimos e espíritos naturais remetem concomitantemente a algo divino superior. Os tritões e as nereidas parecem, na maioria das vezes, formar um cortejo servil, um cortejo festivo em honra a deidades superiores ou dois cortejos que se encontram. Eles acompanham o senhor dos mares Posídon em sua quadriga[7]. Estão presentes no nascimento de Afrodite e apresentam o grande evento primordial ao universo[8]. Jarro e instrumentos musicais os identificam como tíaso dionisíaco[9]. Carregam também cornucópias e misteriosas cestas e caixas que evocam os mistérios de Deméter e Perséfone; ou possuem os atributos de Ares, Eros e Afrodite, até mesmo do próprio Zeus[10], como se o poder dessas grandes deidades retornasse para a origem de todos os deuses, para o elemento primordial – para o pai Oceano. "Os próprios olímpios não se privam o direito de desfrutar da bem-aventurança da existência elementar marítima na natureza das nereidas" – assim explica Bachofen essa cena no

---

[6] *Der Unsterblichkeitsglaube der orphischen Theologie*. Berlim, 1958, p. 119s.
[7] RUMPF, A. Die Meerwesen auf den antiken Sarkophagen. In: ROBERT, C. *Die antiken Sarkophagreliefs V*. Berlim, 1939, n. 116.
[8] Ibid., n. 91, 92 (sarcófago Borghese).
[9] Ibid., n. 38, 42, 43, 98, 116, 117, 121, 126, 131, 137, 144, 146, 257 et al.
[10] Ibid., n. 6, 131, 132, 139, 144 e 123 (sarcófago Corsini).

sarcófago de Corsini, que também Goethe deve ter visto em Roma, juntamente com a maioria dos outros mencionados.

Na verdade, parece mais provável que todas essas presencializações de deidades superiores por meio de seres marítimos remete a cortejos de mistérios dos tritões e das nereidas. Erotes e tochas ressaltam mais o aspecto nupcial (mas também o sepulcral) das representações conhecidas, mesmo quando Posídon e Anfitrite não aparecem no sarcófago como casal de noivos – como, por exemplo, no famoso relevo de Munique (antigamente no Palazzo Santa Croce em Roma). Uma das concepções fundamentais dos mistérios antigos é, de um lado, a identidade entre casamento e morte e, de outro, de nascimento e surgimento eterno da vida a partir da morte. Poderíamos quase chamá-la uma concepção fundamental inconsciente, que podia se expressar também fora do contexto dos mistérios, sempre que ela era evocada no ser humano antigo pelo fato da morte. Quando aparecia apenas como a *ideia* de um casamento divino equiparável à morte, sem um vínculo a determinada paisagem – como a de Elêusis –, sua realização só podia ser pensada no elemento primordial. O hino órfico às nereidas afirma que essas deusas foram as primeiras a executar os mistérios de Dionísio e de Perséfone[11]. Aquela primeira realização foi o casamento primordial e o nascimento primordial, que se deu imediatamente, representada na forma de uma celebração dos mistérios no mar. Talvez, os tritões e as nereidas, como testemunhas e executores daquele primeiro grande mistério de nascimento, cuja variação mitológica é também o nascimento de Afrodite[12], adotaram o costume de serem portadores não só dos próprios atributos, mas também dos instrumentos das deidades dos mistérios: cestas, caixas e jarros, e, portanto, também os distintivos do mais alto poder olímpico.

Para esse desenvolvimento podemos citar monumentos conhecidos. Tritões e nereidas adornam – ao lado de outros participantes da festa, que se apresentam em forma animal – a roupa da grande deusa dos mistérios de Licosura no museu nacional de Atenas. No cortejo dos tritões na sandália de

---

[11] *Orph. Hymn.*, 24, 10s.

[12] Ibid., p. 82.

uma tardia estátua colossal romana no Palácio dos Conservadores em Roma encontramos um instrumento conhecido dos mistérios: o *likon* sagrado[13]. A figura gigantesca, à qual pertence aquela sandália, se apoiava no fundamento primordial do ser – é sobre isso que nos informam essa representação – no fundamento primordial no qual ocorre continuamente o mistério primordial de todo devir, expressado em sua forma greco-simbólica.

Mas mesmo se nossa dedução da representação nos sarcófagos de um modelo desse tipo não fosse correta, seriam inconfundíveis os elementos característicos dos mistérios: a alusão concomitante ao casamento, à morte e ao nascimento, juntamente com as cenas marítimas, o casamento – nas palavras de Bachofen: "a entrega que, muitas vezes, se intensifica em íntima união amorosa" – até predominaria. Essa impressão geral é o que importa. É irrelevante na medida em que Goethe esteve ciente de sua imitação. Consciente ou inconscientemente, também ele alude a uma situação que se parece com um cortejo nupcial místico. Ele alcança o sentido original de todos os cortejos das nereidas e festar marítimos dos tritões não só por meio da mera imitação, mas também por meio de uma feliz criação.

5

Basta observar a liberdade com que ele trata os seres demoníacos do Mar Egeu. Para gerar a agitação na luz festiva do luar, ele precisa de mais criaturas do que aquelas que a tradição nos transmite. Ele transforma os povos conhecedores de magia, que nada tinham a ver com Chipre, os psilos e marsos, em espíritos guardiões da carruagem da grande deusa cipriota Afrodite. (Novamente não importa se ele o fez equivocada ou intencionalmente contra todas as fontes.) E como estes, todos os seus espíritos da natureza apontam para além de si mesmos para os grandes olímpios.

Se sua clássica Noite de Santa Valpurga não ocorresse na Idade Média, mas em tempos primordiais pré-gregos, seu mundo marítimo mitológico

---

[13] RUMPF, A. Op. cit. (anotação 7), p. 128, ilustr. 168. • STUART JONES, H. *Cat. of the Palazzo dei Conservatori*. Oxford, 1926, tábua 82. A cesta de trigo dos tritões contém peixes.

seria justamente aquele que está contido no reino dos deuses olímpicos. Visto, porém, que ela ocorre em tempos pós-antigos, esse mar guarda a lembrança daquela realização singular que pertence ao passado, quando a águia e o leão alado, a cruz e a luz – Bizâncio e Veneza, joanitas e turcos – assumiram o poder. É o mar grego de Byron com suas costas ermas e sua abundância de memórias, com sua divindade primordial sorridente e natural, com todos os aspectos demoníacos e festivos, que aguarda o vagante e marinheiro em baías abandonadas. Os olímpios se retiraram de seus santuários: sua *ideia* transparece em *eidola*, em imagens arraigadas na natureza, que não podem ser afugentadas.

Quando lemos a festa marítima de Goethe, lembramo-nos do relato milagroso de Heródoto: as festividades dos mistérios em Elêusis ocorriam quando o lugar foi abandonado por causa dos persas, *por conta própria* (8. 65). Não é Posídon, o poderoso noivo de poderosas deusas primordiais, que participa da festa de Goethe, mas são os telquines em cavalos e dragões marinhos que trazem sua insígnia de poder, o tridente. Não é Afrodite que aparece, mas aquilo que restou de seu ser atemporal no brilho do céu e das ondas e ao nosso mundo desdeificado: Galateia. Harmoniza maravilhosamente com essa epifania, na qual – como em um fenômeno natural – a deusa primordial do antigo mundo mediterrâneo adorador dos touros se refugiou, quando os guardiões de sua carruagem de concha aparecem montados em animais e bezerros marítimos.

Foram as cinquenta filhas de Nereu que foram as primeiras a celebrar os mistérios de Dionísio e Perséfone segundo o hino órfico. Depois de um coro em "Ion", de Eurípedes (1078), são elas que participam da ciranda em Elêusis juntamente com a lua e os astros: uma imagem comparável à cena egeia de uma maravilhosa noite de mistérios. Não devemos imaginá-las como "milagres marítimos" com cauda de peixe: uma delas era Tétis "de pés prateados". Goethe as transforma em "graças do mar", as Dórias, assim chamadas segundo sua mãe, Dóris, a filha de Oceano, de certo modo contrapostas às Nereidas como filhas da mãe às filhas do pai. Ele as dá a Galateia como companheiras, e assim cria uma esfera amorosa entre os seres do mar – um mundo maternal e cheio de amor.

As Dórias são filhas de Nereu como também Galateia, sua irmã. Mesmo assim, o canto das Sereias, que saúda sua aproximação, diz sobre elas:

> Trazei, Dórias delicadas,
> A imagem da *mãe* Galateia:
> Séria, de aparência igual aos deuses,
> Digna imortalidade,
> Mas, como as lindas mulheres dos homens,
> De graciosidade sedutora.

Nessa esfera de feminilidade absoluta domina Galateia, a imagem de sua mãe. Inútil é o desejo das Dórias de amar eternamente os garotos que salvaram:

> A onda que vos balança
> Não permite que o amor perdure,
> E quando seu afeto se esgotar
> Colocai-os na terra com mansidão.

Constância e fidelidade não é a lei de seu mundo elementar. Os jovens, porém, que experimentaram o favor dessa esfera, precisam confessar:

> Jamais vivemos tão bem
> E nunca mais queremos viver melhor.

Goethe faz de suas Nereidas, as filhas do pai, companheiras dos tritões com corpos de peixe, provavelmente da mesma forma como tritões e tritonas aparecem lado a lado em vários pares num sarcófago do Palazzo Giustiniani[14]. Na vanguarda do cortejo encontramos também um pequeno mundo, que é contraposto àquele outro mundo absolutamente feminino de Galateia. Aqui, a parte feminina é diferente daquilo que eram as Dórias ali: "Nereidas rústicas, mulheres rudes, selvagens atraentes". E como eles, as Nereidas e os Tritões inseparáveis, demonstravam que eram "mais do que peixes"?

> Hoje é preciso a menor das viagens
> Como mais válida das provas –

---

[14] RUMPF, A. Op. cit. N. 125 (sarcófago Giustiniani).

> Assim eles cantam e
>> Num instante se vão!
>> Para a Samotrácia...

E logo retornam, em suas mãos – como nos sarcófagos uma concha gigante com o nascimento de Afrodite ou o medalhão com a imagem do falecido – um escudo gigante. É a carapaça de um animal mitológico primordial, que, segundo os indianos (como Goethe bem sabia), suportava o mundo, a tartaruga Quelone:

> No escudo gigante de Quelone
> Brilha uma figura rígida:
> São deuses, os que trazemos!

(Sereias):
> Pequenos de estatura,
> Grandes em poder,
> Dos salvadores fracassados,
> Deuses venerados desde os primórdios!

(Nereidas e Tritões):
> Trazemos os Cabiros
> Para celebrar uma festa pacífica;
> Pois onde agem santos
> Netuno amável reina.

Podem gabar-se de serem mais do que peixes, pois carregam aqueles grandes deuses, que ainda restaram ao mar grego: *alcançaram os Cabiros*. Palavras misteriosas, que são tão importantes que são repetidas pelo coro geral.

6

O que se possui nos Cabiros? Uma pergunta que significa também: O que somos, quando *somos dignos de possuí-los*?

Goethe se expressa com grande cautela. Tudo que foi mencionado acima – com a exceção da carapaça de Quelone – corresponde à imagem que a ciência ainda hoje cria dessas deidades problemáticas. As Sereias cantam não sem razão:

> Quando um navio quebrava,
> Irresistível em força,
> Protegeis a tripulação.

Os Cabiros se transformaram, como alguns outros deuses primordiais, já na Antiguidade em deuses da salvação. Aqueles que agiam no elemento primordial durante o devir dos homens primordiais salvam agora os náufragos no mar. Eles têm, como alguns seres primordiais, um aspecto de anão e outro titânico. Sua natureza anã é incontestável desde a escavação dos vasos com representações de pigmeus no santuário dos Cabiros em Tebas. Se contemplarmos sem preconceitos os monumentos arqueológicos, mas também os testemunhos antigos já conhecidos na época, precisamos novamente admirar a solidez do conhecimento de Goethe, que lhe permitiu permanecer verdadeiramente mitológico em meio às avaliações e interpretações puramente especulativos do seu tempo. Em vista dos vasos dos Cabiros, sua descrição da luta do pigmeu e dos grous na montanha vulcânica recém-nascida como variação antiga e estilosa do tema dos Cabiros. As grotescas cenas de luta daqueles seres em um vaso do chamado "pintor de mistérios"[15] são testemunho disso.

A impressão que esses grandes deuses deixam no Homunculus ("Considero as figuras primordiais vasos terrenos ruins") se baseia em notícias antigas de que eles eram de natureza semelhante ao Paládio ou aos penates de Roma, que podiam ser transportados numa caixa[16]. Nos tempos de Goethe esses ídolos eram imaginados ao estilo egípcio como "deuses de vasos". Goethe se desvia da tradição antiga apenas no ponto de que, em vez de colocá-los numa caixa, ele os coloca no escudo gigante de Quelone: de certa forma, no fundamento primordial do mundo. De lá eles se erguem, gradativamente, até o Olimpo.

Pois os Tritões e as Nereidas adquiriram apenas *três* Cabiros:

> Três levamos,
> O quarto não quis vir;

---

[15] WOLTERS, P. & BRUNS, G. *Das Kabirenheiligtum bei Theben I*. Berlim, 1940, tábua 29, 3s.
[16] DION. *Hal. Ant. Rom.*, I. 68.

> Disse que era o certo
> Para pensar por todos eles.
> ----
> Na verdade, são ao todo sete!

(Sereias):
> Onde estão os três?

(Nereidas e Tritões):
> Não saberíamos dizer,
> Deveis perguntar no Olimpo;
> Lá deve estar também o oitavo,
> Do qual ainda ninguém se lembrou.
> Mas nenhum está pronto.

Esse jogo de números se baseia, pelo menos superficialmente, em informações antigas – nas diferentes genealogias dos Cabiros – e em sua interpretação por Schelling. Não há zombaria aqui. *Jocosamente* Goethe extrai aqui do livrinho historicamente totalmente equivocado de Schelling "Sobre as deidades da Samotrácia", o que pode lhe servir como ponto de partida. Ele não prezava aquele livrinho além disso[17].

Queremos dizer ao filósofo, como Nietzsche disse a si mesmo: "Cantar deveria aquela jovem alma!" Ele interpretava os nomes de deuses num fundamento linguístico equivocado, ao mesmo tempo em que ele já estava conquistando o mesmo mito filosófico para os Cabiros que Sócrates apresentou em honra de Eros no Simpósio. Tanto em Platão quanto em Schelling tratava-se da mesma coisa: do modo correto de expressão filosófica para aquela realidade do mundo, cuja forma de expressão primitiva e plástica – a Herme itífala – Heródoto remete ao culto dos Cabiros (2.51). A tarefa do filósofo era compreender o *ímpeto cego de procriação* de tal modo que ele fizesse jus também à ambição inconsciente nele contido do mais sublime. Goethe *canta* justamente isso sobre os Cabiros:

> Deuses são! Maravilhosamente peculiares
> Que continuamente geram a si mesmos
> E nunca sabem o que são.

---

[17] Conversa com Eckermann, 21/02/1831.

Mais antigo do que Schelling! Para aquele, "tudo que é inferior – também a deidade mais baixa na sequência de Cabiros – só pode ser vício, um existir que não é, mas apenas pretende ser", mas esse "vício" se transforma no sequenciamento dos Cabiros em uma "magia", por meio da qual "o sobrenatural é inserido na realidade". Goethe parte da sequência ascendente, puramente especulativa de Schelling, e sua sorte o aproxima bastante dos verdadeiros Cabiros.

Os pesquisadores da Antiguidade de sua época ainda não puderam informá-lo que a masculinidade no culto dos Cabiros era não representada só ao modo de Herma, mas também como na figura dupla de pai e filho, de Cabiro e Pais. No fragmento de um vaso do santuário de Tebas vemos o par como homem dionisíaco barbudo, coroado e deitado e como menino nu com uma jarra de vinho na mão[18]. O centro dos mistérios de Deméter e Perséfone era ocupado por um par feminino como forma de expressão da continuação ininterrupta da vida: na figura dupla das deusas, a filha era apenas a mãe renascida, e aquela que se tornava mãe só se tornava mãe para parir a si mesma. Igualmente podemos dizer da forma de expressão masculina deste mesmo processo que eles geram a si mesmos continuamente.

Também não devemos esquecer as primeiras palavras: *Deuses são!* Os espíritos da natureza são apenas seus portadores. Os Cabiros de Goethe remetem para além da continuação meramente animal da vida, para um ser olímpico (pois é no Olimpo que habita o oitavo):

> Estes incomparáveis
> Querem sempre ir além,
> Esfomeados ansiosos
> Pelo inalcançável.

Os Cabiros de Goethe são mais "fáusticos" do que os antigos. Imaginamos ouvir o "Chorus mysticus" como resposta do feminino eterno, que eternamente se estende. Aqui, são as Sereias que respondem com seu cântico do inalcançável:

---

[18] WOLTERS, P. & BRUNS, G. Op. cit. (anotação 15), tábua 5.

> Estamos acostumadas,
> Onde quer que esteja o seu trono,
> No sol, na lua,
> A orar: Vale o esforço!

Os Tritões e suas mulheres rústicas, rudes e selvagens são "mais do que peixes", porque eles carregam esse tipo de deuses e, com eles, lideram a festa. Que *eternidade* significa isso em comparação com a breve fama humana! ("Falta aos heróis da Antiguidade a fama, qualquer que seja, quando alcançam o velo de ouro...") O cortejo festivo começa com os altos deuses. Eles são a garantia de que o mar continue digno e cristalino para essa festa. Não seriam eles também ao mesmo tempo os símbolos adequados para liderar um cortejo nupcial? Não representam eles a primeira alusão misteriosa ao grande mistério que se realizará nesse cortejo?

7

Aparentemente, também os Telquines, o próximo bando no cortejo, com o tridente perseguem este único objetivo: garantir a tranquilidade festiva do mar. ("Agora flutuamos festivos, tranquilizados e leves.") Do ponto de vista mitológico, eles são uma variação do tema dos Cabiros, mesmo que o poeta não tenha tido essa intenção. Em sua natureza como anões ferreiros e residentes do mar e da ilha, eles se relacionam aos Cabiros, que descendem de Hefesto, o deus dos ferreiros, e que, segundo a tradição, se chamam "hefaistos". Em Goethe eles também remetem para além do aspecto elementar, como os Cabiros. Como espíritos de Rodes, Ilha de Hélio, eles são mensageiros do deus do sol apolíneo na festa de sua irmã, a deusa Lua. E como representantes do ímpeto criativo masculino, eles proclamam uma alternativa à busca faustiana do inalcançável: a obra de arte. ("Nós, os primeiros, fomos nós que erguemos figuras de deuses em figura digna de humanos.")

Para o ser puramente elementar de Proteu isso permanece incompreensível, é motivo de risada ("Para os sagrados raios de vida do sol / obras mortas são apenas diversão"). Ele, o espírito da natureza *par excellence*, consegue se transformar, é curioso como um peixe, mas não possui o anseio dos

Cabiros – e dos homens ("Figuras, *ambiciosas*, querem alcançar os deuses / mas amaldiçoados a sempre se parecer consigo mesmos"). Ele dá o conselho elementar ao Homunculus:

> Vem em espírito para o horizonte úmido!
> Lá, vives igualmente em latitude e amplitude
> Livremente te movimentas aqui;
> Não *ambiciona*, porém, ordens superiores...

Ao contrário de todos os espíritos ambiciosos, o elemento da água revela aqui estes dois de seus muitos aspectos: na pessoa do ancião marítimo Nereu se ergue seu rosto primordial e constante – e, portanto, também sábio. Seu lado eternamente transformador e sedutor se expressa na figura de Proteu e – por ora – em suas diretrizes ("Casa-te com Oceano").

Como elemento primordial, o mar contém em si o cego ímpeto da procriação: os Tritões e as Nereidas lideram, juntamente com três Cabiros (os mais baixos, que ainda não pensam), o cortejo festivo. Para Goethe, a natureza dos Cabiros é como Eros, "que tudo iniciou"; ela está arraigada nos fundamentos primordiais do ser e se eleva em direção a camadas superiores. *Este cortejo, porém, permanece no elemento, ele não se liberta dele. Ao contrário!* Ele forma uma espiral gigantesca, conforme o "Triunfo de Galateia", de Raffael, mas também com as danças festivas que representavam o labirinto[19]:

> Com movimentos leves, pressa comedida,
> Em torno do carro, círculo após círculo.
> Logo se emaranham linha com linha,
> Como serpentes, em sequência...
> -----
> Já passaram, estão passando
> Em embalo circular...
> ----
> Em círculos de correntes estendidas
> Para provar-se festivo
> Gira o bando infinito.

---

[19] Ibid., p. 197ss.

Mesmo assim, a festa, por mais elementar que seja, não é uma mera hora de assombração, mas uma verdadeira festa dos deuses. O inalcançável ("Onde quer que esteja o seu trono, no sol, na lua") se manifesta por meio de um sinal ("Se um vagante noturno chamasse esta corte da lua um fenômeno atmosférico...") e apenas assim a festa alcança – não seu fim, mas sua consumação:

> Que anel de nuvinhas cerca
> A Lua com tão rico círculo?
> São pombos, cheios de amor,
> Asas, brancas como luz.
> Foi Pafos que os enviou
> Suas aves aluadas.
> Nossa festa está completa
> Prazer alegre, cheio, claro!

Agora, Galateia pode aparecer no meio das Dórias. Nela se revela a feminilidade sedutora da beleza eterna, *onde quer que esteja o seu trono*, no céu e no mar:

> No jogo de cores do carro de Vênus,
> Vem agora carregada Galateia, a mais bela,
> Ela, desde que Chipre nos abandonou,
> Em Pafos é adorada como deusa.
> E assim a nobre herdeira possui há muito
> A cidade do templo e o trono da carruagem.

8

A herdeira da Afrodite clássica e até já um pouco pós-clássica: esta seria a Galateia de Goethe, segundo a intenção do poeta. Talvez ela esteja ainda mais arraigada: tanto na natureza quanto na figura da deusa primordial. Goethe estabelece aqui – no que diz respeito primariamente à natureza – uma relação entre o afrodisíaco e a lua por meio dos pombos de nuvens. A mitologia grega clássica, porém, forçava até a relação de Ártemis com a lua para o segundo plano. Ela não permitia mais uma relação tão íntima quanto a igualação pitagórica de lua e Perséfone. Goethe, por sua vez, parece apresentar um pensamento antigo tardio já na oração de Anaxágoras à "eternamente rejuvenescida" Diana-Luna-Hécate "de três nomes e três figuras". Muito mais aqui, onde ele reinterpreta a coroa lunar como os pombos de Afrodite.

Hécate como lua deusa, por sua vez – aquela que enche o peito, que é profundamente sensual, que brilha calmamente, a violentamente íntima, como Goethe a retrata ao estilo da poesia dos hinos órficos –, é uma figura mitológica da alta Antiguidade. Hesíodo reconhece em sua teogonia (411) a participação de Hécate no céu, na terra e no mar: é o seu direito primordial dos tempos dos Titãs, que Zeus lhe concedeu e fortaleceu. Visto que o primordial costuma se preservar na feitiçaria, a natureza lunar de Hécate era familiar principalmente às bruxas antigas. Quando lemos que, "em terror noturno, as bruxas tessálicas te puxaram perversamente para baixo", isso significava originalmente: Hécate lhes apareceu aqui na terra. Possuía ela já também um traço afrodisíaco – ou uma possibilidade afrodisíaca – em seu ser? Teria Goethe, mais uma vez, representado de modo inconsciente algo primordialmente mitológico?

Escopas, criador de uma famosa e admirável cena das Nereidas, havia criado, para Samotrácia, uma estátua de Afrodite com figuras secundárias, uma das quais – provavelmente a figura de um garoto – era interpretada como Pothos, o "desejo". A outra figura, profana e amítica, interpretada como Faetonte, poderia (caso a leitura seja correta) ser um segundo cabiro ao lado deste pequeno cabiro, provavelmente com uma tocha na mão. Plínio o Velho, a quem devemos essa notícia[20], afirma claramente: Estas deidades eram veneradas em Samotrácia com as "cerimônias mais sagradas". A deusa dos Cabiros, chamada de Kabeiro e Deméter Kabiria, ofereceu à arte humano-passional de Escobas a possibilidade de ser representada como Afrodite. De resto, a grande mãe primordial do mar dos Cabiros em torno de Samotrácia era mais parecida com Hécate do que com Afrodite. O cabiro Dárdano veio da caverna de Hécate para Troia, quando o dilúvio cobriu a terra[21]. Era a famosa "caverna ceríntica", um local de culto da Samotrácia, à qual é relacionada

---

[20] PLIN. *Nat. Hist.* Op. cit. 36. 5. 4.
[21] *Lycophr.*, 77.

uma "Afrodite Ceríntia"[22]. Sobre o cabiro Alcon lemos[23] que ele era filho de Kabeiro e um adorador munido de tocha de Hécate: certamente de sua própria mãe. (Lemnos, a costa da Trácia e Samotrácia pertencem ao mesmo mar.) Começamos a reconhecer também aquela deusa primordial, que ainda era inseparadamente Hécate-Deméter e, aqui, Kabeiro. Como Hécate, ela preservou suas relações antigas e íntimas com a lua e o mar. E como grande deusa dos mistérios de Deméter e Perséfone da Licosura arcádica, ela ainda tinha Nereidas, Tritões e Tritonas como adornamento em seu trono e – nós nos lembramos – em seu vestido.

Goethe evoca novamente por meio da constelação curiosa – a lua que permanece no zênite naquela demoníaca noite de agosto – essa deusa primordial. Ela está presente na situação *cósmica* e, aparentemente, na situação *psíquica* do poeta: na interação entre noite de luar e mar, como que se manifestando apenas no pano de fundo, "melodicamente inaudível", igual à Perséfone do submundo de Goethe. O ser humano ocular percebe dela apenas o que a beleza da imagem de Galateia consegue conter em si. O ser religioso no velho Goethe vislumbra a deusa primordial, e ele se aproxima tanto dela quanto a natureza humana suporta se aproximar de uma deidade, até o limite onde ela ainda doa vida sem matar. Sua festa marítima nos devolve ao solo da mitologia mais autêntica. Aqui, tudo é ainda brincadeira, imagem e som – um passo a mais nos levaria à teofania destruidora: o destino não de Goethe, mas de Hölderlin.

9

Semelhante é o destino da vítima dessa maravilhosa noite festiva: o Homunculus. Ele é o espírito puro com sua ambição desimpedida ("Enquanto sou preciso estar ativo"), sem olfato e paladar. Um ser esfomeado cheio de anseios e em plena consciência, ele avalia seu estado como restrito ("Ao natural

---

[22] Ibid., 449 e 958. • WILAMOWITZ-MOELLENDORFF, U. *Der Glaube der Hellenen I*. Berlim, 1932, p. 169.

[23] *Nonnos Dionysiaka*, 29, 194 e 214.

o universo não basta, o artificial exige um espaço fechado"), mas confortável ("eu, o mais acomodado). Mas ele é possuído por um ímpeto, que, em vista do feminino eterno, se intensifica e se transforma em "anseio imperioso", em verdadeiro *eros*. E ele sabe o que anseia – ele que, "exatamente como o pensamento absoluto, não possui uma existência real"[24]:

> Assim flutuo de um lugar para outro
> E gostaria de devir no melhor dos sentidos,
> Para, impaciente, quebrar a minha taça.

Ele se junta a espíritos humanos que, como filósofos da natureza e pessoas honestas, se tornaram dignos da companhia de espíritos da natureza. Tales, o filósofo da água primordial, o guia de modo altamente sensato até o mar. Lá, ele sente pela primeira vez o aroma do elemento da vida. ("Aqui sopra um vento suave. Agrada-me o seu cheiro!") Nada o impede de ceder à sedução de Proteu e de seguir ao conselho de Tales:

> Cede ao louvável desejo
> De iniciar a criação desde o começo!
> Sê pronto para agir com rapidez!
> Ages segundo normas eternas
> Por meio de mil e milhares de formas,
> E tens tempo até o ser humano.

Se contemplarmos a cena do ponto de vista racional, reconhecemos facilmente: "Assim, o espectador tem em suas mãos a fórmula da lei natural para a inserção de um ser espiritual na natureza orgânica com o objetivo final da criação do homem, e quando surge Helena ele não pode mais ter dúvida sobre o como de sua reanimação: Também ela surgiu segundo as leis naturais, também ela é um ser humano verdadeiramente vivo, a rainha de Esparta"[25].

O espectador, que foi preparado para a aparição de Helena por meio da festa egeia com seu brilho e balanço, não precisa desse tipo de raciocínio. Mas uma verdadeira obra de arte que, como o mundo também, apresenta vá-

---

[24] GUNDOLF, F. *Goethe*, p. 769.
[25] HERTZ, W. *Der Schluss der Klassischen Walpurgisnacht* – Germ.-roman. Monatsschrift 7, 1915-1919, p. 281ss.

rios aspectos, permite o desdobramento racional de seu conteúdo. Se nele estiver contido um teor dos mais profundos do mundo, encontram-se nele de imediato analogias no mitológico que podem ser remetidas a ele. O destino do Homunculus exige isso tanto quanto a epifania de Galateia. Apenas mitologicamente se transforma em evento o que permanece apenas parábola no raciocínio: o renascimento de Helena a partir do casamento místico do Homunculus e Galateia.

Homunculus: de fato, um ser imaginado, mesmo que, no fim, um símbolo multifacetado como toda criação verdadeira da alta arte. Aquele de seus aspectos que tentamos compreender aqui é o que mais corresponde à sua origem histórica. Um ser imaginado, para cuja criação Goethe pretendia até informar a receita. Por outro lado, porém, a receita do Homunculus pertence, como também os métodos de encontrar a pedra dos filósofos, à esfera mais ampla da mitologia: àquelas formas medievais nas quais se refugiaram as figuras mitológicas primordiais reprimidas. Segundo Paracelso, "esses Homunculus, assim que alcançam a idade adulta", se transformam em gigantes ou anões[26]: uma oscilação que caracteriza os seres primordiais mitológicos – também os Cabiros anões e titânicos. O Homunculus de Goethe é um anão retumbante e brilhante: a fórmula pura da criança primordial de mitologemas cosmogônicos, que resplandece como o sol ou inventa a música[27].

Como aquela criança primordial, ele oscila entre não ser e ser. ("Antes de deveres ser, já és!") Como aquela, ele parece ser menino ("Este menino aqui deseja sabiamente vir a ser"), e é, mesmo assim, hermafrodita: tudo – em mitologemas cosmogônicos: o universo – pode surgir dele. Na sequência de variações: Pigmeus, Telquines, Homunculus, os Pigmeus correspondem ao ser fantasma embrional daquela criança primordial, enquanto o Homunculus, que aqui ocupa o nível mais alto e puramente espiritual, se assemelha ao espírito que ilumina o mundo. Também Apolo, um deus do espírito, transparece na imagem da criança primordial na escuridão primordial. O Homunculus apenas parece ser um produto químico: na verdade, ele – um

---

[26] G. Witkowski em sua edição do *Fausto*.
[27] Ibid., p. 54ss.

espírito como o próprio Mefisto – foi magicamente criado por este numa ampola. Um "espírito" medieval, mas, mesmo assim, quase um fenômeno mitológico antigo, quando o delfim de Proteu o carrega no mar. Surge assim a criança primordial montada num delfim – mesmo que não alado como aquele, mas cheio de *eros* – na festa egeia.

A situação existencial do Homunculus é a mesma de Protolao – segundo seu nome: o homem primordial – no fragmento do vaso tebano já mencionado[28]. Vemos essa figura anã na frente dos dois grandes deuses Cabiro e Pais, que observa um casal de amantes: a noiva Crateia e Mito, cujo nome significa semente[29]. Homunculus reúne em si de modo verdadeiramente antigo e mitológico Protolao, a criança que deverá nascer, e Mito, que gera a si mesmo. Ele é o verdadeiro noivo, que gera a si mesmo. As figuras especiais Cabiro, Pais, Mito e Protolao são igualmente apenas os desdobramentos humanamente representáveis do deus primordial que gera a si mesmo, como Déméter e Perséfone o são da deusa primordial que pare a si mesma: os Cabiros na versão masculina; as duas deusas na versão feminina do mesmo conhecimento primordial da eternidade da vida.

Podemos chamar esse conhecimento primordial de "místico antigo" – estranhamente diferente do místico cristão: o reconhecimento de uma identidade profunda entre mãe e filha e entre pai e filho e a convicção da irredutibilidade da vida. Conhecemos poucos detalhes dos mistérios dos Cabiros, mas sabemos que, no fundo, eram um mistério do nascimento. O casamento de Homunculus e Galateia também é um mistério de nascimento.

Naquela noite dos mistérios de Elêusis, celebrada pela lua, pelos astros e pelas Nereidas, flamejou repentinamente uma grande luz, e ela se confundiu com a proclamação do nascimento de uma criança divina[30]. Dessa forma, o elemento do fogo manifestou sua linguagem simbólica. Algo semelhante acontece aqui com a natureza de luz e fogo do Homunculus. Sua taça quebra

---

[28] Ibid., p. 107.
[29] KERN, O. *Hermes*, 25, 1890, p. 7.
[30] *Hippol. Refutatio*, 5. 8.

no trono de Galateia. O espírito se transforma em fogo puro, e o elemento assume o papel do noivo:

>Agora flameja, relampeja, já se derrama!
>As Sereias entoam o hino nupcial:
>Que milagre fogoso encanta as ondas,
>Uma quebrando-se cintilante na outra?
>Assim reluz, balança e esclarece:
>Os corpos ardem em seu trajeto noturno,
>E tudo está cercado de fogo.
>Assim governa Eros, que tudo iniciou!
>Salve ao mar! Salve às ondas,
>Envoltas de fogo sagrado!
>Salve à água! Salve ao fogo!
>Salve à rara aventura!

A aventura do Homunculus é o mistério do devir. Nenhum dos elementos pode deixar de ser mencionado:

>Salve aos ares suaves!
>Salve às cavernas misteriosas!
>Celebrados sois todos
>Os quatro elementos aqui!

Perséfone – como sabiam os gregos e Goethe – guarda consigo as imagens daquilo que foi, daquilo "que há muito não é mais". Cederia ela para esse devir a imagem de Helena, para que ela, unindo espírito ao corpo, volte a viver? Pergunta vã. Helena chega

>Ainda embriagada do balanço das ondas agitadas...

Balatonujhely e Budapeste, 1940

Epílogo

Peço que o leitor retorne para a aparição de Galateia ("Galateia em seu carro de conchas se aproxima"). Até mesmo o intérprete "não mitológico" recorre aqui ao modo de expressão da ciência da mitologia[31]. Aparece, diz ele,

---

[31] REINHARDT, K. Op. cit. (anotação 56), p. 353.

o "mitologema, que supera todos os outros". Nisso ressalta aquele aspecto do mitológico em Goethe que, aparentemente, contradiz ao conhecido caráter impessoal desse fenômeno. A mitologia, porém, possui esse paradoxo: ela, a mais humano-universal, se torna avassaladoramente pessoal assim que se manifesta em harmonia com nossa própria vivência. Nesse sentido é correto que "o gênero, o 'mitológico' mais se aproxima do 'mitos'" – assim lemos na tentativa de interpretação mencionada – "quando se torna um gesto pessoal". Em Goethe, toda a mitologia das deidades marítimas realmente se transformou nisso. Cito aqui as palavras sobre aquele insuperável mitologema no final da festa egeia antes de tentar um aprofundamento da interpretação de toda a parte final – do encontro de Nereu com Galateia e daquilo que acontece em seguida.

"Deve ser possível encontrar paralelos com todo o resto, também além daquilo que já encontramos – assim como, por exemplo, a antiga tradição do garoto montado num delfim com a última cavalgada do Homunculus em Proteu como delfim deve contribuir a sua parte. Uma coisa, porém, ainda não encontrei em parte alguma, o símbolo da dualidade divina, não a de mãe e filha, não a de marido e esposa, nem a de mãe ou pai e filho, sem falar de todas as outras conexões culturais, mas a de pai e filha. Quão goetheano!"[32] Goetheano sim; mas se tudo que importa é um paralelo na mitologia cultual, não devemos esquecer a dualidades Zeus e Palas Atena, uma conexão que, por causa do mitologema do nascimento de Atena da cabeça de Zeus poderia ser chamada de verdadeiramente "mitológica primordial"[33].

Desde Homero e Hesíodo, essa conexão é clássica na Grécia. Em diferentes cultos aparece até um casal de deuses destacado por seus epítetos idênticos: Zeus Polieu e Atena Polias, Zeus Bulaio e Atena Bulaia, Zeus Agoraio e Atena Agoraia, Zeus Fêmio e Atena Fêmia, Zeus Cíntio e Atena Cíntia. Arcaico é Zeus Fratrio e Atena Fratria, e a sequência poderia ser continuada. Essa dualidade singular é glorificada, independentemente de seus epítetos, pelo orador religioso Élio Aristides. E a alusão a um mistério também não falta no culto grego. No santuário de Atena Itônia nas proximidades da cidade

---

[32] Ibid., p. 354.
[33] OTTO, W.F. *Die Götter Griechenlands*. Frankfurt a. M., 46.

• 151

Coroneia na Beócia, Pausânias viu uma estátua de Zeus do escultor Agorácrito e a estátua da deusa. Uma gema antiga nos mostra as duas deidades uma em frente à outra. Pausânias chama o deus de Zeus e se refere, provavelmente, não ao Zeus celestial, mas ao Zeus subterrâneo, ao Zeus Catactônio, como também a gema o expressa por meio do Cérbero como atributo[34]. Estrabão menciona o nome Hades e observa que, juntamente com este, o povo teria adorado Atena "por algum motivo místico". De forma alguma podemos, portanto, afirmar que não existe a dualidade e até mesmo o vínculo íntimo entre pai e filha na religião grega.

Aqui, porém, não importa a ocorrência antecedente dessa dualidade na mitologia. O mistério do encontro entre pai e filha nas figuras do casal Nereu e Galateia, que sempre se voltam a encontrar e a se perder novamente pertence, sem dúvida alguma, à mitologia pessoal de Goethe. A comparação com o clássico casal de pai e filha Zeus e Atena ressalta a diferença entre Palas, a "filha do pai", e Galateia, "a imagem mãe", e permite reconhecer um outro mitologema, pessoal em Goethe, mas mesmo assim humano-universal. O reencontro do homem que se tornou patriarca ocorre aqui, na figura de Nereu, não com a imagem feminina, não com a filha do pai, mas com a mesma feminilidade que sempre o atraiu e que agora pertence a uma geração mais nova. Para esta geração, ele é pai, fonte da existência e essência da origem de ser e conhecimento. Mesmo que ele se aproxime daquela jovem feminilidade com seu ser conhecedor, ele é obrigado a resignar: ele não pode mais ser "levado para o outro lado". Ele precisa se contentar com o encontro, com o "olhar" que, no ser periódico dos seres mitológicos, recorre anualmente:

> Ah, queria que me levassem consigo para o outro lado!
> Mas um único olhar deleita
> E substitui o ano inteiro.

Isso não é uma experiência meramente individual, mas humano-universal. E justamente por isso é material de um mitologema, que, como destino pessoal, é sofrido repetidas vezes por homens mortais, mas que, apenas uma vez, em Goethe, encontrou sua figuração artística adequada e –

---

[34] FARNELL, L.R. *Cults of the Greek States I*. Oxford, 1896-1909, tábua 13b. • PAUS. Op. cit., 9. 34. 1. • STRABO, 411.

por meio do emprego genial de figuras divinas gregas – mitológica eternamente válida. Com a sorte de sua genialidade, Goethe escolheu Nereu, o "Halios Geron", o "ancião marítimo" dos gregos, que possuía as características da idade avançada e sua plenitude de ser e sabedoria: que as possuía sem qualquer traço de melancolia saturniana, ao contrário da máscara do pai Oceano, que possui esse traço melancólico. Ao próprio Goethe foi negado esse encontro com uma filha própria. Quantas vezes, porém, ele não deve ter sentido aquele carinho pelas "filhas", pela feminilidade de uma geração mais jovem – não só pela nora –, que se expressa nas palavras de Nereu a Galateia! E quantas vezes ele teve também o prazer de reconhecer aquele deleite nos jovens olhos que o contemplavam, que responde a esse "És tu, minha querida!" com as palavras de Galateia:

> Ó pai! A felicidade!
> Delfim, fica! Sou prisioneira do olhar.

Com esse olhar, com essas palavras de Galateia, a mitologia pessoal de Goethe se eleva ao grau de um mistério já não mais determinado pela vida pessoal do poeta: transforma-se em encontro da alma feminina com sua origem paterna. "Goetheano", mas também místico e antigo – ao contrário do místico cristão – é o fato de que isso transcorre no elemento puro, em meio a lindos corais de seres elementares, de modo algum perturbado pela ironia do poeta, que antes o torna ainda mais flutuante, mais festivo e jocoso. Nereu, contemplado por Galateia com este olhar, não é mais máscara de Goethe. O sábio e belo ancião que se chamava Goethe era a máscara daquele divino, da origem paternal, que aqui se encarna na figura de Nereu. Ele registra sua própria felicidade quando a visão do velho sábio do mar leva Galateia a exclamar "Fica!" Com essa felicidade, o poeta permanece às margens daquele outro mistério, cujo contemplador agora é Nereu.

Antes disso, nos tempos do *West-östlicher Divan*, falou desse mistério, quando ainda não se encontrava, juntamente com Nereu, na fronteira que separa as gerações, de tal forma que tudo que agora segue se evidencia como retomada do mesmo tema: uma retomada no nível da idade mais avançada e da sabedoria mais profunda. Esse poema começa com a palavra de Proteu, que introduz a travessia marítima do Homunculus:

Casa-te com Oceano!

Então, Tales encoraja o futuro noivo do elemento úmido na linguagem da ciência natural dos tempos de Goethe e alude à teoria do desenvolvimento de Oken. Se agora contrapormos a isso as afirmações de um psicólogo do nosso tempo, do analista dos elementos Gaston Bachelard, em *L'eau et les rêves*, queremos que isso seja instrutivo apenas de um ponto de vista mais geral: "Quand nous aurons compris que toute combinaison des éléments materiels est, pour l'inconscient, un mariage, nous pourrons rendre compte du caractere presque toujours *féminin* attribué à l'eau par l'imagination naïve et par l'imagination poétique".

A mitologia grega não se esgota naquilo que Bachelard chama "l'imagination naïve" e "l'imagination poétique". Mas também ela une Oceano a Tétis, Posídon a Anfitrite, dá a Nereu esposa e filhas e permite que Afrodite faça seus jogos amorosos com Nerito, filho de Nereu. A Galateia de Goethe é justamente mais do que a feminilidade idealizada da geração mais jovem no fato de que sua figura abarca também o elemento. Como deusa, ela contém em si *a feminilidade da água* tanto quanto a das "filhas". E assim se repete aqui – com papéis invertidos dos elementos – aquele "morrer e devir", ao qual foi dedicado o poema "Selige Sehnsucht" [Bendito anseio], de certa forma como um mistério ("Não dizei a ninguém, apenas aos sábios").

Lá, era um ser que vivia na umidade da atmosfera, gerado pelo "refresco de noites de amor", cercado pelas "sombras da escuridão", que ansiava a morte no fogo. Ele veio voando ávido pela luz. Aqui, um ser espiritual fogoso é tomado pelo "anseio dominador". Ele foi "espiritualmente para a distância úmida". Somos obrigados a imaginar que, no fim, ele desce das costas do delfim Proteu e vem voando: ele já flameja em torno da concha, em torno dos pés de Galateia. E aquele que se quebra ali no trono bilhante é alcançado pela água – ("Que milagre fogoso nos encanta as ondas...?") – o destino que a borboleta do "bendito anseio" encontrou no fogo. A imagem da união dos elementos contém algo em si que transcende não só os elementos, mas também a união animal, sem conter a tortura ardente na morte nas chamas da paixão, e torna supérflua a inserção em esferas "superiores" ou inferiores. *Neste* "morrer e devir" a morte não importa mais. A única coisa que domina é o devir.

Frosinone e Roma, Valle Giulia, setembro de 1949.

Mitologia e gnose

1 Sobre origem e fundação na mitologia

1

O tema das minhas considerações é a gnose. O motivo de sua escolha foi duplo: Um motivo foi oferecido pela pesquisa psicológica mais recente com uma experiência que talvez deva ser avaliada também no contexto da história do espírito. O Professor Jung fala sobre ela no prefácio à segunda edição do livro de ioga chinês *O segredo da flor dourada*, organizada em conjunto com Richard Wilhelm (1939). Jung afirma ter chegado a resultados em sua pesquisa dos processos do inconsciente coletivo que transcenderiam os limites da psicologia medicinal puramente personalista. Tratar-se-ia de uma fenomenologia extensa, à qual as categorias e os métodos conhecidos não podem mais ser aplicados. Suas descobertas, apoiadas em 15 anos de esforços, pareciam estar suspensas no ar, pois não havia nada que pudesse ser comparado a elas. As únicas analogias, mas muito distantes em termos temporais, que ele conhecia se encontravam dispersas em relatos dos heresiólogos. Esse vínculo de forma alguma facilitou seu trabalho; pelo contrário, ele o dificultou ainda mais, já que os sistemas gnósticos consistem apenas em pequena parte de experiências psíquicas imediatas, em grande parte, porém, de revisões especulativas e sistematizadoras. Os relatos dos adversários, aos quais devemos nossos conhecimentos sobre a gnose cristã, podem, de fato, ser caracterizados dessa forma. Apoiar-se nesse campo parecia arriscado, visto que um intervalo de 1700 a 1800 anos separa o presente daquele passado. Além disso, os vínculos eram, em parte, de natureza secundária e apresentavam lacunas justamente na dimensão mais importante, fato que impediu que Jung usasse o material gnóstico na época. O socorro veio do grande sinólogo Richard Wilhelm, que lhe enviou o manual da ioga chinesa acima mencionado. Ele continha as peças que faltavam.

Essa solução em nada altera o fato de que existiam semelhanças entre determinadas vivências dos homens modernos e as vivências dos gnósticos. Ou mais precisamente: de que existia um psicólogo capaz de encontrá-las. Isso pode ser relevante também para a história do espírito. Os aspectos comuns que, no início de nossa era, transformaram pagãos e cristãos, orientais e gregos em gnósticos é algo determinado e, provavelmente, também algo cientificamente determinável. Não que sua determinação fosse uma tarefa simples. O último a tentar realizar essa tarefa com a agudeza de um modo de expressão filosófico foi Hans Jonas em sua obra *Gnose e espírito da Antiguidade tardia* e acreditava poder falar até mesmo de uma "era gnóstica". É, no entanto, muito mais fácil identificar traços individuais e semelhanças entre detalhes do que novidade em si, que, na época, se manifestava nesses detalhes. Quando tentamos identificar aquela novidade em si, podem ser úteis aquelas analogias que nos revelam algo de sua natureza: por exemplo, que não se tratava de meras especulações, mas de processos mais profundos. Por outro lado, esse modo de contemplação nos leva a questionar se a gnose era realmente algo novo e singular e se não teria sido mais algo eterno e recorrente, se partirmos do pressuposto de que essas recorrências, como as analogias observadas por Jung, são, de fato, possíveis.

A pesquisa mitológica nos permite dar uma resposta a essa pergunta se ela levar em consideração ao mesmo tempo a natureza da cultura e a natureza das culturas individuais. Este é o segundo motivo das minhas considerações. A obra mencionada, à qual não podemos negar seriedade filosófica nem uma visão histórico-mundial, subsume em seu primeiro volume toda a gnose – com exceção da vertente místico-filosófica, à qual ela inclui também Plotino – à categoria da "gnose mitológica". A designação se apoia numa impressão geral absolutamente correta, que podemos pressupor como existente em cada conhecedor dos gnósticos, por mais exterior que seja. A maior parte da gnose se apresenta como um tipo de mitologia. Disso surge a pergunta: "O que é primário nos gnósticos: a especulação ou a mitologia?" Essa pergunta não poderia ser respondida sem uma contemplação sobre outra pergunta: "O que é mitologia?", mesmo que a pergunta da importância histórico-mundial da gnose não nos leve diretamente a ela. E é para lá que nos leva também a análise do conceito da "especulação".

Ele mereceria uma contemplação mais profunda. Ao que se refere o pesquisador racionalista e não filosófico quando usa o termo "especulação" na história do espírito? Evidentemente, algo não muito dessemelhante à sua própria atividade intelectual, mas algo ao qual ele não consegue seguir com sua compreensão. Sua própria especulação tem a vantagem de que ele consegue segui-la e, por isso, pode acreditar que ela é – por exemplo – "ciência". Ao racionalista não filosófico escapa a arbitrariedade involuntária do pensador em cada ato de pensamento realmente decisivo, ela lhe escapa principalmente em si mesmo. Em cada pensador, o inconsciente participa do pensamento, só que, tanto no racionalista quanto no gnóstico, ele o faz sem supervisão. No primeiro, a especulação está tão presente quanto no segundo. No caso do gnóstico, ela poderia ser definida, por exemplo, como atividade não supervisionada do espírito, que compartilha com a filosofia os seus conceitos e com a mitologia a irresponsabilidade.

"Mito" em sua oposição a *logos* é irresponsável – e, ao mesmo tempo e de modo peculiar, mesmo assim crível. A gnose compartilha com a mitologia, além da irresponsabilidade, essa credibilidade estranha, e nisso ela se distingue essencialmente de qualquer outra "especulação". Existia uma palavra profunda sobre o mito, segundo a qual ele era "fundamentação da vida"[1]. Possivelmente, a gnose o é em medida ainda maior. A pergunta essencial referente à gnose precisa ser: Que tipo de fundamentação da vida ela é? Partindo da especulação ou resultando em especulação: a reflexão sobre o gênio mais próximo, a mitologia, é inevitável. Não levantaremos aqui a pergunta pela origem da mitologia no sentido de: "Onde e como surgiu uma grande cultura criadora de mitos que, com suas criações, influenciou todas

---

[1] MANN, T. *Freud und die Zukunft*. Viena, 1936, p. 30.

as mitologias posteriores e, de modo indireto, também a gnose?" Nós nos preocuparemos com outra pergunta: "O que a mitologia tem a ver com origem ou origens?" Pois apenas se partirmos daí, poderemos encontrar o lugar da gnose na sequência dos grandes gêneros criadores de cultura – mitologia, música, artes plásticas, poesia, filosofia e grandes ciências. Preciso, portanto, pedir sua atenção primeiramente para as observações que acredito ter feito na mitologia.

2

No uso linguístico atual, a palavra "mito" é demasiadamente ambígua, desgastada e confusa. Isso vale muito menos para expressões que combinam *mythos* com a palavra para "reunir, dizer" – *legein*. Platão, ele mesmo um grande "falador de mitos", nos ensina por meio de experiência e criação próprias sobre a vivacidade e flexibilidade daquilo que os gregos chamavam *mythologia*. Ela é uma arte ao lado da poesia e dentro dela (os dois campos se sobrepõem), uma arte com uma precondição material curiosa. Existe uma matéria especial que determina a arte da mitologia: uma antiga e tradicional massa de matérias, contida em narrativas conhecidas, mas que, mesmo assim, permitem figurações novas – sobre deuses e seres divinos, lutas de heróis e travessias do submundo. A mitologia é o movimento dessa matéria: algo fixo e, ao mesmo tempo, flexível, material, mas não estático, porém capaz de se transformar.

A comparação mais evidente é, talvez, com a música. Mitologia como arte e mitologia como matéria estão interligados da mesma forma num mesmo fenômeno, como a arte do compositor e sua matéria, o mundo dos sons. A obra musical revela o artista como figurador e nos mostra, ao mesmo tempo, o mundo acústico em sua formação. Onde um figurador de espírito próprio não se coloca em primeiro plano, como nas grandes mitologias dos indianos, finlandeses e oceânicos, podemos falar dessa relação com um direito ainda maior: de uma arte que se revela na própria figuração e uma matéria particular figuradora como unidade inseparável de um mesmo fenômeno.

A figuração na mitologia é gráfica. Jorra um rio de imagens mitológicas. Esse jorrar, que é, ao mesmo tempo, desdobramento, é registrado da mesma forma como os mitologemas são registrados na forma de tradições sagradas, como um tipo de obra de arte. São possíveis vários desdobramentos concomitantes ou sequenciais do mesmo motivo fundamental, comparáveis às diferentes variações do mesmo tema musical. Pois mesmo que esse jorrar seja sempre gráfico, a comparação com obras musicais continuar sendo útil aqui. Pelo menos com as *obras*: i.e., com algo objetivado, com algo que se transformou em objeto autopronunciador, ao qual não conseguimos fazer jus com interpretações e explicações, mas primariamente permitindo que ele mesmo expresse seu sentido.

No caso de um mitologema autêntico, esse sentido não é algo que poderia ser expressado de forma igualmente boa e completa num modo não mitológico. Mitologia não é mero modo de expressão, no lugar do qual poderíamos escolher outro mais fácil e mais compreensível, só que não no *seu* tempo, visto que, na época, teria sido o único modo de expressão possível e adequado ao seu tempo. A mitologia pode ser tão adequada ou inadequada ao seu tempo quanto a música. Pode haver tempos que só conseguem expressar apenas em música o maior daquilo que "pensaram". Mas aquele maior é, nesse caso, algo que *só* pode ser expressado em música. Algo semelhante acontece na mitologia. Assim como também a música possui um aspecto de sentido, que satisfaz da mesma forma como qualquer entidade de sentido é capaz de satisfazer, assim o faz todo mitologema verdadeiro. A razão pela qual é tão difícil traduzir esse sentido para a linguagem da ciência é que ele só pode ser expressado plenamente de modo mitológico.

Desse aspecto gráfico-musical de sentido da mitologia resulta a conduta correta em relação a ela: permitir que os mitologemas falem por si mesmos e simplesmente ouvir. A explicação deve seguir a mesma linha como a explicação de uma obra de arte musical ou poética. É evidente que isso exige uma "audição" especial, como ocorre também no caso da música ou poesia. "Audição" significa também aqui sintonia de frequência, ou até mesmo uma participação em sua efusão. "Quem se efunde como fonte, aquele é conhecido pelo conhecimento." Onde, porém, está a fonte da mitologia? Em nós?

• 159

Apenas em nós? Também fora de nós ou só fora de nós? Vale identificá-la. Conseguimos encontrar melhor o caminho que nos leva a ela se partirmos de outro aspecto da mitologia.

3

Como a cabeça cortada de Orfeu, também a mitologia continua a cantar ainda em seu momento de morte, ainda na distância. Em seu tempo de vida, junto ao povo em que ela tinha sua pátria, ela não era só cantada como um tipo de música: era vivida. Apesar de material, ela era, para aquele seu povo portador, forma de expressão, de pensamento e de vida. Thomas Mann falava corretamente da vida do homem de eras mitológicas como uma citação, e corretamente ilustrou isso com imagens que não podem ser substituídas por algo melhor[2]. Segundo Mann, o homem antigo dava um passo para trás antes de fazer algo, semelhante ao toureiro que se prepara para o golpe final. Ele procurava no passado um exemplo, que ele vestia como um sino de mergulho, para assim, protegido e desfigurado, lançar-se no problema atual. Dessa forma sua vida encontrava uma expressão e um sentido próprios. A mitologia de seu povo era não apenas convincente, i.e., dotada de sentido, mas também explicativa, i.e., doadora de sentido.

Este é o outro, o aspecto aitiológico da mitologia. Ao todo, um aspecto altamente paradoxal.

Como historiador da religião, eu poderia me tranquilizar diante desse paradoxo: a mitologia explica a si mesma e tudo no mundo, não porque ela tenha sido inventada para a sua explicação, mas porque ela realmente possui também a qualidade de ser explicativa. Mas justamente os pesquisadores que tentam "explicar" tudo dificilmente compreenderão uma qualidade misteriosa desse tipo, e só a compreendem se partirem da pressuposição de que os mitologemas tenham sido *inventados* para esse *propósito* – para a explicação. A observação de que música e poesia conseguem, às vezes, deixar o mundo

---

[2] Segundo Ortega y Gasset, p. 33s.

muito mais transparente para o espírito do que uma explicação científica não lhes basta, e tampouco deve bastar para nós. Queremos realmente compreender o aspecto aitiológico da mitologia em seu como, e de forma alguma tomá-lo como algo fácil ou natural.

A aparência de naturalidade é perturbada aqui pelo fato de que o caráter aitiológico da mitologia podia ser totalmente negado. Quem o fez foi um pesquisador de campo que passou muito tempo na presença de uma mitologia viva: Bronislaw Malinowski. Aquilo que ele descobriu nas Ilhas Trobriand sobre a natureza da mitologia foi publicado num estudo empírico exemplar sobre *Myth in primitive Psychology* (1926). Sua experiência confirma a concepção acima exposta da "mitologia vivida". Quero repeti-la em suas palavras cientificamente ponderadas:

"O mito numa sociedade primitiva, i.e., em sua forma viva primordial, não é apenas história narrada, mas realidade vivida. Não é do tipo de uma invenção, que encontramos hoje em nossos romances, mas realidade viva, da qual se crê que ela tenha ocorrido nos primórdios e que ela influencie o mundo e os destinos dos seres humanos desde então. [...] Essas histórias se mantêm vivas não por mera curiosidade, não como narrativas inventadas, nem tampouco como histórias verdadeiras. Para os indígenas, elas são a afirmação de uma realidade mais primordial, maior e mais importante, que determina a vida, o destino e a ação atual da humanidade e cujo conhecimento fornece ao ser humano os motivos para atos rituais e morais e instruções para sua execução".

Com base em suas experiências, Malinowski nega duas coisas: o caráter simbólico e o caráter aitiológico do mito vivo. Sua negação do caráter simbólico consiste na constatação absolutamente correta de que o mito expressa, para os seus portadores, de modo primário e direto justamente aquilo que ele narra: uma ocorrência primordial. No entanto, Malinowski nem cogita a possibilidade de que essa ocorrência também possa expressar algo: algo mais geral, algo do *teor do mundo*, que aqui se *declara* em forma mitológica. Em vez disso, ele se volta com uma intensidade ainda maior contra a concepção aitiológica. Segundo ele, o mito não seria uma explicação para satisfazer uma curiosidade científica, mas o reavivamento de uma realidade primordial em forma narrativa. Mitos jamais explicam, em sentido algum; eles sempre postulam um precedente como ideal e garantia de sua continuação. O "mito aitiológico" seria uma classe não existente de narrativas, correspondente a um "desejo de explicar" não existente.

É dessa forma que Malinowski descreve aquilo que ele chama a *função social* da mitologia e que seria "explicação" não científica ou pseudocientífica. No entanto, ele não consegue dizer o que realmente é, pois falta a Malinowski aparentemente a palavra certa. Ele considera inadequado o verbo "explicar" (*to explain*) no sentido de um "*intellectual effort*" [esforço intelectual]. Naquele outro sentido, em que a mitologia deixa tudo *claro* (*plain* no sentido de *clear*) para os seus portadores sem exigir esforço deles, a palavra "explicar" poderia ser usada. Pois, nesse sentido, flui clareza de toda mitologia: Clareza referente ao que é, ocorre e deve ocorrer. O sentido de tudo isso está contido no mitologema. Aquilo, porém, que se *faz* por meio da mitologia, quando se permite que ele, "o pronunciar do mito", funcione instintivamente a serviço de uma sociedade humana, não é mera invenção de explicações, mas algo diferente. A língua alemã possui a palavra correta para isso: *begründen* [fundamentar, justificar].

Mitologia fundamenta. No fundo, ela não responde à pergunta "Por quê?", mas à pergunta "De onde?" Na língua grega, essa diferença pode ser expressada com grande precisão. Na verdade, a mitologia não informa *aitia* (plural de *aition*), "causas". Ela o faz (ela é "aitiológica") apenas na medida em que – como ensina Aristóteles[3] – as *aitia* são *archai* (plural de *arché*). *Archai* eram para os filósofos mais antigos, por exemplo, a água, o fogo ou o *apeiron*, o "ilimitado". Ou seja, não meras "causas", mas matérias ou estados primordiais, que jamais envelhecem, que jamais são superados, mas que fazem surgir sempre tudo de si mesmos. Semelhantes são os acontecimentos da mitologia. Eles formam o fundamento do mundo, pois tudo se apoia neles. Eles são as *archai*, às quais todo individual recorre e deles se nutre de modo imediato, ao mesmo tempo em que eles não envelhecem e permanecem in-

---

[3] *Metaphysik*, 4, 2, 1013a.

superáveis: em primórdios atemporais, num passado que, por meio de sua recriação em repetições eternas, se revela imperecível.

4

Não é uma generalização injustificada falar da mitologia como narrativa dos primórdios ou, pelo menos, de algo primordial. Quando ela trata de uma geração de deuses mais recente, como, por exemplo, dos deuses gregos históricos, estes também significam a origem de um mundo, daquele mundo sob o regime de Zeus no qual viviam os helênicos. Deuses são tão "primordiais" que, com cada novo deus, nasce sempre também um novo "mundo": uma nova era ou um novo aspecto do mundo. Eles não estão presentes apenas no início, em sua origem, nem apenas nas repetições daquela primeira origem, em suas reaparições cósmicas e presencializações festivas; mas os mitologemas, que desdobram de modo narrativo aquilo que as figuras divinas contêm em si mesmas, sempre decorrem em tempos primordiais. A volta para a origem e para o tempo primordial é traço fundamental de toda mitologia.

Encontramos o modo de expressão preciso para isso: por trás do aparente "Por quê?" está o "De onde?", por trás do *aiton* está a *arché*. Em termos mais precisos ainda, não é a pergunta que ocupa o primeiro plano na mitologia – tampouco quanto na filosofia grega arcaica –, mas o retorno direto sem perguntas para as *archai*, a fundamentação como espontâneo lançar-se no "fundamento". Não é apenas aquele que vivencia e age de acordo com alguma mitologia que, igual a um toureiro, dá um passo para trás; não é apenas ele que veste o sino de mergulho, mas também o verdadeiro contador de mitos, o criador ou recriador de mitologemas. Onde o filósofo sondaria o mundo de fenômenos que o cerca para dizer "o que é", o "contador de mitos" volta para os primórdios para contar "o que era originalmente". Para ele, primordialidade é autenticidade [*Eigentlichkeit*]. Sem dizermos aqui se, desse modo, é alcançada a *verdadeira* autenticidade, a verdadeira imediaticidade do sujeito ao objeto, podemos compreender aqui o modo e o método da fundamentação mitológica.

Mitologia fundamenta quando o contador de mitos volta para os tempos primordiais com sua narrativa vivenciada. Sim, sem vagar e procurar, sem pesquisar e se esforçar, ele se encontra repentinamente naquele tempo primordial que lhe diz respeito, em meio às *archai* das quais ele fala. Dentro de quais *archai* o ser humano pode realmente se encontrar? Em quais ele pode mergulhar sem desvios? Ele tem suas próprias *archai*, as *archai* de seu ser orgânico, das quais ele se haure continuamente. Ele experimenta sua própria origem como ser orgânico desdobrado devido a um modo semelhante da identidade, como se ele fosse um som ampliado mil vezes e sua origem: seu primeiro ressoar. Ele o experimenta como sua própria e absoluta *arche*, como aquele início a partir do qual ele é uma unidade, a unificação de todas as oposições de seu ser e vida futuros. É a essa origem, como início de uma nova unidade do mundo, que remete ao mitologema da *criança divina*. A outra, que também experimentamos como origem própria, remete o mitologema de uma garota divina[4]: àquela origem que é, ao mesmo tempo, a *arche* de inúmeros seres antes e depois dela, por meio da qual o ser individual possui a infinitude já em sua *semente*.

Como placas de orientação, aqueles mitologemas indicam, por meio de imagens do devir humano e vegetal, a via pela qual ocorre a fundamentação como volta às *archai*, para reviver o caminho do desdobramento naquelas imagens. Figuradamente, podemos falar também de uma imersão em nós mesmos, que nos leva para a semente viva da nossa integralidade. O uso dessa imersão, desse aprofundamento, é a fundamentação mitológica, e o resultado desse uso é que, tendo recuperado a visão nas imagens que dali jorram, conseguimos retornar para aquele lugar em que as *archai* mencionadas se confundem. A *arche* da semente ou, para usar uma expressão de Goethe: o abismo da semente, conflui naquele lugar, e lá precisamos supor aquele centro em torno do qual e a partir do qual todo o nosso ser e toda a nossa natureza se organiza. Se imaginarmos esse íntimo da nossa vida em termos espaciais, o lugar idealizado em que origem e conhecimento da origem são

---

[4] KERÉNYI. Kore in Jung.

idênticos só pode ser este. Quem se retrai em si mesmo dessa forma e dá relato sobre isso experimenta e proclama o fundamento: ele fundamenta.

A fundamentação mitológica (e falo apenas desta) apresenta este paradoxo: Quem assim se retrai se abre. Vale também o inverso: a abertura para o mundo do homem antigo o firma em seu fundamento e lhe permite reconhecer em sua própria origem a *arche katexoche*, a origem. As mitologias falam por meio da imagem da criança divina, do primogênito dos primórdios, na qual a "origem" se fez presente pela primeira vez, não da criação de um ser humano, mas da criação do universo divino ou de um deus universal. O nascimento e o nascer do sol conferem àquela *arche* universal apenas traços físicos e a cor dourada. Se permanecermos na imagem do centro ideal do ser humano, precisamos dizer: justamente ali onde desemboca a *arché* abismal da semente o próprio mundo se insere. Nas imagens emergentes, *ela* fala sobre a origem. O fundamentador que, em sua imersão, mergulhou até seu próprio fundamento, fundamenta o seu *mundo*. Ele o constrói para si, sobre um fundamento em que tudo é um jorrar, florescer e nascer: primordial no sentido pleno da palavra, e, portanto, também divino: A divindade de tudo que aparece na mitologia é tão natural quanto a primordialidade de todo divino. Todas as instituições das eras mitológicas extraíam sua transfiguração e fundamentação, i.e., sua santificação, por meio de um mitologema da origem, da origem divina conjunta da vida, cujas formas elas são.

5

Reconstruir o mundo a partir daquele ponto em torno do qual e a partir do qual o fundamentador se organiza e no qual ele é primordial (em sentido absoluto em seu "ser organizado assim" singular, em sentido relativo no fato de ele ter sido gerado por uma sequência infinita de ancestrais): este é o maior e mais importante tema da mitologia, esta é a fundamentação *katexochen*. Quando um pequeno mundo novo, uma imagem do cosmo, é construído, a fundamentação se apresenta como transposta para a ação: como fundação. Cidades que, em tempos de mitologias vivas desejam ser vistas como imagens do cosmo, são fundadas da mesma forma como mitologemas cosmológicos fundamentam o mundo. Seus fundamentos são construídos como se eles nascessem das duas *archai* designadas (da absoluta, a partir da qual *começamos*, e da relativa, na qual nos transformamos em *continuadores* dos nossos ancestrais). Desse modo, recebem como fundamento o mesmo solo divino que pertence também ao mundo. Tornam-se o que mundo e cidade eram igualmente na Antiguidade: Morada dos deuses.

A contradição nas tradições da cerimônia de fundação de Roma se dissolve harmoniosamente assim que compreendemos esse sentido da fundação de cidades antigas: esses pequenos mundos do ser humano pretendiam ser esboçados na base do mesmo plano ideal segundo o qual também o ser humano se sabe organizado em sua integralidade e que ele reconhece também no mundo maior. Ao mesmo tempo, reconhecemos também algo dos termos espaciais, que representavam os meios mais óbvios para falar de forma plástica do íntimo, agora que voltamos nossa atenção para esse problema tão estudado pela ciência da Antiguidade. O historiador Franz Altheim de Halle sugeriu uma solução quando ainda era docente em Frankfurt, solução esta que foi acatada por seus alunos: de modo perfeitamente filológico e humano por Werner Müller, em seu livro *Kreis und Kreuz* [Círculo e Cruz] (1938). As seguintes considerações se referem exclusivamente à aparente contradição da cerimônia, não, porém, às dificuldades topográficas e outras na tradição. A cerimônia é a transposição de um teor mitológico para a ação. Se nos mantermos rigorosamente à própria cerimônia, podemos falar da execução de um plano mitológico, sem levar em consideração a sua realização no plano da cidade histórica de Roma.

A contradição mencionada é a entre duas formas geométricas. A descrição mais minuciosa da fundação da cidade romana, a biografia de Rômulo escrita por Plutarco, fala de um *círculo*, que é traçado com um arado a partir de um ponto central. O centro é ocupado por uma cova circular, chamada de *mundus*. Em sua representação poética da fundação primordial (*Fasti*, 4.819), Ovídio fala de uma simples cova na terra, de uma *fossa*, que, após o sacrifício fundacional, foi fechada. Então, em cima dela, foi construído um altar igualmente simples. Outras fontes descrevem o *mundus* da grande cidade histórica de Roma como um prédio, cuja parte inferior era consagrada aos

Di manes, aos espíritos dos ancestrais e aos seres do submundo. As pessoas que estiveram dentro do prédio confirmaram que, visto de dentro, sua forma era semelhante ao firmamento dos céus. Seja na forma primordial, mencionada na própria cerimônia de fundação, seja na figuração arquitetônica fixa: o *mundus* forma a *arche*, na qual desemboca o mundo mais antigo dos antepassados, o armazém de trigo submundano de tudo aquilo que crescerá e nascerá. O *mundus* é a *arche* relativa e, ao mesmo tempo, a *arché* absoluta, da qual o novo mundo "Roma" se propagava como um círculo a partir de seu centro. Não precisamos nem mesmo nos apoiar no significado do nome *mundus*. É possível que ele provenha do etrusco, caso em que ele talvez não seja idêntico com *mundus* no sentido de "mundo".

À cerimônia e mitologia do círculo contradiz a tradição da cidade de Rômulo, que era chamada de *Roma quadrata*. A essa designação corresponde a narrativa de Dionísio de Halicarnasso, que fala da forma quadrangular (*tetragonon schema*) daquele "sulco primordial", do *sulcus primigenius*. E a ela corresponde também um prédio, chamado *Quadrata Roma*, onde eram guardadas as ferramentas necessárias para a fundação religiosa da cidade. "No início era quadrangular" – assim diz uma fonte – "e era feito de pedra". O lugar em que ele se erguia não era igual ao que Plutarco informa para o *mundus*. O prédio designava o centro da *Roma quadrata*, da mesma forma como o *mundus* designava o centro do *sulcus primigenius* circular, mas os dois centros não eram idênticos. Altheim acreditava poder solucionar a contradição a partir de um centro ideal. Ele lembrou que o adjetivo verbal *quadrata* tinha também o significado de "dividido em quatro partes" – algo que, aparentemente, havia sido esquecido. Independentemente de sua localização – no *mundus* ou na *Quadrata Roma* – é possível traçar um círculo ao seu redor e, segundo as regras da agrimensura – fundar uma cidade dividida em quatro partes, uma *Roma quadrata*. Esse tipo de divisão em quatro partes por meio de dois eixos existe tanto naquela arte quanto na arte dos áugures.

A solução proposta mostra que a cerimônia circular e a fundação de uma *Roma quadrata* podem ser harmonizadas na *ideia*. Mesmo assim, ela permanece insatisfatória em relação à tradição. Plutarco menciona, antes de sua descrição da cerimônia do círculo, a *Roma quadrata* de Rômulo, e ele a interpreta como cidade quadrangular e não percebe isso como contradição. As cidades fundadas a partir de Roma, as *coloniae*, se chamam, segundo Varro, nos documentos mais antigos *urbes* de *orbis*, do "círculo" e de *urves*: "arar". Ele supõe como natural a cerimônia do círculo para cada fundação de uma colônia. Mesmo assim, a maioria das colônias mostra que, do esboço circular ritual surgiram, na realidade, mapas de cidades retangulares. São *quadratae* num sentido duplo: divididas em quatro partes por duas ruas principais – portanto equipadas também com quatro portões – e, ao mesmo tempo, mais ou menos "quadradas". Círculo e mapa da cidade não são congruentes. No entanto, mesmo diante de dificuldades topográficas, mantinha-se uma forma geométrica ideal. Como ideia pura, ela só pode ser pensada como *um quadrado dentro de um círculo*.

Segundo a narrativa de Plutarco, os romanos aprenderam os segredos da fundação de cidades de professores etruscos "como que no mistério". A figura que reúne o círculo e o quadrado não é desconhecida no amplo campo de costumes e vivências místicas. Tanto o historiador da religião quanto o psicólogo podem comprovar isso. Na antiga Índia essa figura era chamada um *mandala*, "círculo" ou "anel". Encontramos um tipo especialmente informativo no budismo *mahâyâna* do Tibete. Aqui, aparece um quadrado dentro de um círculo, ostentando, em cada um de seus lados, um acréscimo na forma de um "T". O quadrado, por sua vez, contém em si círculos concêntricos. No budismo, trata-se de uma herança da mitologia hindu. Repito aqui a interpretação oferecida por Heinrich Zimmer em seu livro *Kunstform und Yoga im indischen Kultbild* [Forma artística e ioga na imagem cultual indiana] (1926) na base do tantra *shrîchakrasambhâra*[5].

O adepto daquele mistério budista desenvolve em sua vivência do mandala a partir de si mesmo e em torno de si mesmo a imagem do mundo, no centro a montanha dos deuses Sumeru. Esta lhe é o eixo do ovo do mundo, "cujo corpo de joias de quatro cantos cintila com planos de cristal, ouro, rubi e esmeralda nas cores das quatro regiões do mundo. Um hindu vislumbraria em seu cume o mundo de palácios do rei dos deuses Indra e de seus santos:

---

[5] *Tantric Texts*, VII, 1919.

Amaravâtî, a 'morada dos imortais'; o adepto do mandala budista desenvolve em seu lugar um templo monástico como único espaço apropriado para Buda. Um prédio quadrado de joias com quatro entradas nos lados (estes são os acréscimos em forma de T), cercado por muros mágicos feitos de diamante. Seu teto é pontudo como aqueles túmulos de cúpula na terra, que, como recipientes de relíquias, testificam do nirvana dos iluminados. O centro de seu interior é formado por um círculo com uma flor de lótus aberta, cujas oito pétalas se estendem para todas as direções dos pontos cardeais (os quatro pontos principais do horizonte e as quatro direções intermediárias). Nela o adepto se vê na figura de Mahâsukha (uma forma de manifestação do grande deus Shiva) que abraça a figura feminina. Como 'mais alta bem-aventurança dos círculos', ele se vê com quatro cabeças e oito braços e toma consciência de si mesmo na contemplação. Suas quatro cabeças designam os quatro elementos – terra, água, fogo e ar – em seu estado imaterial e sobrenatural, ao mesmo tempo, porém, também os quatro sentimentos infinitos, cuja penetração por meio de exercícios constantes significa aproximar-se do nirvana..."

Até aqui o historiador da religião pode relatar fatos que ele conhece e acrescentar no máximo a Jerusalém celestial, que, no fundo do *círculo* do zodíaco, é *quadrangular*[6]. O psicólogo acrescenta outros fatos. Jung descobriu que pessoas modernas que nada sabem dos mistérios orientais desenham ou sonham figuras semelhantes a mandalas quando estão a caminho de sua integralidade, da união de suas oposições internas. Nós poderíamos chamar esse processo apenas de "refundação" ou reorganização do ser humano, Jung o chama de individuação. Com toda a cautela de seu método de pesquisa, ele constata que a vivência do mandala representa um "fato psíquico autônomo, caracterizado por uma fenomenologia que sempre se repete e é encontrado de forma idêntica em todos os lugares". O símbolo do mandala lhe parece "um tipo de átomo nuclear, cuja estrutura mais íntima e cujo sentido último nós desconhecemos"[7]. Ele disse o mais importante sobre isso em seu comentário

---

[6] BOLL, F. *Aus der Offenb.* Joh. Leipzig, 1914, p. 39s.
[7] *Eranos Jahrbuch*, 3, 1935, p. 105.

sobre o livro chinês *O segredo da flor dourada*: "Coisas desse tipo não se imaginam, elas precisam emergir das escuras profundezas do esquecimento, a fim de expressar a noção extrema da consciência e a mais alta intuição do espírito para assim fundir a *singularidade da consciência do presente com o passado primordial da vida*".

6

"Origem" significa duas coisas na mitologia. Como conteúdo de uma narrativa, de um mitologema, ele é "fundamentação"; como conteúdo de um ato: fundação. Em ambos os casos, significa um retorno do ser humano para sua própria origem e, assim, uma manifestação do original humanamente alcançável na forma de imagens, mitologemas ou cerimônias primordiais. Todas as três formas de manifestação podem ser os modos de manifestação do mesmo humanamente ainda alcançável, da mesma ideia mitológica. De onde, porém, surge uma ideia mitológica *específica*, como essa que, ainda hoje no Ocidente e no Oriente, é designada, no mesmo sentido e sem qualquer mediação, como mandala, uma ideia que, provavelmente, já subjazia à cerimônia de fundação romana? Qual é o sentido de tentar identificar uma origem histórica específica em um lugar e em um tempo específicos, se a origem geral se revelou como origem respectiva?

Essa pergunta pode ser formulada com maior precisão com a ajuda de um traço dos esboços dos mandalas. Esse traço é a repartição *exata* em quatro partes. Essa repartição aparece também no emprego budista como cósmica. Os quatro elementos aos quais ela é relacionada correspondem, tanto na Índia quanto na Grécia, a uma repartição do mundo em quatro partes. Na Grécia, ela pode ser uma herança pré-indo-germânica; na Índia, uma herança indo-germânica. A coisa mais evidente a se fazer é relacionar a repartição em quatro partes aos quatro pontos cardeais. Isso é possível também no mistério do mandala budista. O adepto – afirma Zimmer – "faz emanar raios nas cores dos quatro pontos cardeais: azul, verde, vermelho e amarelo das cabeças de Mahâsukha, que representa o próprio adepto ao seu olho interior. Suas cores garantem que seu sentimento da misericórdia penetre todo o universo". Aqui parece ocorrer uma inversão de um processo primordial: a partida dos eixos *dos* quatro pontos principais do horizonte. Uma emanação dos raios *em direção aos* quatro pontos cardeais, que assim são "fundados", é o que ocorre. A repartição em quatro partes dos planos das cidades romanas parece ser um resultado do primeiro processo, de uma orientação sul-norte e leste-oeste natural. O *céu* repartido em quatro partes é o fundamento comum de todos os planos de mandalas.

A pergunta se apresenta em toda nitidez. Devemos buscar a origem da repartição em quatro partes não no ser humano, mas no mundo que o cerca? E se este for o caso, em que parte do mundo? Werner Müller enfatizara com todo direito que apenas o círculo pode ser deduzido do horizonte, não, porém, a repartição em quatro partes. Os limites naturais do campo de visão formam um círculo fechado sem qualquer divisão. Como relógio mundial, cujo ponteiro é o sol, o horizonte só pode ser usado como ilustração no extremo norte. O tempo de decurso do sol e o setor horizontal coincidem apenas quando vistos do polo. Quanto mais ao sul, mais se atrasa a passagem do sol sobre os pontos principais. Os escritores romanos especializados em agrimensura alertam que ninguém deva se orientar pelo sol, e assim dispor os eixos da repartição em quatro partes. Sugerem a orientação pelo meridiano e, para realizar uma repartição *exata*, recorrer a um instrumento especial, ao *gruma* (forma etrusca do "*gnomon*" grego). Mas qual foi a *coerção* que obrigou o desenvolvimento desse instrumento? Foi a necessidade de preservar uma tradição, que, segundo Werner Müller, os latinos teriam trazido do Norte distante, ou da necessidade da qual provém toda repartição exata, a *visão espiritual* das formas regulares? A origem do *gruma* na Grécia por meio de uma mediação etrusca favorece a segunda resposta, ou, no mínimo, uma confluência das duas necessidades.

A teoria do inconsciente coletivo de Jung permite ambas as possibilidades de origem. Os mandalas que ele constatou nos sonhos e desenhos de pessoas modernas podem ser tanto os reflexos de uma *observação do céu* primordial quanto os reflexos de uma *coerção* humano-universal. Certas partes daquela série de visões e sonhos que ele estudou em 1935 parecem apontar para a origem cósmica do símbolo do mandala. Pois esse símbolo aparece num sonho como "relógio de pêndulo, que sempre funciona, sem que os pesos caiam", ou seja, como aquele relógio do mundo que, para nós humanos, é o céu. Na "grande visão" aparece explicitamente o "relógio do mundo", que, *tridimensional*, consiste de um círculo perpendicular e de um círculo horizontal e reúne em si *três ritmos*. O sonhador teve a impressão da mais profunda harmonia, podemos dizer, de uma harmonia das esferas.

Em teoria, seria absolutamente possível que o inconsciente coletivo do sonhador se lembrasse das vivências celestiais de seus ancestrais numa visão desse tipo. Mesmo assim, Jung não acredita na origem cósmica dessa repartição em quatro partes. Para ele, a "quaternidade" era uma qualidade daquele "centro" da integralidade do ser humano, que ele descreve como resultado da individuação e que ele designa como *self*. Não raramente, porém, ele encontrou, além do "quatro", também outros números, por exemplo, o número três, principalmente nos homens. Parecia-lhe, no entanto, "como se existisse normalmente uma insistência nítida no *quatro*, ou como se existisse uma probabilidade estatística maior para o quatro". Por causa da possível oscilação dos números, ele refuta uma relação com os quatro pontos cardeais, mas se permite, com as ressalvas necessárias, uma alusão à possibilidade de uma origem cósmica de natureza completamente diferente: Seria um *lusus naturae* curioso o fato de que o principal componente químico do organismo físico é o carbono caracterizado pelas quatro valências. E também o "diamante" – o símbolo da individuação alcançada nos textos orientais, como os muros de "diamante" do mandala budista – é, como se sabe, um cristal de carbono. Se isso fosse mais do que apenas um simples acaso da natureza, já que, como ressalta Jung, o fenômeno do quatro não pode ser uma mera invenção da consciência, mas "uma produção espontânea do psíquico objetivo", poderíamos compreender aqui um motivo fundamentalmente mitológico por meio do retorno ao anorgânico.

No entanto, também um campo um pouco mais próximo ao espiritual também nos oferece um exemplo da repartição em quatro partes: na origem do organismo. É o terceiro em sua evolução. O primeiro era a união da semente paterna com o óvulo materno que resulta no zigoto. Se aqueles dois formavam, juntamente com o número infinito de ancestrais, que aqueles continham em si, a *arche* relativa, o surgimento da nova unidade, do zigoto, significa sua *arché* absoluta. O segundo passo foi então uma divisão em duas partes, o início da formação dos sulcos; o *terceiro*, uma repartição exata em *quatro* partes e o estado de quatro células, que sempre é duplicado. A vida do indivíduo contém, portanto, um período em que ela, na base de um plano geométrico, se desdobra num tipo de mandala.

A concepção segundo a qual a mitologia informa sobre a mesma origem e o mesmo "fundamento" que uma pessoa *era* e que, de certa forma, como seu *efeito e desdobramento*, ela ainda *é*, permite a contemplação geral de possibilidades desse tipo. Mas apenas isso: ponderamos aqui a *possibilidade* da origem orgânica da mitologia, nada mais. Ela se encontra fora dos limites de uma contemplação puramente científico-cultural. Ao mesmo tempo, porém, ela inclui a possibilidade de uma semente espiritual na própria semente da vida: a semente para vislumbrar ordens ideais do mundo. A resposta à pergunta pela origem da repartição exata em quatro partes só deve ser procurada onde a repartição em quatro e em três partes passa a ser uma atividade intelectual e deixa de ser uma ocorrência meramente física. (A unificação de ambas como repartição em doze partes do relógio do mundo, independentemente de ela ter sido observada no céu ou não, já se apresenta como notável criação intelectual!) Não é apenas o psicólogo que encontra as repartições em quatro e em três partes como eventos concomitantes. As tradições antigas conhecem o papel do número três em mapas urbanos, tanto na Etrúria quanto em Roma: três portões, três ruas, três bairros, três templos ou templos divididos em três. Vemo-nos obrigados a voltar nossa atenção para uma diversidade, mesmo quando procuramos o uno e comum: o original. E nisso já damos uma resposta positiva à pergunta se faz sentido analisar diferenças locais e temporais em relação à sua origem especial.

7

Em sua obra *Monumenta Africana* (1939), Leo Frobenius analisa uma cerimônia de fundação de cidade no oeste da África. Ele mesmo percebe a conformidade com a cerimônia romana e relaciona todo esse âmbito cultural (ele o chama de "cultura sirta"), por meio dos antigos garamantes do norte da África, ao mundo antigo. Ele não se refere a um mero empréstimo, mas a um fluxo de cultura que, partindo da região mediterrânea ou até mesmo do Oriente, chegou ao Sudão Ocidental. Deixo de lado esta e todas as possíveis explicações históricas e me concentro aqui apenas com aqueles eventos da tradição africana que nos interessam aqui.

O mapa da cidade faz parte disso. Sobre este, o relato extenso reproduzido por Frobenius diz apenas que havia sido demarcado um espaço para a fundação "no círculo ou retângulo" e que haviam sido previstos quatro portões nos quatro pontos cardeais. Cito *verbatim* o que aconteceu em seguida: "Com o surgimento do primeiro quarto da lua iniciou-se a demarcação dos círculos e dos portões. *Três vezes* um touro percorreu a circunferência da cidade. Então foi levado para dentro da demarcação, juntamente com *quatro* vacas. Após ter se acasalado com *três* delas, ele foi sacrificado. Seu órgão reprodutor foi enterrado no centro da nova cidade, e foi erguido um altar fálico ao lado de uma cova sacrificial. (Ou seja, no centro da cidade a união de um monumento sagrado paternal com um maternal!) No altar eram sacrificados sempre *três* animais; na cova, *quatro*". Homem, lua e o número três de um lado, mulher, sol e o número quatro de outro apresentam aqui, segundo Frobenius, um vínculo forte. Evidentemente, a cidade pretendia ser fundamentada na união dos princípios paterno e maternal.

A observação de Jung segundo a qual os mandalas divididos em três partes ocorreriam especificamente em homens recebe aqui um novo significado. Não sabemos qual princípio os desenhadores e sonhadores veneravam inconscientemente: o masculino ou o feminino. Quando o triângulo ocorre no centro de mandalas indianos divididos em quatro partes, os próprios indianos o interpretam como símbolo feminino. Na Antiguidade, a deusa Hécate de forma tripla domina o mundo dividido em três. Por toda parte, deparamo-nos com grupos de três deusas na Grécia, que se transformam em quaternidade apenas quando uma deidade masculina se junta a elas. A grande deusa, que precisaria ser analisada num estudo sobre a menina divina, é tripla em sua relação com Zeus: mãe (Reia), esposa (Deméter) e filha (Perséfone). Sua contraparte exata é a santa Trindade masculina do cristianismo, que – *mutatis mutandis* – apresenta a mesma relação com a Virgem Maria. A trindade era masculina também para os pitagóricos, enquanto a quaternidade representa, para eles, um número com base feminina: como duplicação do número dois feminino. O "equilíbrio", cuja realização Varro reconhece na cerimônia fundacional romana, se expressa no número quatro – διὰ τὸ ἰσάκις ἴσον ("por causa do igualmente vezes igual").

Já esses exemplos próximos da nossa própria cultura apresentam diferenças notáveis. Elementos culturais característicos, como o vínculo do número três com o homem e do quatro com a mulher, são – para usar a expressão de Jung para o símbolo do mandala – "átomos nucleares, cuja estrutura mais íntima e cujo sentido último nós desconhecemos". Frobenius chama esses elementos inexplicáveis de "mônades" e vê nelas os "princípios de construção" das diversas imagens do mundo das diferentes culturas. Na África Ocidental, ele constata – além da mônade da cultura sirta (homem: três; mulher: quatro), a existência de duas outras: a atlântica (mulher: três; homem: quatro) e a do norte da Eritreia (homem: três; mulher: dois). Determinadas relações com determinados corpos celestes também fazem parte da estrutura inexplicável da "mônade". Aqui, a pergunta pela origem cósmica recebe uma resposta negativa no que diz respeito à dedutibilidade dessas relações da observação do céu.

Pois essas relações são tão diversas quanto as relações com os dois sexos. Na cultura sirta, a lua pertence ao homem e ao número três; e o sol, à mulher e ao número quatro. Frobenius chega até a afirmar que o mapa da cidade sirta com sua repartição em quatro partes seria uma imagem do sol ou do trajeto do sol. Na língua alemã – ao contrário, por exemplo, da língua portuguesa – sobrevive a ideia da lua masculina [*der* Mond] e do sol feminino [*die* Sonne]. No entanto, acreditamos reconhecer na lua com seus quartos mais o número quatro do que o número três. E também naquela cultura à qual devemos nossa semana de sete dias, a lua de 28 dias era dividida em quatro. Nas línguas antigas a lua é feminina; e o sol, masculino; Hécate, a deusa da lua, possui forma tripla; Apolo, como Hécato, que mantém relações com o sol, é uma coluna coniforme com base retangular (ou seja, um tipo de união de círculo e quadrado). A deusa padroeira, cuja identidade era mantida sob sigilo, da cidade de Roma era, segundo uma fonte, *Luna*[8], o nome secreto da cidade era *Flora*, outro nome da mesma grande deusa, que é tão lunar quanto terrena e submundana.

Citamos aqui apenas alguns exemplos entre muitos. Eles mostram os mesmos corpos celestes, vistos a partir das mônades de diferentes culturas, ora como mulher ora como homem, ora como o número três ora como o número quatro. Se cada mônade significa um *não poder ver de outra forma*, um "ser tomado por uma emoção" no sentido de Frobenius, então essa "comoção" tem, pelo menos, dois fundamentos: o mundo comovente da grande *natureza* e uma diversidade, algo que varia na história da *cultura*, que resulta nos traços característicos e monádicos de uma imagem do mundo. Ao primeiro fundamento corresponde aquela abertura para o mundo do ser humano antigo, da qual falamos, uma abertura que nos remete aos nossos próprios fundamentos mais profundos. O segundo fundamento pode ser descrito da seguinte forma: é uma exposição impotente a determinados aspectos do mundo, que, por sua vez, correspondem àqueles traços monádicos – traços estes que parecem como que crescidos, comparáveis aos traços fundamentais de algumas plantas e até mesmo dos diferentes organismos. Se quisermos designar seu fundamento último – *o fundamento último das mônades* – precisamos dizer: ele é a coerção no ser humano de produzir algo formado, algo formado no espírito, assim como também o corpo só consegue produzir algo formado. Essa coerção é aqui a origem. Mas no próximo instante já passa a existir a mônade, o plano espiritual. Ele é a primeira coisa que pode ser percebida intelectualmente na qual algo original, algo vivenciado na imediaticidade da origem que se une com um aspecto do mundo. Se entendermos "cosmo" de modo grego, ou seja, de tal forma que o espiritual e a coerção ao espiritual seja incluído nele, ocorre aqui um *encontro do cosmo consigo mesmo*.

Ou numa linguagem um pouco mais científica: aparentemente, existe algo espiritual, uma coerção para o espiritual já no plasma humano – na se-

---

[8] *Macrob. Sat.*, 3. 9. 4, caso a leitura sugerida por Wilamowitz (*lua*) não seja melhor. • KERÉNYI. *Alt-italische Götterverbindungen, Studi e material di storia dele religioni* 9, 1933, p. 18s.

mente da vida, da qual já falamos. O que nasce dessa coerção é, como qualquer planta, exposto ao seu meio ambiente, e ai daquilo que deseja crescer se ele não corresponder em nada ao seu meio ambiente, se não pode ocorrer um encontro. O ser daquilo que cresce é tanto "estar exposto" quanto "ser gerado". O mesmo vale para o ser do plasma. Apesar de não ser algo crescido fisicamente do qual estamos falando aqui, mas de algo espiritual, não de um plasma, mas, como Frobenius o chamava, de um *paideuma*. Assim como outros organismos são produtos plasmáticos, as culturas são produtos "paideumáticos". Mas justamente os "paideumáticos" são "expostos"[9]. Um surgimento espiritual é também um salto no mundo, e ai daquilo que deseja se transformar em obra se ele não corresponder a nenhum dos aspectos do mundo possíveis. Criações da cultura – fundamentações e fundações – só podem surgir e perdurar como obras, porque encontro e conformidade são possíveis tanto ao plasma quanto ao *paideuma*, tanto à célula do corpo quanto à mônada. Possíveis no sentido de encontrar no mundo o fundamento para a repartição em quatro partes do mundo quanto para a repartição em três partes, a natureza do sol tanto na mulher quanto no mundo, tanto o feminino quanto o masculino na lua: conforme o plano monádico desenvolvido pela ideia mitológica.

A *primeira* fase não é, na verdade, uma fase. Ela é fundamento e início primordiais, a origem como fonte primordial, justamente aquilo sobre o qual todas as mitologias falam na linguagem da *segunda* fase (a primeira a ser compreendida), e ao qual corresponde na língua monádica o salto no mundo. Nessa fase tudo jorra e brota, é formado e variado constantemente, em cada variação na mesma cultura determinado pela mesma mônada. Planos espirituais surgiram, nascidos com o mundo, como esboços de desdobramentos infinitos. É apenas na *terceira* fase que ocorre silêncio. Os dois primeiros momentos, que jamais poderiam se concretizar na realidade sem este terceiro: a coerção e a construção monádica, encontram aqui sua realização numa integralidade completa. Apenas aqui ocorre o devir e subsistir como obra. Para efetuar isso são necessários uma força e um talento especiais: os

---

[9] KERÉNYI. *Paideuma*, I, 1938, p. 158.

do artista, do criador e fundador, também do filósofo, se o virmos ao mesmo tempo como fundamentador e fundador. O salto, a comoção e a mônade já nos levam para lugar e tempo, para artista e fundador em determinado povo (compreendendo povo aqui como fonte de força e talento e também como fonte de traços característicos).

Artistas, sim, um povo inteiro de artistas, construtores de cidades e de imagens do mundo, só são criadores, fundadores e fundamentadores verdadeiros na medida em que se servem e se fundamentam no lugar onde as mitologias têm seu fundamento e sua origem últimos: no pré-monádico que se revela de modo monádico. O "*humano*-universal" seria a expressão para o pré-monádico, se não fosse pouco e fraco demais: pois o mais importante não seria o tornar-se "humano-universal", mas o encontro com o *divino* em imediaticidade absoluta. Aqueles mitologemas que mais se aproximam desses encontros com o divino podem ser vistos como mitologemas primordiais. *Historicamente* existe apenas a variação dos mitologemas primordiais, não seu conteúdo atemporal, as ideias mitológicas. Estas são, em sua pureza – como, por exemplo, a ideia pura do mandala, na linguagem de Jung um "arquétipo" –, pré-monádicas. O que existe historicamente não é só *monádico*, i.e., pertencente a uma cultura determinada geográfica e temporalmente, mas possui também o caráter de *obra*, i.e., se expressa ao modo característico de um povo. Por outro lado, cada povo manifesta sua própria forma de modo mais puro em seu encontro com o absoluto, i.e., no limite com o pré-monádico. Quanto mais se abre a visão para o pré-monádico, mais poderosa é a visão. Exemplos nos levariam da esfera da mitologia para a esfera das experiências místicas.

Quando mônades solidificadas se dissolvem como no fim da Antiguidade ou se encontram no processo da dissolução como hoje, diferentes tipos da mística nos são mais próximos do que a mitologia. Por isso, Plotino pode nos informar sobre o que é uma vivência mística pura; e seus conterrâneos, os gnósticos, sobre o que está mais próximo da mitologia na direção da mística. E por isso o psicólogo encontra nas pessoas de hoje os mesmos fenômenos místicos e semimísticos como num manual da ioga chinesa ou na gnose da Antiguidade tardia. O que ele encontra se parece na maioria das vezes como algo entre o arquétipo e um fragmento monádico, como uma mitologia que brota e se fragmenta ao mesmo tempo. Esse tipo de "mitologia individual" das pessoas de hoje pode concordar em grande parte com uma mitologia primordial ideal, que oscila entre *a* origem e sua versão monádico-solidificada. Uma mitologia viva, porém, se propaga em diversidade infinita, mas formalmente determinada, como, por exemplo, o mundo das plantas em comparação com a planta primordial de Goethe. Precisamos voltar nossa atenção sempre para ambos: para o historicamente múltiplo e para o elemento unificador, que mais se aproxima da origem.

2 O conhecimento do caminho

Pontos de vista para a determinação da gnose

1

Quando compreendemos a mitologia em sua essência, reconquistamos um modo já quase desconhecido de criação cultural, um *genos* primordial, um gênero ao lado da música e das artes plásticas, da poesia, da filosofia e das grandes ciências. E aqui se abre a perspectiva de um *genos* adicional, que é mitologia apenas pela metade, assim como também a mitologia é poesia, filosofia ou ciência apenas pela metade: a perspectiva daquele gênero que, na história do espírito da Antiguidade tardia, se chama gnose: "pela metade" – podemos dizer isso com todo direito se nos recusarmos de assumir uma posição em relação a outro ponto, i.e., em relação à pergunta de um antes ou depois temporal. Identificamos aqui um primeiro aspecto característico desse *genos*: apesar de surgir após as grandes mitologias, seus conteúdos estão tão próximos da origem quanto estas. Precisamos acrescentar: também o conteúdo da filosofia está próximo da origem, da *arché*, enquanto a gnose pode ser, ao mesmo tempo, mais primordial e tardia.

Precisamos aprender a reconhecer esse traço característico independentemente de toda peculiaridade temporal ou geograficamente determinada. O que nos capacita para isso é o fato de que podemos partir do mitológico como algo conhecido e ter esse conhecimento como pano de fundo, para assim destacar dele o gnóstico, aquilo que ainda precisa ser determinado. Assumimos nosso ponto de vista na proximidade de grandes mitologias e buscamos os pontos em comum, que aparecem também fora do círculo mediterrâneo e no Sudoeste Asiático. Se mitologia é mitologia no mundo inteiro, talvez o mesmo se aplique também a esse outro *genos*, à gnose.

A abundância desconcertante que nos aguarda no campo da gnose antiga, cristã ou pagã, a despeito da tradição fragmentária e secundária, assusta todo teólogo dogmático e até mesmo o doxógrafo, o colecionador de opiniões filosóficas. "Basta contemplar a inconstância de sua doutrina!", reclama Santo Ireneu, que fala principalmente sobre os valentinianos. "É impossível encontrar dois ou três que digam o mesmo sobre o mesmo assunto, eles se contradizem totalmente em nomes e questões (1.11.1). [...] A cada dia, cada um deles gera algo novo da melhor maneira possível. Pois ninguém é considerado perfeito se não for rico em mentiras grossas" (1.18.1). Ou: "Visto, porém, que sua doutrina e tradição divergem em cada indivíduo, e os mais recentes se esforçam todos os dias a imaginar algo novo e a gerar algo jamais pensado, precisamos desistir da tentativa de oferecer uma imagem completa" (1.21.5).

Se viermos da mitologia, tudo isso nos parece muito familiar e aconchegante. Temos aqui, como também nos diversos mitologemas, "variações sobre um mesmo tema". Que tipo de "contador de mitos", que tipo de músico, sim, que tipo de pintor seria aquele que não conseguiria produzir algo novo sobre um tema como a criação (e é justamente disso que se trata aqui)? Parece-nos que, de forma totalmente inesperada, encontramos na Antiguidade tardia a fonte primordial da *mitologia*, do "falar o mito".

Escolhamos uma variação entre as muitas. "Quando o ancestral teve o pensamento (a Ennoia) (e com isso já se estabelece o primeiro casal de deuses: Propator e Ennoia) de gerar algo, ele o chamou (i.e., essa primeira causa da criação) 'pai'; e quando isso se tornou verdade por meio da criação, ele lhe deu o nome 'verdade' (este é o segundo par: Pater e Aletheia); quando ele quis representar-se a si mesmo, chamaram isso 'ser humano'; quando gerou aqueles que ele havia pensado anteriormente, isso foi chamado 'igreja' (este é o terceiro par: Anthropos e Ekklesia). Então o 'ser humano' falou a 'palavra', e este é o filho unigênito. A 'palavra', porém, era acompanhada pela 'vida' (estas formam o quarto par: Logos e Zoé), e assim surgiu a primeira ogdóade" (1.12.3).

Isso era considerado uma forma especialmente espirituosa da doutrina valentiniana do desdobramento, e não há dúvida de que aquele aluno de Ptolemeu, seguidor de Valentino, que chegou a essa versão do desdobramento da ogdóade, a extraiu de sua própria fertilidade mitológica. Devemos falar de fertilidade "mitológica" – e não "especulativa" – porque essa variação era para o seu criador, e provavelmente também para outros, não "especulação", mas "fundamentação" plenamente válida. A impressão que ela suscita em nós é, evidentemente, a impressão de um jogo espirituoso.

A narrativa valentiniana da Acamote, da Entímese da "sabedoria superior" – um tipo inferior da Ennoia –, suscitou essa mesma impressão em Ireneu. Quando ela, a filha de Sofia, "precisou ficar sozinha do lado de fora, porque estava tão emaranhada em sua paixão, sofrimento de todo tipo e forma recaiu sobre ela: luto, porque nada compreendia; medo de perder a vida assim como perdera a luz; transtorno e completa ignorância. Mas ela não se converteu de sua paixão como sua mãe, a primeira Sofia, a Éon; pelo contrário, ela foi acometida por outra paixão, a saudade de seu vivificador. Esta foi a origem e a natureza da matéria da qual consiste este mundo. Foi nessa saudade que se originou toda a alma do mundo e do criador do mundo; o resto, do medo e do luto. Das lágrimas vêm toda substância úmida do mundo; do riso, toda substância luminosa; do luto e do transtorno, toda substância física. Pois logo ela teria chorado e se entristecido quando foi deixada na escuridão e no vazio, logo teria se erguido, rindo ao se lembrar da luz desaparecida, e logo em seguida caindo novamente em terror, dor e desespero"[10].

É desnecessário acrescentar as observações irônicas de Ireneu, que continua o jogo no mesmo estilo, caricaturando-o. Podemos continuar nossa análise nesse aspecto, pois encontramos o mesmo tipo de fundamentação espirituosa também em outro lugar, quando assumimos nosso ponto de vista na proximidade das grandes mitologias.

---

[10] *Iren.*, 1. 4. 1s. [Trad. E. Klebba].

2

As grandes cerimônias de sacrifício dos indianos não são diferentes do que cerimônias em geral: grande mitologia representada. Os Upanixades fazem parte da literatura teórica sobre aquelas cerimônias de sacrifício. Eles oferecem a mais linda analogia.

"No início, este mundo sozinho era o *self* (*âtman*) na figura de um ser humano (*purusha*)" – assim lemos no Brhadâranyaka-Upanishad[11]. Aqui, apenas o pré-mundo e a figura humana lembram aquele pai ancestral que se representa como ser humano. Observemos, porém, a semelhança da *forma* no que segue. Ela é tão espirituosa quanto a do desdobramento da ogdóade. O *âtman* na figura do *purusha* "olhou em sua volta e nada viu além de si mesmo. Então disse ao Início: 'Este sou eu'. Disso surgiu o nome 'Eu'. Por isso diz ainda hoje aquele que é chamado inicialmente apenas: 'Sou eu', e apenas então informa o outro nome que possui. [...] Ele tinha medo. Por isso, tem medo quem está sozinho. Então pensou: 'Nada há aqui senão eu. Por que, então, tenho medo?' Assim passou seu medo. Não existia razão para ter medo. Medo só existe de um outro. Mas ele não se sentia bem. Por isso, não se sente bem quem está sozinho. Ele desejava um outro. Ele tinha o tamanho de mulher e homem que se abraçam. Então permitiu que seu *self* se dividisse em duas partes (*apâtayat*). Disso surgiram esposo (*pati*) e esposa (*patnî*). [...] Ele copulou com ela; assim nasceram os seres humanos. Então ela pensou: 'Após ter me gerado a partir de si mesmo, como ele copulará comigo? Muito bem, eu me esconderei'. E ela se transformou em vaca. O outro se transformou em touro e copulou com ela; assim nasceu o gado. Então ela se transformou em égua; e ele, em cavalo; ela se transformou em jumenta; e ele, em jumento e copulou com ela; assim nasceram os equídeos".

E assim a história continua até as formigas. A narrativa é um verdadeiro mitologema da criação, uma fundamentação mitológica exemplar do mundo. Em termos puramente formais, ela concorda com um grande número de mitologemas primitivos, sobre os quais Malinowski afirma que eles seriam

---

[11] *Sechzig Upanishads der Veda*, 1897, p. 392ss. [Trad. P. Deussen]. • OLDENBERG, H. *Die Lehre der Upanishaden*. Göttingen, 1915, p. 79s.

"a afirmação e uma realidade mais primordial, maior e mais importante que determina a vida, o destino e a ação atuais do ser humano". Se não soubéssemos como a mitologia cria um precedente como ideal e garantia para sua continuação, precisaríamos ler essa narrativa da criação. De onde vêm o eu, o medo e o sentimento desagradável da solidão, de onde vêm homem e mulher e os animais? Tudo isso é fundamentado aqui por meio da projeção do modelo divino e explicado sem a intenção de explicar.

A forma é verdadeira forma mitológica de fundamentação. Para compreendermos os aspectos característicos de seu conteúdo, lembro aqui um mitologema parecido da Grécia[12]. Na narrativa da criação dos Upanixades ocorre de forma inesperada que a mulher primordial, já após ter copulado com a metade masculina do ser primordial, se pergunta: "Após ter me gerado a partir de si mesmo, como ele copulará comigo? Muito bem, eu me esconderei". Não, porém, na Grécia. No grande mitologema do casamento de Nêmesis o fato de ela fazer com que seja perseguida está fundamentado no ser da mulher primordial indômita. Ela se esconde assumindo as mais diversas formas animais até o ganso selvagem. O mesmo faz o perseguidor até alcançar a noiva em forma de cisne. Na variação arcádica, na qual a deusa primordial é Deméter[13], ela, no fim, se transforma em égua; e ele, em cavalo. Assim ocorre o casamento clandestino, cujo fruto é a menina divina. O palco do drama, a heroína sendo Nêmesis ou Deméter, é sempre o universo. O ser humano – assim precisamos interpretar essa postura verdadeiramente mitológica – enfrentou o mundo com a flexibilidade e a capacidade de transformação do espírito e o absorveu em si. Ele a preencheu e impregnou com aquela dramaturgia onírica que ele extraiu de si mesmo. O mundo no ser humano e o mundo lá fora se tornaram um naquele grande drama divino que se repete milhões de vezes no encontro entre homem e mulher e é copiado como imagem primordial na vida e no rito – no costume do rapto da noiva.

Certamente, os indianos antigos também possuíam o mesmo mitologema. Conhecemos paralelos provenientes de toda a região europeia e asiática,

---

[12] OLDENBERG, H. Op. cit., p. 42ss.
[13] Ibid., p. 42. • KERÉNY. Op. cit., p. 179.

também da Índia. A versão dos Upanixades, porém, apresenta uma situação completamente alterada. Nenhuma absorção aberta do mundo! Atman ou Purusha, o *self* como ser primordial *contém* o mundo e a gera a partir de si mesmo. "Então ele *reconheceu*" – assim diz a continuação: "'Verdadeiramente, eu sou a criação, pois eu criei isso'. Disso surgiu a criação. Aquele que *sabe* isso *está* verdadeiramente em sua criação". E quando também o fogo e o soma, os dois fundamentos do antigo culto indiano, foram gerados como "sobrecriação", o texto diz novamente, aqui já com a equiparação explícita de Atman com o deus Brâman, mas com a ênfase de sua identidade com o *self* humano: "Visto que ele criou os deuses como superiores e visto que ele, como mortal, criou os imortais, por isso trata-se de uma supercriação. Aquele que disso *sabe está* nesta sua supercriação".

Nisso se revela a novidade e o característico em relação à mitologia. Já não se trata mais de uma fundamentação espontânea do mundo sem meta e esforço, mas de um *conhecimento*, que é visto como meta, como uma meta que é alcançada em etapas. A cada etapa alcança-se um novo ponto de vista. Aquilo que antes era simplesmente o *self*, está, de repente, na criação, encontra lá um lugar ou, segundo a outra interpretação igualmente legítima do texto, é criador na supercriação "aquele que disso sabe". Trata-se de um caminho. "Por isso, é *rastro do caminho* do universo o que aqui é Atman; pois nele se conhece todo o universo. Sim, assim como encontramos algo seguindo os rastros do pé, ocorre o mesmo aqui" – lemos na continuação. E então o texto diz sobre a própria meta: "Enquanto os seres humanos pretendem se tornar universo por meio do *conhecimento* de Brâman, o que *sabia* este Brâman, por meio do qual ele se tornou universo? Sim, no início este mundo era Brâman, este *conhecia* apenas a *si mesmo*. E *o reconheceu*: 'Eu sou Brâman!' Assim ele se tornou este universo. E todo deus que obteve *consciência* disso se tornou o mesmo. [...] Quem, portanto, *reconhece* isto: 'Eu sou Brâman!', este se torna universo; e nem mesmo os deuses têm o poder de impedir que ele não se torne universo".

Não nos interessa agora o especificamente indiano: não a equiparação de Atman-Brâman com o universo, mas algo mais geral. O que leva a esse tipo de conhecimento e divindade, aos dois ao mesmo tempo, ou mais especificamente: à identidade vivenciada dos dois? *Caminho e conhecimento*. Neste caso, trata-se de um caminho indiano e de um conhecimento indiano. Na Índia, aparece como genuinamente indiano; na China, porém, como genuinamente chinês. O *Tao* é um tipo semelhante de "caminho e conhecimento". Richard Wilhelm traduziu o nome como "sentido" e justificou essa tradução, afirmando que também a palavra alemã [*Sinn*] possui o significado original de "caminho, direção" e, além disso, "o interior do ser humano voltado para algo", sim, também algo objetivo, o objeto do conhecimento. Mesmo que Wilhelm não ressalte tanto esse último significado, ele se manifesta por toda parte em sua tradução do *Tao Te Ching*. Para o logograma do Tao, ele considera a interpretação "caminho" a mais correta, pois o signo significaria "um trilho, que – apesar de fixo – leva de um início diretamente para o destino". Caminho este compreendido por Lao-Tsé, o grande proclamador desse caminho, não como no confucionismo como "caminho correto" interno – assim nos instrui Wilhelm –, mas num sentido pré-mundo: "anterior a toda realização, ainda não separado pela separação polar das oposições, da qual toda realização depende"[14]. Aponta, portanto, para a mesma esfera do Atman pré-mundo, para onde apontam também "o rastro do caminho" e o "conhecimento" dos Upanixades. Reconhecemos aqui um ponto comum e, ao mesmo tempo, característico: Característico não para a Índia ou para a China, mas para o *genos*. Algo que, do ponto de vista da ciência da cultura, precisa ser designado como pré-monádico e, do ponto de vista psicológico, como arquetípico: uma possibilidade do ser humano, para a qual caminho e conhecimento são apenas símbolos; símbolo também o conhecimento, símbolo e expressão de algo especial, diferente do conhecimento prático, científico ou filosófico.

Se fôssemos acreditar que assim teríamos identificado a origem da gnose antiga no Extremo Oriente, isso seria uma suposição precipitada, no mínimo ainda não comprovada. Prefiro ater-me ao certo e evidente: o *gênero* foi reencontrado também na Índia e na China. Filosoficamente comprovado

---

[14] WILHELM, R. *Das Geheimnis der Goldenen Blüte*, p. 90s.

é que a palavra grega *gnosis* em seu uso específico pelos gnósticos significa exatamente aquilo que "conhecimento" significa nas passagens citadas dos Upanixades. Quem identificou o ponto de partida para essa compreensão foi Richard Reitzenstein: *gnosis* exige, caso o contexto não deixe explícita a relação, um genitivo. Portanto, é preciso perguntar qual genitivo foi suprimido como evidente quando a palavra assumiu seu significado técnico (i.e., gnóstico). Esse genitivo, o objeto da gnose, é a conexão imaginada quase como poder pessoal: *gnosis theou*[15]. Ou seja, um conhecimento cujo objeto é Deus. Para o lado negativo desse conhecimento devemos citar as análises etimológicas de outro grande filólogo, Eduard Norden. Ele chegou à conclusão de que a *gnosis theou* não pode ser uma conquista do intelecto[16]. O positivo supremo é expressado pelo texto clássico da gnose pagã, pelo tratado hermético intitulado de "Poimandros": "Este é o bom destino alcançado por aqueles que possuem a gnose, tornar-se Deus: τοῦτό ἐστι τὸ ἀγαθὸν τέλος τοῖς γνῶσιν ἐσχηκόσι, θεωθῆναι"[17].

O Poimandros descreve por meio de quais níveis de elevação esse destino é alcançado. A alma precisa passar pelas esferas planetárias até alcançar a ogdóade supermundana. Esse ponto pode ser alcançado na vida terrena do gnóstico. Para o gnóstico cristão, a vida só começa na ogdóade: abaixo dos planetas, tudo era morte[18]. O que nos interessa aqui não é essa concepção astral especial da Antiguidade tardia dos níveis, mas apenas o essencial. O caminho. Em um hino gnóstico, o próprio Cristo explica o que é *gnosis*: "Os segredos ocultos do caminho sagrado"[19]. Se quisermos resumir esse aspecto da gnose antiga, podemos falar de uma *gnosis hodou*, de um "conhecimento do caminho", com o mesmo direito com que falamos de uma *gnosis theou*. Alguns tentaram resolver a pergunta pela origem da gnose interpretando a ascensão da alma como doutrina gnóstica central e

---

[15] REITZENSTEIN, R. *Die hellenistischen Mysterienreligionen*. 3. ed. Leipzig, 1927, p. 285.
[16] NORDEN, E. *Agnostos Theos*. Leipzig, 1923, p. 87.
[17] *Corpus Hermeticum*, I. 26.
[18] *Excerpta ex Theod.*, 80.
[19] *Hippol. Refutatio*, 5. 10. 2.

deduzindo-a da Babilônia[20]. No entanto, isso abarcava apenas um conceito parcial da gnose, mais especificamente, apenas o revestimento de um de seus aspectos. Muito mais expressiva é a descoberta que todo filólogo precisa fazer quando ele se vê diante da tarefa de designar a doutrina de Lao--Tsé com palavras gregas. Ele verá que esta pode ser descrita tanto como *gnosis theou* quanto como *gnosis hodou*.

3

A gnose, os ensinamentos dos Upanixades e dos sábios do Tao são três realizações monádicas da mesma possibilidade pré-monádica, três formas fenomenológicas, diferentes em seu estilo cultural, do mesmo *genos*. Mesmo que isso nada nos revele sobre o ponto de origem histórico da gnose da Antiguidade tardia, esse resultado parece confirmar aquela concepção defendida não só por Oswald Spengler, mas também por Hans Jonas em sua obra sobre "A gnose e o espírito da Antiguidade tardia" [Gnosis und spätantiker Geist]. Segundo essa concepção, a gnose pertencia aos fenômenos da "cultura árabe", às criações das "almas mágicas" da Alta Idade Média. Portanto, poderia ser essencialmente de natureza oriental, mesmo que não tenha sido emprestada do Oriente. Pelo contrário, o que ela teria emprestado foi sua forma antiga, que não era genuinamente inerente à gnose. Trata-se, segundo o autor, de uma pseudomorfose, uma forma imposta.

Se nos lembrarmos do revestimento astrológico do "caminho", não podemos falar de uma simples pseudomorfose. Falaríamos de uma pseudomorfose simples se o "conhecimento do caminho" oriental tivesse apresentado uma forma antiga pura no Ocidente e assim tivesse sido adotado de modo imediato. Os fatos são mais complexos. No Império Romano, o "conhecimento do caminho" não foi simplesmente revestido de antiguidade. Ele se uniu a formas – à forma astrológica e, cada vez mais, também à forma alquimista – que, por sua vez, já eram produtos de um processo, ou seja, resultados de uma pseudomorfose, da qual surgiu a cultura da Antiguidade

---

[20] ANZ, W. *Zur Frage nach dem Ursprung des Gnostizismus*. Leipzig, 1897.

tardia e da Alta Idade Média. Astrologia e alquimia são tão características a essa cultura quando o fato de que esse "conhecimento" pôde e teve que adotar essas formas. É característico também que, na época, ele se destacou na Antiguidade tardia *nessa* medida. Esse conhecimento não precisava ser especificamente oriental, mas podia ser também de natureza pré-monádica e arquetípica: o gênero que identificamos e que continuará a ser o nosso tema.

Visto que o nome grego nos é mais próximo, passarei a usar "gnose" para designar o gênero, e sempre que me referir às suas formas antigas eu as identificarei como tais. Nosso desafio era e é identificar, na gnose da Antiguidade tardia, os aspectos característicos ao *genos*, à gnose como tal. A gnose *como tal*: essa expressão pretende expressar algo semelhante àquilo que designamos quando falamos de "*a* poesia" e não da poesia grega ou romana, de Shakespeare ou de Goethe. Todas estas têm seus traços característicos adicionais, além do fato de serem poesia. Imaginemos uma pessoa sem qualquer sensibilidade para poesia e que lê as obras de Homero ou Virgílio como livros históricos, ou "Hamlet" ou "Egmont" como história nacional ou mundial dramática. A *esta* pessoa teríamos que explicar, com Aristóteles, que a poesia é algo próprio que não pode ser confundido nem com história nem com qualquer outra coisa, que, em certo sentido, não é verdadeiro, mas, em outro, é mais verdadeiro do que a historiografia. Existe um ponto de vista que precisa ser assumido, que sempre foi assumido por povos e indivíduos que possuíam a sensibilidade para a poesia: a partir *desse* ponto de vista, a poesia se torna sempre imediatamente convincente. Para a poesia, *esse* ponto de vista é característico. O ponto de vista característico para a gnose é diferente. E é este que precisamos encontrar agora.

É possível assumir o ponto de vista correto em relação à poesia e a poesias também de forma instintiva, e falar de modo belo sobre o poético e de modo verdadeiro sobre a poesia sem quaisquer abordagens teóricas. O mesmo vale para a gnose. Mesmo assim, cabe à ciência compreender a natureza tanto da poesia quanto da gnose, a fim de tornar acessível esse campo enorme a uma abordagem científica fértil, que parta de princípios gerais. Houve a tentativa de desenvolver esses princípios para a pesquisa mitológica, não, porém, para a ciência da gnose. Aqui ocorreu um equívoco diferente do erro cometido na avaliação da mitologia. Lá, houve a intenção de reduzir todo o campo mitológico ao aspecto formal, de compreender a riqueza inesgotável das grandes mitologias como mera forma de pensamento e modo de expressão. No caso da gnose, por sua vez, a atenção se concentrou no conteúdo curioso e fascinante, não na forma tão diferente de toda filosofia, diferente também do tipo hegeliano. Partiu-se de determinadas premissas, que permitiram classificar os sistemas gnósticos como sequência colorida de deduções na base de uma especulação irresponsável. O ponto de vista, a partir do qual a forma gnóstica se revela naturalmente, permaneceu ignorado. Para determinar o que é a gnose, precisamos perguntar: Qual é a relação entre o ponto de vista do gnóstico com o ponto de vista do "contador de mitos", que espontaneamente voltava para o fundamento primordial, para, daí, participar da origem como uma melodia primordial do universo em milhares de variações?

4

Aquela espontaneidade, a naturalidade da fundamentação mitológica, falta à gnose. O ponto de vista do gnóstico é, no que diz respeito à diversidade e variabilidade das doutrinas, próximo ao da mitologia; no entanto, é diferente deste. "Pois muitos" – afirma Ireneu sobre os gnósticos –, "ou melhor: todos desejam ser mestres e separar-se da heresia em que se encontravam. Eles compõem uma doutrina a partir de outras e assim se esforçam a, pelo menos, ensiná-la de outra forma, para que possam ser vistos como *inventores* de sua construção doutrinal".

O "contador de mitos" deseja sempre reproduzir o primordial, a verdadeira história primordial com uma precisão maior do que todos os que vieram antes dele. O gnóstico – e Ireneu reconhece esse desejo paradoxal – deseja ser visto como inventor e, mesmo assim, relatar o verdadeiro e primordial. Trata-se do mesmo paradoxo que, expressado de outra forma, aparece no gnóstico Simão. Como poderia ele não ser simultaneamente inventor e relator da verdade, já que ele era visto como "força mais sublime, i.e., o pai superior a tudo"? O conhecimento primordial, a *ennoia*, a mãe de todos, era a *ennoia* de *seu* espírito. Ela partia *dele*, quando ela reconhecia o que ele, o *pai*, desejava, descendo apenas então para as regiões inferiores para gerar o criador deste mundo[21]. Se, na comparação dos exemplos gnóstico-cristãos acima citados com o modo de revelação dos Upanixades, ainda nos falta uma correspondência importante, faltava-nos justamente aquilo que, no Ocidente, poderia corresponder à identidade de Atman e Brâman, nós a encontramos aqui no ponto de partida histórico da gnose cristã.

Pois existe apenas um ponto de vista, a partir do qual aquele paradoxo se dissolve e realmente pode ser visto de modo crível como origem absoluta. Esse ponto de vista se expressa nos indianos com a mais rígida exatidão. A pessoa se reduz ao *self*, ao Atman, e assim se torna o início primordial e criador dos mundos ou – no sentido de Buda – o destruidor do mundo. Isso acontece sem êxtase embriagado ou pomposo, eleva-se apenas uma possibilidade humana geral para o nível da realidade psíquica, cuja ocorrência real não pode ser duvidada. Os teóricos indianos desse estado designam o ponto exato em que a autorredução se transforma em autodeificação. Em Simão isso ocorreu sobre a coerção estilística do mundo helênico, e aquilo que, na Índia, pôde permanecer uma simples realidade, transformou-se aqui em um fenômeno grotesco entre realidade e irrealidade. Isso não quer dizer que tenham existido relações conscientes entre os gnósticos da Samaria e os "gimnosofistas" indianos, mesmo que seus ensinamentos tenham chegado até lá. O diagnóstico do caso Simão, porém, poderia ser descrito em termos indianos da seguinte forma: ele caiu vítima de um *ahamkara* incorreto, de uma produção equivocada do eu. O perigo, aos quais os gnósticos sempre estavam expostos, era que – nos termos da psicologia junguiana – eles acreditavam serem *eles mesmos* o início primordial, e não o seu *self*.

Num fundamento puramente antigo, a autodeificação do eu de Simão teria sido inimaginável. Para os gregos, o *nous*, o reflexo puro e, ao mesmo tempo, a iluminação brilhante do ser, é divino. Os seres humanos podem compartilhar do *nous*; no entanto, nada possuem da natureza do eu e nada têm de subjetivo. O mesmo vale para o *logos*, imaginado como igualmente

---

[21] *Iren.*, I. 23. 2.

objetivo. Por outro lado, os gregos consideravam divinos aqueles seres humanos, cuja forma rara se parecia com uma figura divina. Na era helênica, o lugar da figura eficaz costumava ser ocupado pela força efetuadora, mas sempre vinculada a uma personalidade importante e característica. Isso é, em sua essência, diferente da consciência gnóstica pura indiana do *self* como *a* origem. Mas para aquele, que havia assumido o ponto de vista do gnóstico, isso significa uma sedução existente no estilo cultural do Ocidente em direção ao *ahamkara* doentio.

Trata-se de uma tentação humana universal – humana universal como qualquer doença – permitir que a deificação do *self* se transforme em autodeificação. Na Antiguidade tardia ela se tornou – por motivos histórico-culturais – epidêmica, por assim dizer. O gnóstico indiano ou chinês conseguia esquivar-se dela com uma facilidade maior, pois não conhecia a sedução helênica da figura e a sedução helenista da força. Uma solução diferente, mais asiático-ocidental, foi aquela que encontramos em Menandro, aluno de Simão. Segundo ele, a primeira força é desconhecida de todos, mas ele seria aquele que os invisíveis *enviaram* como redentor para a salvação dos homens[22]. Ou em Valentino, que, com estas palavras, se dirige aos leitores de sua revelação: "Como espírito indestrutível saúdo os indestrutíveis. Trago-lhes novas de mistérios indizíveis e inexpressíveis e sobrecelestiais, que não podem ser compreendidos nem pelos senhores, nem pelos poderes, nem pelos súditos, nem por quaisquer seres mistos, mas que se revelam unicamente ao pensamento do imutável"[23]. Assim fala um profeta que parece estar separado de seu deus e permanece inseparado.

No que diz respeito a esse tipo de notas, a gnose pode ser comparada a um instrumento musical. Aquele que realiza essa possibilidade da humanidade – como, por exemplo, o pintor realiza as possibilidades artísticas inerentes à sua natureza – utiliza – no lugar do pincel – inevitavelmente um instrumento musical, que possui seu som característico e, também, suas dissonâncias igualmente características. O som gnóstico que ouvimos nos

---

[22] Ibid., 23. 5.
[23] *Epiph. Panar.*, 31. 5 1. • *Die Gnosis*, Leipzig, 1924 [Trad. H. Leisegang].

parece estridente. Ele é característico da gnose e era inevitável para aqueles que tocavam esse instrumento como *sua* possibilidade de destino.

Se assumirmos o ponto de vista gnóstico, é como se voltássemos de modo consciente para aquela origem absoluta que temos dentro de nós. (No estudo sobre a mitologia recorremos à comparação com o som, e também no livro sobre a "Flor Dourada" encontramos a frase: "Quando aquele som da individuação se insere no nascimento...") Mas quando voltamos para esse som primordial, ressoam também os sons estranhos da existência divina. Na Índia, essa existência divina pode ser o "ser tudo" e – no budismo – o "não ser". Para a gnose é característico que ela, como única, pôde alcançar até mesmo no mundo antigo uma concepção totalmente negativa da origem divina: não, como no budismo, a negação *mortificadora* do germe da vida, mas uma negação que é um tipo de delimitação do germe e que pertence à definição da origem absoluta. Aqui, a negação é uma descrição daquele estado que antecede à origem daquele que brota. O que sabe aquele que brota, que brotou de algum lugar, sobre esse "algum lugar" *a partir de seu ponto de vista*? Que esse "algum lugar" estava em lugar algum, que ele era nada.

Sobre isso fala o gnóstico Basílides: "Houve um tempo em que não havia nada; mas também o nada era nada que existia, mas, para dizê-lo cruamente e sem segunda intenção, sem qualquer sofisma: 'Não havia absolutamente nada'. Mas quando digo a palavra 'havia' não estou dizendo que 'existia'. Falo assim para expressar aquilo que pretendo esclarecer, ou seja, que não havia absolutamente nada. Pois aquilo não é simplesmente inexprimível o que assim é chamado; nós apenas dizemos que é inexprimível, no entanto, não *é* inexprimível; aquilo que não *é* inexprimível nem pode ser chamado de inexprimível, pois se eleva assim de qualquer designação com um nome. Pois nem mesmo para o cosmo bastam os nomes, tão diverso ele é; os nomes não bastam; e minhas forças não são suficientes para encontrar nomes adequados para todas as coisas. Antes preciso, com o próprio pensamento e independente dos nomes existentes, compreender seus atributos de modo inexprimível"[24].

---

[24] *Hippol. Refutatio*, 7. 20ss. [Trad. Leisegang].

Esse inexprimível é designado como "Deus não-ente". Ele não criou o cosmo, mas uma semente do cosmo. A continuação mostra que se trata de um esperma pré-inicial, pressuposto pela origem absoluta e ao mesmo tempo declarado como não-ente. Para aquele que se encontra na origem absoluta, o início do ser é justamente essa origem e nada anterior a ela. "A semente do mundo continha" – assim lemos sobre isso no Padre da Igreja Hipólito – "tudo em si, assim como a semente de mostarda contém tudo concentrado no menor espaço: as raízes, o tronco, os galhos, as inúmeras folhas, sementes geradas pela planta e, assim, a abundância de sementes e plantas sempre novas. Assim criou o Deus não-ente um cosmo ainda não ente, ao deixar cair uma única semente. [...] Assim a semente não-ente que cai do Deus não-ente a totalidade das sementes do cosmo, pluriforme e, ao mesmo tempo, de múltipla essência".

Dois não-entes desse tipo seriam para o pensamento greco-filosófico pura loucura. No entanto, encontramos já no hino da Rigveda a frase: "Os sábios, quando sondavam o coração com pensamentos, encontraram o parente do ente no não-ente"[25]. O não-ente como origem e fundamento de todo ente aparece de modo especialmente impressionante na filosofia chinesa. Assim, lemos no Liezi, no *Livro verdadeiro da origem primordial jorrante* (na tradução de Wilhelm): "O que é gerado pelo gerar é a morte; mas aquilo por meio do qual o gerar se torna gerar jamais chegou ao fim. Aquilo que é figurado pelo figurar é a massa; mas aquilo por meio do qual o figurar se torna figurar jamais entrou na existência. Aquilo que é gerado pelo soar é a sensação auditiva; mas aquilo por meio do qual o soar se torna soar ainda não apareceu". Isso – e também a cor e o paladar – "é efeito do não-ente". O mesmo filósofo cita: "No livro do Senhor da Terra Amarela lemos: Quando age a forma, surge não a forma, mas a sombra: quando age o som, surge não o som, mas o eco. Quando age o não-ser, surge não o não-ser, mas o ser".

Aqui, o não-ser recebe tanto peso como nos gregos, por exemplo, a ideia platônica ou o "*uno*" anterior às ideias. No entanto, só compreendemos de que modo o ente pode ser deduzido de modo experiencial do não-ente

---

[25] RV., 10. 129. 4 [Trad. Hillebrandt].

quando, no "Mistério da Flor Dourada", surge, num contexto semelhante e com autêntica ênfase gnóstica, a *semente*: "Quando fazemos a luz andar em círculos, cristalizam-se todas as forças do céu e da terra, do claro e do escuro. É isso que designamos como pensamento seminal ou como purificação da força ou como purificação da imaginação. Quando começamos a aplicar essa magia, é como se *no meio do ser houvesse algo não-ente*; quando, então, o trabalho se encerra com o tempo e quando há um corpo além do corpo, é como se *no meio do não-ser houvesse um ente*. Apenas após um trabalho concentrado de cem dias a luz se torna verdadeira, apenas então se transforma em fogo do espírito. Após cem dias surge no meio da luz um ponto do verdadeiro polo de luz. De repente, então, surge a *pérola seminal*. É como se homem e mulher se unissem e ocorresse uma concepção. Então é preciso ficar em silêncio absoluto para protegê-la. O ciclo da luz é a era do fogo".

Mesmo se excluirmos a vivência da luz, resta algo – ao qual o *Tao Te Ching* alude com as palavras: "Ser e não-ser se geram mutuamente" – que pode ser vivenciado. O paralelo verdadeiramente iluminador a Basílides é encontrado num livro de ioga em estilo alquimista, não na filosofia estrita, nem mesmo na filosofia chinesa.

5

Isso nos leva a um traço característico adicional da gnose que nada tem de filosófico: a aparição do simbolismo da geração. Houve a tentativa de explicar essa característica peculiar da seguinte forma: "Visto que o pensamento gnóstico está arraigado na vivência de uma harmonia imediata entre o próprio eu e o mundo, e visto que a crença gnóstica consiste na convicção da correspondência total entre os organismos humano e cósmico, segue disso de modo imediato que todos os processos que ocorrem na natureza, todo devir e todo perecer, toda mudança e toda formação nova são vistos não mecanicamente como jogo de forças entre substâncias mortas, mas organicamente como crescimento vivo. A formação do mundo não é vista mecanicamente como aglomeração de massas mortas, provocada por um turbilhão de átomos segundo as leis da gravitação. Um organismo não surge de modo mecânico; ele é criado por meio da geração"[26].

Esse lado da gnose poderia, então, ser compreendido a partir dos fundamentos da filosofia natural, só que os gnósticos não os conheciam! As passagens citadas poderiam referir-se no máximo a Basílides, mas também não conseguiriam explicar sua suposta filosofia sobre o não-ser. Pretendem caracterizar toda a gnose da Antiguidade tardia e recebem, justamente de lá, sua refutação mais forte. O "conhecimento do caminho" pode levar tanto à harmonia com o mundo quanto ao seu oposto. O primeiro ocorre com o Tao, o segundo aconteceu nos indianos, que, por meio da inversão ascética da geração, procuravam dissolver e até mesmo destruir o mundo. Esse emprego negativo já refuta a concepção segundo a qual se trataria meramente de uma dedução metafórica de uma imagem orgânica do mundo quando a gnose fala de semente e geração. A gnose da Antiguidade tardia se volta com uma determinação ainda maior e certamente de modo ainda mais uníssono contra o mundo do que a gnose indiana. A harmonia com o mundo, com essa criação mortal de anjos ignorantes e maus, só poderia significar a perdição. Essa gnose consegue voltar a geração contra o mundo também com uma avaliação positiva.

Nos gnósticos cristãos ocorre também a avaliação ascética negativa: por exemplo, em Saturnilo (ou Saturnino), que ensinava que o casamento e a geração eram coisa do diabo[27]. Basílides mantém uma postura neutra nessa questão. Ele nada deduz de seu próprio ensinamento sobre a semente caída de Deus que nos lembrasse do culto ao esperma de outros gnósticos. Isso nos mostra como é equivocado avaliar os fortes traços eróticos, que aparecem naquele culto e na conduta de importantes mestres gnósticos, como deduções rudes aplicadas à prática na base de uma teoria filosoficamente fundamentada. A comunhão de esperma relatada por Epifânio pode ser descrita como simplificação grosseira, mas como simplificação da postura *gnóstica* e não, como alguns chegaram a afirmar, de uma visão do mundo "goetheana".

---

[26] LEISEGANG. Op. cit., p. 29.
[27] *Iren.*, I. 24. 2.

É justamente esse tipo de loucura que lança uma luz brilhante sobre a origem comum de todas as formas de manifestação da gnose: sobre o modo gnóstico da experiência da origem.

O mestre cerimonial dos gnósticos eróticos é o arquignóstico Simão, sempre acompanhado de sua Helena. Ela era sua *Ennoia*, enquanto ele chamava a si mesmo "a força suprema", "o pai elevado acima de tudo". Ele dizia que essa força, "a origem do universo", era fogo. A que fogo ele se referia? Hipólito mistura a doutrina de Simão com a de Heráclito. Na verdade, o gnóstico está tão distante do filósofo grego quanto aquele teórico budista que tem conhecimento de um "estado imaterial suprassensual" dos quatro elementos. E também Simão ensinava que "o fogo possui, de certo modo, uma natureza dupla, e dessa natureza dupla uma era algo oculto; e a outra, algo visível". Para ele, o fogo era supracelestial e, ao mesmo tempo, um tipo de árvore do mundo. É, porém, no fundo, aquele fogo do qual Buda nos adverte como a brasa febril dos sentidos. Pois – assim ensinava Simão – "a origem do desejo de gerar surge em todas as coisas que entram no devir a partir do fogo. Por isso, o desejo de geração mutável é chamado também de 'incendiar-se'. O fogo, porém, que forma uma unidade, se transforma em duas formas de manifestações. Ele transforma no homem o sangue, que é quente e avermelhado como o fogo, em esperma; na mulher, porém, transforma o mesmo sangue em leite".

Simão e seus sucessores querem, ao contrário de Buda, que pretendia extinguir por completo a brasa dos sentidos, preservar a semente divina *contra o mundo*, que inevitavelmente será destruído pelo fogo. Os gnósticos cristãos se autodesignam com total seriedade como "semente da eleição"[28], fazendo uma distinção entre o esperma do pai – dos próprios gnósticos – e a semente da mãe Acamote; aqui, a semente deve ser sempre compreendida também em seu sentido original. "Por isso", observa Ireneu, "eles precisam também sempre se ocupar com o mistério da união conjugal. E por isso dizem literalmente aos ignorantes: Aquele que está neste mundo (o gnóstico) e não ama uma mulher, de modo a dominá-la, não provém da verdade, tampouco alcançará a verdade" (1.6.4). Segundo Ireneu, Marcus, um grande

---

[28] Ibid., I. 6. 4.

gnóstico erótico, se dirige às mulheres – "que vestem roupas púrpuras finas e são muito ricas" – com as seguintes palavras: "O lugar de sua grandeza está em mim; por isso, precisamos tornar-nos um. Receba primeiramente de mim e por meio de mim a graça! Prepare-se como a noiva que espera seu noivo, para que você se torne o que eu sou, e eu me torne o que você é! Permita que se acomode em seus aposentos nupciais a semente da luz! Receba de mim o seu noivo, abra espaço para ele e ocupe seu espaço nele!"

Se a descrição de Ireneu for essencialmente fiel – e, na maioria das vezes, ele se apresenta como adversário justo e bem-informado – esse gnóstico não era apenas um visionário com seus jogos de letras e números, mas também um impostor consciente. Mas com que *fundamento* ele pôde enganar dessa forma senão com o fundamento do ponto de vista gnóstico já solidificado? A possibilidade desses abusos sustenta apenas a realidade espiritual daquilo que é expressado, por exemplo, nesta sentença gnóstica: "Pois não são as obras que introduzem ao *pleroma*, mas a semente que de lá é enviada em seu estado inicial, mas aqui é aperfeiçoada"[29]. Uma declaração especialmente grave desse tipo é transmitida como doutrina valentiniana: O éon Cristo instruiu os outros éons "que basta que reconheçam a natureza do acasalamento como um ato mental do pai primordial"[30]. Assim, a gnose – o conhecimento – é explicitamente remetida a algo que ocorre em e por meio da geração. Afirma-se claramente que não se trata *apenas* da geração. Mas o quanto se trata também dela, quando a comparamos com um ensinamento puramente helênico, como, por exemplo, o de Hesíodo – como já foi feito por Epifânio (31.2).

O Padre da Igreja joga o gnóstico e o poeta da teogonia pagã determinante no mesmo saco, e o faz com a mesma superficialidade e injustiça como o fez Hipólito com Heráclito e Simão. O que chama atenção em Hesíodo é que o efeito cosmogônico do eros não é expressado de modo especial. Com outras palavras: em Hesíodo falta o tom erótico tão característico à cosmogonia gnóstica. Eros faz com que os deuses primordiais Caos e Gaia se desdobrem em descendências, que ele volta a reunir, e assim surge por meio dele a

---

[29] Ibid., I. 6. 4.
[30] Ibid., I. 2. 5.

raiz do desdobramento; da concomitância e da sequência, o contexto, como descreve com grande exatidão o estudo de Paula Philippson sobre a "genealogia como forma mítica". A ênfase não está no ato de Eros, compreendido nem como impulso para a procriação nem como ato mental, mas no conteúdo objetivo daquilo que aqui se desdobra. Pois em sua descendência sempre se desdobra a *essência* de uma deidade. Nas palavras do excelente estudo citado: "Quanto mais alta ou antiga é a posição das figuras divinas, que geram e parem, no sistema da genealogia, maior é também a plenitude dos seres por eles abarcados. [...] E assim como, num sistema lógico, o conceito geral permanece qualitativamente inalterado e quantitativamente irreduzido, mesmo após ter se desenvolvido a partir dele uma abundância de conceitos secundários, as entidades paternais preservam no sistema genealógico de Hesíodo sua plenitude inalterada de ser e essência, mesmo após terem se separado delas as suas modificações individuais na forma de seus filhos"[31].

Do lado grego, não encontramos salto ou queda no início, mas dois princípios objetivos, os mais tranquilos que podem ser imaginados: caos, aquilo que não possui forma, e terra, aquilo que possui forma. Eles são mais fundamentos primordiais do que origens primordiais, eles parem, mesmo sem formar um casal *gerador*. Nesse primeiro nível da genealogia dos deuses, os casais não se apresentam como algo imprescindível. Do lado gnóstico, os casais e a origem estão presentes concomitantemente em uma forma altamente ativa. Assim lemos nos valentinianos sobre o pensamento do pai primordial: "Então teve aquele *emitir* de si mesmo esse *bythos* (a profundeza: ou seja, o fundamento primordial, que se imaginaria apenas como algo em estado de descanso absoluto) e inserir esse rebento, que ele pretendia emitir, como um esperma no ventre maternal da *sige* (do silêncio), que estava com ele"[32]. Aqui já estamos muito distantes do estilo helênico e de sua castidade, mesmo que o que se pretende ilustrar aqui é justamente o ato mental do pai. Se a gnose fosse *visão* e não *conhecimento* do caminho para a origem, ela seria, às vezes, a visão mais devassa.

---

[31] PHILIPPSON, P. *Genealogie als mythische Form* – Symbolae Osloenses Suppl. VII. Oslo, 1936, p. 9s.
32 *Iren.*, I. 1.

Ao mesmo resultado nos leva a comparação com o conceito estoico do *Logos spermatikos*, que seria totalmente malcompreendido se fosse visto de modo semelhante ao esperma gnóstico. O *logos* estoico é algo objetivo que possui conteúdo: razão e plano do mundo. *Logos spermatikos* é aquela semente minúscula do *logos* que é semeada na alma, não para gerar o ser humano, mas para preservá-lo como ser que compartilha da razão e do plano do mundo. A ênfase permanece no *logos*. Nos gnósticos, por sua vez, todo esperma remete à origem como gerar e ser gerado – precisaríamos acreditar: à origem do ser puramente animal, se não existissem razões decisivas que se contrapõem a isso. A primeira razão é negativa: o teriomorfo – com exceção da serpente, que representa a forção geradora mais do que o animal – praticamente não influi na origem gnóstica. Em seu lugar aparece – e esta é sua razão positiva – uma figura divina, que significa o antropomorfismo em si: a estranha deidade chamada "homem".

6

Esse "homem" – ou como também podemos chamá-lo, visto que é um ser primordial: o "homem primordial" – é um deus enigmático. Ele mereceria uma análise especial e longa. Permito-me aqui apenas duas perguntas que lhe dizem respeito: Em que medida ele caracteriza e reúne as gnoses ocidental e oriental e em que sentido ele ajuda a esclarecer tudo aquilo que aprendemos sobre a concepção gnóstica da origem?

Um deus chamado "*anthropos*" é algo inaudito na mitologia grega. No entanto, ele aparece – também com nomes orientais – nos textos da gnose cristã e mandeia com tanta frequência que os estudiosos foram levados a pensar numa origem oriental. Eles partiram em busca do modelo histórico e chegou até a Índia. Foi Wilhelm Bousset, em sua obra sobre os "Problemas principais da gnose", que – mesmo com certa hesitação e como que sem confiar em seus próprios olhos – acreditou poder afirmar de forma científica cautelosa a origem indiana da figura gnóstica do *anthropos*. Lembrou-se do mesmo Purusha, sobre o qual o Upanixade de Brhadâranyaka afirma: "No início, este mundo era apenas o *âtman* na forma de um homem (*Purusha*)".

Não se lembrou, porém, de partir da versão e interpretação dos Upanixades, já que uma figura humana mitológica ocorre também antes do pensamento filosófico (era assim que se via o ensinamento dos Upanixades) no sacrifício indiano e nos hinos e nas explicações que neste se apoiam. Trata-se de um tipo de criação do mundo como sacrifício humano, em que os elementos do cosmo surgem a partir das partes do corpo do homem primordial oferecido como sacrifício.

Aqui se revela uma concordância com as concepções iranianas sobre Gayômard, o homem primordial morto, do qual falam textos da religião parse. Aqui, no pensamento religioso persa, Richard Reitzenstein acreditava ter encontrado o ponto central do qual irradiou a doutrina do homem primordial. Ele considerava o "Poimandros" gnóstico-pagão, no qual surge talvez pela primeira vez o deus *anthropos* no Ocidente, um tipo de tradução do persa. O alcance deve ter sido imenso, pois a figura do homem primordial é conhecida também na China.

Infelizmente, comparações textuais não nos ajudam aqui. O mesmo Reitzenstein que, em seus "Estudos sobre o sincretismo antigo", comenta o "Poimandros" com textos paralelos da Pérsia, fez o mesmo com textos egípcios em seu livro mais antigo *Poimandres*. Ambas as abordagens foram comprovadas como possíveis com base textual e histórica. Mas o fato de Reitzenstein ter optado pela Pérsia, e não pelo Egito, como país de origem se deve não a motivos históricos, mas porque a analogia com os traços essenciais da revelação de "Poimandros" era maior no material persa do que no material egípcio. A maior semelhança é encontrada nos Upanixades, talvez, porque apresentam a maior riqueza desse material. Se, por ora, deixarmos em aberto a pergunta pela origem histórica e nos limitarmos à tentativa de determinar aquilo que é característico ao gênero – os aspectos mitológicos e gnósticos na figura do homem primordial –, podemos tirar grande proveito da riqueza indiana.

As mitologias falam – também na imagem da criança divina, do primogênito dos primórdios, no qual a origem primeiramente veio a existir – sempre do surgimento do universo ou de um deus universal, jamais do surgimento de um ser humano. Aprendemos agora que *o* homem como figura divina já existia na mitologia, tanto na mitologia persa quanto na indiana, provavelmente na indo-iraniana. O homem era *divino* quando aparecia de modo natural num mitologema, pois todos os seres que pertencem aos primórdios mitológicos são deuses. O que, porém, se expressava por meio desse ser humano primordial mitológico? O conteúdo de sentido cósmico do homem primordial na mitologia indo-iraniana parece ser a morte. Isso é sustentado pelo fato de que o primeiro homem mitológico dos persas é idêntico a Yima, o Yama indiano, o deus da morte. O nome persa Gayômard do homem primordial significa "vida mortal", provavelmente não no sentido gnóstico, mas no sentido daqueles mitologemas que, no mundo inteiro, contam como precisou ocorrer a primeira morte para que a vida surgisse corretamente.

É fato que, na verdade, as fontes persas só falam da morte de Gayômard, e a precondição da fonte indiana mais antiga – o hino de Purusha da Rigveda – é a morte do homem primordial. O sacrifício humano indiano, o Purushameda, nada mais era do que a representação cerimonial do mitologema da primeira morte. Aquela morte bastava como tema de um mitologema de estilo grande e verdadeiro. Assim a morte, sim, a decomposição em si, se tornou fundamento de tudo aquilo que é, que é reconhecido e presentificado numa execução festiva. O retorno do homem primordial ao universo garante ao mesmo tempo também a união de todos os futuros moribundos com o universo. O universo, porém, olha para nós com os olhos do homem primordial:

> O Purusha com cabeças mil,
> Com olhos mil e milhares de pés,
> Cobre a terra por toda parte,
> Por ela flui, dez dedos de profundidade.
> Apenas Purusha é esse mundo todo.
> E o que era e no futuro subsiste,
> É senhor sobre a imortalidade –
> Aquela que se nutre por meio de comida.

É assim que a Rigveda celebra o Purusha. Nos Upanixades ele só ocupa um papel secundário, pois lá ele é apenas o Purusha mitológico, e não gnóstico, idêntico ao Atman. No Upanixade de Aitareya, é Atman que o invoca durante a criação do mundo: "Então tirou das águas um Purusha e o formou. Ele o chocou: Enquanto o chocava sua boca se rachou como um ovo, da boca saltou a fala; da fala, Agni (o fogo); rachou o nariz, do nariz saltou o Prâna (o sopro); do Prâna, Vâyu (o vento); racharam os olhos, e dos olhos saltou o rosto; do rosto, Aditya (o sol)"[33]. E assim continua. Tudo acontece de acordo com o Purusha da mitologia; mas ele é chocado, e não sacrificado. Ele já não é mais o primeiro mortal como Gayômard, mesmo tendo que se dividir para se transformar em poderes elementares. Ele já pertence a uma ordem gnóstica, mas ele se transforma em Purusha gnóstico apenas quando Atman aparece em *sua* forma – "em forma de homem".

Mitológico é: reconhecer a própria mortalidade e imortalidade – o aspecto gayomardiano, pois também Gayômard veio ao mundo – no universo. Gnóstico é: em vez de reconhecer a mortalidade primordial, reconhecer apenas a imortalidade, um homem interior que, em si, é eterno sem o desvio pelo universo. Sim, a despeito do desvio, a despeito do vir ao mundo, o ser humano se torna eterno por meio do homem primordial gnóstico. Quando esse homem primordial entra no mundo, ele se torna cativo como no Poimandros, mas ele permanece sua própria garantia de salvação. Na gnose, o homem primordial e a redenção são partes tão inseparáveis um do outro quanto o são o homem primordial e a morte na mitologia. O Purusha que se transforma em mundo permanece mitológico em sua essência também nos Upanixades. O Purusha que cria o mundo era gnóstico desde o início. Quando o primeiro se transformava no segundo, sempre se tratava de uma μετάβασις εἰς ἄλλο γένος, uma transposição para outro gênero. Uma mudança de *genos* que equivalia a um cataclismo mundial.

Portanto, uma adoção do homem primordial pela gnose da Antiguidade tardia de uma forma mais desenvolvida da mitologia indo-iraniana – enquanto esta ainda era mitologia e não gnose – parece, portanto, pouco provável. Tampouco o deus Anthropos pode ser visto como uma influência distante dos Upanixades. Poderíamos procurar a origem em alguma seita persa ou asiática, mas com a expectativa de encontrar também aqui já a gnose, que, em sua essência, não é indiana nem persa, mas professora de um homem primordial que remete para além de qualquer diferença nacional ou

---

[33] DEUSSEN. Op. cit., p. 29 e 16.

cultural, que nasce da origem de cada um de nós. Ele recebe sua deidade de sua originalidade, como as figuras da mitologia. Destas ele se diferencia pelo fato de que ele só pode ser visto se nós nos voltarmos *conscientemente* para o nosso interior e quando experimentamos nossa origem como uma daquelas origens que são possíveis no ser humano: como emergência não das profundezas elementares, mas das profundezas humanas. De profundezas, cuja natureza só pode ser aludida na imagem de que acasalamento e pensamento criativo de um "deus anônimo" são idênticos.

"Na força do *bythos* existiria uma luz primordial, eterna e infinita, isso seria o pai de tudo e se chamaria homem primordial" – assim Ireneu (1.30.1) reproduz um ensinamento gnóstico sobre aquele *bythos*, sobre o qual ouvimos que ele fora enviado como uma semente. Entre os gnósticos – afirma Ireneu (1.11.5) – existem "muitas e diversas opiniões. Uns dizem que ele não é casado, que não é masculino nem feminino, que é nada; outros afirmam que ele é casado, que é homem-mulher. Atribuem-lhe a natureza de um hermafrodita. Outros ainda o casam com *sige*" (ou seja, novamente com algo antropomorfo, pois "calar-se" é humano, "silêncio" seria elementar) "para que assim ocorra o primeiro casamento". A feminilidade masculina do homem primordial é apenas a forma mais íntima daquele acasalamento por meio do qual surgiu em todo homem o homem capaz de conhecimento, capaz da gnose.

7

Capaz de que tipo de conhecimento? – voltamos a perguntar mais uma vez para encerrar. De um tipo de conhecimento cujo início – o início do "conhecimento do caminho" é formado pelo "conhecimento do homem", *gnosis anthropou*. Essa é a terceira determinação que, na base das fontes gnósticas da Antiguidade tardia, pode ser feita ao lado da *gnosis hodou* e da *gnosis theou* sobre a natureza da gnose[34]. Psicologicamente, isso significa a mais pura introversão, sem a abertura antiga em relação ao mundo no qual se vive. Na gnose, vivencia-se uma abertura voltada para dentro, cujo realismo

---

[34] *Exc. Ex. Theod.*, 78. 2.

lembra – pelo menos na gnose da Antiguidade tardia – uma ferida aberta. Trata-se de uma abertura que se estende até aquela união dos princípios materno e paterno em nós por meio da qual cada um surgiu como indivíduo, como uma nova unidade, que, em sua originalidade absoluta, é divina – semente, filho ou enviado de um deus desconhecido, de um deus não-ente. No caminho voltado para dentro da gnose encontramos *este* divino: um divino portador dos traços humanos mais puros. Ele é portador dos traços *do* homem como ideia. Ou é portador dos traços geométricos de uma unidade, de uma harmonia visível. Ele se manifesta também como mais pura luz ou mais simples som. No entanto, esse divino em nós permanece em sua pureza um *extractum* do mundo excluído e negado. A outra alternativa seria sermos portadores apenas de um esquema *do* homem, e nenhum gnóstico admitiria isso.

A gnose como gênero é igualmente humano-universal como todos os outros gêneros, como, por exemplo, a mitologia, a filosofia ou a ciência. No entanto, ao contrário da mitologia, ela compartilha com a filosofia o fato de se voltar conscientemente para o pré-monádico: para *o* ser humano e para o *agnostos theos*, o "deus desconhecido", cujo desconhecimento consiste no fato de ele se encontrar fora das formas monádicas do conhecimento de Deus. O caminho para conhecê-lo começa de forma monádica, ou seja, dentro do domínio da cultura à qual o gnóstico pertence. No entanto, ele costuma começar já com uma revolta contra esse domínio: com uma revolta contra os deuses cognoscíveis do mundo. Cada gnose contém também fragmentos monádico-mitológicos. E também a alquimia os evoca. Mas a gnose oferece uma transição para outro tipo de domínio: para o domínio do homem interior.

É a partir daqui que devemos compreender o encontro do psicólogo com o gnóstico. A psicologia é, como toda ciência, determinada monadicamente. Ela apresenta até uma forma mais pura ou, no mínimo, mais inequívoca do que a alquimia; ela é profundamente filho de seu tempo, sem tradições conscientes ou inconscientes de eras mais antigas: ela as busca apenas posteriormente. Se o psicólogo de repente se encontrar no mesmo caminho do gnóstico, foi uma ciência monadicamente determinada que o levou para lá: não só o seu destino individual, mas também o destino de sua cultura que o transcende. E também a ciência do passado recente buscava a origem.

Aquilo que ela pode aprender das criações culturais do passado remoto, da mitologia e da gnose, sobre origem e origens significa um aprofundamento de sua visão, que é tão nova que, talvez, poderíamos chamá-la de futura. Nenhuma ciência pode desistir de seu próprio ponto de vista, que não permite variações espontâneas nem inventadas – no sentido da mitologia e da gnose. O ponto de vista do "contador de mitos" ou do gnóstico pode ser revelado cientificamente, mas não pode mais ser adotado *ingenuamente*. Buscamos a atmosfera ampla e pura de um novo gênero, de uma ciência do humano em todas as suas formas de manifestação espiritual, que se aproxima de seus objetos com cautela religiosa, mas, ao mesmo tempo, com um olhar penetrante que abarca o ser.

1941

Aretusa – Sobre a forma humana e a ideia mitológica

1

A visualização da deidade em forma humana ideal com traços faciais diferenciados que correspondem à ideia do deus representado é conhecida como um traço característico da cultura grega. Nada demonstra isso de modo tão incomparável quanto o fato de que até mesmo o dinheiro se tornou local dessa visualização. Na Antiguidade, o dinheiro parece ter sido algo pertencente aos subterrâneos. Além da moeda de Caronte, as descobertas e as notícias de sacrifícios monetários nos transmitem uma noção disso: as deidades ctônicas e os deuses das fontes recebiam estes[1]. Representações de animais nas moedas gregas mais antigas – animais sagrados do mundo mediterrâneo antigo, seres destinados à morte sacrificial, monstros do Oriente que abriam perspectivas para o além – apontam a mesma direção. Como o dinheiro submundano é, de repente, transfigurado por uma face divina é uma experiência dos conhecedores da arte de cunhagem grega sobre a qual eles só conseguem falar com palavras efusivas.

Tentarei evitar ao máximo esse tipo de palavras e entreter o pensamento de que as imagens cunhadas seriam mitologemas – e, de certa forma, realmente o são. Prefiro deixá-las falar por si mesmas, em coleções de moedas públicas ou particulares ou até mesmo com a ajuda da nossa técnica fotográfica em

---

[1] WISSOWA, G. *Religion und Kultus der Römer*. Munique, 1912, p. 248s. • LAUM, B. *Heiliges Geld*. Tübingen, 1924, p. 147.

fotografias ampliadas. Aos contemporâneos de Goethe, as reproduções a lápis não eram capazes de oferecer nada comparável. Mas quando se trata da ideia que foi realizada pela moeda grega como obra de arte, podemos lucrar não só com o contato com as peças preciosas e com os recursos da tecnologia mais moderna, mas também com uma consideração de natureza mais geral.

2

"O encanto que parte dos mitos, das poesias épicas de Homero e das representações da arte figurativa grega nos levou a concentrar nosso foco quase que exclusivamente na manifestação antropomorfa da deidade grega. Esqueçamos que o deus, até mesmo em Homero, muitas vezes só assume a forma humana para que o homem, sobre o qual o deus pretende exercer uma influência, o perceba" – assim diz uma obra que procurava descrever "Deidades gregas em suas paisagens"[2]. "Não prezamos em medida suficiente" – continua a autora erudita Paula Philippson – "o fato de que, nos pináculos dos antigos templos, o divino não se representa em forma humana. Vemos uma leoa contemplando as distâncias da natureza; suas garras se apegam ao touro que desabou sob a fera, e suas mamas descansam inocentemente sobre a coluna esmagada do touro. – Ou dois leões devoram o touro deitado entre eles. Para os gregos, isso também serviu como forma de expressão para o divino".

Não precisamos penetrar o sentido mais profundo dessas representações, tampouco precisamos levar em consideração sua validade, seu surgimento na região oriental para podermos falar sobre sua evidente desumanidade. E precisamos acrescentar outra coisa: A terrível imagem monumental da górgona entre duas feras monstruosas no pináculo monstruoso do templo de Ártemis em Corfu é, por si só, uma experiência para o contemplador capaz de derrubar a crença na dominação exclusiva das formas humanas perfeitas no mundo das deidades gregas.

---

[2] PHILIPPSON, P. Griech. *Gottheiten in ihren Landschaften* – Symbolae Osloenses Suppl. IX. Oslo, 1939, p. 3s.

A esta se contrapõem aquelas vivências capazes de fortalecer e aprofundar aquela crença. Um grande conhecedor do ser grego descreve a sua vivência: "Quem visitou o museu nacional de Atenas, jamais se esquecerá daquela ciranda de jovens figuras masculinas [...]. Aquele que invade essa reunião maravilhosa é tomado por um temor feliz: esta é a entrada do homem grego neste mundo – e mais: esta é a emergência do ser humano em si! A novidade e a grecidade desses jovens se torna ainda mais evidente quanto mais entendemos que sua representação remete a um conhecido esquema egípcio. O ser humano emerge com estatura física perfeita, forte e determinado e ostenta em seus lábios o sorriso livre do espírito. Quanto mais nos aprofundamos nessas manifestações, mais somos cativados por sua vida, mais poderosa se torna a visão de como, em meio a um mundo de escravidão e magia obscura, o iluminado jovem grego emerge, brilha – e sorri. Surgiu uma nova forma de vida, que até então não havia aparecido, um ser cujo distintivo é a liberdade, porque é determinado por sua própria lei. A designação 'homem divino', com a qual Esparta homenageava o melhor, recebe aqui o seu timbre correto".

Walter F. Otto reconheceu nessa "nova ideia do ser humano" uma ideia predominantemente grega. Segundo ele, ela nasceu do espírito que vive nas poesias de Homero. Homero via "a imagem do ser humano não só em plena luz e vida, ele a via tão grande que ela podia persistir no éter puro como imagem da deidade. O ser humano reconheceu a si mesmo na imagem do deus – esta é uma parte da importância histórico-mundial dos deuses olímpicos. Quão pobre se apresenta diante desse evento a fala sobre o suposto antropomorfismo dos deuses homéricos, à qual já Goethe contrapôs a grande palavra: 'O sentido e a ambição dos gregos é deificar o ser humano, não humanizar os deuses: aqui rege o teomorfismo, não o antropomorfismo!'"

Destarte, Goethe ressuscitou uma palavra do acadêmico Cotta no diálogo "De natura deorum" (1.32.90), de Cícero. Os deuses sempre existiram – afirma seu pensamento –, eles nunca nasceram, ou seja, existiram em forma humana antes dos seres humanos: "Por isso, não se chame sua forma de humana, mas a nossa de divina – *non illorum humana forma, sed nostra divina dicenda est*". É um argumento jocoso contra o epicureu Veleio, que queria atribuir beleza e espírito (*ratio*) apenas à forma humana e, por isso, afirmava: os deuses são antropomorfos (1.18.48).

Os dois polos da experiência grega de Deus devem ser compreendidos desta forma: o divino era sugerido pelo desumano ou reconhecido de tal modo no humano que o humano se revelava como divino. No pináculo da Górgona em Corfu encontramos ambos os polos lado a lado. Todo o grupo de imagens nesse pináculo é construído no espírito da correlação característica μέν-δέ. Nos cantos foi representada a luta dos poderes sombrios da terra contra o domínio de Zeus, contra a nova ordem olímpica em figuras humanas: lá aqueles seres primordiais gigantescos são vencidos, mas no centro domina, mesmo que em figura inumana, a deusa primordial com o rosto da Górgona. Sua cria: o cavalo Pégaso e o herói Crisaor, que saltaram de seu corpo assassinado, já se encontram ao seu lado, mas ela, inabalada, revela seu poder e sua eternidade.

Para os gregos, os dois polos são dois aspectos do divino. Um não anula o outro imediatamente, mas o complementa por algum tempo. Assim, a imagem histórica que, na base das imagens cunhadas em moedas, parece ser tão fácil precisa ser complementada: "Em lugar algum apresenta-se o desenvolvimento das figuras divinas de formas inferiores para uma concepção antropomorfa de forma mais clara do que nas moedas. Aparecem touros com rostos humanos e outras formações intermediárias. O símbolo concreto da deidade é substituído pela representação do deus em forma humana"[3].

Os aparentes elos intermediários, os seres mistos, pertencem ainda à esfera do animal e, portanto, à camada do primordial e monstruoso. A diferença entre os dois aspectos do divino é destacada claramente.

O aspecto mais antigo, mais sombrio e desumano nos parece, a despeito do imaginativo do monstruoso, monótono e indiferenciado em comparação com o novo aspecto claro e humano. O aspecto novo – tendo como pano de fundo o mais antigo – significa desdobramento e riqueza: uma multiplicidade de tonalidades, uma diversidade de cores. O aspecto especificamente grego, que não pode ser admirado e reconhecido em excesso, só surge quando todas as tonalidades e todas as cores aparecem como traços faciais e formas corporais, em figuras humanas perfeitas.

---

[3] OTTO. Op. cit., p. 98.

É possível que o aspecto desumano não tenha se dissolvido dessa forma. Existe ainda a possibilidade de que algo que podia ser representado com maior facilidade por meio de signos desumanos tenha revelado sua riqueza oculta por meio da expressividade do rosto humano. Algo podia se apresentar aos gregos em cada um de seus aspectos como divino – como divino até mesmo quando se demonstrava em seu novo aspecto olímpico como humano. Ou para falar com o Cotta de Cícero: O humano se revelou como imagem do divino, como sua forma de expressão, cuja variabilidade equivalia aos múltiplos aspectos do divino na compreensão grega.

As próprias imagens dos deuses gregos falam de modo imediato, e de forma cada vez mais eloquente, sobre a riqueza e a diversidade que os traços humanos conseguiam expressar. Cabe a nós reconhecer que aquelas imagens não eram apenas figuras ideais, mas *diferentes* figuras ideais. Otto as chamou de figuras do ser, cujos fundamento e possibilidades não estavam em sua qualidade artística tão citada quando se tenta explicar sua juventude eterna, mas em sua verdade. Em cada face de um deus grego transparece uma ideia convincente, a ideia daquilo que aquela deidade *é* – atemporal e eterna: justamente aquilo que, de vez em quando, se representa de forma imperfeita na humanidade: o apolíneo nos jovens apolíneos, o artemisíaco nas meninas artemisíacas. Para o olho grego, os seres individuais efêmeros também são impregnados de ideias eternas: eles também são símbolos. O rosto do deus vislumbrado e representado pelo olho do artista grego tem essa vantagem em relação ao ser individual aleatório: ele é totalmente impregnado e iluminado – ele é totalmente parábola. Quanto maior a qualidade artística da obra, mais claramente transparece nela o teor espiritual.

3

Cada rosto de um deus grego nos oferece a possibilidade de nos apercebermos não só dos traços físicos de um deus espiritual, mas também de uma ideia. É uma possibilidade grega, representar a ideia como experiência – assim como os jovens gregos experimentaram Apolo; e as moças, Ártemis –, como algo físico, com a própria e plena humanidade.

Ela pressupõe uma contemplação totalmente imediata e natural do deus: uma contemplação grega de deus, que é caracterizada pelo fato de ser, ao mesmo tempo, também uma contemplação do ser humano. Existem também outros tipos de contemplação simultânea de deus e do homem. Quero lembrá-los apenas para não aceitarmos essa peculiaridade grega sem reflexão.

Existe, por exemplo, o homem primordial divino da mitologia indo-iraniana[4]. Como figura, é a efemeridade em si: nada mais do que uma sombra passageira, destinada a reinar no reino das sombras com sua transitoriedade. Mesmo assim, essa sombra é eterna. Pois sua substância era o mundo, e ela se transformou em mundo. Quanto mais efêmera a sua qualidade figurativa, mais substancial seu teor mundano. Quando desapareceu totalmente, esse Purusha com suas mil cabeças, mil olhos e mil pés foi reconhecido no todo do universo. Diante disso, a imagem do homem que se reflete nas figuras dos deuses não é efêmera, mas a forma que nos é mais próxima, que nos resume e nos dá sentido, capaz de delimitar um aspecto do universo e de levá-lo a se revelar. Essa imagem do homem jamais abarca o universo, jamais adquire mil olhos. Quando se transforma nisso, ela se dissolve no monstruoso ou no incontemplável.

O deus gnóstico Anthropos é outro caso[5]. Nós o encontramos não como uma sombra efêmera, mas também não como universo de mil olhos. O caminho que leva a ele não é a abertura antiga em relação ao mundo, que contém também a nossa morte, a morte de todo mortal, mas a introversão gnóstica. Isso também é um divino, que encontramos no caminho da gnose voltado para dentro: um divino portador dos traços humanos mais puros, os traços *do* homem, como ideia. Ele une a ideia mais geral do ser humano – atemporal – com a subsistência eterna no tempo. Como figura de tamanha generalidade, ele seria o mero esquema do ser humano. Como algo eterno é, de certa forma, um *extractum* que representa a duração do cosmo. O mundo perecerá quando ele for privado completamente do Anthropos. Nenhum

---

[4] LAUM. Op. cit., p. 149.
[5] Ibid., p. 156s.

deus grego é tão esquemático-humano ou tão extrato em sua relação com o universo. Os deuses da Grécia mostram a figura humana como ideia pura e liberta de toda mortalidade, mas a mostram também sempre como algo que contém o mundo, no sentido da riqueza de formas do mundo.

Aquela "nova ideia do homem", representada pelos jovens arcaicos, pode ser chamada de teomorfa – uma imagem de deus e, ao mesmo tempo, primordial – porque contém o mundo nesse sentido. A imagem de deus grega não é o Anthropos interior, lançado no mundo: é antes uma imagem do mundo, quase como o Purusha, que nos olha com seus mil olhos. *Quase*: pois permanece a diferença de que essa imagem do mundo não é antropomorfa e, ao mesmo tempo, monstruosa: ela transparece nos *dois* olhos, nos traços eloquentes *do* rosto humano. Humanidade significa aqui um tipo específico de transparência daquela imagem do mundo que se revela no rosto de um Deus. Não é uma transparência esquemática, que corresponderia à exigência de uma imagem científica do mundo, mas o tipo que vai ao encontro do espírito – do espírito científico e artístico *em um* – e de *sua* exigência: aperceber-se em cada aspecto do sensual e do sensato.

Reconhecer *apenas* o Anthropos no mundo nada mais seria do que estender sobre ele uma nova superfície e não sondar aquelas profundezas que são penetradas por aquele olhar que vislumbra o rosto de um deus grego.

Meu mais efêmero sonho leve sobre ti –

poderia dizer também o grego, como o Narciso do novo poeta Max Rychner em seu poema "Freundeswort" [Palavra amiga] (1941), se jamais tivesse vivenciado encontros nos quais ele vislumbra não seu reflexo esquemático na profundeza de uma fonte, mas algo mais oculto. Já estamos no rastro desse tipo de encontro quando nos encontramos em uma fonte! E aqui nos ajudam as imagens em moedas, caso a mitologia grega conhecida falhar. Aretusa, a deusa da fonte mais amável de Siracusa aparece nas moedas mais lindas da Antiguidade. Analisaremos seu surgimento, desde o início, antes de sua cabeça adornar as obras mais admiradas da arte de cunhagem grega.

4

A moeda foi corretamente chamada uma criação do espírito grego[6] – a moeda que, "a princípio como que acidentalmente e então em plena consciência, foi transformada em obra de arte"[7]. Contemplaremos e analisaremos a moeda agora em sua forma, mesmo que sua figuração, seu caráter especificamente grego[8], não revele qualquer intenção. Uma obra de arte sempre apresenta um sentido que transcende as intenções do artista: é um pequeno mundo em si, mais rico em aspectos do que seu criador percebe. O mesmo vale para a moeda grega. É supérfluo querer distinguir a todo custo o que, naquilo que nela existe e age, se deve à intenção do artista e do seu cliente, a *polis*. O dinheiro grego se apresenta como pequeno santuário ao lado dos grandes templos da cidade. Santuários e moedas expressam o espírito da *polis* – o espírito de um pequeno mundo especial. Essas obras de arte minúsculas são tão espiritualizadas que podemos considerá-las os mais puros extratos do espírito de sua cidade e, nesse sentido, cópias dela.

Observamos, desde o início, duas tendências aparentemente geométricas na figuração das moedas gregas. O disco da moeda, que no início era mais irregular e podia ser oval ou redondo, foi ficando cada vez mais regular até alcançar a forma circular. Acredita-se que isso ocorreu por motivos de praticidade[9]. No entanto, essa tendência é acompanhada por outra. Esta corresponde à necessidade de dar espaço também ao quadrado ou, pelo menos, aceitar sua validade. No verso, as moedas apresentam uma "depressão mais ou menos retangular ou quadrada, inicialmente de forma geométrica irregular, mas cada vez mais regular"[10], certamente por motivos técnicos[11]. Mas aquela depressão, o chamado *quadratum incusum*, leva primeiramente a jogos geométricos, depois a uma tradição que confere ao verso de muitas moedas gregas uma aparência característica até o pe-

---

[6] Ibid., p. 155.
[7] Ibid. p. 127.
[8] REGLING, K. *Die antike Münze als Kunstwerk*. Berlim, 1924, p. 1.
[9] LAUM. Op. cit. 127.
[10] REGLING. Op. cit, p. 4.
[11] Op. cit., p. 9.

ríodo do classicismo tardio e que faz parte da obra de arte como um todo. Ocorre no círculo da moeda um quadrado, muitas vezes dividido em quatro, às vezes dividido em dois por uma diagonal ou dividido em oito por meio de uma divisão em quatro quadrados e duas diagonais. Surgem assim formas de estrelas, suásticas ou moinhos de vento, ou apenas molduras quadradas, que abarcam uma representação característica de uma cidade. Tampouco falta aquela representação[12] que leva os conhecedores dos simbolismos religiosos a pensar nos muitos exemplos da união de círculo e quadrado: a representação de um mandala[13]. "Simbolismo" pode surgir, por meio de um jogo geométrico, também de forma inconsciente e não intencional. O psicólogo moderno conhece o surgimento e o valor expressivo do símbolo do mandala de experiência própria. É signo de uma integralidade ou – na experiência terapêutica do psicólogo – da integralidade reestabelecida do indivíduo. O pesquisador de religiões o encontra empregado no mesmo sentido em ritos orientais de iniciação. Ele foi usado também em cerimônias de fundação de cidades na Itália antiga: representava o fundamento de um pequeno mundo a ser criado, a integralidade da cidade[14].

Mesmo que o cunhador antigo não tenha pensado em algo específico ao inserir a forma quadrada com tanto cuidado na "moeda redonda", ele conferiu assim a essa imagem pequena e espiritualizada de sua cidade solidez e integralidade: Solidez, porque ao quadrado inere solidez em termos empíricos e práticos; integralidade, porque solidez e movimento, terra e céu, compõem o todo do mundo. O aspecto quadrado, sólido da moeda, possui mobilidade. Como em mandalas orientais ou na representação de um mandala na moeda de quatro dracmas da cidade de Mende no norte da Grécia aparece um círculo dentro do quadrado inserido no círculo, o *quadratum incusum* também adora formas de movimento, transformando-se em suástica ou esquema de moinho de vento. Até mesmo o labirinto, um símbolo que alude ao submundo[15], é representado no *quadratum incusum* das moedas arcaicas de Cnossos

---

[12] VILLENOISY, F. & FRÉMONT, C. *Rev. Numism.*, 13, 1909, p. 449ss.
[13] REGLING. Op. cit., n. 481.
[14] Ibid., p. 130ss.
[15] Ibid., p. 128ss.

em forma de suástica. Tudo indica que, nessa mobilidade do sólido, até mesmo do submundo, subsiste algo daquela mitologia mais antiga e recalcada que via também o sol móvel como um dos poderes que, mais tarde, foram designados como ctônicos[16]. O verso com o *quadratum incusum* é então, de certa forma, o lado mais ctônico da moeda grega, já que a frente da moeda já não apresenta mais qualquer relação com aquelas esferas.

É este lado mais ctônico e, ao mesmo tempo, mais cósmico, no qual, no centro de um *quadratum incusum* dividido em quatro, semelhante ao esquema do moinho de vento, no centro de um pequeno mundo, aparece a cabeça de uma mulher, característica às moedas de quatro dracmas de Siracusa. Mais tarde, o jovem rosto, que se torna cada vez mais meigo e expressivo, é cercado por golfinhos, que substituem o pano de fundo cósmico rigidamente hierático por uma perspectiva oceânica. Os golfinhos não vivem numa fonte, seu número original é quatro como os pontos cardeais. Outras cidades sicilianas, gregas e púnicas colocam a mesma cabeça na frente de suas moedas: para elas, ela se transformou de símbolo do mundo em símbolo da cidade. Em Siracusa, com raríssimas exceções tardias, a cabeça divina permanece no lugar do quadrado, em cujo centro ela havia surgido. Se a cabeça significava a maravilhosa e poderosa fonte nas proximidades do porto de Siracusa, sobre a qual Cícero escreve que ela teria sido inundada muitas vezes pelo mar se não fosse protegida por represas[17], aquela fonte significava também o centro do mundo. Não só o centro da terra, mas o centro das águas primordiais, que suportam, penetram e vivificam o mundo. Conhecemos um centro oceânico do mundo desse tipo na Ilha de Calipso – "onde se encontra o umbigo do mar", como afirma Homero[18] – com suas fontes que correm em todas as quatro direções (5.70). Profundezas mortais se encontram em proximidade imediata, mesmo que, para o poeta, Calipso, a "deusa ocultadora", já não seja mais uma deusa da morte: para os gregos, elas existiam onde as profundezas se abriam ou onde o homem flutuava acima das profundezas – como, por exemplo, no mar. E uma ilha – uma pequena ilha secundária da grande ilha

---

[16] Ibid., p. 178ss.
[17] KOCH, C. *Gestirnverehrung im alten Italien*. Frankfurt a. M. 1933, p. 112.
[18] *Od.*, 1. 50.

da Sicília, que significava o mundo – é também Ortígia, sobre a qual se derrama a Aretusa.

Nas maravilhosas moedas de quatro dracmas, o dinheiro de Siracusa, com aquela cabeça no lugar do simbolismo em parte jocoso, em parte tradicional, meio que consciente e meio que inconsciente, irrompe a mais pura mitologia. Deparamo-nos com uma manifestação divina em forma humana, com um rosto humano-divino. Ele se eleva pela profundeza da fonte da profundeza do mundo. Nesse sentido, ele não é antropomorfo, não é mera "personificação" da fonte, mas teomorfo: um aspecto do mundo. Esse fenômeno tão característico da religião grega se torna palpável aqui (ilustr. 1).

5

A mitologia irrompe no sentido em que já falamos dela neste estudo: como forma do encontro com o divino dotado de figura. Na base da mitologia sistemática, e não dessa mitologia viva, a identificação da senhora do mundo representada nas moedas de quatro dracmas de Siracusa se depararia com dificuldades sérias. Aquela mitologia fixa se apoia na ordem olímpica dos deuses, como é representada por Homero e Hesíodo. Grandes deuses e ninfas de fontes não poderiam ser misturadas, muito menos confundidas. Os conhecedores de moedas acreditam reconhecer nas moedas de quatro dracmas do período clássico a diferença e dizem: "A deidade se transforma em semelhança de deus"[19]. Nas peças mais antigas, porém, surge a pergunta se a cabeça não se referia mais a uma deusa grande como Ártemis ou Perséfone.

O nome da ninfa Aretusa só aparece numa criação tardia, inscrito sobre a cabeça[20]. A legenda tornara-se necessária porque o artista se distanciara muito do tradicional. Ele transferiu a cabeça para a frente[21], como, antes dele, haviam ousado apenas dois outros artistas numa obra conjunta[22], quase em visão frontal.

---

[19] Leo e Maria Lanckoronski, coautores de *Mythos der Hellenen in Meisterwerken und Münzkunst*, 1941. Este ensaio serviu como sua introdução.
[20] TUDEER, L. *Zeitschrift für Numism.*, 30, 1913, p. 55ss.
[21] LANCKORONSKI, L. & LANCKORONSKI, M. Op. cit., p. 100, anotação 31.
[22] TUDEER. Op. cit., p. 36ss.

O rosto brilhante, cercado de quatro golfinhos, havia se libertado definitivamente de todas as profundezas. Antigamente, Aretusa havia sido de modo natural a grande deusa que se revelava aos siracúsios no meio do mundo, no meio das águas que jorram das profundezas. No cosmo de Siracusa era preciso imaginar no centro do mundo *esta* deusa e nenhuma outra – *contanto* que realmente fosse uma grande deusa, que lhe coubesse essa posição também diante das figuras femininas olímpicas. A deusa que ocupa o quadrado no verso das moedas de Cnido, Afrodite, tinha um jogo mais fácil. Ela já pôde ser reconhecida como centro do mundo e, ao mesmo tempo, ser um poder de profundezas ctônicas! Mas *apenas* uma ninfa como Aretusa! Na pequena Ilha de Ortígia existiam deusas que ocupavam uma posição muito mais alta do que uma ninfa. Palas Atena, por exemplo. Seu templo se encontra ali, reavivado pelo culto católico que o incorporou, preservado perante a dignidade nua e crua de santuários transformados em museus. Segundo uma tradição, ela foi venerada antes da outra dona de templos em Ortígia: Ártemis[23]. Mas também a Palas se apresenta nas moedas de quatro dracmas famosas apenas de tal forma que ninguém consegue decidir: Não seria ela Aretusa no capacete de Atena ou a filha de Zeus cercada por golfinhos? Uma confusão impossível para a mitologia clássica fixa, que mostra que, em Siracusa, Aretusa não pode ser compreendida com as categorias daquela mitologia.

Nenhum atributo, como, por exemplo, o capacete, indica que a cabeça poderia significar não Aretusa, mas Ártemis. Essa designação foi sugerida muitas vezes pelos conhecedores das moedas de Siracusa[24], e existem razões mitológicas que apoiam uma relação íntima entre Ártemis e a ninfa. Ártemis recebe também o cognome Ortígia, segundo seu local de nascimento, seja esse lugar mítico a Ilha de Delos ou a Ortígia dos siracusanos. As palavras de Píndaro, que, no primeiro canto nemeu, elogiam o "lugar de descanso sagrado de Alfeu, a Ortígia do famoso descendente de Siracusa, leito de Ártemis, irmã de Delos", conferem a este o título de ilha de nascimento. Mencionam também outra epifania: a chegada do deus fluvial Alfeu em Ortígia. Segundo ele, Ártemis chega até a ser chamada *Potamia*, a "deu-

---

[23] CIC. *Verr.*, IV, 118.
[24] BOEHRINGER, E. *Die Münzen von Syrakus*. Berlim, 1929.

sa fluvial" e recebe o cognome Alfeia[25]. A história, porém, que explicaria o vínculo, é narrada em diferentes variações pela ninfa Aretusa[26]. Apenas uma pequena cidade no oeste do Peloponeso conhecia a tradição de Ártemis[27]. Trata-se daquela história da perseguição que começou no oeste do Peloponeso e terminou na Ortígia siracusana. A deusa perseguida fugia do deus fluvial Alfeu para a Sicília. O perseguidor a seguia sob o mar, e assim surgiu a fonte Aretusa. O ponto de partida do mito já se encontrava na esfera de Ártemis, que possuía um templo na foz de Alfeu[28]. Aretusa parece ter sido uma de suas *doppelgängerin*, como a também perseguida Afaia de Creta ou Britomártis. As *doppelgängerin* não são vitoriosas sobre o perseguidor, como o é Ártemis sobre Acteão e, no mito do oeste do Peloponeso, sobre Alfeu. A virgem olímpica não podia ser alcançada, enquanto a profunda fonte Aretusa representa o próprio ser alcançado em seu "se despejar" e "se conceber". Um oráculo de Delfos dizia: "onde jorra a boca de Alfeu, misturando-se com a água agitada da fonte de Aretusa"[29]. Para Carducci, subsiste apenas o suspiro do deus fluvial após o amor satisfeito:

> Amor, Amor, susurran l'acque e Alfeo
> Chiama nei verdi talami Aretusa
> Ai noti amplessi.

Originalmente, essa grande deusa, que, na verdade, era Aretusa, conseguia abarcar também o masculino – chamado de Alfeu pelos dóricos de Siracusa imigrados do Peloponeso.

O vínculo mais íntimo entre Aretusa e Ártemis transcendia a deusa clássica e remetia a uma figura primordial. Um de seus ricos aspectos era que ela aparecia também como Perséfone, noiva e vítima de um noivo subterrâneo mais violento e mais poderoso do que o deus fluvial. Acreditaríamos: Se ela, a grande deusa do submundo, tiver algum vínculo com uma fonte em

---

[25] PIND. *Pyth.*, 2. 7., com escólios.
[26] As duas variantes principais: Paus. (Op. cit., 5. 7. 2s.) e Ovídio (*Metam.*, 5. 576ss.).
[27] PAUS. *De Letrinoi*, 6. 22. 9.
[28] MAASS, E. *Jahreshefte der österr.* – Arch. Inst. 11, 1908, p. 1-29.
[29] PAUS. Op. cit., 5. 7. 3.

Siracusa, esta só pode ser Ciané, a "sombria". Em suas águas foram afogados touros e outros sacrifícios a Hades, que supostamente teria voltado naquele lugar para o submundo com a Perséfone raptada[30]. No entanto, é Aretusa que veste também a coroa de espigas, e podemos deixar em aberto se isso ocorre como representante de Perséfone ou de Deméter. Quando outras cidades colocavam a cabeça em suas moedas, é provável que se referiam sobretudo à rainha do submundo[31], reconhecida como a verdadeira proprietária da Sicília.

Talvez Aretusa tenha usado ainda como Perséfone a coroa de caniço da deusa da fonte. Entre todos os aspectos de uma menina divina, que continha em si as possibilidades de diversas deusas – de Atena e Ártemis, de Perséfone e Deméter – como um botão, o aspecto da fonte é aquele que pode ser visto como a próxima variação da natureza como botão, e ele permaneceu o aspecto dominante e inconfundível na natureza de Aretusa. Enquanto contemplávamos apenas as grandes deusas olímpicas como desdobramentos da ideia mitológica de uma menina primordial divina, Afrodite Anadiômene era aquela que mais podia reivindicar o direito de conter a natureza de botão. Nesse sentido, Aretusa é aquela que mais se aproxima da dominadora do mar. O nascimento de Afrodite foi uma geração primordial na água[32]. Aretusa, eternamente botão, permaneceu na esfera dessa geração primordial, no pequeno âmbito da fonte. Afrodite é, para além da espuma do mar, a beleza do mar, do céu, do universo, a beleza de todo belo; no entanto, existem sinais que sugerem seu arraigamento em profundas camadas ctônicas: seu surgimento no quadrado no verso da moeda de Cnido é o menor entre estes. O que assusta em Aretusa são os contextos em que seu nome aparece: uma hespéride, uma filha da noite[33] ou da profundeza do mar[34], se chamava Aretusa[35], assim como uma das cadelas de Ártemis que dilaceraram Acteon[36]. Sobretudo, porém, fontes em toda a Grécia

---

[30] DIODORO, 5. 4.
[31] LANGE, K. *Götter Griechenlands*. Berlim, 1940, n. 39 e p. 123.
[32] SCHOL. In: *Pind.* – Nem., 1. 3.
[33] Ibid., p. 82.
[34] HESÍODO. *Theog.*, 215.
[35] SCHOL. In. *Ap. Rhod. Arg.*, 4, 1399.
[36] APPOLLOD. *Bibl.*, 2. 5. 11.

tinham o seu nome. A grande deusa grega das fontes parece nos ter revelado a sua natureza na figura da Aretusa de Siracusa.

6

A deusa que os gregos reconheciam no lago de toda fonte linda possuía também outros nomes, e cada nome continha outros mistérios. O mistério que nos interessa aqui é o mistério de sua aparição com rosto humano. Ainda permanece em aberto aquela pergunta se aquele rosto, a despeito de seu conteúdo mundano, a despeito de sua natureza como fonte que ele expressa, emerge das mesmas profundezas como o Anthropos dos gnósticos. Pois a situação em que emerge é diferente da situação dos gnósticos. Aqui não interessam os fundamentos primordiais encontrados na própria alma, a atenção se volta para uma fonte natural, geograficamente identificável. Somos tentados a adotar o pensamento de Hegel sobre o que acontece em seguida[37]:

"A fonte numa caverna escura era algo numinoso para os gregos; o que a fonte significava era a escuta, a própria imaginação, o assombro do sujeito representado por algo objetivo: as fontes são apenas aquilo que nos excita externamente. Assim a Náiade (a ninfa da fonte) era aquilo que, mais tarde, foi promovida a musa que expressa no canto aquilo que se imagina. [...] A musa, em que a fonte se transforma, é a imaginação, o espírito do homem. Homero invoca a musa para que ela lhe fale; ela é seu próprio espírito produtivo. A maioria das deidades gregas são indivíduos espirituais: seu início, porém, foi um momento da natureza".

É o momento natural que Hegel ignora com facilidade excessiva. O núcleo da essência das deusas das fontes é sempre a fonte. Para o espírito, que – igual ao espírito grego – é capaz de contemplar ideias, o núcleo é formado por aquele divino que se oferece ao homem como ideia, cuja expressão natural, oferecida pelo mundo – e essa expressão nos era "símbolo" – é a fonte. O núcleo do ser das musas existe também aqui, mas sobretudo o de Aretusa, que os siracusanos haviam transformado em centro de seu mundo, mas permitindo que ela permanecesse em sua fonte. Tanto a fonte de Aretusa quanto aquele teor do mundo contido na deusa da fonte transcendem o puramente subjetivo. Nesse

---

[37] *Hygin Fab.*, 81.

sentido, a própria fonte – o núcleo natural da deusa – possui um núcleo ideal, do mesmo modo como toda expressão possui um "núcleo". Se desdobrássemos esse núcleo, apresentar-se-ia uma visão ainda mais gloriosa ao espírito: a ideia de Afrodite. O rosto humano da deusa da fonte provém justamente daí: de seu núcleo natural, que confere ao seu ser feminino algo indizivelmente elementar, algo parecido com um brilho úmido, e de seu núcleo ideal, que torna o elemento compreensível por meio de traços humanos. De certo modo, os traços humanos nos são mais compreensíveis do que qualquer outra coisa.

Realidades locais da natureza conseguem revelar algo divino quando se transformam em lugares de transparência para realidades não espaciais e atemporais do espírito – para ideias. Onde, porém, devemos procurar a sede psíquica desse tipo de revelações? Se este lugar existir, ele precisa se encontrar naquelas mais profundas profundezas do ser humano, onde, com cada um de nós, o mundo ressurgiu e continua a ressurgir continuamente como mundo que se torna espiritualmente transparente. Ele surgiu como nosso mundo a partir da mesma união de um masculino com um feminino, que nos gerou, a partir da mesma produtividade de duas células primordiais que se uniram e que continua a nos gerar até o fim do nosso ser orgânico. É por causa dessa produtividade, na qual o crescimento orgânico e a produtividade espiritual parecem ter uma base comum, que o mundo cresce em direção à sua própria transparência ou – em algumas pessoas – em direção ao seu próprio escurecimento. Ela pode se mostrar transparente não só em esquemas ou números, mas pode tornar-se transparente da mesma forma "como cresceu": transparente em figuras humanas. Se for verdadeira a suposição de uma camada mais profunda e produtiva *nesse sentido* no ser humano – e não queremos vê-la como mais do que uma suposição, cuja musa inspiradora foi a Aretusa das moedas de prata de Siracusa – não existe resultado mais natural do que este: a emergência de aparições divinas com traços faciais humanos a partir da mesma fonte feminino-masculina quanto o próprio ser humano; não, porém, como suas imagens sombrias, mas como *raça fraternal da humanidade*. Aquilo que Hesíodo e Píndaro ensinaram é, talvez, verdadeiro nesse sentido[38].

---

[38] HEGEL, G.W.F. *Philosophie der Weltgeschichte*, II, 1. 3. C.

7

O teor ideal do mundo não possui geografia nem tempo. Quando falei de teor do mundo e essência mundana, eu me referia a ele. Aquilo, porém, que se *apresenta* com teor do mundo tem uma origem: os deuses que aparecem ao homem possuem a mesma origem como o homem. O mais profundo no ser humano, o teor do mundo que nele se desdobra, jamais é impulsionado *apenas* por alguma excitação, por algum estímulo externo. Sua ressonância é sempre despertada por algo específico. Quando algo naquelas profundezas produtivas é tocado por algum som parente vindo de fora – a fonte em nós, da qual jorramos, da amável fonte de Aretusa em Siracusa –, nasce ou renasce um som divino. Ele abarca uma verdade atemporal e se dirige a nós em termos humanos: nosso irmão ou nossa irmã. Ele pode rugir também com a voz de um touro ou de um leão. Em vez da mulher-botão Aretusa podemos ser encarados também pela cabeça muda de um animal. Existem tempos em que o divino se revela num ou noutro aspecto, ou em ambos.

Uma aparição divina pode ser terrível também no rosto humano. Quanto mais súbita a forma como a aparição se desligou de seu fundamento e de sua origem, mais terrível ela era. "Pesados" são os deuses – como já sabia Homero[39] – quando nos aparecem. A divindade de uma epifania se revela de forma mais clara em sua originalidade – em sua proximidade imediata à origem. Com a epifania ocorre, porém, ao mesmo tempo a figura – figura num sentido tão amplo que uma mera voz pode ser compreendida como tal – e com a figura ocorre também: mitologia. Ela não é apenas a forma natural e inevitável das epifanias, mas também a forma ainda humanamente suportável. É um rio manso. Quanto mais largo e mais distante da fonte, mais manso ele é. Um rio para poetas e artistas, para que dele bebam e o alimentem de sua própria fonte. As figuras divinas são mitos em essência[40], que podem ser desdobrados em uma corrente infinita de mitologemas; os rostos dos deuses, porém, já são mitos desdobrados – mesmo que não na palavra como os mitologemas. Assim, também as moedas gregas são presentes de um rio mitológico que flui ricamente.

---

[39] HESÍODO. *Erga*, 58. • PIND. *Nem.*, 6. 1s.
[40] *Il.*, 20. 131.

1 Aretusa: cabeça numa moeda de prata clássica de Siracusa

2 Labirinto da Mesopotâmia

3 De um arquivo de entranhas da Babilônia

4 Desenho do labirinto do mito de Hainuwele

5 Monumento de pedras de Visby, na Suécia

6 Monumento de pedras de Wier

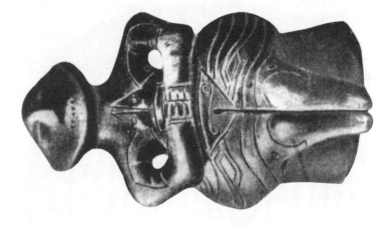

9 Ídolo da Trácia

8 Jarro de Tragliatella

7 Moeda de Cnossos

10 Espiral dupla de Bohuslän

11 Desenho de uma espiral de Val Camonica

12 Desenho de um labirinto de Pontevedra

13 Urna de Melos adornada com espirais

14 Templo em Traschia, Malta

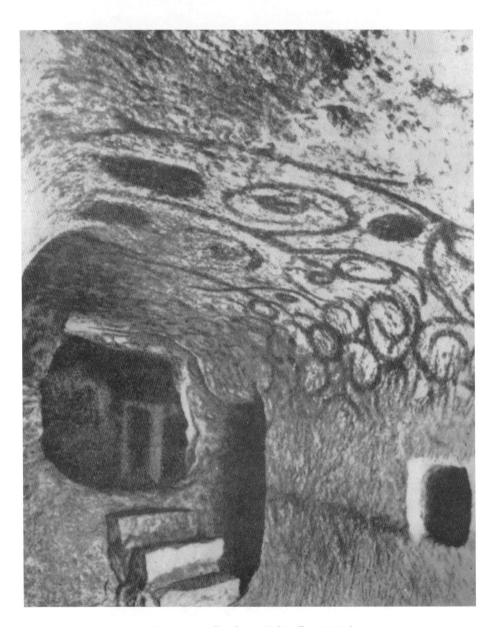
15 Caverna cultual em Hal Saflieni, Malta

16 Relevo de Traschia

17 Vaso do período minoico intermediário, de Festo

18 Recipiente das Cíclades com representação de um barco

19 Moeda de Cnossos

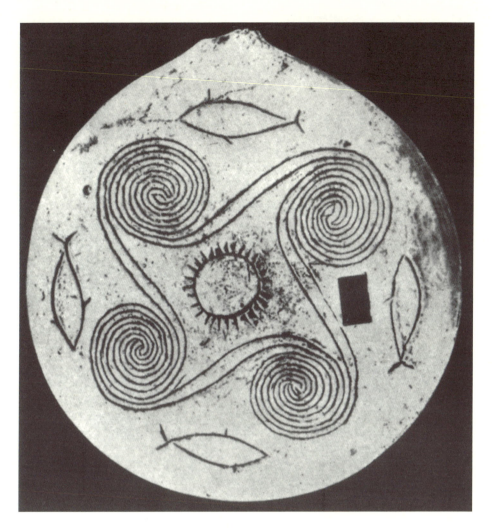

20 Recipiente das Cíclades com quaternidade de espirais

21 Relevo de Postiano

22 Tapete de Östra-Stenby

23 Quaternidade labiríntica em Châlons-sur-Marne

24 Mosaico da pirâmide de Cesto em Roma

25 Imagem em vaso de Tebas

26 "Trono de Boston", verso

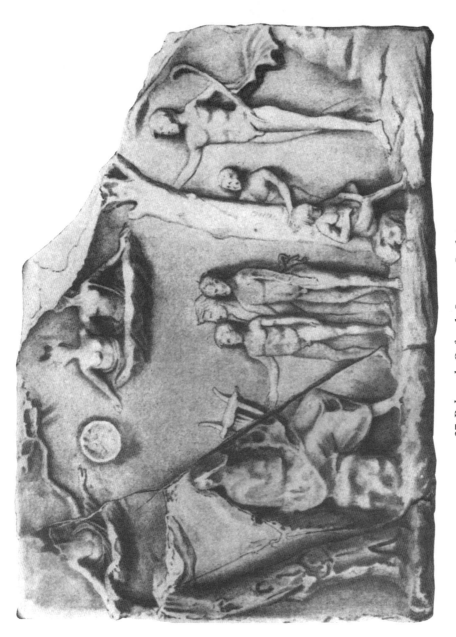

27 Relevo de Orfeu de Ince, na Inglaterra

28 Máscara arcaica de Gorgona

29. Máscara de Dionísio, de Icária

30 Máscara clássica de Dionísio

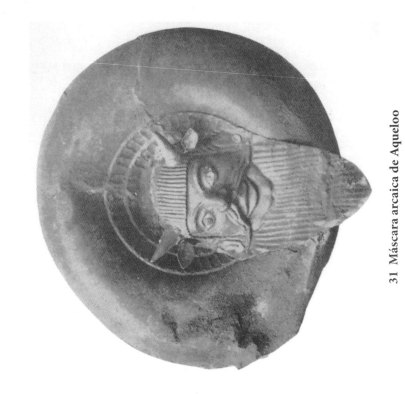

31 Máscara arcaica de Aqueloo

33 Máscara romano-helênica de Sileno

32 Máscara arcaica de Sileno

34 Reflexo da máscara de Sileno

36 Menino em máscara de Sileno

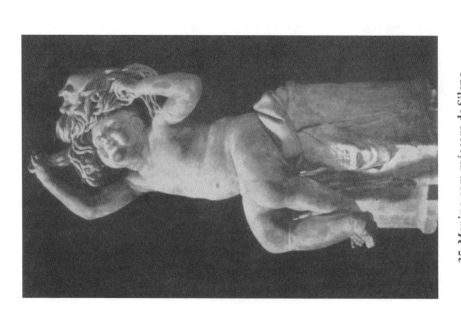

35 Menino com máscara de Sileno

O MISTÉRIO DAS CIDADES ALTAS

Quem viaja para Roma e, vindo do norte, desperta no trem na altura de Terontola, percebe, com olhos maravilhados, as cidades no alto à esquerda e à direita. Se ele repetir a viagem com frequência e explorar as regiões mais distantes da rota principal, onde Siena, Volterra, Urbino, Anagni ou Enna flutuam sobre suas paisagens de modo tão improvável, seu espanto pode até ser amenizado pelo hábito, mas a sensação de algo excitantemente estranho e especial não desaparece: É como se ele tivesse ultrapassado o limiar para outro mundo histórico, para aquele mundo em que essas cidades altas, inúmeras outras além das mencionadas e incrivelmente pequenas dominam a paisagem. Segundo os nossos conceitos, elas poderiam, deveriam se encontrar em outros lugares, lá no fundo dos vales amplos, nas colinas suaves, no topo de montanhas mais baixas, mas jamais de modo tão desumano nos cumes!

Essa escolha nos parece estranha como o modo de um mundo distante, gigantesco, nem mesmo histórico, mas pré-histórico. No norte da Europa, as cidades surgiram de maneira diferente. Lemos sobre sua fase inicial nas páginas mais belas já escritas sobre o tema da "cidade": "Em nenhum lugar o sentimento do vínculo com a terra, da flora cósmica se expressou de modo tão poderoso quanto na arquitetura dessas minúsculas cidades antigas, que pouco mais são do que algumas ruas em torno do mercado, do castelo ou de um santuário. Se em algum lugar se demonstra que todo estilo grande é também ele mesmo uma planta, este lugar é aqui"[1]. Percebemos um tipo de vínculo com a terra, mesmo que não ao modo de uma planta, também quando contemplamos uma das cidades altas itálicas mais de perto. A transição

---

[1] SPENGLER, O. *Der Untergang des Abendlandes II*. Munique, 1922, p. 108.

de montanha para residência humana é representada muitas vezes por muros "ciclópicos" e terraço. Se passarem a impressão de terem crescido, elas o fazem mais ao modo das pedras do que das plantas. Precisamos pensar também na escolha do local, que sugere mais a ideia de uma curiosa coerção espiritual do que de um crescimento natural e leve, de uma coerção que foi forte o bastante para transportar aqueles blocos de pedras dos terraços e muros para aquelas alturas.

Exemplos de um vínculo com a terra e do crescimento floral foram, para Spengler, a coluna dória, a pirâmide egípcia, a catedral gótica. Para ele, estas nascem do solo de modo "rígido, fatal, uma existência sem consciência". Acrescentaríamos a estas sem problemas as antigas cidades montanhesas itálicas se não tivéssemos que pensar naquela escolha incompreensível do local de sua construção. Ou deveríamos imaginar os imigrantes que escolheram os cumes para seus assentamentos como homens sem qualquer consciência espiritual, como o são, para Spengler, os povos primitivos ou camponeses? Será que, como lunáticos, sempre seguiam a direção da planície ou do cume mais elevado? O aspecto obsessivo de sua escolha não indica um estado inconsciente desse tipo? Talvez nem devamos perguntar por que os fundadores estabeleceram as suas cidades justamente ali e não em outro lugar, já que nem mesmo eles conheciam um "Porquê"? Eles eram impelidos por algo que era mais poderoso do que eles, por algum poder maior que queria deles justamente aquelas cidades altas! Em tempos posteriores, quando aquele poder maior já não exercia mais uma influência imediata, que, no início, superava qualquer dificuldade com facilidade, quando a fundação já havia sido realizada e a cidade fundada já se erguia – e hoje, após três mil anos, muitas delas continuam no mesmo lugar – podemos certamente falar de um vínculo forte. É um vínculo com planícies altas e cumes que o camponês cansado precisa escalar todos os dias com seus animais exaustos ao voltar do campo: um vínculo com a terra obtuso, que atribui aos habitantes das cidades de pedra a mesma idade antiga e até mesmo pré-histórica como a das próprias pedras.

O que dizem os historiadores sobre aquele poder maior, que certamente significava outro estado espiritual, um estado diferente desse estado tardio de obtusidade? Pois foi ele que impeliu as pessoas a procurar aquelas alturas e enfrentar qualquer dificuldade futura! Segundo a concepção geral, foi a necessidade de segurança que os orientou. O autor da clássica história italiana acreditava: "O conflito incessante obriga procurar proteção e segurança: uma posição elevada, que dificulta o ataque e facilita a defesa, é vista como exigência máxima para um assentamento urbano"[2]. O tempo ao qual se atribui essa peculiaridade dos antigos assentamentos itálicos, o tempo de seu surgimento ou de sua maior propagação, seria o início do primeiro milênio a.C., o início da Era do Ferro. Ela significou um período criativo para a Itália. Na época, florescia a cultura pré-histórica que recebeu seu nome de Villanova, próximo a Bolonha, o local principal de sua descoberta. Não foi possível atribuí-la a determinadas tribos. Ela aparenta ter um caráter intertribal, itálico num sentido geral e para a qual contribuíram imigrantes nórdicos e povos primordiais mediterrâneos[3].

No final do terceiro milênio, tribos indo-germânicas avançaram até a Sicília e se assentaram, optando pela geografia segura, nas colinas e montanhas ao longo da costa, enquanto os habitantes primitivos das ilhas, presos ainda na Era da Pedra, protegiam suas aldeias na planície com muralhas de terra e rochas[4]. No entanto, as antigas instalações urbanas do Mediterrâneo não são caracterizadas por uma necessidade especial de segurança. Para estas, as circunstâncias encontradas em Creta parecem ser determinantes. Em Creta havia grandes cidades densamente populadas em lugares baixos, nas regiões costais sem castelos ou muros, pouco protegidas, como que livre e abertas, em lugares que não podiam ser defendidos. Faltam fortificações maiores[5]. Isso se explica em parte com sua confiança em seu poder marítimo, mas esse tipo aparece também em cidades gregas continentais. Elas recebem um muro apenas mais tarde[6]. Seu sistema de proteção inclui também um castelo desocupado no alto de uma montanha, onde o povo se refugiava quando necessário, mas isso não é uma especialidade mediterrânea: como mostram descobertas na Macedônia, isso parece ter sido um tipo de autodefesa indo-germânica.

---

[2] NISSEN, H. *Italische Landeskunde I*. Berlin, 1883, p. 37.

[3] ALTHEIM, F. *Italien und Rom I*. Amsterdã, 1941, p. 59.

[4] Ibid., p. 54.

[5] TRITZSCH, F. *Die Stadtbildungen des Altertums* – Klio 22, 1929, p. 36.

[6] Ibid., p. 70s.

E não é o castelo nas alturas que provoca nossa surpresa, mas a cidade elevada, onde também nós poderíamos morar e viver como simples filhos da terra, sem sermos senhores feudais ou seus servos. Originalmente, as cidades de Villanova também eram assentamentos abertos, como os na antiga Creta – sem que aqui houvesse um poder marítimo. Os muros ciclópicos que nos parecem tão antigos aparecem na Itália num período relativamente tardio, mais antigas são as construções de terraços. E assim como as construções de terraços por um lado se aconchegam à terra e expressam seu vínculo com a terra, e como, por outro lado, formam degraus em direção ao cume, em direção ao céu aberto, também aquele mais poderoso, pelo qual sempre perguntamos e que motivou as fundações de cidades nas alturas e, às vezes, também construções ciclópicas, sempre tem, no mínimo, dois aspectos. A característica dessas fundações é não só o agarrar-se ao chão, mas também o impulso e o ímpeto. Um elemento da nossa surpresa é justamente isto: o fato de percebermos esse impulso excitante da vida. Vivenciamos sua realização quando alcançamos uma cidade alta e olhamos em volta lá do alto. Não é a vivência de uma obra de arte – ou não só –, mas a vivência de um mundo em cujo centro nos encontramos e que só pode ser compreendido lá do alto.

O enigma só se revolve de dentro. "Dentro", porém, significa ao mesmo tempo: "aqui em cima" e significa o ponto de vista adotado pelo antigo fundador de cidades. Ele se encontra fora dos pontos de vista puramente práticos, que sempre estão envolvidos na fundação de uma cidade. Os aspectos práticos jamais esgotam aquilo que está envolvido numa cerimônia de fundação. Podemos falar de um mistério, pelo menos quando falamos daquele que conhecemos das fontes romanas.

Trata-se da cerimônia com a qual a própria Roma foi fundada, no alto do Palatino, que substituiu sua forma de montanha apenas mais tarde por um bloco gigantesco quase quadrado. Supostamente, os romanos haviam adotado dos etruscos o seu método misterioso, segundo o qual fundaram ainda muito mais tarde também as suas colônias.

Plutarco compara a adoção com um aprendizado de mistérios[7]. Mas os etruscos não foram os primeiros fundadores de cidades na Itália. Aparente-

---

[7] Rômulo: além de *telete*, a palavra *thesmos* também fala de cerimônias ao modo dos mistérios.

mente, só os úmbrios perderam trezentas cidades para eles, entre elas – para citar apenas um grande lugar elevado – Perúgia. A cerimônia de fundação secreta, na qual o indizível, aquilo que era experimentado sem palavras, não era expressado, era, em sua essência, mais itálico do que etrusco, exatamente como o tipo das cidades altas. No entanto, só podemos falar da cerimônia romana.

O essencial naquilo que ela transcendia o meramente prático já se manifesta em seu primeiro nível de ação. O fundador escolhia e criava um ponto central a partir do qual o pequeno mundo que ele pretendia construir, a cidade, mesmo que retangular, correspondia à esfera do mundo. Essa concepção se reflete nas tradições contraditórias de uma Roma primordial quadrada e circular. O problema da quadratura do círculo, que, por razões enigmáticas, ocupava profundamente os pensamentos dos gregos e permaneceu irresolúvel para as suas técnicas de cálculo, foi solucionado aqui numa vivência. A alma sempre o solucionou em visões de figuras que reúnem o círculo e o quadrado. O psicólogo e o conhecedor de exercícios da meditação oriental confirmam isso[8]. O que surge aqui no misticismo individual como vivência da integralidade do ser humano é, aqui, mitologia realizada: a criação do mundo por meio da fundação de uma cidade. Cidade quadrada e mundo redondo: eles formam a totalidade divina. Esta é criada quando se escolhe e se fixa para ambos um ponto central comum. Ele é fixado abrindo-se no mesmo ponto uma abertura artificial, que, em latim, acidental ou intencionalmente se chama *mundus*, o mundo, para que também o "alto" e o "baixo" se unam. O *mundus* era um santuário dos *manes*, dos espíritos dos mortos, que enviavam para o alto todas as forças e todos os tesouros do mundo dos ancestrais, mas que, em determinados dias, podiam transbordar. Então se dizia: *patet mundus* – o submundo se abriu. A cidade nova tem suas raízes na abertura do submundo, e com ela se funda um novo mundo sobre o velho, como uma ilha de corais no cume de uma montanha primordial submersa. Este é, provavelmente, o segredo das cidades altas. No entanto, era pouco provável que os fundadores tivessem tido ciência disso. A necessidade de um estado de espírito criativo, religioso e artístico, de um estado com o qual o estado de

---

[8] Ibid., p. 130ss.

um ser puramente contemplativo só pode ser comparado em termos estruturais, mas não criativos – conquistava e ocupava talvez os cumes, que correspondiam à posição espiritual das cidades a serem fundadas em sua natureza. Essa necessidade e esse impulso pretendiam criar mundos quando fundavam cidades. De acordo com o sentido da cerimônia de fundação romana, não existiam locais de assentamento mais apropriados do que as alturas. Com a montanha, o mundo primordial e o submundo penetram o fundamento da cidade. A montanha é local de recolhimento dos mortos. Logicamente, os lugares de seu último descanso deveriam estar localizados nas camadas mais profundas ou ao pé da mesma montanha, sob a morada dos vivos. Assim foi na Roma mais antiga e em inúmeras cidades pequenas, a partir das quais os mortos conquistavam vales de túmulos cada vez mais distantes. Um costume estrusco especial consistia em fundar uma cidade própria para os mortos na montanha adjacente. Cidades de outro tipo, que, de certo modo, apoiam suas costas na colina íngreme de uma montanha, como Palestrina, Spoleto e Gubbio, parecem apresentar um vínculo especial com o Hades e o submundo. A totalidade do mundo que vivenciamos nas cidades altas abarca ambos os aspectos: o arraigamento nas profundezas da terra – da mesma forma como a própria montanha está arraigada nela – e a visão ampla lá do alto. Trata-se de uma visão que pode conter coisas inúmeras, quase sempre um recorte riquíssimo da geografia italiana, uma verdadeira imagem do mundo. Mas essa imagem é uma imagem do mundo imóvel e essencialmente ptolemaica. Aqui em cima tudo gira em torno da cidade.

 E quando desfalece esse impulso que gerou esse mundo singular? Quando o horizonte da cidade deixa de coincidir com o *orbis terrarum*, com a circunferência de todos os países, como aconteceu com Roma? Ou quando o habitante não se entrega a esse impulso para conquistar outros mundos como emigrante? Resta a visão, talvez vagante e sem destino certo ou sonhador, uma visão do mundo lá do alto, semelhante à imagem dos deuses. Para quem tem essa visão revela-se a existência lá no alto, penetrando toda insensibilidade, como vivência da totalidade de alguém suspenso nas alturas e arraigado nas profundezas: como ligação celestial com a terra.

1942

Estudos sobre labirintos
Labyrinthos como reflexo linear de uma ideia mitológica

> *Desperta o desejo de se inclinar*
> *sobre o mistério da vida totalmente negligenciado*
> *e quase esquecido...*
> Henriette Roland Holst

1 Problema/mistério

Algo estranho envolve o problema do labirinto; algo que envolve a maioria dos problemas da pesquisa dos mitos assim que os enfrentamos com toda seriedade. São mistérios naquele sentido em que um conhecedor excelente dos mais difíceis textos poéticos contrapõe "mistério" a "problema": "Este precisa ser solucionado; quando isso ocorre, ele desaparece. Aquele, porém, precisa ser vivenciado, venerado e integrado na própria vida. Um mistério que é solucionado pela explicação jamais foi mistério. O mistério verdadeiro resiste à 'explicação', não porque se esquivasse à análise por meio de quaisquer artifícios de uma verdade dupla, mas porque, segundo sua natureza, não pode ser resolvido racionalmente. Mas ele pertence à mesma realidade à qual pertence também o explicável e mantém uma relação absolutamente idônea com a explicação. Ele a convoca, e a tarefa desta consiste em demonstrar onde está o verdadeiramente inexplicável"[1].

Mitologemas, figuras divinas, símbolos religiosos não podem ser solucionados como problemas, só podem ser remetidos a ideias, arquétipos,

---

[1] GUARDINI, R. *Zu Rainer Maria Rilkes Deutung des Daseins*. Berlim, 1941, p. 26.

formas primordiais – ou seja lá como quisermos chamá-los. Estes continuam a nos ocupar, como mistérios autênticos o costumam fazer. À pergunta o que significariam mitos, desenhos e costumes de labirintos, o grande pesquisador intuitivo de religião Brede Kristensen já deu a resposta simples: o submundo. Essa palavra resolve o mistério do labirinto? Pelo contrário: Os labirintos, executados em narrativas, representações gráficas ou movimentos, são mais ideais, mais arquetípicos e mais primordiais do que o "submundo" pouco misterioso e, no fundo, informe. Uma explicação que abre mão do figurado em troca do informe – seja em prol de uma realidade espiritual ou de um conceito – ignora justamente o essencial. Kristensen justificou sua interpretação afirmando que o labirinto "com seus desvios e descaminhos, onde ninguém encontra a saída", só poderia ser uma imagem para o mundo dos mortos[2]. Mas será que é realmente isso o característico nas representações de labirintos? Não seria antes o fato de que, em meio aos muitos descaminhos, existe sim uma saída?[3] E não iluminaria isto mais a peculiaridade daquele mundo dos mortos do que a designação "submundo" a natureza do labirinto?

A partir de agora procurarei jamais, em nenhuma tentativa de explicação, perder de vista as representações desenhadas do labirinto e recorrer a material não desenhado – coisas imaginadas ou narradas ou apresentadas em danças – para a interpretação apenas quando se tratar de material que nos foi transmitido pela tradição. Se assim persistir algo inexplicável no fundo do explicado – ou seja, o conhecimento inconsciente da vida de que existe uma saída –, continuaremos a reconhecer nisso um mistério que nos enriquece de maneira inexplicável.

2 Babilônia

Os labirintos, quando se apresentam como monumentos de um costume religioso primordial ou, no mínimo, como exercício artístico muito antigo, podem ser reconhecidos por sua forma mais ou menos espiral. Cada linha

---

[2] *Theol. Tijdsch.*, 1910, 44, p. 1ss.
[3] KRISTENSEN, B. *Het levn uit den dood*. Haarlem, 1926, p. 244ss.

em espiral aparentemente aplicada com intenções meramente decorativas, desenhada isoladamente ou como meandro, é um labirinto assim que a concebemos como um caminho e nos imaginamos dentro dele como entrada ou passagem inevitável. *Precisamos* dessa imaginação para despertar a realidade mitológica do labirinto. Para os portadores dessa realidade, ela significava estar e movimentar-se dentro dela. Ela despertava neles de vez em quando e se expressava em movimentos mudos ou em narrativas que traduzem o sentido vivenciado de forma imediata para a língua conceitual. Se quisermos compreender aquele sentido, necessitamos também daquelas narrativas: os textos sobre os labirintos mudos.

Por isso pareceu ser de suma importância quando, no início do século XX, foram encontradas representações de labirinto em coleções de tabuletas de argila que haviam sido escavadas na Mesopotâmia e chegado aos museus europeus. Alguns desses labirintos vinham acompanhados de textos em escrita cuneiforme. Uma peça em Berlim (ilustr. 2)[4] e outra igual em Leiden[5], apesar de não apresentarem qualquer texto, mostram ambas a pura forma espiral. A grande semelhança com as representações de labirintos em moedas cretenses e os arranjos de pedras em espiral e monumentos semelhantes na Europa do Norte foi percebida de imediato. Essas peças individuais receberam uma interpretação inequívoca graças a tábuas maiores, que continham sequências inteiras das mais diversas variações da mesma forma básica acompanhadas de inscrições (ilustr. 3)[6]. Textos pobres e quase incompreensíveis. No entanto, precisamos ater-nos a eles se quisermos aprender alguma coisa sobre o significado desses desenhos nas antigas culturas da Mesopotâmia.

Os textos cuneiformes não deixam dúvida de que as tábuas mostram representações das entranhas de animais sacrificados, que eram usadas pelos videntes. Assim, foram preservados casos históricos de hieroscopia na forma de documentos e exemplos para o futuro, juntamente com observações

---

[4] WEIDNER, E.F. *Zur babylonischen Eingeweideschau* – Hommel-Festschrift 1. Leipzig, 1917, p. 190, ilustr. 1.
[5] BÖHL, F.M. *Zum babyl* – Ursprung des Labyrinths, Deimel-Festschrift. Roma, 1935, p. 18, ilustr. 13.
[6] WEIDNER. Op. cit., p. 192, ilustr. 2.

explicativas. Estas se referem à disposição dos intestinos: "Estão voltados para a esquerda e então se dissolvem" – assim traduz o assiriólogo[7]. "Isso significa, provavelmente" – ele acrescenta – "que, a princípio, os intestinos formam uma espiral em sentido anti-horário, que, então, a formação de espiral cessa, e os intestinos individuais se aproximam, lado a lado sem demais meandros, da saída. O desenho confirma essa explicação". Em outro caso, também a dedução parece ser clara: "A deidade deixará desamparado"[8].

Essas deduções eram feitas a partir daquilo que se enxergava nos intestinos. E o que se *enxergava* naqueles intestinos? Encontramos a resposta, em parte, nos próprios desenhos; em parte, nas legendas. Os desenhos são absolutamente realistas: eles remetem a diversidade das formações intestinais a linhas fundamentais determinantes. A linha que, para o desenhista, subjazia a todas as variações era, evidentemente, a espiral. Vemos as diferentes figurações dessa forma primordial nos intestinos dos diferentes animais de sacrifício. Transparece no caso individual físico e palpável outra realidade: algo mitológico, que é identificado nas legendas. Enxergava-se ali um palácio: o "palácio das entranhas" (na língua original: *êkal tirâni*). O que esse palácio *realmente* é já foi reconhecido[9]. É o submundo, que, como esclarecem as diversas figurações dos intestinos, pode se relacionar ao mundo dos vivos de diferentes maneiras: por vezes, lhe é favorável; por outras, desfavorável. Aqui, na maior profundeza do fenômeno puramente físico, ele se apresenta como realidade mais elevada na forma de uma construção em forma de espiral, cujos meandros são imitados pelas entranhas dos animais abatidos da mesma forma como as regiões celestiais se representam no fígado[10].

Como – perguntamos então – ocorreu que as entranhas puderam ser designadas "*palácio* das entranhas"; e o submundo pôde ser representado como "palácio das *entranhas*"? O submundo e as entranhas se aproximam também no fato de que um ser do submundo e adversário de Gilgamesh, o

---

[7] Ibid., p. 196.
[8] Ibid., p. 193.
[9] BÖHL. Op. cit., p. 21.
[10] Ibid., p. 16.

sujeito demoníaco Humbaba, que vive numa floresta encantada com "ladeiras secretas" e "trilhas barradas", é representado como "homem das entranhas" com um rosto composto de intestinos[11]. Esse exemplo nos revela algo decisivo: "labirinto" e "submundo" se apresentam como idênticos. O labiríntico tem prioridade em relação às suas diversas formas de expressão – como a "floresta encantada" e as "entranhas". Tampouco temos evidências de que as experiências externas, como aqui as observações feitas nos intestinos, teriam prioridade em relação a um conteúdo mitológico aparecido na alma. O revestimento desse conteúdo pode provir de experiências desse tipo. No entanto, é sua forma interna, nesse caso a espiral, que recorreu a uma figura externa apropriada. Um submundo já espiralado foi conformado às entranhas. Apenas assim o ambíguo "palácio das entranhas" se torna compreensível.

No entanto, precisamos mencionar também aquilo que *não* pode ser descoberto naquelas entranhas, pelo menos nos exemplos que conhecemos atualmente: um tipo de útero ou ventre materno. Nas legendas aparece o "portão do palácio", mas ele não oferece sustentação suficiente para usar "a grande ideia da inseminação do ventre materno da terra"[12] como princípio explicativo. Esse portão não serve nem mesmo como "princípio auxiliar", que nos ajudaria a verificar o material individual disperso. No lugar desse tipo de hipóteses temos, como guia, a própria espiral. No entanto, precisamos confessar que ela, aqui, a despeito dos textos cuneiformes, permaneceu quase muda. Apenas a designação *ēkal tirâni* nos aproximou do mistério. Também não temos ainda um ponto de contato com a construção ou costume cultual babilônico. A estrutura das conhecidas terras dos templos mesopotâmicos – o "siqqurat" – poderia representar a contraparte celestial aos labirintos do submundo. O *lobus pyramidalis* no fígado poderia ser relacionado a isso. No entanto, se quisermos interpretar a elevação obstruidora no caminho da espiral nas representações individuais de Berlim e Leiden como siqqurat, temos que fazê-lo sem provas e sem probabilidade interna.

---

[11] Ibid., p. 21, com a ilustr. 16.
[12] Ibid., p. 9.

A peça individual berlinense, com sua forma circular da tábua, lembrou seu primeiro editor dos documentos comerciais do tempo de Lugalanda e de Urukagina[13], ou seja, de documentos do início do terceiro milênio a.C. As tábuas, cujas inscrições são mais ou menos legíveis, datam, segundo o mesmo estudioso, de mais ou menos 1000 a.C.[14] Mais de mil anos de uso se inserem aqui entre aquele tempo em que os labirintos eram realidade mitológica vivenciada na Mesopotâmia e as legendas mencionadas. Daí a pouca produtividade desses textos do ponto de vista da mitologia viva. O texto que transforma os labirintos mudos em testemunhos eloquentes de vivências humanas primordiais foi encontrado recentemente em uma região totalmente diferente. Ele faz parte daquelas narrativas indonésias que correspondem ao mito da Kore grega. Resumo aqui primeiro os pontos de contato das informações indonésicas recentes e as antigas informações helênicas sobre a rainha do submundo, para ressaltar o significado fundamental também do novo texto.

3 Morte/vida

Como ser feminino, que, no auge da vida indiminuta, cai vítima de seu destino e para o qual o destino significa morte na realização e domínio na morte: assim se apresenta a moça divina dos gregos na figura de Perséfone. Nisso há algo de tão avassalador e significativo que a exemplaridade do destino da rainha dos mortos dos gregos precisa chamar a atenção do contemplador das representações poéticas e monumentais de seu mitologema. As figuras da mitologia são sempre modelos: A deusa Perséfone o é de modo especialmente convincente. O destino natural das moças pode ser visto como imitação do destino de Perséfone. No entanto, podemos interpretar dessa forma também o destino de todo ser vivo. Pois todos eles são, ao mesmo tempo, seres mortais com uma única esperança, que também é modelada pelo mitologema de Perséfone: pelo retorno da deusa sequestrada. Tratava-se daquele retorno que, em Elêusis, era celebrado com a proclamação de um nascimen-

---

[13] WEIDNER. Op. cit., p. 191.
[14] Ibid., p. 196.

to na morte: como evento divino que se repete eternamente, como evento inesgotável de doação de vida, que, nessa inesgotabilidade, gera também a riqueza, o próprio Pluto. O sequestro da moça como casamento e morte, de um lado, a morte e o nascimento como eventos internamente relacionados, de outro, estão vinculados à figura de Perséfone. São vínculos estranhos, ao lado dos quais surgem na Grécia ainda outros não menos estranhos: a relação entre Perséfone e a lua (que os pitagóricos interpretavam como identidade da deusa com o corpo celestial), com os grãos e o animal sacrificial, que, em certos sentidos, a representa – a identidade de Koré com o porco.

Essas relações aparentemente irrelacionadas surgiram de repente num todo sensato: nos mitologemas da menina da lua de Ceram, chamada Rabie, Hainuwele ou, também, Rabie-Hainuwele. Destaco aqui apenas os pontos mais importantes. Rabie é o nome mítico da lua. A moça Rabie é roubada pelo homem-sol. Como noiva, ela é representada por um porco abatido. Como mulher, ela aparece na forma de porca com seu filho, um leitão. Sob o nome de Hainuwele, ela é a riqueza encarnada na terra, e quando ela é morta, nascem de seu corpo os tubérculos. O assassinato por ela sofrido tem ainda outra consequência: Seus assassinos, os homens primordiais, tornam-se apenas assim seres vivos normais, pois agora também precisam morrer. Quando aquele primeiro assassinato ocorreu no mundo, surgiu a vida. A vida, cuja noção inclui a morte, surge a partir do destino da lua, da planta alimentícia e do animal alimentício, que, todos eles, desaparecem e ressurgem. Ou, para expressar o mesmo numa figura humana: a vida surge a partir da moça primordial, que – roubada ou assassinada – pare e doa alimento. Assim – e certamente também pelo mitologema de Perséfone, que reúne em si as mesmas relações – se revela aquela ideia de vida que se baseia na ideia da morte. Ou, visto do lado oposto: Revela-se aquela ideia de morte que fornece o fundamento à ideia da vida. Em todas essas moças primordiais precisamos reconhecer a eterna natureza de viver e morrer, cujo destino é o exemplo divino da vida terrena.

Quero deter-me mais um pouco nas fases importantes daquele caminho que nos leva a uma ideia mitológica tão abrangente através da rica matéria indonésia. Os mitologemas individuais, cuja heroína é Rabie ou Hainuwele, nos satisfazem como totalidades dotadas de sentido. As histórias da menina-

-lua e do homem-sol ou da moça Hainuwele agem como narrativas poéticas. No entanto, estaríamos cometendo um equívoco se acreditássemos que as histórias de Rabie falassem *apenas* da lua. Pois também Hainuwele, a menina-planta, é, na verdade, Rabie-Hainuwele: a identidade com a lua não é completa. Sugiro, por isso, antes a analogia com a música do que com a poesia. As histórias da menina-lua e da menina-planta devem ser vistas como variações do mesmo tema. Apenas juntas e vistas como composição maior elas formam uma totalidade satisfatória dotada de sentido; apenas juntas elas tornam o mundo mais transparente para o espírito. Existem outras variações possíveis sobre o mesmo tema, como, por exemplo, variações filosóficas, musicais, de pintura (ou, como veremos agora no labirinto, de desenho) ou também outras variações mitológicas em outros povos. Elas são possíveis porque o tema de uma grande filosofia, arte e mitologia sempre é algo objetivo, uma realidade com muitos aspectos, que jamais se esgotam em uma única variação. Como realidade que se apresenta ao espírito – como realidade espiritual – o tema é sempre *ideia* (como aqui a ideia da vida, que corresponde à realidade natural da "vida"), uma ideia filosófica ou mitológica, dependendo do aspecto da realidade por ele representado, que se presta mais a uma expressão filosófica ou mitológica. Apenas quando as variações dos mitologemas despertam algo em nós que nos confronta como algo divino que não pode ser representado por figuras de deuses, eventos divinos ou símbolos religiosos, encontramos o ponto central a partir do qual todos os detalhes do mito e do culto se tornam transparentes – até o limite do compreensível daquilo que, em sua profundeza, não pode ser compreendido. A realidade da "vida" é um exemplo particularmente favorável para demonstrar a diferença entre uma antiga ideia filosófica e uma ideia mitológica. O filósofo antigo compreende a ideia da vida como oposição polar à morte, tão intimamente ligada ao seu polo contrário que uma só pode ser compreendida em ausência da outra. Para Heráclito, essa ligação corresponde a uma identidade mais profunda. (O nome do arco é *vida*; sua obra, porém, a *morte*, ou em termos mitológicos: Hades e Dionísio são o mesmo[15].) No *Fédon*, de Platão, essa oposição serve

---

[15] Fr. 48 e 15, Diels.

como garantia para que a morte não possa afetar a alma (= vida): uma coisa exclui a outra (105). E ainda Epicuro defende essa exclusividade da vida, apesar de deduzir dela outra coisa: "Quando *nós* estamos presentes, a *morte* não está presente, e quando a morte está presente, nós não somos mais"[16]. Apenas um pensamento muito posterior na Europa conseguiu compreender o fenômeno da "vida" de tal forma a não identificá-la com a morte nem a excluí-la, mas a vê-la como elemento daquela[17].

A separação completa de vida e morte – ponto em que Platão e Epicuro concordam, cada um de seu jeito – corresponde à realidade da diferença que separa de forma absoluta os vivos dos mortos e que é representada mitologicamente na ideia do limite do Hades. A religião da Antiguidade não se fecha à realidade da morte como não-ser[18]: Também Perséfone pertence, como rainha do submundo, ao reino do não-ser. Aquela ideia mitológica, porém, que subjaz aos mitologemas de Koré em Ceram faz jus à realidade da morte e da vida *ao mesmo tempo*. À primeira vista, parece incrível encontrar uma ideia tão rica e complexa como esta da vida e morte como tema não de filosofias antigas (a ideia de Platão e Epicuro se apresenta, em comparação, como muito menos complexa e abrangente), mas de mitologemas primordiais. No entanto, vale lembrar que as narrativas mitológicos sobre a origem da morte no mundo inteiro fazem parte do mito do surgimento da vida normal da humanidade[19]. Para citar aqui apenas um exemplo entre inúmeros outros: Numa cosmogonia mansi, a vida na terra *quase* já surgiu, falta-lhe apenas a morte para a possibilidade de uma existência normal. A necessidade da morte é justificada com o motivo conhecido de que, sem ela, a terra teria um excesso de habitantes[20]. Apenas quando os seres humanos são capazes de morrer, lemos: "Finalmente surgiu o mundo da era do homem, o mundo da era dos homens finalmente surge. Nesta felicidade eles (os homens) vivem agora"[21].

---

[16] *Ad Menoec.*, 125.

[17] SCHELER, M. *Schriften aus dem Nachlass I*. Berlim, 1933, p. 9ss.

[18] *Werkausgabe*, VII, p. 129-145.

[19] BAUMANN, H. *Schöpfung und Urzeit des Menschen im Mythus der afr. Völker*. Berlim, 1936, p. 268ss.

[20] Ibid., p. 43s.

[21] MUNKÁSCI. Op. cit., II, 1, 1893, p. 156ss.

A ideia mitológica da morte como fundamento da vida é, mesmo que contemplada apenas no ciclo mítico de Rabie-Hainuwele, um exemplo instrutivo para a maneira como uma ideia mitológica – para os portadores da mitologia, a realidade superior e verdadeira – pode ser expressada. Nas histórias de Rabie, a morte da heroína – um evento relacionado também à morte dos seres humanos – é narrada como o rapto de uma moça. No mitologema de Hainuwele, o evento correspondente é representado como um ritual cultual primordial. Trata-se de duas representações que correspondem apenas em seu sentido, na ideia subjacente, não, porém, em sua execução. No culto, o rapto da menina não é representado numa pantomima religiosa, mas numa dança especial, cujo esquema básico é formado por uma *linha em espiral*. A mesma espiral é usada também como esboço de um portão que leva à rainha do submundo e que garante a forma de existência humana que por ele passam. Trata-se aqui de um modo de representação que pode ser chamado o reflexo da linha da ideia mitológica subjacente. O labirinto grego é 1) descrito como construção mítica, 2) é dançado e 3) representado como linha em espiral. A semelhança chama nossa atenção e será analisada em maior detalhe.

Apresento primeiro a parte correspondente do mitologema segundo as anotações e observações de seu descobridor Ad. E. Jensen[22].

4 Ceram, Polinésia, Austrália

(*A garota Hainuwele como Pluto*)

"Naquele tempo, ocorreu em Tamene siwa (= nove locais de dança) uma grande dança de Maro, que durou nove noites. As nove famílias da humanidade participaram dela. Durante a dança, formavam uma grande espiral nônupla. Quando as pessoas dançam Maro à noite, as mulheres ficam sentadas no meio sem dançar e oferecem aos dançarinos Sirih e Pinang (folha e noz de duas plantas) para que as mastiguem. Naquela grande dança, a menina Hainuwele estava no centro e oferecia Sirih e Pinang aos dançarinos. Ao nascer do

---

[22] JENSEN, A.E. *Hainuwele* – Volkserzählungen von der Molukkeninsel Ceram. Frankfurt a. Main, 1939, p. 61ss.

sol, a dança terminou, e as pessoas foram embora para dormir. Na segunda noite, elas se reuniram em outro local, pois quando o Maro é dançado durante nove noites, ele precisa ser dançado em outro lugar a cada noite. Novamente, Hainuwele foi colocada no centro da dança para distribuir Sirih e Pinang, mas quando os dançarinos pediam Sirih, ela lhes dava corais. Todos acharam os corais lindos. Os dançarinos e também os espectadores se aproximaram e pediram Sirih e Pinang, e todos recebiam corais. Assim, a dança durou até o amanhecer, quando as pessoas voltaram para casa para dormir. Na noite seguinte, a dança aconteceu em outro local, e novamente Hainuwele ocupou o centro para distribuir Sirih e Pinang. Nessa noite, ela distribuiu lindos pratos de porcelana, e cada pessoa presente recebeu um desses pratos. Na quarta noite, ela distribuiu pratos de porcelana da China ainda maiores. Na quinta noite da dança, ela distribuiu grandes manchetes; na sexta, latas de cobre lindamente trabalhadas; na sétima, brincos de ouro; e na oitava, lindos gongos. Assim aumentava o valor dos objetos que Hainuwele distribuía aos dançarinos, e as pessoas começaram a suspeitar. Elas se reuniram e discutiram. Estavam com grande inveja de Hainuwele pelo fato de ela possuir tamanhas riquezas, e assim decidiram matá-la."

(*Raptus in terram*)
"Na nona noite da grande dança de Maro, Hainuwele foi novamente colocada no centro do espaço para distribuir Sirih. Mas os homens escavaram um buraco fundo naquele local. Naquela noite, o círculo mais próximo ao centro daquela espiral nônupla era formado pela Família Lesiela. Aproveitando o lento movimento circular da dança em espiral, ela empurrou a menina Hainuwele em direção ao buraco e a lançou na cova. O alto canto de Maro em três vozes abafou os gritos da menina. Jogaram terra em cima dela, e os dançarinos pisaram a terra sobre o buraco. Ao amanhecer, a dança de Maro terminou, e as pessoas foram para casa."

(*Explicação do etnólogo*)
"Ainda hoje, a dança de Maro é apresentada apenas à noite. Homens e mulheres participam dela. Um homem lidera os dançarinos, revezam-se

então mulher e homem, que entrelaçam seus braços segundo as regras do ritual. Assim cresce a fila de dançarinos e forma um círculo. Quando o fim da fila alcança o líder e novos dançarinos se juntam a ela, a fila passa em forma de espiral pelo primeiro círculo, podendo formar uma espiral múltipla. O grupo de dançarinos assim formado dança comedidamente num movimento circular, em sentido anti-horário. Ainda hoje, o Maro é dançado quase que exclusivamente em ocasiões cerimoniais e, sem dúvida alguma, está relacionado às ideias da viagem dos mortos." Podemos acrescentar que, a princípio – i.e., segundo a contemplação mitológica genuína –, a dança descrita no mitologema é a dança primordial, e que todas as danças de Maro apresentadas são apenas imitações. Originalmente, Hainuwele ocupava o centro da espiral e apenas mais tarde "as mulheres que não participam da dança". Segundo outras tradições, foram os cervos ou o gato que ensinaram o Maro[23]. Em ambos os casos, tratava-se de um tipo de dança de triunfo, que era apresentada após a salvação da morte.

(*Construção da espiral e do reino dos mortos*)
"Ameta (pai de Hainuwele) amaldiçoou os seres humanos, e mulua (= koré) Satene se enfureceu com eles porque eles haviam matado. Numa praça em Tamene siwa, ela construiu um grande portão. Ele consistia numa espiral nônupla, da mesma forma como as pessoas haviam se posicionado durante a dança de Maro. A própria mulua Satene se pôs sobre um grande tronco de árvore de um lado do portão, segurando os dois braços decepados de Hainuwele em suas mãos. Então, reuniu todas as pessoas do outro lado do portão e lhes disse: 'Não quero mais viver aqui, porque vocês mataram. Hoje me despedirei de vocês. Agora todos vocês precisarão vir a mim passando pelo portão. Aquele que atravessar o portão, permanecerá humano, quem não o atravessar, com este acontecerá outra coisa'. Então, todas as pessoas tentaram passar pelo portão em forma de espiral, mas nem todas conseguiram passar. Aquele que não conseguiu chegar a mulua Satene pelo portão, transformou-se em um animal ou espírito. Assim surgiram os porcos, os veados, os

---

[23] Ibid., p. 243 e 151.

pássaros e os peixes e os muitos espíritos que vivem na terra. Antigamente, haviam sido pessoas, mas não conseguiram passar pelo portão e chegar a mulua Satene. As outras pessoas, porém, que passaram pelo portão, foram até mulua Satene. Algumas passaram à esquerda; outras, à direita do tronco. Ela, porém, bateu em cada um com um braço de Hainuwele. Quem passava à sua esquerda, precisava pular por cima de cinco troncos de bambu. Dessas pessoas descendem os Patalimas, os homens do cinco. Quem passava à direita de mulua Satene, precisava pular por cima de nove troncos de bambu. Destes descendem os Patasiwas, os homens do nove. Satene, porém, disse às pessoas: 'Ainda hoje partirei, e não me vereis mais na terra. Apenas quando morrerem, voltarão a me ver. Mas então terão que fazer uma viagem penosa antes de chegarem a mim'. Na época, mulua Satene desapareceu da terra e desde então vive como Nitu (= espírito) em Salahua, na montanha dos mortos no sul do Ceram Ocidental. Quem quiser chegar a ela precisa morrer. O caminho para Salahua passa por oito montanhas, nas quais vivem outros oito Nitu. Desde aquela época existem além dos homens também animais e espíritos na terra. Desde então as pessoas são divididas em Patalimas e Patasiwas."

(Explicação do etnólogo, com a ajuda de desenhos dos indígenas)
"Os narradores se esforçaram muito para descrever aquele portão que mulua Satene havia construído em Tamene siwa. A ilustração (ilustr. 4) reproduz um dos muitos esboços com os quais os indígenas tentaram explicar a construção desse portão. A única certeza que podemos extrair das diferentes informações é a correspondência entre a forma desse portão e a figura em espiral formada pela corrente dos dançarinos. Além disso, sabemos que mulua Satene, a deusa da morte, ficava atrás dessa espiral e que as pessoas precisavam passar pela espiral antes de chegar a ela. Evidentemente, isso não era fácil, pois aquelas pessoas que não atravessavam a espiral deixavam de ser humanas. No desenho, vemos, ao lado da espiral, Tuwale (o homem-sol) e Mabita, enquanto a deusa da morte mulua Satene é representada no canto inferior à direita com os braços da Hainuwele morta. No centro do desenho, as linhas onduladas à esquerda e à direita do caminho representam as nove montanhas no caminho para o reino dos mortos. À direita e à esquerda

destas, as linhas denotam os nove e cinco troncos mencionadas na divisão dos seres humanos em Patasiwas e Patalimas."

A impressão que temos é a de que a referência da imagem – aparentemente um bem da tradição dos indígenas – à divisão dos seres humanos em duas tribos é apenas secundária; originalmente, o desenho representava um pássaro grande em combinação com a espiral. No entanto, não devemos tirar conclusões dessa impressão. O próprio Jensen observa ainda que cerimônias semelhantes ocorrem também em outras partes da terra, e ele menciona os rituais analisados por John Layard nas Novas Hébridas. Lá, as danças também seguem determinadas figuras, e essas figuras correspondem a estruturas labirínticas, muito significativas para a viagem do morto após seu falecimento. Também lá, chega à deusa da morte apenas aquele que consegue passar pelo labirinto. É possível que aquelas figuras sobreviveram como desenhos em uma curiosa arte de desenho geométrico dos indígenas[24]. Também nesse caso, subjaz às danças labirínticas uma ideia mitológica da morte, que, ao mesmo tempo, abarca a ideia da vida. Layard informa como origem motivadora dessa suposta jornada dos mortos não o fato da própria morte, mas o desejo de renovação da vida por meio do contato com os ancestrais falecidos, que já estão levando uma vida além do túmulo[25]. Ele define todo o rito como "cerimônia de fertilidade" e caracteriza o dólmen – o mais importante monumento de sacrifício, que ocupa o centro da primeira metade do rito – com estas palavras: "Esse dólmen representa em primeira linha um túmulo de pedra, mas também uma caverna, pela qual o falecido passa em sua viagem e, em terceiro lugar, o ventre por meio do qual o vivo renasce com a ajuda de sacrifícios"[26].

Esses exemplos de labirintos dançados não são fragmentários, mas foram preservados no contexto de culturas inteiras, eles vivem e são dotados de sentido, e seu sentido é claro: Não se trata simplesmente do ventre materno, não de algo rude e fisicamente representável, mas de uma *direção*, que leva

---

[24] LAYARD, J. Maze-Dances and the Ritual of the Labyrinth in Malekula. *Folklore*, 1936. • DEACON, A.B. Geometrical Drawings from Malekula. *Journ. Roy. Anthropol. Inst.*, 1934.

[25] LAYARD, J. Der Mythos der Totenfahrt auf Malekula. *Eranos Jahrbuch*, 5, 1937, p. 281.

[26] Ibid., p. 247.

para a morte e para além dela. Isso é confirmado por outras observações. A primeira foi feita por Layard[27]. No sul da Índia, numa tribo drávida, ele encontrou uma representação labiríntica como padrão de tatuagens. Lá, esse padrão ocorre no contexto de uma mitologia fúnebre semelhante à mitologia encontrada nas Novas Hébridas. Parecido é também o pano de fundo cultural: uma ilha daquela era megalítica caracterizada por dolmens e menires. Acrescentamos aqui que tatuagens são sinais típicos de iniciação. Quem as recebe é aquele que nasce para uma nova comunidade, para uma nova vida, e assim renasce. Esse renascimento é precedido pela morte, que costuma ser representado pelo ser engolido por um monstro ou pela passagem por um portão. A Nova Zelândia nos oferece os exemplos clássicos de que a espiral é um padrão de tatuagem importante e adorna também portais cultuais na mesma área[28].

Os desenhos de espirais ocorrem também onde os espíritos ancestrais recebem ajuda para sua reencarnação. Como sabemos, os instrumentos empregados são os rombos. Neles ouvimos a frequência das almas, para as quais o movimento circular do rombo abre o caminho para uma vida nova. Os churungas da Austrália Central, colecionados e publicados por Géza Róheim, apresentam entre os diferentes desenhos que os adornam sempre também espirais. Como explicam os aborígenes, elas costumam designar lugares em que vivem os espíritos antes de adentrarem o ventre de uma mulher: cavernas, raízes de árvores, tubérculos, água. Em outras palavras: lugares *por meio dos quais* os mortos voltam para a vida.

5 Escandinávia, Inglaterra, Alemanha

Ao lado desses exemplos, as figuras que, até agora, costumavam ser comparadas com o labirinto grego, são muito mais silenciosas e sem essência. São fragmentárias, mortas e enigmáticas no que diz respeito ao seu sentido. No

---

[27] LAYARD, J. Labyrinth Ritual in South India. *Folklore*, 1937. • WOHLENBERG, H. *Die Reise ins Totenreich*. Frobenius Inst. [inédito]. • HAMBRUCH. Op. cit., painel 15s. • A função como portão evidente em Sir Goerge Grey: *Polynisian Mythology*. Londres, 1855, p. 279.

[28] RINGBOM, L.I. Trojalek och Trandedans. *Finskt Museum*, 45, 1938, p. 68ss.

entanto, demonstram que o fenômeno mitológico que, na Grécia, era chamado "labyrinthos" não ocorre apenas no âmbito cultural pacífico e mediterrâneo antigo, mas também no Norte e Oeste europeu. A possibilidade fundamental de estarmos lidando com um bem cultural da humanidade de origens paleolíticas permanece aberta, apesar de não ousarmos datar os monumentos existentes nem mesmo na Era do Bronze[29]. Ressalto aqui apenas o mais importante nesses exemplos europeus.

No norte da Europa – na Escandinávia, Finlândia e Lapônia – existem dois tipos principais de monumentos de pedras: sem desvios enganosos, mas com um trajeto complicado (ilustr. 5)[30] e com uma bifurcação enganosa (ilustr. 6)[31]. Visto que se trata aparentemente de monumentos de um costume popular muito antigo, que sobrevieram a várias eras pré-históricas e históricas, sugiro desistir de uma atribuição exclusiva a uma era. Em vez disso, recomendo aqui outra divisão de períodos. Podemos falar aqui, de um lado, do tempo de vida e, de outro, do tempo de morte e do tempo de morrer entre os dois primeiros. O tempo de vida pode se estender tanto por tempos pré-históricos quanto por tempos históricos. Por mais que gostaríamos de saber exatamente quando aqueles monumentos de pedras foram criados, sua avaliação depende daquilo que deles foi preservado em seu tempo de morte. A ocupação científica com eles só ocorre em seu tempo de morte: o pesquisador precisa estar ciente de que seus estudos se baseiam – necessariamente – em informações provenientes de seu tempo de morte.

As designações do norte da Europa para os monumentos em forma de espiral precisam – quando não houver uma razão especial que se contrapõe a isso – ser considerados como típicos do tempo de morte. A maioria destas é constituída por nomes de cidades destruídas, como Babilônia, Nínive, Jericó, "destruição de Jerusalém", Lisboa – provavelmente apenas após o famoso

---

[29] Segundo KRAUSE, E. *A origem nórdica da lenda de Troia testificada pelo vaso de Tragliatella*. Glogau, 1893, p. 14, ilustr. 1.

[30] Segundo KRAUSE, E. *Os castelos troianos do norte da Europa*. Glogau, 1893.

[31] ALMGREN, O. *Sveriges fasta fornlämningar fraan hednatiden*, 1923, p. 102, informado em WAGNER, R. *Neue Jahrb. Wiss. Jugendbild.* 5, 1929, p. 720.

terremoto. É provável que devemos interpretar nesse sentido também as designações escandinávias com o significado de "Castelo de Troia". Na Inglaterra, as figurações correspondentes são chamadas "Walls of Troy"; no país de Gales, "Caerdroia". Precisamos observar que, em seu tempo de morte, esses monumentos evocam a impressão de esboços de cidades. Eles recebem um significado novo e errado, pois seu sentido antigo e verdadeiro foi esquecido. O novo nome é extraído do conhecimento humanista ou bíblico-cristão, às vezes, também das lendas populares, como *Pietar-inleikki* ("O jogo de São Pedro") ou *Jatulintarha* ("Cerca gigante") na Finlândia, *Völundarhus* ("Casa de Wiland") na Islândia, e *Wunderkreis* ("Círculo mágico") no norte da Alemanha. Isso nada diz sobre seu tempo de vida e seu sentido original.

Isso torna outra designação de caráter completamente diferente ainda mais importante. Entre os camponeses suecos da Finlândia, ocorre – além de designações bíblicas – o nome *Jungfrudans*, "Dança da virgem". Isso parece remeter ao tempo de vida. Existe um relato que narra como, nas ilhas de Aland e nos escolhos finlandeses, são realizados jogos em monumentos labirínticos, onde uma moça se senta no centro e os moços correm pelos caminhos do labirinto até alcançarem a moça. Isso nos remete repentinamente ao tempo de vida de um costume no norte da Europa – ou pelo menos ao tempo de seu falecimento. Pois não temos razão para supor que, para esses dançarinos da "Dança da virgem" sua brincadeira fosse mais do que uma brincadeira, não só um entretenimento, mas também algo dotado de sentido. Vida *plena* inclui também plenitude de sentido, assim como sentido pleno inclui também plenitude de vida. Mesmo assim, isso nos lembra vividamente do rito de Ceram, onde uma moça também representava o destino do movimento em espiral. Posso acrescentar ainda que, segundo um guia turístico norueguês, foram encontrados "círculos de pedra" no promontório Mortens Naes no fiorde de Varanger num local visível, justamente onde os lapões costumavam ter um cemitério[32]. Quando visitei Grebbestad em Bohuslän, tive a nítida impressão de uma relação com o reino dos mortos. Infelizmente, não

---

[32] FRIES, J.A. *En sommer I Finmarken Russisk Lapland og Nordkarelen*. Christiania, 1871, p. 118s.

existem pesquisas sistemáticas sobre a relação dos labirintos nórdicos com os campos de sepultamento. Talvez uma pesquisa desse tipo nos aproximasse do sentido original na região nórdica. Brede Kristensen fez a observação importante de que vários desses círculos de pedras foram construídos por náufragos salvos[33].

Os labirintos rurais da Inglaterra – não monumentos de pedras, mas "turf-cut-mazes", "labirintos recortados da grama" – se encontram, na maioria das vezes, em proximidade imediata de lugares sagrados, de uma igreja ou capela e, portanto, também do cemitério, que se encontra no local. Aparentemente, isso tem sido ignorado, e a localização foi explicada com a suposição segundo a qual os labirintos teriam servido à penitência e deveriam ser compreendidos como caminho de penitência. É, porém, fato que essas instalações incitam as crianças a brincar e provocam nelas o sentimento misto de prazer e aflição, de natureza mais mundano-pagã do que cristão-penitencial. A maioria dos labirintos instalados no solo das catedrais medievais da França precisou ser destruída, pois as crianças os usavam para brincar, organizando corridas para ver quem seria a primeira a alcançar o centro[34]. Podemos falar aqui de um reavivamento espontâneo no tempo de morte. Na Inglaterra, parece subsistir nisso também a tradição inconsciente do "prazer do labirinto" pagão – se me permitem cunhar essa expressão – como pano de fundo. Típico é o testemunho de um *Itinerarium Curiosum* do século XVIII[35]: "The lovers of antiquity, especially of inferior class, always speak of 'em with great pleasure, and as if there were something extraordinary in the thing, tho they cannot tell what [...] what generally appears at present is no more than a circular work made of banks of earth in the fashion of a maze or labyrinth, and the boys to this day divert themselves with running in it one after another, which leads them by many windings quite thro' and *back again*". [Os amantes da Antiguidade, especialmente da classe inferior, sempre falam deles com grande prazer e como se houvesse algo de extraordinário naquela coisa, mas

---

[33] KRISTENSEN. Op. cit., p. 248.
[34] KRAUSE. Op. cit., p. 90.
[35] COOK. Op. cit., p. 486ss.

não conseguem dizer o que é [...] o que, normalmente, parece estar presente nada mais é do que uma obra circular feita de paredes de terra à maneira de um labirinto, e até hoje os garotos se divertem perseguindo uns aos outros dentro dele, que, por muitos meandros, os leva pelo labirinto e *de volta*.] Cook acrescenta ainda de outra fonte a informação importante: "At the Maze (called there the *mazles*) at Camberton, in Cambridgeshire, it has been a custom, from time imemorial, among the villagers, to hold a feast every three years about the time of Easter"[36]. [No labirinto (que lá é chamado de *mazles*) de Camberton, em Cambridgeshire, existe o costume desde tempos remotos entre os moradores da aldeia de realizar um banquete a cada três anos no período da Páscoa.] Ao mesmo tempo, a instalação era renovada. Assim parece existir também um "tempo sagrado" – contrário ao calendário cristão: uma *tetraeteris* (período de três anos em grego) – vinculado ao labirinto.

Os monumentos labirínticos da Alemanha e principalmente seus antigos costumes relacionados aos labirintos também foram analisados[37]. Essa pesquisa revelou traços importantes. Os costumes são essencialmente *danças*. Encontramos um exemplo suíço impressionante nos escritos de Uhland[38]: "Numa noite de sábado, sete pessoas iniciaram uma ciranda no gramado do Castelo de Greyerz, que só terminou na manhã da terça-feira na grande feira de Saanen, após 700 rapazes e moças, homens e mulheres haviam se juntado a ela, de modo que tudo se parecia um grande caracol". Os números podem ser fictícios, mas a *espiral* enorme é inegável[39]. Como figuras de dança ocorrem também a *espiral dupla* e a repetição *tripla*[40]. Muitas vezes, o ponto central da dança é especialmente demarcado, na maioria das vezes (mas não exclusivamente), por uma árvore. Uma pedra pode exercer o mesmo papel. Às vezes, ocorrem as duas. Em Wolfsbehringen encontrava-se

---

[36] WRIGHT, T. *The History and Topography of the County Essex II*. Londres, 1835, p. 124.

[37] MÖSSINGER, F. Baumtanz und Trojaburg. *Germanien*, 12, 1940, p. 282ss.

[38] UHLAND, L. *Ges. Schr. III*. Stuttgart, 1866, p. 398.

[39] A cidade de Gruyère tem o grou em seu emblema, cf. a "dança dos grous" dos gregos. Um paralelo chinês: GRANET, M. *Danses et legendes de la Chine ancienne I*. Paris, 1926, p. 221s. • MOREAU, J. *Latomus*, 6, 1947, p. 85ss.

[40] MÖSSINGER. Op. cit., p. 286.

no centro, sob a tília principal, uma pedra enorme, que servia como mesa. Os dançarinos deram várias voltas ao redor da mesa[41]. Nos monumentos escandinávios, como, por exemplo em Visby, o centro é uma pedra. De forma alguma, porém, as formas em espiral devem ser compreendidas exclusivamente a partir de um ponto central significativo: elas revelam seu sentido também em direção ao centro. Em vista da grande força vital das festas do mastro, não surpreende que estas incorporaram as danças labirínticas, mais efêmeras. O sentido original era, também na Alemanha, mais "passagem" do que "cercamento". Isso se evidencia em representações do labirinto na parte superior de um *portão* na Aldeia Marmeke, na Westfália, que foram encontradas no limiar de uma casa[42]. A explicação foi encontrada num costume carnavalesco da Westfália, que é uma verdadeira dança labiríntica[43]. No século XVI, essa dança era apresentada pela guilda dos açougueiros. "Quando alcançavam a casa de um açougueiro, precisavam abrir-lhes completamente a *porta inferior*. Os mestres da guilda entravam com a *noiva* em uma fila e se seguravam por argolas em suas mãos, e um puxava o outro." Mais tarde, quando falarmos do *chorus Proserpinae* italiano e da dança chamada *tratta*, teremos que nos lembrar disso.

No século XVI, já predominava a "árvore da vida" no centro. Mas as pinturas de primavera de Lucas van Valkenborch e Hans Bol[44] revelam ainda outro traço muito mitológico do antigo labirinto alemão: ele se encontra no meio de uma paisagem de primavera numa pequena ilha labiríntica. Existe para isso também uma fonte folclórica: uma antiga ciranda era apresentada a *cada três anos* numa pequena *ilha* em Schwäbisch Hall, à sombra de tílias muito antigas[45]. Assim, deparamo-nos novamente com uma *tetraeteris*. Um "período sagrado", mais ao modo cristão, está vinculado ao labirinto ainda no século XVII no norte da Alemanha. O "círculo milagroso" construído em

---

[41] WITZSCHEL, A. *Sagen, Sitten und Gebräuche aus Thüringen*. Viena, 1878, p. 331.
[42] MÖSSINGER. Op. cit., p. 289s.
[43] PLASSMANN, J.O. *Germanien*, 12, 1939, p. 109ss.
[44] MÖSSINGER. Op. cit., ilustr. 3 e 4.
[45] BÖHME, F.M. *Gesch. Des Tanzes in Deutschland I*. Leipzig, 1886, p. 147.

Neustadt-Eberswalde, em Brandemburgo, era restaurado anualmente na segunda-feira antes da ascensão de Cristo[46]. O reavivamento, porém, passa a adquirir um caráter cada vez mais esportivo: No "círculo milagroso" são realizadas verdadeiras corridas. Por outro lado, ele leva – ao modo dos jardins labirínticos do classicismo – a um tipo de jogo de ilusão e destreza. A *passagem* penosa, mas também divertida, festiva em sua essência, se transforma em *odisseia*. No fim do desenvolvimento, encontramos algo totalmente racional: uma instalação espirituosa. A última fase dessa decadência apresenta labirintos de bolso como brinquedos com uma pequena esfera de metal que a criança hábil precisa levar ao centro.

6 Idade Média/Virgílio

Chegamos à Idade Média na França. Aqui a figura básica é igual à da Alemanha, Escandinávia, Inglaterra e em solo céltico, especialmente na Irlanda[47]. O significado fundamental dos labirintos nas igrejas da França e da Itália se encontra, porém, em outra direção. Mostram que essa figura incita não só movimentos, mas também pensamentos. É feita de tal forma que não consegue permanecer nem totalmente sem vida nem totalmente sem sentido.

Cita-se como exemplo mais antigo o labirinto no solo da pequena basílica de Reparatus, em Orleansville, em Argel, caso a datação da igreja (325) for correta e o mosaico tiver a mesma idade. O labirinto antigo já estava morto naquela época ou só foi mantido vivo pelas brincadeiras das crianças. A arte nas catacumbas desconhece a figura, as representações eclesiásticas de labirintos florescem na Baixa Idade Média. Não temos como saber se os exemplos mais impressionantes serviam originalmente como caminhos de penitência. Alguns são pequenos demais para isso – como o de Orleansville – ou foram feitos em posição vertical, como o famoso labirinto na antessala da Catedral de Lucca. Inscrições e nomes como Maeander[48], Daedalium ou Maison de

---

[46] W. Meyer no trabalho mencionado na anotação 122.
[47] MATTHEWS, W.H. *Mazes and Labyrinths*. Londres, 1922, p. 152s.
[48] Assim em Reims. Cf. OV. *Met.* 8. 162/3. • NON. MARC. *De hon. dict.*, verbete *Maeander*.
• LUGD., G. *Maeander multiplex pictura a meando inrevocabiliter modo labyrinthi.*

Dalus (Dédalo) ao lado do nome mais folclórico "lieu ou chemin de Jérusalem", representações de Minotauros no centro, comprovam que existia uma consciência referente à antiga pré-história da figura. A figura do labirinto é documentada e explicada também em manuscritos. A forma labiríntica medieval mais propagada – a de Lucca, Sens e Chartres – pode ser reduzida a *dois* simples meandros[49]. Reconheceremos a importância fundamental disso mais adiante. Aqui permanecemos no âmbito dos pensamentos. É fundamentalmente importante que a figura foi instalada nas catedrais – na maioria das vezes, como adorno do solo – porque acreditava-se expressar por meio dela um teor de sentido. As explicações nas inscrições e nos manuscritos são claras: o labirinto é o *mundus*, o mundo compreendido no sentido cristão-medieval com um tipo de submundo. No exemplo mais antigo de Orleansville, o centro ainda é ocupado pela *ecclesia*: Quem conseguiu fazer a difícil passagem até ela alcançou o destino. Mais tarde, o sentido se aproxima mais da tradição erudita da lenda de Teseu, ressaltando a dificuldade do *retorno*:

> Hunc mundum tipice laberinthus denotat iste
> Intranti largus, redeunte set nimis artus
> Sic mundo captus viciorum mole gravatus
> Vix valet ad vite doctrinam quisque redire[50].

"Nosso mundo é tipicamente representado por este labirinto: largo para quem nele adentra, mas para quem deseja voltar, bastante estreito. Assim aquele que foi seduzido pelo mundo e é esmagado pelo fardo do pecado dificilmente consegue voltar para a doutrina da vida." O Minotauro no centro é o representante do inferno, o diabo; o labirinto é uma *odisseia* que leva à perdição – sem a salvação de Cristo-Teseu[51]. Podemos reconhecer nisso a fase preliminar eclesiástica da "instalação espirituosa" secular.

O novo teor de sentido é cristão, sua introdução é secundária e ocorre no tempo de morte. Em seu estilo, corresponde à alegoria medieval. Mesmo

---

[49] MEYER, W. Ein Labyrinth in Versen. *Sitz.-Ber. Phil.-hist. II 3*. Munique, 1882, p. 267ss.
[50] Inscrição do labirinto na Igreja de S. Savino em Piacenza, segundo CAMPI. *Dell'historia ecclesiastica de Piacenza*. Piacenza, 1651, p. 241.
[51] Versos do séc. XII (Monac. 6.394). In: MEYER. W. Hippol. *Refutatio*, 5. 10. 2. IIss.

assim, a figura do labirinto evoca algo que remete vividamente aos exemplos primitivos mencionados. Tanto aqui quanto lá o labirinto revela um aspecto de morte. Tanto aqui quanto lá ele leva ao reino da morte – com a ajuda de Cristo nos exemplos medievais –, mas também à vida. A dificuldade do retorno é uma característica do reino da morte, sobre o qual afirma o sexto canto da *Eneida*: a entrada é ampla, mas... *sed revocare gradum – hoc opus, hic labor est*. O retorno é a tarefa árdua! Lembramo-nos da preparação poética daquela antiga travessia do submundo: na descrição do labirinto de Virgílio. Aquilo que ele descreve foi chamado de "propileus do reino dos mortos", e sugeriu-se que, "para o poeta e seus contemporâneos, o labirinto como reino dos mortos ainda era uma representação viva"[52]. Essa equação, porém, banaliza uma alusão genuinamente poética. Eneias, ao procurar a entrada para o submundo, encontra nas portas do santuário de Cumas representações do famoso labirinto de Creta[53]. Certamente isso é significativo. Não é à toa que, segundo a tradição, o construtor desse templo e daquela obra milagrosa foi o mesmo: Dédalo que, aqui em Cuma, dedicou a Apolo as suas asas após a sua salvação. Em breve entenderemos como tudo isso se relaciona. O que devemos perceber de modo imediato e o que, provavelmente, percebeu também o leitor antigo é o poder evocador da representação labiríntica, um poder que a imagem do labirinto exerceu sobre o poeta. Aqui o labirinto é *apenas* a obra milagrosa de Creta, mesmo assim transparece diante de sua imagem e das misteriosas cavernas do santuário de Apolo uma *ideia mitológica* da morte: a ideia desse submundo *labiríntico*. Mas precisamos investigar ainda se havia uma ideia de morte subjacente ao *labyrinthos* grego.

7 Construção/caverna

Na Antiguidade tardia encontramos o labirinto – pelo menos dentro da cultura urbana do Império Romano – já em seu tempo de morte: como adorno do chão e parquinho para crianças – *in pavimentis puerorumque lu-*

---

[52] MULLER, F. *De beteekenis van het Labyrinth, Mededeel*. Akad. Amsterdã, Lett. 78, B, n. 1, p. 10.
[53] VIRGÍLIO. *Aen.*, 6. 14ss.

dicris campestribus[54]. Mas a isso antecede um tempo de vida, que se estende no mínimo até o período minoico. Veremos que a Antiguidade clássica já precisa ser vista como seu tempo de falecimento e que o verdadeiro tempo de vida se limita ao início da antiga cultura mediterrânea e, no máximo, ainda ao início da era arcaica. Nesse tempo de falecimento; o sentido já está morto, mas a forma ainda sobrevive, e esta sempre consegue evocar algo de seu sentido original. Para o contemplador dos monumentos se apresenta uma aparente dificuldade no fato de que a figura do labirinto não é sempre a mesma. O labirinto complexo surge apenas na era do classicismo tardio nas moedas de Cnossos (séc. IV) e, a princípio, apenas na forma retangular estilizada[55]. O labirinto redondo correspondente (ilustr. 7)[56] aparece nas moedas de Cnossos apenas no helenismo tardio (séc. II), mas na Itália – como representação do Jogo de Truia – no início do período arcaico (ilustr. 8)[57]. As representações labirínticas mais antigas em solo grego apresentam a forma de meandros. Um labirinto de meandros já foi encontrado num afresco do segundo palácio de Cnossos[58]. Se ele tiver a mesma idade do palácio, ele pertence ao terceiro período minoico intermediário. E ainda no século V existia na pintura de vasos áticos a representação do labirinto em forma de meandros, um modo de representação que os estudiosos explicaram[59], remetendo-o a uma composição mais antiga e mais primitiva. Essa explicação foi confirmada pelos cálculos de construção de Didimaio de Mileto, onde os meandros são chamados *lagyrinthoi*[60]. Vimos que, ainda na Idade Média, o *labyrinthus* era chamado *maeander*. A mudança no traçado não afeta a sua essência. Além das variações formais, havia também diferentes empregos.

---

[54] PLÍNIO. *Nat. hist.* Op. cit., 38. 85.

[55] Segundo BRIT. MUS. CAT. *Crete and the Aegaean Isl.* Londres, 1886, painel 5. 11 [reimpr., Bolonha, 1963].

[56] Ibid., painel 6. 5.

[57] Séc. VII: EILMANN, R. *Lavyrinthos*. Halle, 1931, p. 8.

[58] EVANS, A.J. *Ann. Brit. Sch. Athens*, 8, 1901/1902, p. 104 [= *Pal. of Minos I*. Londres, 1921, p. 357] [com selo um pouco antes, p. 103].

[59] WOLTERS, P. *Darstellungen des Labyrinths*. Munique, 1907, p. 130.

[60] PONTREMOLI, E. & HASSOULIER, B. *Didymes* – Fouilles de 1895 et 1896. Paris, 1904, p. 93.
• *Rev. de Phil.*, 1905, p. 265.

Estes – representação de uma construção, dança, linha em espiral como atributo ou ornamento – serão contemplados um por um. Primeiro o labirinto como construção – ou caverna.

Desde o início do período clássico a concepção da figura do labirinto como esboço de uma construção ocupa o primeiro plano. É provável que o labirinto retangular esteja relacionado a isso. Para a Antiguidade clássica, o labirinto era sobretudo uma instalação espirituosa, a obra de um construtor inventivo, de Dédalo, criada para um propósito sensato: para esconder a vergonha da família real, o Minotauro. O elemento racional predomina nessa figuração – do ponto de vista mitológico, um sinal do tempo tardio, sim, do tempo de falecimento e de morte. A concepção como esboço ou rudimento de paredes destruídas é típica do tempo de morte. Essa observação contradiz àquela concepção que procura identificar o ponto de partida não numa ideia mitológica, mas nas ruínas de Cnossos. "As salas do palácio decaído, a ignorância referente ao seu propósito original, o estilo estranho já incompreensível, restos fragmentários de afrescos, a vaga lembrança de um domínio de coerção primordial e estranho tiveram que tecer primeiramente uma rede misteriosa em torno do local para que a lenda e aquela assombrosa concepção de labirinto pudesse surgir." Assim afirma essa suposição em sua execução mais lúcida[61], um exemplo de como gostamos de imaginar o surgimento da lenda. Essa construção explicaria a figuração do mito em seu tempo de morte, não, porém, duas outras concepções antigas: 1) o labirinto teria sido uma caverna; 2) teria sido possível dançar no labirinto, Dédalo teria inventado a dança e preparado o local da dança. Portanto, o que se apresentava em Cnossos não era o esboço do *palácio* minoico, mas o esboço do *local da dança* de Dédalo[62].

A caverna do Minotauro aparece pela primeira vez numa fonte do século IV[63]. Uma pedreira subterrânea perto de Gortina[64] – no âmbito do lendário

---

[61] SCHWEITZER, B. *Deutsche Lit. Ztg.*, 1932, 1792.
[62] PAUS. Op. cit., 9. 40. 3.
[63] EILMANN. Op. cit., p. 74.
[64] MATTHEWS. Op. cit., ilustr. 7.

reinado de Mino – é apontada como o famoso labirinto[65]. Essa interpretação é, aparentemente, apoiada pela possível etimologia da palavra *labyrinthos* como baseada em *labrys* ("machado, machado de lâmina dupla"). O vínculo entre as duas palavras poderia ser explicado de tal forma que *labyrinthos* teria tido o significado original de "pedreira, mina com muitos túneis, grotas e cavernas"; e *labrys*, o machado ali usado. As ferramentas dos antigos trabalhadores da pedreira – entre elas também o machado de lâmina dupla – são representadas de modo exemplar nos corredores subterrâneos do santuário de Cuma[66]. A tradição da origem em Dédalo está vinculada não só à idade do complexo (o mais antigo desses corredores revela o estilo de *dromoi* micênicos e etruscos), mas também ao fato da construção do local, que aponta para um labirinto na construção subterrânea. O fato de Dédalo ter representado o labirinto de Creta no portão do santuário e de Eneias ter ido até lá para iniciar sua travessia do Hades – tudo isso se encaixa num contexto sensato. Cada detalhe da descrição de Virgílio se revela como fiel à realidade do local[67]. Um contexto semelhante é revelado por um grupo de monumentos ignorados nas regiões de pedreiras no sul da França. Uma ferramenta dos trabalhadores das pedreiras, um tipo especial de machado, ocorre ali no período romano como elemento característico do simbolismo sepulcral[68]. Prisão engenhosa e corredores subterrâneos remetem à ideia da morte como, aqui, o túmulo. As lendas da salvação de Dédalo e do retorno de Eneias, vinculadas ao santuário de Cuma, demonstram que essa ideia não era compreendida como destruição. Labirinto, complexo subterrâneo, submundo são suas formas de expressão. E é apenas a partir *dessa* ideia que podemos compreender que a mesma coisa podia ser não só reconhecida em cavernas e imaginada como construção, mas também dançada.

---

[65] GÜNTERT, H. *Labyrinth, Eine sprachwiss* – Untersuchung. Heidelberg, 1932.
[66] MAIURI, A. *I Campi Flegrei*. Roma, 1934, p. 123.
[67] KNIGHT, W.J. *Cumean Gates* (Oxford, 1936) vai longe demais quando pressupõe uma referência à iniciação em Virgílio.
[68] Um tipo de machado (*ascia*) entre as letras D e M (*Dis Manibus*).

8 Dança

Toda pesquisa sobre o labirinto deveria partir da dança. As fontes literárias e arqueológicas de danças e jogos labirínticos são as mais primordiais tanto em seu aspecto temporal quanto em seu caráter. Apenas a própria figura do labirinto – como espiral (ou meandro) – pode ser encontrada em tempos ainda mais remotos na região do antigo mundo mediterrâneo. Mas a figura em si é muda e atemporal: um gesto humano primordial, que permanece evocativo onde quer que apareça. Apenas quando é executada, ela começa a falar sobre si mesma. Uma execução desse tipo era a dança de Maro e o mitologema de Hainuwele baseado nesta. Uma dança labiríntica na Grécia é mencionada e descrita pela primeira vez na *Ilíada* (18.590). O nome "labirinto" não ocorre em Homero. Após tudo que acabamos de dizer, isso é perfeitamente natural. Pois originalmente não se chamava *labyrinthos* aquilo que era presencializado por meio da dança, não a morte compreendida como lugar mítico, onde entramos e de onde, talvez, consigamos sair, mas aquilo no qual se enxergava aquele lugar ou por meio do qual ele era representado: primeiro o complexo subterrâneo, depois a construção lendária. A transferência da palavra "*labyrinthos*" para a dança não precisou ocorrer. A identificação das danças labirínticas, porém, é tão certa quanto a identificação da espiral do labirinto, ou por meio das mesmas pessoas mitológicas ou pela própria forma (ou por ambas).

Homero sabe da existência de um local de dança (*choros*), que Dédalo preparou (ἤσκηεν) para Ariadne em Cnossos. E como naquele famoso local de dança, dançaram os jovens e as virgens também naquele outro lugar que Hefaisto havia representado no escudo de Aquiles: segurando-se pelo punho, "com leveza, como um oleiro examina, sentado, se o disco corre". Todo o grupo fazia, portanto, um movimento circular, como a borda daquele disco. Esse grupo, porém, parece ter sido muito grande, pois logo aconteceu que ele "dançou grupo contra grupo, um contra o outro (ἐπὶ στίχας ἀλλήλοισιν)". Isso acontecia necessariamente quando a fila precisava virar ou na volta da linha em espiral ou dentro da figura labiríntica complexa: os dançarinos na ponta da fila se movimentavam em sentido contrário em paralelo com os que seguiam depois. Essa concepção corresponde igualmente às duas figuras labirínticas mencionadas. Como esquema básico podemos supor uma figura labiríntica, e é justamente essa suposição que é confirmada repetidas vezes pelas fontes antigas. Primeiro pela menção de Dédalo e Ariadne por Homero. Depois pela observação dos escólios de que Teseu teria realizado essa dança com as pessoas salvas após sua vitória sobre o Minotauro, reproduzindo sua passagem pelo labirinto – entrada e saída, e de que teria aprendido de Dédalo a arte dessa dança[69]. No comentário de Eustácio preservou-se a observação de marinheiros que ainda sabiam executar a dança com suas muitas voltas[70]. Uma fantástica obra de arte de pintura arcaica em vasos representa os dançarinos: o chamado vaso de François. Ariadne é espectadora, como Hainuwele ou a "virgem" na Jungfrudans nórdica.

Encontramos outra confirmação na dança delíaca em homenagem a Afrodite, que, em Delos, representava uma forma superior de Ariadne como Ariadne Afrodite em Amatonto[71]. Essa forma pressupõe a morte de Ariadne (os habitantes de Amatonto mostravam o túmulo de Ariadne Afrodite)[72], de modo que podemos falar aqui, ao mesmo tempo, de uma figura de Perséfone[73]: de uma deusa, cuja ideia – que corresponde exatamente à essência de Perséfone – reunia em si a vida e a morte. Segundo a lenda cultual de Delos, Teseu trouxe a imagem cultual dessa deusa, uma obra de Dédalo e presente de Ariadne[74], e, juntamente com seus companheiros, apresentou em Delos pela primeira vez a dança que imitava as voltas do *labyrinthos*[75]. Assim foi celebrada a *salvação*, pois a dança representava ao mesmo tempo o *mortal* do qual eles haviam sido libertos. A dança ocorreu à noite. Os cálculos encontrados em inscrições em Delos mencionam luzes usadas nas danças da festa

---

[69] SCHOL. *Ven. AB ad loc.*
[70] *Eustath.*, 1166, 17. Eu leio *palaion andrôdes*.
[71] OTTO. Op. cit., p. 169ss.
[72] PLUT. *Thes.*, 20.
[73] PALLAT, L. *De fabula Ariadnea*. Berlim, 1891, p. 3 [diss.].
[74] PAUS. Op. cit., 9. 40. 3s.
[75] PLUT. *Thes.*, 21. • CALL. *Hymn. Del.*, 307ss.

de Afrodite[76]. Incerta é a menção de cordas na mesma festa. Uma corda é mencionada por autores romanos em festas gregas[77], numa festa da deusa do submundo e da moça Perséfone raptada de Lívio[78]: *Per manus reste data virgines sonum vocis pulsu pedum modulatnes incesserunt* – "a corda em mãos, as virgens avançavam segundo o ritmo do canto" – assim era executado o *chorus Proserpinae* em Roma segundo o padrão grego. Durante a execução da figura de dança, os dançarinos seguram uma corda. Isso era necessário especialmente numa complexa dança em espiral. A direção da dança delíaca pode ser deduzida do fato de que ela era executada em torno de um altar com chifres voltados para a esquerda[79]. A esquerda é a direção da morte[80]. Portanto, a dança se movia, como já a dança de Maro, em direção à morte, para, por fim, levar à origem da vida. A corda com acessório necessário e o curioso nome da dança – ela era chamada *geranos*, "dança dos grous" – são duas características significativas, que merecem uma contemplação mais minuciosa.

Ambas são intimamente vinculadas, visto que o líder da ciranda era chamado *geranulkos*[81]. O nome expressa que esses "grous" eram "puxados" por seu líder: os dançarinos se seguravam no fio de Ariadne, por assim dizer. Assim como o fio foi primeiro desenrolado e depois enrolado, a corda dos dançarinos os levava primeiro para *dentro* e depois para *fora*. A direção permanece a mesma: no centro da espiral o dançarino se vira dando continuação a um movimento que, desde o início, era um movimento em torno de um centro invisível. Agora, porém, ela não tinha mais a direção da *morte*, mas a do *nascimento*. Isso condiz também a Delos, a ilha de nascimento de Apolo. Acreditava-se que a dança de corda descrita por Lívio precisava ser "grega, apolínea"[82]. Isso não é uma designação que esgote a

---

[76] *Bull. Corr. Hell.*, 6, 1882, p. 23, n. 189. • *Pollux*, 4, 101 menciona as duas *akra* nas mãos dos líderes da ciranda: as pontas da corda.

[77] TERENZ. *Adelph.*, 752.

[78] LIVIUS, 27. 37. • ALTHEIM, F. *Terra Mater*. Op. cit., p. 4ss.

[79] PLUT. *Thes.*, 21. • LAIDLAW, W.A. *A History of Delos*. Oxford, 1933, p. 30.

[80] EITREM, S. *Opferritus und Voropfer*. Christiania, 1915, p. 41ss.

[81] *Hesych*.

[82] DIELS, H. *Sibyllinische Blätter*. Berlim, 1890, p. 91.

dança. É preciso levar em conta outros dois elementos: o feminino, que corresponde ao nascimento, e a natureza do antigo mundo mediterrâneo. Os cálculos delíacos mencionam também as danças em festas de Ártemis e especialmente em festas de Ártemis Britomártis[83], com o mesmo acessório. Britomártis é uma figura de Ártemis da Creta, mas podemos chamá-la igualmente uma figura de Perséfone. Os vínculos com Creta e o parentesco com o culto de Perséfone se manifestam também nesse caso. Em Delos, Ártemis era também deusa do parto, e ela ajudou no parto de seu irmão Apolo[84]. Todas as três deusas – Ártemis, Britomártis, Perséfone – têm a ver com a morte ou o nascimento ou com ambos. Se procurarmos analogias com a forma de dança, encontramos muitas, especialmente nos Bálcãs, mas as mais chamativas são as *danças femininas* gregas e italianas ainda vivas: aquelas que, na Itália, são chamadas *tratta* (de *trarre*, "puxar")[85], as danças de Corfu[86], a dança pascoal das mulheres de Megara[87], para lembrar apenas algumas. O coral feminino representado num túmulo em Ruvo foi comparado com esses exemplos mais recentes[88]. Aqui, como também nas danças de Corfu, os homens aparecem como líderes da dança. As mulheres os seguem de braços cruzados, uma entrelaçada na outra, o que chama atenção, pois nas danças gregas é raro os dançarinos se pegarem pelas mãos[89]. Essas mulheres, porém, são praticamente puxadas pelas mãos. O coral das tesmoforiantes pertence a um culto feminino que exclui quaisquer homens – como o culto de Deméter e Perséfone – no qual as dançarinas também se seguram pelas mãos e se movimentam em círculo[90]. Insere-se aqui também

---

[83] *Bull. Corr. Hell.*, 27, 1903, p. 70, 56.
[84] *Apollod. Bibl.*, 1. 4. 1.
[85] WEEGE, F. *Der Tanz in der Antike*. Halle, 1926, p. 113 (*tratta* pode ser a tradução da palavra grega *syrtos*, cf. abaixo).
[86] WILHELM II. *Erinnerungen aus Korfu*. Berlim, 1924, p. 47ss.
[87] GERSTENBERG, J. *Griechenland*. Hamburgo, p. 190.
[88] WEEGE. Op. cit., p. 113 e ilustr. 172s.
[89] DIELS, H. *Das Labyrinth, Harnack-Festgabe*. Tübingen, 1921, p. 68.
[90] ARISTOPH. *Thesm.*, 953.

aquela dança, ao qual alude Terêncio: *tu inter eas restim ductans saltabis*[91]. O ponto de vista do homem é designado com estas palavras, que tolera a atividade do mundo feminino de Deméter em sua casa.

Essa linha nos conduz a uma esfera habitada principalmente por mulheres: ao ciclo de morte e nascimento. A visita ao submundo não é surpreendente nessa esfera, e ele leva para a vida. Como, porém, devemos interpretar o fato de serem grous aqueles que são "puxados" no *geranos*? Uma possibilidade seria: Quando se percebeu a semelhança entre a própria viagem e o trajeto dos pássaros migratórios, entre o próprio jogo e o comportamento dos grous em determinadas ocasiões, a dança recebeu posteriormente o nome *geranos*[92]. Mas mesmo assim temos a impressão de que essa identificação dos dançarinos com os pássaros remete a algo mais profundo. Os estudiosos acreditam ter encontrado uma grande semelhança entre os voos de orientação dos grous e a dança labiríntica, e observações feitas por pescadores e camponeses lapônicos pareciam confirmar isso. Um conhecedor da Grécia que falou sobre isso não conseguia se livrar do pensamento da morte: "Podemos supor que *geranos*, pelo menos em suas origens, significava não só 'dança ao modo dos grous', mas também 'dança no tempo do voo dos grous', ou seja, que ele ocorria em outono, numa festa fúnebre de Ariadne"[93]. Ele citou labirintos nos quais o pensamento da morte aparece com tanta clareza quanto no labirinto egípcio de Heródoto[94] ou no labirinto etrusco descrito por Varro, no túmulo do Rei Porsena[95]. Ele cita a inscrição do mosaico labiríntico de Hadrumentum: *hic inclusus vitam perdit*[96] – "quem aqui permanece trancado, perde a vida". Tudo isso não caracteriza o labirinto vivo, a dança *geranos*, mas apenas a figura morta: a dança aponta para prisão e libertação, para a morte e, ao mesmo tempo, para algo que se encontra além dela.

---

[91] Cf. anotação 150.

[92] DIELS. Ibid., p. 67.

[93] EILMAN. Ibid., p. 78.

[94] 2. 148. • *Diod. Sic.*, 1. 61. 66. • STRABO, 17. 811; ERMANN. Op. cit., p. 394.

[95] PLÍNIO. *Nat. hist.* Op. cit. 36, 91ss.

[96] REINACH, S. *Répertoire des peintures du Moyen-Age et de la Renaissance*. Paris, 1905-1923, 214, 1.

Qualquer etnólogo pode confirmar como é profunda e séria essa identificação em dançarinos primitivos. Uma das mais antigas representações de um labirinto comprova que estamos lidando aqui com um caso primitivo ou, mais precisamente, primordial. Desde muito se usa o arcaico jarro etrusco de Tragliatella com a representação do jogo de Truia para explicar a passagem citada de Homero[97]. No jarro, vemos sete jovens guerreiros dançantes e dois cavaleiros igualmente sem barba. Montado atrás do primeiro cavaleiro, vemos um macaco; atrás do segundo – como que vindo de lá – a planta de um labirinto complexo (ilustr. 8)[98], que aparece nas moedas de Cnossos apenas por volta de 200 a.C. (ilustr. 7). A inscrição etrusca do *labyrinthos* diz: *truia*. A palavra é indo-germânica[99], em etrusco provavelmente de origem latina e significa "dança de giro". O desenho corresponde ao princípio do jogo de Troia descrito por Virgílio: *alternis orbibus orbes impediunt*[100]. O próprio Virgílio faz a comparação com o labirinto de Creta, mas também com o jogo dos golfinhos. No quinto canto da *Eneida*, este *Ludus Troiae* ou *Troiae decursio* representa o auge dos jogos fúnebres de Anquises. Segundo a narrativa de Virgílio, trata-se de um tipo de competição entre jovens, segundo um observador da Antiguidade[101] seria uma "dança com cavalos" e um "mistério". Em todo caso, o jogo era muito antigo e, mesmo que diferente em seu estilo, concordava com a dança labiríntica da Grécia. Um não pode ser deduzido do outro, mesmo assim os participantes do jogo de Truia etrusco têm em seu escudo a imagem de um grande pássaro. A identificação com pássaros se revela assim um traço muito antigo e essencial.

E aqui lembramos mais uma vez a corda, cujo emprego parecia justificado pela dificuldade da figura labiríntica. Mas precisamos perguntar: As figuras de dança difíceis não podem ser executadas com maior facilidade

---

[97] BENNDORF, O. & BÜDINGER, M. *Die röm. – Spiele und der Patriziat*. Viena, 1891, 123, 3, p. 47ss.
[98] GIGLIOLI, G.O. L'oinochoe di Tragliatella – *Studi Etruschi*, 3, 1929, p. 111ss.
[99] DIELS. Op. cit., p. 69s. • LEEUW, G. *In den Heme lis eenen Dans* – De Weg der Menschheid. Amsterdã, 1930, p. 25s.
[100] VARRO. *De ling. Lat.*, 5. 118, cf. amp-truare, "pular em círculo". • NORDEN, E. *Aus altröm. Priesterbüchern*. Lund, 1939, p. 190.
[101] *Aen.*, 5. 585. • PETRIKOVITS, H. *Klio*, 14, 1939, p. 209ss.

quanto maior a liberdade de movimento dos dançarinos? Uma dança de pássaros exige a capacidade da flutuação livre! Admito que não é fácil colocar-nos na situação de um dançarino-grou. Mas talvez possamos deduzir isso de um caso em que uma vivência labiríntica reapareceu e que pôde ser descrito posteriormente[102]. Tratava-se do caso de um *automatisme ambulatoire*, de um vagar sonâmbulo, mas com uma memória clara, um vagar labiríntico executado com hipermnésia, uma *circumambulatio*, como os romanos chamavam essas passagens rituais. Primeiro em sentido anti-horário, e depois de alcançar o centro, em sentido horário. Essa vivência era acompanhada repetidas vezes pelo fenômeno da "levitação". A pessoa que vivencia isso percebe a tendência de se elevar acima do chão, como se estivesse sendo levado por um vento forte. É preciso segurar-se e prender-se à terra de alguma forma. Foi o que aconteceu também nesse caso: cito quase que literalmente a descrição do médico. E de forma alguma estamos lidando aqui com um louco. A paciente não se perde e passa por todo o processo numa forma de "double conscience". Ela se agarra a cercas de jardins, até mesmo a uma palmeira com espinhos para não ser levada e não se perder deste mundo. É possível que a corda das dançarinas delíacas e italianas tenha servido ao mesmo propósito? Ou a ambos: à execução exata da figura e ao segurar-se? Será que os dançarinos do *gerano* vivenciaram o voo libertador com tamanha intensidade que eles precisaram segurar-se uns nos outros? Não devemos subestimar a intensidade de suas experiências.

Por fim, mencionamos também este traço da experiência atual, que se caracteriza por sua intensidade, mas que não foi a experiência de uma louca: "No fim dessa *circumambulatio* ela descobriu um amonite enorme na grama. Ela se sentiu fortemente atraída e fascinada por ele, ela se aprofundou em sua contemplação e ficou extasiada. Ela teve a impressão nítida de ter encontrado aquilo que estivera 'procurando'". Amonites nos confrontam com a forma pura da espiral – e, como veremos com maior nitidez: com a forma primordial do labirinto.

---

[102] *De ther. ad Pis*, entre os escritos de Galen XIV, 212 K. Segundo Diels (Op. cit., p. 70), de um "médico que escreveu pouco após 198 d.C." Cf. PLUT. *Cato Min.*, 3. 1. • SCHOL. *Anth. Pal.*, 6. 286. • NORDEN. Op. cit., p. 189.

9 Aprofundar-se/voar

O sentido da identificação com pássaros que saem voando se revela num canto de Eurípedes. Trata-se de um caso em que irrompe algo muito profundo nesse poeta de tragédias. Ulrich von Wilamowitz-Moellendorff acreditava reconhecer nisso algo individual, que fugia ao estilo dos cantos trágicos[103]. Estaríamos lidando aqui com uma expressão lírica do poeta que não combina com a situação no drama. As mulheres de Trezena cantam essa estrofe estranha em "Hipólito", cujo contexto interno foi tão pouco reconhecido quanto sua relação com a trama antecedente. Nada aqui indica um estilo lírico individual. A situação, com a qual o canto combina perfeitamente, não é insuportável ao poeta (nada sabemos sobre suas circunstâncias de sua vida naquele momento), mas ao coral, o portador consciente do destino universal das mulheres e conhecedor das intenções de sua rainha. Ele sabe que Fedra se matará e levará consigo para a morte o príncipe inocente. Ele deseja "estar longe daqui", como Wilamowitz interpreta corretamente a atmosfera essencial do cântico. O que parece tão típico de Eurípedes e quase lírico-romântico ao grande filólogo é justamente o primordialmente eterno, o mitológico primordial que sempre reaparece e cujos guardiões são – segundo Eurípedes – principalmente as mulheres[104].

O coral deseja desaparecer em "cavernas gigantes": Assim começa aquele canto. Mesmo que a palavra correspondente signifique um refúgio ao modo de uma caverna, Wilamowitz acreditou ser obrigado a pensar aqui na "sombra das nuvens". Pois o que segue já aponta para as alturas: As mulheres desejam transformar-se em pássaros e juntar-se ao voo dos pássaros migratórios. Como essa transformação poderia ocorrer nas "cavernas gigantes"? Wilamowitz não reconheceu o contexto e preferiu reinterpretar o primeiro verso do que aceitar o que é dito aqui claramente: o caminho passa pela caverna, pelo túmulo, pelo submundo para a vida nova. Com o acréscimo da única palavrinha "onde" podemos seguir sua tradução a partir do segundo verso:

---

[103] MEIER, C.A. *Zentralbl. f. Psychotherapie und ihre Grenzgeb.*, 11, 1939, p. 284ss.
[104] EURIPIDES. *Hippolytos*. Berlim, 1891, p. 732ss.

onde um Deus me daria penas
e me juntaria às multidões de pássaros
do céu!
Então me elevaria acima das ondas salgadas
Até as costas adriáticas, turbilhão de Eridano,
Onde as filhas de Hélio choram por Faetonte:
As lágrimas das meninas correm para o mar,
Cristalizando-se em âmbar brilhante.
Eu voaria até
O jardim dos deuses,
Onde o Velho da profundeza
Proíbe aos marinheiros humanos
Navegar,
Onde Atlas protege as fronteiras do céu,
E as filhas de Héspero guardam as maçãs douradas.
Lá está o palácio, onde o rei dos deuses
Celebrou suas núpcias, lá jorra o néctar,
Lá a terra, a eterna, oferece aos deuses
O alimento da vida bem-aventurada.

O desejo passa por cavernas do submundo para a altura, pela morte para uma vida melhor. Caverna e a figura do pássaro pertencem a um contexto dotado de sentido, ao mesmo contexto ao qual pertencem o labirinto e os grous. É apenas esse contexto que nos permite entender como Dédalo, o construtor e prisioneiro do labirinto, pôde conhecer duas saídas de sua obra mortal: o fio e o voo. A era da mitologia racionalizada considerou absolutamente natural que o grande inventor das mais diversas ferramentas soube também imitar o voo das aves. Ao espírito dessa mitologia tardia do tempo de morte corresponde também a história clássica do Ícaro tolo, filho de Dédalo. Ao lado desta, porém, subsistiu outra lenda muito mais antiga, que reconhece um parentesco entre um pássaro e Dédalo. Segundo uma das tradições, Perdix, "perdiz", era o nome de sua irmã[105]; segundo outra, era o nome do filho da irmã do mestre[106]. Visto que Perdix também era um grande

---

[105] Fr. 484.
[106] *Apollod. Bibl.*, 3. 15. 9.

inventor, ele, um homem invejoso, teria empurrado seu sobrinho, a perdiz, das alturas da acrópole de Atenas, i.e., ele lhe ensinou o voo da mesma forma como era costume na esfera cultual[107]. No templo de Apolo Leucate – na esfera de poder de Icário, pai de Penélope – os criminosos eram lançados, ainda em tempos históricos, da rocha de Leucas. O salto voluntário de um sacerdote era assim substituído. Apenas assim se explica a tentativa de amenizar a queda com a ajuda de asas (ou penas) ou pássaros presos à pessoa e os barcos que a esperavam na água para salvá-la. (Sabemos de Virgílio que, após sua salvação em Cumas, Dédalo consagrou suas asas a Apolo.) O salto ritual da rocha de Leucas pode ser interpretado como exemplo do "voo cultual". A arte sepulcral aludia por meio dele àquilo que o cântico de Eurípedes expressa: "Por meio da morte para a vida." O salto de Safo da rocha de Leucas aparece na basílica subterrânea de Porta Maggiora em Roma como imagem na abside e lá tem esse significado. Um costume semelhante, praticado por nadadores etruscos, aparece já muito mais cedo na parede da Tomba dela Caccia e Pesca em Tarquínia[108]: o mar com os golfinhos e os muitos pássaros no ar representam o mesmo contexto – não de forma alegórica, mas de modo evocativo, por meio de toda a atmosfera da imagem – como a dança de *geranos*.

10 Infinito/imortal

Caverna-labirinto e construção-labirinto apontam para algo mortal. A dança labiríntica, chamada "grou", aponta para algo além da morte. As formas de expressão mencionadas para o contexto de morte e vida – o cântico das mulheres de Trezena, o salto de Safo na basílica subterrânea e o mural na Tomba della Caccia e Pesca – ressaltam não só a salvação, mas idealizam também, explícita ou inexplicitamente – também o estado seguinte. Não encontramos essa idealização na forma viva do *labyrinthos*, na dança dos grous. Talvez ela contenha essa tendência, mas sabemos com certeza apenas que ela expressa o retorno da morte, a *continuação*. As formas mais antigas e mais

---

[107] OV. *Met.*, 8. 237ss. • Hyg. *Fab.*, 271.
[108] KERENY. Der Sprung vom Leukasfelsen. *Arch. f. Rel.-Wiss.*, 24, 1926, p. 64ss.

simples do *labyrinthos* fazem o mesmo de tal modo que podemos falar de uma *continuação infinita*. Essas formas simples são a espiral e o meandro em espiral, também como meandro retangular estilizado, mas sempre uma *linha infinita*. No entanto, permito-me lembrar aqui os dois tipos nórdicos fundamentais: o tipo mais complexo (ilustr. 5) e o tipo que apresenta uma encruzilhada (ilustr. 6). Este último remete, provavelmente, àquela ideia da morte que sugere um destino melhor e um destino pior no além e que, portanto, apresenta um caminho à direita e um caminho à esquerda. No monumento de pedras em espiral da Ilha Wier, o caminho à direita leva ao centro. O fato de que a outra forma se cumpre apenas com o *retorno* é comprovado pela representação etrusca de Tragliatella, em que os cavaleiros surgem da mesma planta (ilustr. 8). É bem possível que essa figuração complexa da espiral, que aparece na região mediterrânea primeiro no contexto de uma competição de cavaleiros e com nome indo-germânico e, por último, nas moedas de Cnossos, veio do norte e substituiu as variações provenientes do sul.

    O vínculo original entre Dédalo e a espiral não podia escapar aos pesquisadores, mesmo que, até hoje, não o tenham inserido no contexto do desdobramento de uma ideia mitológica. O vínculo é estabelecido por uma narrativa muito antiga, contada já por Sófocles em deu drama perdido "Kamikoi"[109]. Segundo essa narrativa, o distintivo de Dédalo era sua habilidade de passar um fio pela casca de um caracol. Na história já racionalizada, ele prende o fio a uma formiga, que o puxa pela casa do caracol. Se ignorarmos essa virada em direção a um conto picaresco, o labirinto e a casca do caracol se revelam como expressões da mesma ideia: a casca do caracol é oferecida pela natureza, o labirinto – dançado, desenhado e imaginado como construção – é criado pelo homem. Em ambas expressões o mundo revela o mesmo aspecto da existência: sua capacidade de passar infinitamente por qualquer morte. Disso resulta para ambos os símbolos uma relação natural, que, na poesia, surge como identidade. O mitologema se preserva num tipo de enigma, ao modo de um *kenning*. O poeta de epigramas Teodóridas invoca com

---

[109] ROMANELLI, P. *Le pitture della Tomba della Caccia e Pesca*. Roma 1938.

a designação "labirinto do mar"[110] uma casca de caracol retirada do mar. Ela era dada como presente às ninfas das cavernas, às habitantes de um tipo de labirinto criado pela natureza. Os lexicógrafos gregos preservaram a tradição desse vínculo íntimo. Para eles, o labirinto é sempre um "lugar parecido com a casca de um caracol"[111].

A essa forma primordial do labirinto corresponde o desenho do novelo de Ariadne representado como grande espiral numa bacia etrusca[112]. Se interpretarmos esse desenho conforme o mitologema de Teseu e Ariadne, precisamos, por assim dizer, reavivar a linha em espiral e contemplá-la como retrato de um movimento, que, ao alcançar o centro, dá meia-volta e retorna pelo caminho inverso. Se imaginarmos esse movimento como executado por um bando, surge o desenho de uma linha de dentro para fora ao lado daquela que levou de fora para dentro: surge assim um meandro em espiral, infinito em si mesmo e que apresenta a tendência de cobrir todos os espaços que estão à sua disposição. Quando o movimento retorna do centro na mesma linha, ele cria primeiro uma espiral dupla. Em monumentos pré-históricos essa figura já parece representar uma unidade dotada de sentido. Mencionamos aqui a deusa pré-histórica nos túmulos trácios ou pré-trácios em Filipópole (ilustr. 9)[113]: segundo as nossas observações, trata-se da linha eterna e repetitiva de nascimento-morte-renascimento.

Foi a esta figura feminina – e a algumas outras representadas por espirais simples em Tirinto, Tessália e no norte dos Bálcãs, pequenos monumentos da "plástica de ídolos" neolítica – que se apelou[114] para refutar a suposição segundo a qual os desenhos de espirais teriam sido representações do trajeto do sol. Aquela interpretação favorável a um culto pré-histórico ao sol acreditava que o desenhista pré-histórico de espirais já havia calculado todo o trajeto do sol, apesar de uma metade sempre permanecer invisível. Já que,

---

[110] *Soph. Fr.*, 300ss. • *Apollod. Bibl. epit.*, 2. 4. • *Zenob.*, 4. 92.

[111] *Anth. Pal.*, 6, 224. 1.

[112] Hesíquio e Suidas.

[113] *Bullet. Com. Roma*, 52, 1924, p. 31. • EILMANN. Op. cit., p. 72.

[114] HÖRNES, M. & MENGHIN, O. *Urgeschichte der bildenden Kunst in Europa*. Viena, 1925, p. 319, ilustr. 1.

a partir do solstício de verão, o sol descreve círculos cada vez menores e, a partir do solstício de inverno, cada vez maiores, ao contemplar o trajeto com a metade invisível durante a noite chega-se a uma espiral dupla. Não devemos esquecer, porém, que o sol jamais alcança um centro e jamais inverte sua direção. Essas objeções foram levantadas contra a hipótese do trajeto do sol, juntamente com o argumento que não se podia atribuir a um povo pré-histórico tamanha capacidade combinatória[115]. Mas se quisermos reconhecer na espiral e espiral dupla um símbolo do ventre materno e, por isso, uma relação com a lua, isso exige *outro* tipo de capacidade combinatória, típica mais do homem moderno do que do artista arcaico. Quando este queria desenhar o ventre materno e a lua, ele não recorria a um simbolismo – pelo menos não conscientemente. Ele desenhava todas as partes do corpo de forma realista ou de forma estilizada que nada ocultava. A estátua mencionada serve como exemplo disso. A espiral dupla não é uma variação artística do ventre materno. Ela acrescenta algo que vai além do mero físico.

Existem, porém, outros monumentos que sugerem a interpretação da espiral como trajeto do sol. A espiral dupla elevada às alturas nos desenhos nórdicos nas rochas de Bohuslän (ilustr. 10)[116] certamente não é mero ornamento, mas é dotada de significado cultual. O gesto, como também os outros monumentos daquela região, remetem ao culto solar. Entre o Norte e o Sul, as imagens nas rochas de Val Camonica no norte da Itália podem servir como elos. Reconheceu-se entre elas o labirinto como linha em espiral (ilustr. 11) e, nela, o trajeto do sol, pois a espiral parte do teto de uma pequena construção parecida com um templo e nele ocorrem também outras representações cultuais do sol[117]. A imagem numa rocha no noroeste da Espanha mostra, entre muitos outros (também círculos concêntricos), o tipo de labirinto complexo de Visby e Tragliatella como forma fixa, mas com o acréscimo de dois portões em forma de arco (ilustr. 12). Certamente,

---

[115] WILKE. G. *Die Religion der Indogermanen in archäolog. Betrachtung.* Leipzig, 1923, ilustr. 221-223 e 227 [Mannus-Bibl., 31].

[116] Ibid., p. 128ss.

[117] Ibid., p. 177. • SCHULZ, W. *Zeitrechnung und Weltordnung*, p. 109ss. [Mannus-Bibl., 35].

não se trata de um trajeto livre, mas de uma passagem como a dança de Maro em Ceram. Em todos esses campos da arte rupestre, encontramos as mesmas variações da forma básica do labirinto: espiral, espiral dupla e o tipo fixo e complexo de Tragliatella. Devemos considerar essa forma fundamental como despida de sentido ou, a despeito de todas objeções, identificá-la com o trajeto do sol? Será que as estátuas equipadas com a espiral realmente excluem esse tipo de identificação? Não seria aquela deusa – como todas as mulheres[118] – portadora do sol? E não pare ela sempre de novo o grande sol para uma vida nova?

Estas são as perguntas que precisamos levantar agora, e já ouso dar uma resposta. Não é necessário apelarmos à "capacidade combinatória". Existe outra fonte mais natural numa camada mais profunda da alma, na qual não encontramos mais o ser individual, mas o próprio mundo. A espiral não é apenas um gesto primordial humano, mas, como movimento, um evento primordial do qual participamos. Não construímos a espiral do trajeto do sol de forma geométrica: nós a reconhecemos como linha semelhante àquela à qual nos entregamos em movimentos circulares para passar pela morte e para superá-la. Trajeto do sol e espiral são aqui "parábolas" no sentido de Goethe. O "evento" se revela ainda mais num símbolo móvel, numa dança de Maro. A causa desse movimento se encontra, talvez, numa camada muito profunda do ser humano. Pois o que ele expressa involuntariamente por meio dele em dança e desenho? A mesma coisa que provoca no ser vivo o plasma germinal: a infinitude da vida na mortalidade. Hoje, acreditamos – aqueles artistas e dançarinos arcaicos não o imaginavam – que formações em espiral no óvulo e no esperma são as portadoras da imortalidade. Talvez tenhamos assim alcançado o núcleo do mistério: o vínculo entre a vida e o espírito, entre fenômeno visível e interioridade invisível. Paro por aqui e constato em vista dos monumentos e na base das fontes apenas um possível paralelismo. As espirais desenhadas e dançadas significam a continuação da vida dos seres mortais para além de sua morte: aquilo que, no plasma, é *função* é, aqui, o *sentido*.

---

[118] As fotografias das imagens nas rochas foram feitas por F. Altheim e E. Trautmann.

Essa imortalidade vivenciada na profundeza mais íntima é um aspecto do ser, uma realidade que é atualizada como ideia mitológica em narrativas, em representações cultuais e artísticas. Ela pode ser expressada de forma objetiva por meio de uma linha em espiral: como a infinitude da sequência repetitiva de vida-morte-vida. Não era necessário que uma ideia como esta se apresentasse em clareza intelectual, nem mesmo como mitologema. Bastava que fosse *apenas* dançada ou desenhada. Mas a linha e a imagem mitológica muda conseguem evocar a mesma realidade primordial mesmo quando já nos acostumamos há muito tempo a compreendê-la filosoficamente. O filósofo Anaximandro designou aquele ilimitado, em cujo decurso infinito aparece cada ser individual para logo em seguida desaparecer nele, com a palavra *apeiron*[119]. E um comentarista ainda mais tardio de Aristóteles se lembra disso por meio do labirinto: ele ilustra o teor de sentido daquela palavra com essa imagem mitológica.

11 Ornamento/símbolo

A linha infinita com o sentido inerente, não necessariamente consciente de "vida-morte-vida", é capaz de se reproduzir em todas as direções e cobrir espaços inteiros. Ela ocorre como ornamento de tetos, paredes ou portões em palácios de Cnossos[120] e Tirinto[121], nas cúpulas fúnebres de Micenas[122] e Orcômeno[123], nos túmulos do Egito a partir da 12ª dinastia e especialmente durante a 18ª dinastia[124]. Micenas, Tirinto e Orcômeno dependem da cultura minoica, e nós nos perguntamos se essa decoração poderia ter chegado a Creta vindo do Sul[125]. Uma das objeções levantadas é que o padrão em espiral

---

[119] ALTHEIM, F. & TRAUTMANN, E. Neue Felsbilder aus der Val Camonica. *Wörter und Sachen*, 19, 1938, p. 12ss. Outros ex. nas ilustr. 37 e 38.

[120] Fr. 1-3, Diels.

[121] *Simpl. in Aristot. Phys.* [Comm IX, 470, 23ss.].

[122] BOSSERT, A. *Altkreta*. Berlim, 1923, ilustr. 50, 52 e 53.

[123] SCHUCHHARDT, C. *Alteuropa*. Berlim, 1935, ilustr. 147a.

[124] BOSSERT. Op. cit., p. 204s.; lápide, p. 234s.

[125] Ibid., ilustr. 206.

seria um elemento estranho, pois não se apresenta como tipicamente vinculado aos monumentos do culto nativo[126]. Não, porém, em Creta e na cultura neolítica das Cíclades: lá, esse padrão ornamenta monumentos cultuais como o sarcófago de Hagia Triada[127], um machado sacrificial em forma de pantera em Mallia[128] e uma urna doméstica em Milos (ilustr. 13)[129]. A partir da 12ª dinastia, quando a influência minoica começa a ser percebida ao longo do Nilo, a espiral aparece também em escaravelhos[130]. O besouro sagrado simboliza por si só o devir, o renascimento contínuo semelhante ao sol. Por volta de 2000 a.C. esse ornamento ainda não havia emudecido.

A pergunta pela origem e direção de sua propagação é complicada também por causa de Malta. Os monumentos da religião neolítica dessa ilha ostentam de modo impressionante o ornamento da espiral (ilustr. 14)[131]. Nós a encontramos em monumentos de pedra ou nas paredes de santuários subterrâneos ainda no estado de crescimento vivo. Ela combina perfeitamente com as instalações nas cavernas, representando a variação artística de um labirinto natural (ilustr. 15)[132]. Igualmente dotadas de sentido é a figuração vegetal, típica de Malta, da espiral (ilustr. 16)[133]. A ideia mitológica que, em Ceram, se apresentou como vinculada ao labirinto, se expressa não só lá, mas também aqui por meio do símbolo da planta: em solo helênico, na religião de Deméter; no Egito, dentro da religião de Osíris. Em Malta, conhecemos um altar com a representação da planta divina[134]. A plenitude de vida e sentido existem aqui, e era perfeitamente lógico deduzir as espirais de Creta, sobretudo nos vasos de Camares, dos elementos vegetais (ilustr. 17)[135] em Malta.

---

[126] FIMMEN, D. *Die kretisch-mykenische Kultur 1*. Leipzig, 1924, p. 200s. • RANKE. In: EBERT, M. *Reallex. d. Vorgesch. XII*. Berlim, 1928, p. 354.

[127] SCHELTEMA. In: EBERT. Op. cit., p. 351. • FIMMEN, p. 198ss.

[128] RANKE. Op. cit., p. 354.

[129] BOSSERT. Op. cit., ilustr. 71ss.

[130] CHARBONNEAUX, J. *L'art Égéen*. Paris, 1929, painel 18.

[131] BOSSERT. Op. cit., ilustr. 34.

[132] FIMMEN. Op. cit., p. 198.

[133] UGOLINI, L.M. *Malta*. Roma, 1924, ilustr. 13.

[134] Ibid., ilustr. 73.

[135] Ibid., ilustr. 33.

Mais natural ainda é vincular – pelo menos em parte – a cultura pré-histórica dessa pequena ilha curiosa à África. A espiral simples ocorre no Egito muito antes da 12ª dinastia, ela é até pré-dinástica[136]. Ela ocorre também no paleolítico no sul da Europa[137]. Paleolítico é também o motivo dos meandros, não aqui, mas na Ucrânia[138]. Em todo caso, tanto a espiral simples quanto a espiral dupla pertencem já à cultura paleolítica da humanidade.

A direção da propagação a partir do Oeste e do Sul é apenas uma das possibilidades. A possibilidade de uma outra direção – a propagação a partir do Leste e do Norte – se abre porque a cultura de Creta e Micenas no continente e nas ilhas apresenta pontos de contato também com outra decoração neolítica na forma de uma espiral: com o campo enorme da cerâmica de espirais e meandros. Este se estende da Bélgica até o sul da Alemanha, a Boêmia, Hungria e o norte dos Bálcãs, onde existem sítios arqueológicos significativos como Butmir, na Bósnia. Ele está vinculado também àquela cultura que gerou a plástica de ídolos também na Tessália neolítica e nas ilhas egeias[139]. Muito mais jovem é a arte da Idade do Bronze no norte da Europa, que deve ser vista em primeira linha como fruto de um desenvolvimento interno[140]. Mas também esse desenvolvimento ocorreu no solo de uma cultura megalítica mais antiga. É possível que, também aqui, o pano de fundo seja a herança cultual da Idade da Pedra.

Por outro lado, é quase impossível estabelecer uma linha divisória entre a cerâmica com meandros e espirais e aquela pintura em vasos descoberta em Tripolje, no sul da Rússia[141]. A diferença diz respeito à técnica, não, porém, ao tipo e à natureza dos padrões de espirais usados como adorno. A cerâmica de Tripolje representa o elo entre o antigo mundo mediterrâneo e o Extremo Oriente e até mesmo a Oceania. No Japão foram encontrados paralelos

---

[136] SCHUCHHARDT. Op. cit., painel 18, 2.
[137] FIMMEN. Op. cit., ilustr. 126. • SCHUCHHARDT. Op. cit., p. 118s.
[138] RANKE. Op. cit., p. 353.
[139] OBERMEIER. In: EBERT. Op. cit., VII, 1926, p. 141. • SCHUCHHARDT. Op. cit., ilustr. 6c, e.
[140] SCHUCHHARDT. Op. cit., ilustr. 5b.
[141] WILKE. *Spiral-Mäander-Keramik und Gefässmalerei*. Würzburg 1910, p. 70. • SCHUCHHARDT. Op. cit., p. 312. • SCHELTEMA. Op. cit., p. 352.

à plástica egeia adornada de espirais[142]: O símbolo asiático da totalidade – o yin e o yang reunidos no círculo – se evidencia no ornamento japonês, chamado *tomoje*[143], ou no *tah-gook* coreano[144] como um tipo de espiral dupla, um motivo típico da cerâmica de Tripolje, da qual foram encontrados rastros também na China[145]. O mesmo motivo é usado na Nova Guiné, nas Américas Central e do Norte, de modo decorativo[146] e, em casos individuais, também cultual[147]. Em monumentos das antigas culturas sul-americanas ocorrem espirais simples e duplas, sugerindo um significado mais profundo.

Não pretendo apresentar aqui uma lista geográfica completa, mas apenas indicar as possíveis direções de propagação. Todas elas podem partir de centros culturais e cultuais paleolíticos – na Oceania, na região mediterrânea e no norte da Europa. Isso não exclui a possibilidade de reavivamentos em eras pré-históricas e históricas posteriores. Limito-me também aqui ao fundamental, sobretudo ao reconhecimento de que a fonte verdadeira se encontra nas profundezas mais íntimas do ser humano, que jamais se revelam despidas de sentido, mas sempre em felizes momentos criativos em harmonia com o mundo mudo. Atribuir ao aspecto técnico uma influência excessiva em seu surgimento equivaleria a voltar para uma fase já superada da pesquisa de estilo[148]. A origem da linha é o movimento, que cresceu de forma holística e orgânica e naturalmente rítmica. Um movimento desse tipo contém em si mesmo o seu sentido. Ele possui tanto sentido quanto qualquer expressão musical do ser humano. As espirais correspondem a esse tipo de movimentos; os círculos concêntricos, que aparecem ao seu lado, representam ou a fase da meta tecnicamente ainda não alcançada ou a fase da dissolução. Este é o caso que encontramos no decurso da Idade do Bronze tardia no norte da Europa[149].

---

[142] SCHELTEMA. Op. cit., p. 352.
[143] SCHUCHHARDT. Op. cit., p. 176. • SCHELTEMA. Op. cit., p. 351.
[144] FROBENIUS-INSTITUTES BEI WILHELM II. *Die chinesische Monade*. Leipzig, 1934, ilustr. 13.
[145] Ibid., ilustr. 33.
[146] Ibid., ilustr. 6a.
[147] SCHUCHHARDT. Op. cit., ilustr. 109.
[148] WILHELM II. Op. cit., ilustr. 11 e 13.
[149] Ibid., ilustr. 9.

Nas Cíclades encontramos recipientes com padrões de espiral ao lado de vasos com círculos concêntricos. No entanto, não há como demonstrar que a espiral tenha sido desenvolvida a partir dos círculos concêntricos. A impressão de vivacidade se contrapõe decisivamente a essa tese. Quando círculos concêntricos são ligados a outros círculos semelhantes por meio de uma tangente em diagonal, o olho é tentado a reconhecer uma espiral dupla. O movimento da mão que cria esse tipo de círculos é sempre um movimento em espiral: ela concretiza a imagem primordial que deve ser imitada. E o sentido dessa imitação é justamente o sentido dessa imagem primordial. Como exemplo cito aqui um vaso das Cíclades, cujos adornos em meio a espirais infinitas – i.e., em meio a imitações de espirais, pois nada mais são do que círculos concêntricos ligados por tangentes – mostram um navio solitário (ilustr. 18)[150]. Não devemos interpretar essa imagem, mas simplesmente se render ao poder evocativo da imagem. Barca da morte? Navio do nascimento, o que sugere o símbolo feminino abaixo dele? O sentido está na infinitude daquela linha que, a princípio, o mestre desenhou como que na brincadeira e, mais tarde, sob a coerção da tradição. Não devemos, porém, tentar identificar uma reflexão por trás do ornamento, no qual identificamos o símbolo. O ornamento surgiu como o reflexo espontâneo de uma ideia, um reflexo de linhas que continha a imagem primordial e podia ser também dançado. É preciso lembrar que a maioria dos ornamentos pré-históricos em espiral adornavam túmulos, sarcófagos e acessórios fúnebres. (Um acessório fúnebre era também o vaso das Cíclades mencionado acima: uma bacia que, enchida de água, servia como espelho.) Lá dominava naturalmente a ideia da morte, e ela dominava provavelmente culturas pré-históricas inteiras naquela forma em que era expressada pela linha em espiral: como a virada do trajeto da vida que apontava para a vida seguinte.

A linha infinita em espiral é a variação de uma ideia, uma variação que, por sua vez, também sofreu variações. Uma de suas variações era o meandro em espiral; uma outra, o meandro. Este último surgiu a partir do

---

[150] JOYCE, T.A. *South Am. Archaeology*. Londres, 1912, painéis 3,13 e 21,7.

meandro em espiral, dando preferência ao retangular no lugar do redondo, significando, normalmente, uma mudança profunda no estilo de vida. Para a cultura grega clássica, a alusão ao labirinto por meio da forma do meandro retangular já era tão antiquada que um grande arqueólogo chegou a chamá-la "um exemplo surpreendente da resistência da tradição pictórica"[151]. Mas também os pintores de vasos áticos usam o meandro e o meandro em espiral ao mesmo tempo como duas variações do mesmo tema: ambos designam a torre do Minotauro como "*labyrinthos*"[152]. O caso mostra como origem e sentido do meandro precisam ser compreendidos? A ideia subjacente à espiral e realizada nela foi *repensada* na figura do meandro (repensada em linhas, não em conceitos!), e foi assim que ela surgiu.

Essa forma menos natural, menos fluida e mais rígida nos leva também àquela versão da infinitude contida no labirinto que pertence às variações da suástica[153]. Em Cnossos, ela foi canônica até o século IV a.C. Já no segundo período minoico intermediário – ou seja, ainda antes do meandro labiríntico no afresco do segundo palácio – aparece na pintura de vasos a espiral *quádrupla* cercada por um círculo (ilustr. 17). As pequenas aves dentro dele conferem à figura uma estranha amplitude cósmica. Num monumento da cultura egeia, num espelho das Cíclades, esse símbolo flutua nas águas primordiais: ele se encontra cercado de peixes e tem o sol como seu centro (ilustr. 20)[154]. A infinitude se concentra em uma totalidade delimitada, mas, mesmo assim, cósmica. A espiral que, em direção ao ilimitado fluido sem início e fim, pode se transformar também em ondas, torna-se aqui símbolo do todo dividido em quatro, do cosmo. A essa forma quádrupla da espiral corresponde o meandro quádruplo, que, em torno de um retângulo, cujo centro costuma ser ocupado pelo Minotauro, forma um tipo de suástica (ilustr. 19)[155]. Por meio de sua complexidade, ela realiza ainda o princípio do labirinto e, ao mesmo tempo, da roda, que gira infinitamente.

---

[151] LIPPOLD, G. *Deutsche Lit. Ztg*, 1934, p. 1082.
[152] Cf. SCHELTEMA, V. Op. cit., p. 352.
[153] FIMMEN. Op. cit., ilustr. 131.
[154] Ibid., ilustr. 107.
[155] WOLTERS. Op. cit., p. 132.

Um símbolo de totalidade não pode ser um símbolo inequívoco *apenas* do sol como corpo celestial diurno. Em Creta, sabemos que era um signo noturno. O Minotauro em seu centro, mesmo quando representado de joelhos, permanece um ser do submundo, mas é justamente esse esquema que parece reunir em si ambos os aspectos da suástica: tanto o sentido horário quanto o anti-horário[156]. A luz, a vida, ou qualquer que seja o nome que queiramos dar àquele aspecto positivo, não apaga nem mesmo no submundo. Em outras palavras: nem mesmo o reino da morte, o Minotauro devorador, é exclusivamente negativo. A imagem do terrível homem-touro varia no centro da suástica labiríntica com uma estrela, correspondendo assim ao outro nome do Minotauro – Asterios ou Asterion[157]. E varia também com a lua, o corpo celestial dominante do mitologema Hainuwele-Perséfone. Em todas as suas variações, o labirinto pertence à noite e ao submundo, mesmo assim é símbolo da infinitude. Mais corretamente: seu reflexo linear, imaginado aqui exclusivamente como sua figura desenhada, não como conceitos filosóficos antecedentes, que apenas posteriormente teriam sido representados de forma gráfica. A própria linha equivale, enquanto viver, a um pensamento.

12 Normandos/romanos

As formas labirínticas simples – espiral, meandro e o tipo de Tragliatella – provêm de períodos pré-históricos. A partir daqui, entrego a pesquisa aos pré-historiadores. O que me importava demonstrar era que nem mesmo o labirinto mais simples é despido de sentido. O sentido se revela claramente na base do mito e culto antigo e do mito e culto primitivo correspondente. Num monumento mitológico de origem nórdica esse sentido se revela – visto a partir de seu lado da morte – como vinculado à forma labiríntica mais simples. Trata-se de um monumento da arte dos normandos em Salerno, um relevo inserido na parede do Campanile de Positano (ilustr. 21). O contemplador cristão acredita reconhecer nele a representação do monstro marítimo

---

[156] Ibid., painéis 2 e 3.
[157] LECHLER, J. *Vom Hakenkreuz*. Leipzig, 1921, painel 11.

que engoliu o Profeta Jonas. No entanto, nenhum sinal especial aponta para a histórica bíblica. Ao lado do monstro vemos peixes, e no fundo, entre dois peixes, encontramos o animal que revela a origem pagão-mitológica da representação. Um lobo ao lado de um monstro marítimo só pode ser o lobo Fenrir ao lado da serpente Midgard. Essa serpente Midgard se transformou em um tipo de Hipocampo. Não há dúvida, porém, de que ela é aquilo que tudo devora, e ela ostenta também o signo evocativo de sua qualidade como fundamento primordial: uma espiral em sua barriga. Novamente aparece o eternamente primordial, e ele nos comove de forma imediata.

O monumento precisa ser atribuído à arte dos normandos por motivos mitológicos. Essa atribuição é confirmada por padrões estranhos em "Kyrkepeller" suecos, preciosos tapetes antigos de igrejas, trabalhados segundo modelos da Baixa Idade Média[158]. Mostram leões e outros animais, que exercem um papel em narrativas mitológicas, com espirais no corpo (ilustr. 22)[159]. Essas espirais foram usadas para estabelecer uma relação entre a arte nórdica e o Reino Sassânida. A origem sassânida desse tipo de tapetes na Suécia e seus animais ornamentais pode ser considerada certa por causa dos paralelos que podem ser citados do mundo oriental da Antiguidade tardia e, principalmente, da Pérsia. A adoção foi possível porque a Escandinávia mantinha contato com o Oriente por meio de Nowgorod e a terra dos czares a partir de mais ou menos 800 d.C.[160] Alguns foram ainda mais longe e tentaram vincular as espirais dos animais mitológicos aos labirintos intestinais da Babilônia[161], mas não conseguiram preencher a lacuna entre aqueles monumentos da Mesopotâmia antiga e os originais sassânidas.

Muito mais importante é o despertar renovado da força vital do motivo adotado no Norte por uma razão fundamental. Ele se une, conforme as possibilidades da cultura nórdica, por razões arquetípicas com a serpente

---

[158] Museu Nacional de Atenas.
[159] SVORONOS, J.N. *Numism. de la Crète anc.* Macon, 1890, painel 25. • COOK, Op. cit., ilustr. 333ss., p. 354.
[160] WILHELM II. Op. cit., painel C. Na década de 1930, a suástica no sentido anti-horário, originalmente já fatal, foi escolhida como símbolo de dominação.
[161] *Apollod. Bibl.*, 3. 1. 4. • PAUS. Op. cit., 2. 31. 1.

Midgard. Como padrão de tapetes, ele adorna, além das feras devoradoras, também o cervo[162], um animal milagroso de tantos mitologemas de povos nômades eurasiáticos, que – antes de levar ao destino – desorienta[163]. No norte da França, perto da Normandia, grifos – animais populares na arte sassânida – adornados de espirais cercam, inseridos num círculo duplo, quatro labirintos do tipo de Tragliatella (ilustr. 23)[164]: Surgiu ali, com base arquetípica uma quaternidade semelhante – só que muito mais rica em sua execução, baseada em duas variações do mesmo motivo – como a do vaso de Camares (ilustr. 17), do vaso das Cíclades (ilustr. 18) e das moedas mais antigas de Cnossos (ilustr. 19).

Assim, o labirinto das nossas investigações nos leva sempre à mesma ideia com o potencial de desdobramento (nesse sentido, poderíamos chamá-lo também de botão, como Aretusa)[165], à imagem primordial vivida da totalidade "vida-morte". E nos leva repetidas vezes a lugares que já visitamos. A riqueza da "multiplicidade histórica" e do "culturalmente típico" não se esgota em momento algum neste trabalho, mesmo que eu acredite ter encontrado o aspecto comum e, portanto, um tipo de arquétipo. O Egito em especial mereceria uma análise mais minuciosa. Quero encerrar mencionando alguns monumentos de Roma – na Grécia não conhecemos monumentos desse tipo; na Itália conhecia-se apenas o labirinto fúnebre do rei etrusco Porsena – que apresentam ou sugerem uma relação entre túmulo e labirinto.

A primeira posição é ocupada pelo Castelo de Santo Ângelo, o Mausoléu de Adriano. É possível que tenha sofrido influências vindas do Egito. Mas em termos de sua figuração e de sua ideia subjacente, ele deve ser inserido na série de túmulos circulares itálicos. Visto que essa ideia também está relacionada ao culto solar[166], isso também é de natureza itálica antiga. Um paralelo ao plano do monumento fúnebre, que reúne o quadrado e o

---

[162] LARSEN, S. *Alte Sassanidenmuster in nordischer Nachbildung* – F.C. Andreas-Festschrift. Leipzig, 1916, p. 117ss.
[163] Em Larsen. Cf. MANDELGREN, N.M. *Sammlinger til svenska konst och odlingshistorien*, 1866.
[164] Ibid., p. 128.
[165] HOMMEL, E. Zur Geschichte des Labyrinths. *Orient. Literaturztg.*, 22, 1919, p. 63ss.
[166] Em Larsen. Cf. HILDEBRAND. *Sveriges Medeltid III*, p. 706.

círculo, é encontrado na cerimônia de fundação de Roma[167]. A entrada dessa construção impressionante leva, numa espiral em sentido anti-horário, para a sala fúnebre[168]. Esse caminho é construído como labirinto ascendente no muro duplo. Esse muro se eleva sobre um fundamento quadrado e abarca uma torre quadrada: uma fusão de quadrado e círculo, por meio da qual o túmulo gigante – como o próprio mundo – se transforma em expressão da totalidade[169].

A literatura científica já conhecia um dos dois outros monumentos, mas é apenas à luz deste estudo que ele recebe uma importância maior. Trata-se de um monumento de mármore com uma inscrição grega[170].

O lugar em que o monumento se encontrava originalmente é chamado explicitamente de *labyrinthos*. O homem ao qual esse labirinto deve sua existência, Quintus Julius Miletus, da Ásia Menor, veio para Roma como espectador de uma competição e lá encontrou seu sustento. A inscrição diz: "Para os vivos isto é uma prisão; vocês, amigos, devem sempre se deleitar com o labirinto". Quintus e seus amigos são unidos como que pelos laços de sangue na comunidade dos *marmorarii* (daqueles que trabalham o mármore, já na pedreira e fora dela): eles formam um *genos*, que – simultaneamente uma comunidade cultual – se encontra sob a proteção de Serápis, o deus do submundo. Já sabemos que uma ferramenta do trabalhador da pedreira se tornou símbolo sacral. Os pedreiros, o deus do submundo e o *labyrinthos* aparecem aqui num mesmo contexto de sentido. Os *marmorarii* parecem ter sabido que, para os mortos, que – como também eles em sua comunidade cultual – são salvos por Serápis, o labirinto não é uma prisão, mas uma passagem segura.

O outro monumento é um mosaico com a representação de um labirinto, encontrado e preservado na vizinhança da pirâmide de Céstio, onde se esperava encontrar restos de túmulos. O mosaico era bastante grande. A par-

---

[167] KERENY. Die Sage von der verfolgten Hinde in der ungarischen Gründungssage und im "1001 Tag". *Anales Ist. de Hist. Ant. Y Midieval*. Buenos Aires, 1953, p. 76-84.
[168] MATTHEWS. Op. cit., ilustr. 56: "Labyrinths on Tiles. Toussanints Abbay, Chalon-sur-Marne".
[169] GÖTZE, painel 4.
[170] *Insc. Gr.*, XIV, 1093.

te preservada – talvez um quarto do todo – foi restaurada e elevada do nível original ao nível atual. Ele mostra uma fusão do esquema do labirinto tardio com meandros (ilustr. 24)[171]. Ele fazia parte de um complexo fúnebre? No local em que foi descoberto – na parte mais antiga do cemitério protestante, no mesmo distrito em que se encontra o túmulo de Keats, no fundo com a pirâmide – ele representa, de certa forma, um gesto estarrecido que aponta para o caminho que passa pelo monumento de Céstio – "silenciosamente para Orcus lá no fundo".

1941

[171] Devo a fotografia ao Prof. A.M. Colini. Roma.

Do labirinto ao sirto
Reflexões sobre a dança grega

1

O helenista não pode escapar da ocupação com a dança grega. Mais cedo ou mais tarde ele será confrontado com ela. A dança vem até ele, e ele precisa se conscientizar do fato de que a sua ciência se encontra num estado muito inicial em relação a este assunto. A importância do objeto já foi compreendida. Um raro conhecedor da religião grega, essencialmente aquele que a redescobriu, Walter F. Otto, colocou a dança no topo da filosofia que ele extraiu de sua concepção do helenismo. Ele encerrou seus tratados reunidos sobre o mito, "Die Gestalt und das Sein" [A figura e o ser], com uma palestra sobre "A figura humana e a dança". Numa palestra mais curta[1], ele falou de forma ainda mais concisa sobre aquilo que eu chamaria de "dança pura" – assim como costumamos falar de "*poésie pure*".

"A dança em sua antiga e sagrada forma cultual é a verdade e, ao mesmo tempo, a justificação do ser do mundo, a única irrefutável e eterna teodiceia entre todas as outras. Ela não ensina, não discute – apenas avança em seus passos e, com esses passos, traz à luz o que se encontra no fundo de todas as coisas: não vontade e poder, não angústia e preocupação e todo o resto que

[1] OTTO, W.F. *Mythos und Welt*. Stuttgart, 1963, p. 217.

tentamos impor à existência, mas o eternamente glorioso, o divino. A dança é a verdade daquilo que é; num sentido mais imediato, porém, a verdade daquilo que vive.

Assim que a vida se torna plenamente ela mesma, i.e., desprendida do momento, de toda necessidade e utilidade, ela é tomada pelo ritmo e pela harmonia, pela matemática do divino primordial, que domina no fundo de todas as coisas e se evidencia na perfeição da figura. Lá, alegria e tristeza deixam de ser opostos trágicos; lá, ambas são penetradas pela clareza do ser primordial.

Este é o momento em que o ser vivo se liberta das amarras do dia a dia e se deixa levar pelos movimentos primordiais lentos ou rápidos, contidos ou excitados. Isso significa: ela se tornou um com aquela vida que penetra tudo, não é mais indivíduo ou pessoa, mas o ser humano em forma primordial, e não está mais defronte dos fenômenos e seres individuais alternantes, mas defronte do todo do mundo. E mais: ela não está apenas defronte, em diálogo e resposta, mas *está* nele, ela o *é*. O ser com sua verdade fala na figura, no gesto, no movimento.

Se toda arte tiver esse significado fundamental, a dança é ainda mais sagrada e primordial do que todas as suas outras formas. Pois aqui o ser humano não produz algo por meio da figuração material. Ele mesmo é a resposta, a figura, a verdade."

2

Otto expressou esses pensamentos do ponto de vista mais elevado a partir do qual podemos contemplar a dança, e não importa a partir de qual visão ele se elevou àquelas alturas. O que ocasionou suas palavras foi uma apresentação da Escola Elisabeth Duncan; ele elogiou Isadora Duncan, que havia ousado libertar a dança das convenções, retirando-a dos holofotes do palco e devolvendo-a à natureza a céu aberto. No entanto, essas palavras despertam um temor em relação à tão translúcida ideia da dança de Otto: o temor de uma sublimação excessiva em virtude de uma imitação entusiasmada – mas apenas imitação do helenismo. Creio que Otto esteja dizendo a verdade sobre a "dança pura". Como, porém, era a realidade grega da dança? Em uma poesia épica arcaica encontramos o verso: "No centro dançava o pai dos homens e dos deuses"[2] – algo que já Homero e o verdadeiro classicismo grego não suportaram. Como deve ter sido impetuoso a dança de Zeus, se um mero balanço de sua cabeça já estremecia o Olimpo! Como deve ter sido poderoso o efeito de sua estatura e de sua face sobre a concepção arcaica! Talvez Sócrates nos ajude a nos aproximar do centro grego entre a "dança pura" e essa intensificação divina da dança arcaica e calorosa cheia de vida.

É o ateniense Xenofonte, o aluno de Sócrates menos filosófico e mais voltado para uma vida soldadesca e espartana, que, em seu "Banquete", relata o ensino de seu mestre sobre a dança[3]: a avaliação da dança como mero exercício físico é, certamente, uma opinião do próprio Xenofonte. "Então dançou o jovem, e Sócrates disse: 'Percebestes' – disse ele – 'como o jovem, uma beleza por si só, aparece ainda mais belo nas figuras da dança do que quando está parado?' Respondeu Cármides: 'Pareces estar elogiando o professor de dança' – 'Correto!' – disse Sócrates. – 'Pois observei nele ainda outra coisa: Nenhuma parte de seu corpo se recusou à dança; pescoço, perna e braço participaram. É assim que dança aquele que pretende tornar o corpo mais leve e flexível. Eu quero muito, Siracusano' – o mestre do jovem era de Siracusa – 'que tu me ensines as figuras de dança!' E este respondeu: 'Mas para quê?' – 'Por Zeus, eu dançarei!' E todos riram. Mas Sócrates disse com expressão muito séria: 'Estão rindo de mim? Porque desejo melhorar minha saúde por meio desse exercício físico ou porque desejo comer com um apetite maior e ter um sono mais doce? Ou porque procuro para o meu corpo algo que, como na corrida a distância, deixe minhas coxas grossas e meus ombros finos ou, como na luta, deixe meus ombros largos e minhas coxas finas, mas busco a qualquer custo alcançar o equilíbrio total em meu corpo? Ou riem de mim porque eu, como homem velho, não preciso de um parceiro para me exercitar e me despir numa multidão, mas me basta um espaço maior como

---

[2] *Titanomachia*, Fr. 5.
[3] 2. 15-19

este, que foi o suficiente também para levar este jovem ao suor? E porque no inverno me exercitarei do lado de dentro, e no calor, na sombra? Ou riem porque desejo diminuir minha barriga grande? Não sabem que, recentemente, este Cármides me surpreendeu cedo de manhã enquanto eu dançava?' – 'Sim, por Zeus', disse Cármides. 'E a princípio me assustei e temia que Sócrates tivesse enlouquecido. Mas quando o ouvi falar coisas semelhantes a agora, também fui para casa, não para dançar, pois jamais aprendi essa arte, mas para gesticular. Pois era algo que eu sabia fazer.'" Ele dominava os gestos dos dançarinos mímicos, que também se apresentaram nesse banquete e representaram o amor de Dionísio e Ariadne.

3

Eurípedes leva outro velho para o palco, colocando em sua boca as palavras (184):
>Onde devo dançar? Onde colocar os pés?
>Onde balançar a cabeça grisalha ao seu ritmo?

Trata-se do velho Cadmo, que, nas "Bacantes", é chamado pelo sábio Tirésias para dançar com as mulheres dionisíacas, e ele nos ajuda em nossa pesquisa. Para uma filosofia futura da dança resulta aqui outro ponto de vista que não pode ser ignorado: Dançar é essencialmente "dançar com" ou, no mínimo, "dançar para", ao qual segue o "dançar com". A dança de Sócrates, sozinho em casa – uma imagem curiosa – equivale mais à aplicação de uma abstração da dança do que à realização da ideia da dança, que tem a ver com música, religião e comunhão e que subjaz também à concepção de Otto. A razão de ser da dança é, para Otto, a música primordial do ser, que gerou o canto e a fala humana e sobre a qual os gregos devem ter possuído um conhecimento secreto: Por isso, os parceiros selvagens de Dionísio, e não só as bacantes, mas também os seres semianimais, semidivinos, os sátiros, Sileno e Pã, eram dançarinos e músicos. Dançar, cantar e tocar a flauta "nasceram do milagre silencioso da natureza e do mundo abertos e permeados de Deus, que deseja se expressar na forma e na voz do ser humano".

Assim a fala sobre "A figura humana e a dança" e a palestra "Sobre a dança na Escola Elisabeth-Duncan": "O próprio cosmo, a suprema ordem dos movimentos celestiais, é uma ciranda dança. Segundo a antiga concepção pitagórica, os corpos celestiais, o sol, a lua, nossa terra e os planetas, dançam em torno do centro do universo. Por isso, o homem os venera respondendo a eles com sua dança, e dançando se transforma em sua imagem. Este é o sentido primordial das danças cultuais dos gregos e de todos os antigos povos pios". Os velhos pitagóricos não chegaram a afirmar, como Otto, que os corpos celestes ensinam a dança aos dançarinos terrestres; eles preferiram proclamar suas observações astronômicas na forma familiar da ciranda terrena do mundo grego. Um autor grego da era imperial romana remete, com base órfico-neopitagórica, a dança humana e a ciranda celestial à mesma fonte, a uma dança primordial cósmica: "Aqueles que expressam a verdade sobre a origem da dança", lemos num tratado "Sobre a dança" entre os escritos de Luciano[4], "lhe dizem que a dança se manifestou simultaneamente com aquele Eros primordial" (o amor gerador do mundo). "A ciranda dos astros, o entrelaçamento rítmico dos astros fixos e dos planetas, sua harmonia ordenada são as provas da dança primordial."

"No centro dançava o pai dos homens e dos deuses" – é essa linha da obra épica sobre os titãs derrotados que nos leva de volta para a realidade grega! Zeus dançava a dança da vitória no centro dos outros deuses – não a "dança pura", mas uma dança primordial: ele era um primeiro dançarino, e esse primeiro dançarino existe ainda hoje na dança grega. Pode ser a bordo de um navio – de um navio simples, que nos leva para a Grécia, numa grande sala lotada, onde jovens gregos que voltam para a casa de seus estudos ou de seu trabalho, também se sentam no chão. Difícil dizer de onde, de qual instrumento surgem os primeiros compassos. Alguém se levanta. Ele se estica e oferece o lenço como que para qualquer um. Outro se agarra à ponta. Ao segundo ou terceiro basta a mão. De mãos dadas forma-se a ciranda e, numa espiral sem fim, leva todos consigo.

---

[4] *De salt.*, 7.

4

Além do dançar, o "dançar com" também ocupa o centro deste estudo, qualquer que seja a razão cósmica da dança (uma imitação consciente dos astros ela certamente não é, as profundezas inconscientes são um abismo no homem). Como ponto de partida escolho duas descrições da Grécia atual. Continuações em vez de imitações do grego antigo: uma é de Creta – eu a traduzo do romance grego "O cretense", de Pandelis Prevelakis[5] – e uma de Corfu. A primeira nos leva para uma capela elevada do Santo Elias, para um *panjiri*, uma festa popular em sua homenagem.

"O alaúde começou a tocar e os chamou para a dança. Os *palikaria* apertaram seus cintos, prenderam seus panos neles e se reuniram sob a grande árvore. As mulheres soltaram seus lenços e os deixaram cair sobre seus ombros. O círculo da ciranda se formou. Um idoso assumiu a liderança, bateu o pé no chão e começou:

> Não existe dança que eu preze mais do que a dos cinco!
> Três passos para frente, dois para trás!"

Homens e mulheres iniciaram a dança, de mãos dadas. O início foi lento, com passos rastejantes, e levou toda a ciranda para a direita, como se quisesse familiarizar-se com o chão ou medir a praça da dança. Os velhos criaram coragem e se uniram à ciranda. O primeiro dançarino cantou seu cântico de dança, e os outros copiaram sua boca e o repetiram. Logo ele dava meia-volta para encorajar a dança, logo agradecia ao músico. O instrumento soava confortante, como se também quisesse deleitar-se com as primeiras tentativas. Os passos eram claramente distintos: três para frente, dois para trás, a ciranda se contraía e abria, como que respirando.

> Toque, meu músico, o seu alaúde, eu o pagarei bem,
> Tomarei uma moça da ciranda e a darei a você!

A ciranda, como que se dando conta da beleza da própria respiração, de repente parou numa linha diagonal. O primeiro dançarino e o último se

---

[5] *Le Crétois*. Paris, 1962, p. 182.

deram as mãos, e assim fechou-se o círculo. De repente ele ficou mais apertado, de repente, se abriu. Era como as ondas que se espalham pela areia e voltam a recuar.

Eles o fizeram como o mar até suas almas se saciarem. Então o alaúde se agitou. Os passos se apressaram, os pés se cruzavam sem avançar. As mulheres aproveitaram a oportunidade e imitaram as perdizes. Duas ou três dançarinas lindas romperam o círculo, correram para a ponta e, com sua esquerda, se agarraram à multidão. Fizeram isso com passos muito pequenos e rápidos. Seu corpo balançava como as ondas. Elas dançavam com mestria. O povo assistia encantado a tanta beleza e perdia o fôlego.

"Felizes aqueles que as possuem! Que vivam e sejam felizes enquanto se erguerem as montanhas!", exclamou um velho, e sua palavra animava os pés. Um verso levantou voo como um pássaro e fez enrubescer a primeira:

>Líder da ciranda, adorno de sua vanguarda,
>Fragata verde dourada no meio do mar!

Ouvia-se outro verso para a segunda:

>Desejo a conífera, a madeira aromática,
>Você se parece com ela, menina, em graça e elegância!

As mulheres formaram um muro em torno da ciranda e esperaram a sua vez para agarrar-se à multidão. Elas cantavam os versos em coro e batiam ritmicamente as mãos. Os louvores que saíam de suas bocas formavam uma escada da terra para o céu. No primeiro verso duplo, a dançarina era uma fragata verde e dourada. No segundo, uma conífera aromática. Então passaram a chamá-las um limoeiro com fruto duplo, uma macieira carregada de maçãs. Cada verso as elevava ainda mais. Elas saudaram aquela que cheirava a jasmim, a canela. Para os seus encantos, querido, não existe língua! Ela era mais linda do que a aurora, mais dourada e brilhante do que o sol, era como um arcanjo dos céus, como a liturgia da Quinta-feira Santa, como o evangelho do Domingo de Páscoa!"

Podemos facilmente despir desse texto seu vestido cristão. Eventos do culto cristão substituem uma ninfa ou uma deusa. Seria até mais antigrego identificá-las do que as experiências religiosas que a igreja oferece aos gregos!

Os nomes mitológicos dariam um aspecto barroco à dança nos dias de hoje. A dança do povo grego é sempre dança no sentido da dança de Otto. Nem o nome nem a essência antigos mudaram: *choros*, como é chamado, é a palavra primordial para "coro" e "ressoa" no dançar e no "dançar com". Do *chorós* cretense, descrito por Prevelakis segundo a vida, da competição das mulheres pela liderança da ciranda, falta apenas um pequeno passo para voltar para os coros das meninas de Esparta, pelos quais o velho poeta Álcman desejava ser carregado sobre as ondas do mar. A raiz dórica pôde sobreviver melhor nas altas montanhas de Creta. Também em Álcman competem duas moças no mesmo coro, Agido e Haguesicora. O nome da segunda a identificava como "líder de ciranda": Esse papel lhe foi atribuído já por ocasião de seu nascimento. Os traços fundamentais persistiram. O quadro cultural foi substituído pela festa do Profeta Elias. E nela, logo os homens jovens assumem a liderança. O ritmo e a imagem mudam. A descrição se confunde com a trama do romance.

5

Em suas "Memórias de Corfu", o Imperador Guilherme II descreve minuciosamente uma dança de mulheres. Ela ocorreu na tarde do Domingo de Páscoa em Gasturi, na aldeia sob o Achilleion, e parece ter sido tão famosa quanto a dança das mulheres de Megara na segunda-feira de Páscoa. "As mulheres se preparam para a dança em uma fila, várias ao lado das outras. Elas se seguram pelas mãos elevadas à altura do peito, os pequenos dedos enganchados uns nos outros, enquanto nas fileiras traseiras, uma ou outra segura a ponta de um lenço preso no cinto da mulher à sua frente. A música começa, o primeiro dançarino – o único homem – convida as mulheres curvando-se levemente. A fileira se põe em movimento e gira em ritmo lento, formando um círculo. Três passos para frente, dois no mesmo lugar, um para trás. Muito difícil manter velocidade e ritmo.

Esse grupo de mulheres se movimento em total harmonia e união. Elas avançam com os olhos voltados para a frente ou para baixo, jamais, porém, voltados para o espectador, os rostos sérios. Existe nobreza, respeito e certa graciosidade nisso. Enquanto as fileiras dianteiras são formadas por mulheres mais velhas, as filas traseiras vão se rejuvenescendo até os anos mais recentes. É uma imagem muito interessante e encantadora, especialmente em virtude da consagração que se expressa nos rostos e na postura. Acredito que essa dança tenha sua origem na Antiguidade e imita a antiga dança do templo e do culto, que, no passado, era apresentada ao ar livre perante o altar na frente do templo." (Certamente, Guilherme II acata aqui a opinião de arqueólogos que ele respeitava, provavelmente a de W. Dörpfeld.) "Lembrei-me da palavra do poeta: 'Assim não dançam mulheres terrenas' etc., que podem muito bem ter sido escritas sobre essa dança.

Por vezes, o grupo se dissolve para formar um grande círculo, no qual é dançada a ciranda, mantendo-se o número de passos e o ritmo. Inevitavelmente, as saias apertadas se põem em movimento, o que confere vida especial às figuras. Na frente do grupo dança o primeiro dançarino, de certo modo o líder do coro, com movimentos descontraídos, ao contrário da seriedade comedida das mulheres..." Ele parece estar muito ciente de sua apresentação na presença de majestades! Algo discreto é o lenço, o *mandili*, quando não chama para a formação de uma fila! Para segurar-se umas nas outras e manter a linha da dança, ele não era necessário. As mulheres seguravam-se nele como que em um costume de tempos passados, quando ele ainda possuía um sentido. Mas é justamente aquilo que já não tem mais tanto sentido é como que um fóssil que remete ao passado. Na antiga dança grega – e não só na dança mímica – as mãos participavam da dança. Por isso, não era normal segurar-se pelas mãos. De forma alguma é um acessório, mas, como todo movimento na dança, dotado de sentido. Homero diz que, na dança, os jovens e as moças se seguravam pelo carpo. Ele diz isso sobre uma dança em um palco semelhante àquele construído para Ariadne – provavelmente para a dança do *Labyrinthos*. Aquilo que ligava os dançarinos podia ser também um tecido. Foi o que aconteceu na apresentação da dança sagrada de três vezes nove virgens em homenagem à deusa do submundo em 207 a.C., no *Forum Romanum*. Encontramos o mesmo acessório numa dança de mulheres numa comédia de Terêncio: certamente segundo o padrão grego. Os autores romanos o chamam uma "corda", que é "guiada". Ela servia para abrir as filas e, ao mesmo tempo, mantê-las juntas – para satisfazer simultaneamente à essência dupla de todo dançarino, do dançarino que dança só e do dançarino que "dança com". Esse é o sentido do tecido em um *syrtós*, na dança em que os dançarinos "se puxam" – este o significado dessa palavra grega – e esse costume condizia à dança por meio da qual as curvas do labirinto de Creta eram imitadas na sagrada Ilha de Delos. A dança era chamada "Geranos", "dança do grou", e o primeiro dançarino era chamado "*geranulkos*": "aquele que *puxa* os grous". É possível que o lenço remeta a tempos tão distantes.

6

A ocupação com as formas primordiais do labirinto rendeu o resultado – não só em meus estudos sobre o labirinto, que eu retomo e complemento – de que eles não eram figuras apenas desenhadas, mas também dançadas[6]. Nenhuma dança se chamava *Labyrinthos*. Em Cnossos, a "Senhora do labirinto" recebia, segundo um registro da segunda metade do segundo milênio a.C., mel como sacrifícios. Ela certamente não era apenas senhora sobre uma dança ou um palco. Transformada em filha de rei na lenda grega, ela se alegrava com a dança e o palco. Originalmente, porém, ela era uma senhora do reino dos mortos – que os gregos chamavam Ariadne. Originalmente, seu reino podia ser explorado e atravessado com movimentos de dança – com um fim positivo. A figura primordial cretense da dança era uma espiral, cujo dançarino – o primeiro dançarino de um grupo – dá meia-volta no centro e, em paralelo aos que seguem para o centro, volta a dançar para fora. Um dessas espirais aparece num selo de esteatito verde já antes de 2000. Outra figura igualmente pré-histórica veio de regiões megalíticas para Creta apenas em tempos históricos e aparece lá em moedas dos séculos IV e III. Ela é mais complexa em comparação com a espiral dupla, mas exige a mesma meia-volta dos dançarinos: é o tipo de Tragliatella.

Acredita-se que uma dessas figuras era dançada em Delos desde tempos pré-históricos e, desde a formação da lenda ateniense da vitória de Teseu

---

[6] MEHL, E. *Trojaspiel* – RE Suppl. VIII, 1956, p. 902.

sobre o Minotauro, da libertação das crianças atenienses do labirinto e da ajuda de Ariadne com seu fio, compreendida como dança de vitória, após a ação do herói, em homenagem à heroína. O fio é explicitamente excluído na descrição da dança. A suposição de um grande filólogo segundo a qual cordas – cordas de dança – são mencionadas como acessório de uma celebração noturna em Delos pode ser correta. Acreditava-se reconhecer uma representação da primeira apresentação da dança do "Geranos" por Teseu e os jovens e as moças atenienses na presença de Ariadne numa imagem em uma famosa obra de arte arcaica, no vaso de François em Florença. Nela, os dançarinos e as dançarinas se seguram pelas mãos, apenas Teseu com sua lira está livre, em frente a Ariadne e sua ama, que acompanhou sua senhora em sua fuga de Creta. Mas a dança não começava ainda. E o arqueólogo dinamarquês Friis Johansen demonstrou também, por meio de uma interpretação minuciosa da imagem, que os participantes não se encontram em Delos, mas ainda em Creta, onde o navio dos atenienses acaba de chegar para buscar os resgatados. A dança da vitória acontecerá – pela primeira vez, antes da partida. Mas por que Ariadne volta a oferecer um novelo a Teseu, algo que havia sido sensato antes da descoberta do caminho no labirinto? Para que esse fio agora – se ele não servirá como fio-guia da dança da vitória, da dança em memória do Labyrinthos? A imagem num pito arcaico no museu das antiguidades em Basileia mostra que o fio está nas mãos de todos os participantes.

Em Delos os dançarinos grous sempre formavam uma grande multidão, e as fontes relatam que as duas "pontas" – provavelmente as pontas da corda – eram seguradas por dois líderes[7]. Assim, os "grous" eram praticamente obrigados a participar da dança. A designação dos dançarinos com o nome da ave expressava sua outra natureza. Quando as aves "dançam", elas "representam a si mesmas". Essa analogia com a dança humana foi usada por Otto para conceber a sua definição de dança, e podemos, a partir da visão desenvolvida nesses pensamentos, dizer que os dançarinos não só representavam, mas também dançavam a si mesmos. Não importa aqui a observação individual de que os grous, em sua "dança", parecem combinar reverências festivas e cerimoniais

---

[7] JOHANSEN, K.F. *Thésée et la danse à Delos* – Danske Vidensk. Selsk. Copenhague 1945.

com saltos e pulos. Creio que precisamos procurar o aspecto comum nas camadas mais profundas da natureza humana, onde a *dança* tem suas raízes, e supor um vínculo mais imediato aos aspectos comuns em todos os seres vivos nas danças de origem pré-histórica. Não devemos esquecer, porém, que, em algum momento, os grous verdadeiros levantam voo! Se, na dança do labirinto, se expressava um desejo de libertação, agia nela também o desejo de levantar voo. O coro das mulheres no "Hipólito" de Eurípedes cantava sobre isso, e a narrativa da fuga de Dédalo em asas manufaturadas o expressava.

7

Toda a mitologia grega podia ser dançada e representada na pantomima – como era chamado esse tipo de dança mímica na Itália. O escrito citado "Sobre a dança" apresenta a história dos deuses e dos homens desde o início até a lenda dos heróis para, por meio desse tipo de objetos, justificar a arte da dança. Precisamos fazer uma distinção entre esse tipo de dança e uma dança primordial. Nenhuma dança primordial *representa* o mito. Ela *é* mito na linguagem do movimento da dança. Ela dança a sua essência. O autor sob o pseudônimo Luciano de postura órfico-neopitagórica ressalta que não existiam mistérios antigos sem dança, e usa a palavra "dançar" para a revelação do segredo do mistério. E visto que a dança primordial não depende do tempo, ela não apresenta nenhum vínculo temporal. Uma dança é sempre um fenômeno histórico, mas contanto que seja uma dança verdadeira, ela é sempre uma dança primordial e atemporal.

Historicamente podemos partir da dança do "Geranos" e, em vista de uma semelhança distante e com base no *mandili* como "fóssil-guia", falar de sua pós-vida como *syrtos*. No entanto, um *syrtos* totalmente livre em sua execução como dança primordial pode servir também como ponto de partida para uma contemplação mais fértil do que uma contemplação puramente histórica. Evidentemente, o *syrtos* contém um impulso – cego e inconsciente. Assim, o impulso da vida comum a todos os seres vivos, para o qual os gregos antigos e modernos usam a palavra *zoé*, é o impulso de sua própria continuação infinita. Isso é o que importa a todos, contanto que seja um ser vivo. A linha infinita do *syrtos* o expressa: atemporal e sem vínculo com um lugar.

Uhland relata um exemplo suíço. Eu citei esse incidente em meus estudos sobre o labirinto como sinal da existência pré-histórica do labirinto na antiga Europa em forma de dança simplificada. Quero agora ressaltar a verdade evidente do "syrtos" atemporal, grego e suíço. Essa verdade não é evidente aos dançarinos, mas a nós, que refletimos sobre a dança. Se assumirmos também em pensamento o ponto de vista na *zoé*, na vida, que é igual em todos os seres vivos, o seguinte também se revela como *verdadeiro*: O que importa é a continuação infinita! Mas quanto aquilo que falta ao *syrtos*, quando o comparamos com o Geranos como dança do labirinto cultual? Este certamente não era uma dança leve e infinita. Ele visava a meia-volta.

Nada podemos dizer sobre os *sentimentos* dos dançarinos pré-históricos ou gregos. Podemos repetir em palavra apenas *o que* eles dançavam: a meia-volta sob os cuidados e dentro da esfera de uma deusa, que, no contexto da tradição, é uma senhora do submundo. A meia-volta era sua essência. Era a meia-volta da morte de volta para a vida! Aquilo que importava ao ser vivo assim se realizava: o *syrtos* justificado no *Labyrinthos*. Nesse ponto da infinitude aberta aparecia o mistério do retorno. O mistério era dançado em *verdade* – no entanto, nem mesmo estes pensamentos podem transformá-la numa verdade *evidente*.

Eles se detiam diante do mistério, mas talvez tenham aprofundado também o conhecimento, de que a dança é uma das testemunhas mais importantes da religião. "Dançamos no culto", assim diz um conhecedor experiente da religião na Antiguidade, "porque era a vontade de nossos ancestrais que nenhuma parte do nosso corpo fosse excluído da experiência da religião"[8].

As escavações em Pilo, no sul do Peloponeso, revelaram finalmente um desenho de um labirinto na esfera de influência dos palácios minoicos do segundo milênio a.C: o tipo de Tragliatella em forma angular. Um escriba do palácio de Nestor, que recebia animais, se ocupou com o desenho quando

---

[8] *Sane ut in religionibus saltaretur, haec ratio est, quod nullam maiores nostri partem corporis esse voluerunt, quae non sentiret, religionem* (VARRO, M.T. *Serv. in Verg.*, 5.73).

lhe foram entregues onze cabras de diferentes pessoas. Ele registrou a lista no outro lado da tábua de argila, e a palma quente de sua mão borrou um pouco a figura do labirinto[9]. Podemos excluir a possibilidade de que tenha desenhado o plano de um palácio ou de uma caverna. Essas concepções do labirinto são fantasias posteriores. O caráter lúdico é evidente. O desenho provém do tempo do final da cultura palaciana. Antigamente, jogos mais sérios dessa forma haviam sido comuns – da mesma forma como as danças cultuais o são.

1963

---

[9] LANG, M. *Amer. Journ. Arch.*, 62, 1958, p. 190.

O grande *daimon* do Simpósio

> Dedicado em memória ao incansável pesquisador de Platão Dionys Kövendi.

1 Preliminares: o tema dos mistérios no Mênon

Nenhuma representação dos antigos mistérios poderia ignorar Platão. Não que pudéssemos transformá-lo em um místico no sentido cristão ou oriental. Como filósofo, porém, ele trabalha com frequência com os motivos dos mistérios. Todos os leitores de Platão sabem disso. Ele nunca fez um segredo disso. Sabemos também quanto esforço a pesquisa investiu nesse tema. Este se concentra nos elementos – nos elementos fundamentais e nas soluções prontas – que, supostamente, Platão teria extraído da esfera dos mistérios. Quando falo de "motivos dos mistérios", não estou me referindo a algo já pronto, mas sobre aquele material incompleto com o qual Platão trabalhou de modo diferente do que, antes dele, os órficos e os próprios cultos de mistérios. Insisto, acima de tudo na pergunta: Como Platão trabalhou com esse material? Existe, para isso, um exemplo especialmente claro que já recebeu um tratamento filosófico. Quero demonstrar com sua ajuda como Platão trabalhava.

No diálogo homônimo, Mênon expressa com agudez a dificuldade que consiste na necessidade de buscar a verdade desconhecida (80 D). Como procurar aquilo que não se conhece? Ou, quando o procurado é encontrado: Como saber se aquilo é justamente aquilo que não se conhecia? Ambas as dificuldades levam, naquele nível restrito do pensamento em que os representantes contemporâneos de um racionalismo estritamente lógico se movimentavam, a um dilema erístico: A busca pela verdade é uma impossibilidade. Pois: Aquele que possui a verdade não a busca, e aquele que não a possui – como poderia buscá-la? Esse dilema impede, de antemão, qualquer possibilidade de uma prática filosófica no estilo de Sócrates e Platão. É preciso encontrar uma saída para poder respirar. Vale mencionar pelo menos *uma* possibilidade (mesmo que curiosa) que permita continuar a reflexão.

Sócrates menciona essa saída (81 A). Ele a aprendeu de homens e mulheres sábias e dos poetas que louvaram a alma imortal do ser humano, suas reencarnações e sua preexistência. Aqui está contida pelo menos uma possibilidade de sair do dilema. Já que a alma conhece e aprendeu com as coisas neste mundo, com as coisas no além, com todas as coisas que existem (καὶ τὰ ἐνθάδε καὶ τὰ ἐν Ἅιδου καὶ πάντα χρήματα), ela é capaz de um tipo de *memória*, que costumamos chamar busca e reconhecimento. O fundamento dessa *anamnesis* é o parentesco interior de toda a *physis*, do universo (81 C): tudo que é está interligado por um laço de parentesco (τῆς φύσεως ἁπάσης συγγενοῦς οὔσης). Aquilo que já foi visto alguma vez ali do outro lado ou em qualquer outro lugar pode ser *reconhecido*.

A doutrina daqueles sábios homens e mulheres já é motivo de mistérios figurado. Existiram versões mais ou menos secretas daquele motivo, as mais evidentes nos poetas. O Mênon cita Píndaro (81 B):

> As pessoas às quais Perséfone paga a penitência pelos seus antigos sofrimentos, suas almas ela devolve no nono ano
> ao sol superior, das quais surgem
> reis esplendorosos e homens de força poderosa
> e grandes em sabedoria. No futuro, serão
> chamados heróis sagrados entre os homens (tradução de Kurt Hildebrandt).

Perséfone, que devolve as almas às alturas, é uma deusa dos mistérios. Sócrates faz menção especial às mulheres sábias, ao lado dos homens e poetas sábios: seu conhecimento está ligado mais ao conteúdo dos cultos secretos das mulheres do que à filosofia arcaica. Devemos imaginá-las mais como sacerdotisas (semelhantes a Diotima) do que apenas como alunas filósofas de Pitágoras. Apenas Mênon usa a palavra *logos* para aquilo que se podia aprender delas, e ele o faz logo no início, antes mesmo de conhecer o tema sobre qual Sócrates falará. A versão de Píndaro é a reprodução de um mitologema, não de um filosofema. Trata-se de um motivo dos mistérios. Perguntamos então: Como Platão trabalha com esse motivo?

Ele o expõe de modo completamente afilosófico. Sócrates *acredita* nele, sem a intenção de usá-lo para *demonstrar* algo. Tudo serve apenas para apontar a única saída possível, e nada mais. O fato de que o platônico vivencia de modo imediato a *anamnesis* no reluzir da ideia não é levado em consideração na demonstração de Sócrates. Essa demonstração pretende ser uma *demonstratio ad oculos* real com a ajuda da geometria. Sócrates faz o escravo de Mênon se lembrar de algo que este homem desconhecedor da geometria não pode ter aprendido nesta vida no aquém. Isso representa um elemento fundamental da obra de Platão que é desenvolvido e não acatado. Equivocada é, portanto, a concepção que foi formulada desta maneira: "Assim, Platão fundamenta sua obra na teoria da migração de almas de Pitágoras"[1]. Pelo contrário: Platão fundamenta seu conceito do conhecimento da *anamnesis* não na afirmação prévia da imortalidade da alma! Ele afirma, já não se apoiando mais só na crença de Sócrates, a eternidade da alma na base da tese da *anamnesis*[2]. Se Sócrates estava certo naquilo que conseguiu demonstrar nos escravos de Mênon e que o conhecimento sempre esteve na alma, então a alma é imortal: εἰ ἀεὶ ἡ ἀλήθεια ἡμῖν τῶν ὄντων ἐστὶν ἐν τῇ ψυχῇ, ἀθάντος ἀ'ν ἡ ψυχὴ εἴν (86 AB).

Essa interpretação vai ainda mais longe. Ela refuta a opinião intimamente vinculada à concepção tradicional: que Platão teria resolvido a aporia da busca pela verdade apenas em aparência. Que ele teria deslocado o problema do conhecimento e de sua origem apenas para outra vida, quando ele acata a doutrina da preexistência, por exemplo, na versão de Píndaro. Mas Platão não faz nada disso. Ele diz explicitamente: Apenas se realmente assim for (e em relação a isso ele não tem qualquer dúvida após a demonstração de Sócrates) que a alma sempre soube a verdade, ela é imortal (86 AB). Mesmo onde ele escreve (86 A) que o escravo de Mênon "possuía e sabia" (εἶχε καὶ ἐμεμαθήκει) o que ele acabara de reconhecer "em outro tempo" (ἐν ἄλλῳ τινὶ

---

[1] HILDEBRANDT, K. *Platon*. Berlim, 1933, p. 160.
[2] GRASSI, E. *Vom Vorrang des Logos*. Munique, 1939, p. 136ss.

χρόνῳ), esse tempo não pode ser interpretado no sentido de um início. Nem a gramática nem Platão permitiriam isso, que, de forma inequívoca, fala de "sempre" (τὸν ἀεὶ χρόνον), de "o tempo todo" (τόν πάντα χρόνον). Nesse tempo "todo", nem sempre somos *humanos*, mas as "opiniões verdadeiras" (ἀληθεῖς δόξαι) estão *sempre* presentes nesse ser contínuo e esperam ser despertadas. Elas são despertadas para o conhecimento: ἐπεγερθεῖσαι ἐπιστῆμαι γίγνονται (86 A).

Se fôssemos remeter esse conhecimento platônico de uma lembrança sem início àquele mistério, chegaríamos a uma versão diferente da de Píndaro e, provavelmente, também dos homens e mulheres sábios. Precisaríamos então deslocar toda a preexistência da própria alma. As palavras de Sócrates sobre o parentesco interior da *physis* precisariam então ser compreendidas de tal forma que a alma, juntamente com todo seu imenso conteúdo, pertence à *physis*. As "opiniões verdadeiras", que sempre estão presentes no estado adormecido da alma, representariam então o teor de sentido do universo, o aspecto espiritual da *physis*. Esse aspecto já existente na alma como possibilidade se transformaria em visão clara na lembrança.

No entanto, nada disso se expressa em Mênon. Nesse diálogo, Platão não retorna nem para a doutrina dos homens e mulheres sábios e dos poetas nem para a *physis*, mas para os videntes e poetas em geral (99 C). Estes dizem a verdade sem saber o que dizem. O mesmo acontece com os políticos, sim, com todos que possuem a *arete*, a virtude do "bom" heleno. Eles extraem aquilo que têm como que em estado de possessão da fonte divina de sua possessão. Eles o têm como seu destino (θεία μοίρᾳ). Platão aponta também para a sabedoria das mulheres, que consiste no fato de que as mulheres – em harmonia com os habitantes da antiga Lacônia – chamam os homens dotados de *arete* como "divinos". Os "possessos" acima mencionados são designados por Platão com a mesma palavra (θείους). A sabedoria adormecida, que se expressa como que no sonho, da antiga Hellas – no tempo de Platão: a sabedoria dos extáticos, poetas, mulheres e espartanos – é assim separada da nova filosofia socrática dos despertados, mas recorre-se a ela: como advertência e remédio contra a restrição perigosa que ameaça a possibilidade do filosofar.

• 297

2 Diotima

O símbolo desse recurso é, no Simpósio, a figura da Diotima – um símbolo, mesmo que tenha sido uma personalidade histórica, como Sócrates afirma explicitamente (201 D): uma mulher sábia e sacerdotal, que visitou Atenas dez anos antes das Guerras do Peloponeso e purificou a cidade durante os dez anos seguintes. Seu lar era Mantineia, uma cidade no Peloponeso, cujos cultos antiquados chamaram atenção nas escavações[3]. O fragmento de um relevo ali encontrado representa uma mulher sacerdotal com um fígado mântico na mão. Um achado raríssimo que, talvez, mostre a imagem da própria Diotima![4] O significado de sua aparição simbólica no Simpósio não precisa desse tipo de apoio, ele claro por si só. Com ela irrompe nas conversas hipermodernas do Simpósio o maravilhosamente novo – tão novo e maravilhoso quanto a *anamnesis* – na forma da sabedoria primordial agora despertada.

A geração que precisava que alguém recorresse a uma sabedoria tão antiga contra a limitação de seu pensamento é representada da forma mais chamativa pelo jovem Fedro. Não só no Simpósio, mas também no diálogo com seu nome. Lá, ele se mostra encantado pelas artes retóricas, que se encontra no mesmo nível como a erística infértil combatida no Mênon. Ele está como que embevecido de um pensamento desonesto que se desligou das profundezas nas quais o dionisíaco tem as suas raízes. E também lá Sócrates precisa se opor à limitação e à distorção da vida espiritual, sim, de toda a vida, e apoiar-se no solo primordial do êxtase, mesmo que sua filosofia se volte para algo mais novo. A geração de Fedro flutua desarraigada entre o antigo e o novo: da distante meta socrática, que apenas alguns poucos e verdadeiros alunos do mestre e de seu maior aluno conseguem vislumbrar com dificuldade.

No Simpósio, Fedro é o pai do tema, dos discursos sobre Eros. A justificativa de sua alegação segundo a qual o grande deus estaria sendo negligenciado parece estar sob a influência do famoso cântico do coro de Eurípedes (*Hippol.*, 535ss.). Anuncia-se já na tragédia pós-Ésquilo, em Sófocles e

---

[3] FOUGÈRES, G. *Mantinée el l'Arcadie orientale*. Paris, 1898.
[4] MÖBIUS, W. *Diotima*, 49, 1934, p. 45-60.

especialmente em Eurípedes um novo reconhecimento do poder do deus do amor, que nada mais tem a ver com a veneração de Eros em cultos antigos, secretos ou não. Pois não existia apenas o culto antigo em Téspias, na Beócia, mas também o culto de mistérios praticado pelos licômidas na aldeia ática de Flia. Fedro afirma que nenhum poeta jamais escreveu um único cântico de louvor a Eros (177 b). Isso significa apenas que ele pessoalmente nada sabe dos hinos que os licômidas, uma antiga família ática, cantavam em homenagem a Eros, tenham eles realmente sido compostos por Panfo e Orfeu, como relata Pausânias (9.27.2) ou não. Não podemos deduzir da ignorância característica de Fedro que esses cânticos cultuais não tenham existido na época, mas apenas que os eróticos do estilo moderno no Simpósio se alienaram daquele Eros que pertencia ao culto de mistérios.

Isso torna a virada representada pela aparição súbita da figura de Diotima no discurso de Sócrates ainda mais significativa: é uma virada contra aquele tom da veneração moderna de Eros encontrado nas palavras de Fedro e que alcança seu auge no discurso de Agatão. Eros seria o deus grande e belo, que tudo enobrece, harmoniza, une e alegra. Ao citar Diotima, Sócrates parece introduzir um tom totalmente sóbrio. Ele não é nem deus nem belo, afirma Diotima. O ensinamento de Diotima nos firma no solo da realidade sóbria e, ao mesmo tempo, no solo de uma curiosa crença em demônios. Ela não anula a essência daquilo que fazia parte do louvor ao Eros, mas se aproxima da natureza do ser louvado a partir do aspecto biológico e assim compreende a natureza de um verdadeiro *daimon*.

Para o leitor de hoje, esse realismo e, de outro lado, a determinação de Eros como *daimon* representam um curioso paradoxo. Uma das tarefas da interpretação do Simpósio é resolver esse paradoxo. Uma solução moderna que não leve a sério o caráter demoníaco e fale apenas de uma "personificação" ou de um "antropomorfismo" de uma paixão conhecida não nos satisfaz. Como podemos saber de antemão que Platão não estava pensando em um aspecto daquela paixão que hoje nos é *desconhecido*, ou seja, no aspecto *demoníaco*? Pois sabemos que, para os gregos, "daimon" não significava o mesmo que "demônio" para nós. Qual é a realidade, ou, no mínimo, a realidade psíquica, que corresponde ao "demoníaco" e ao *daimon* no Simpósio?

Se exigirmos com todo direito que, na interpretação de Platão, todos os conceitos modernos sejam ignorados[5], sugiro então que, pelo menos uma vez, tentemos praticar isso.

3 A doutrina dos demônios

A ciência moderna não soube o que fazer com o *daimon* em Platão. Entre os pesquisadores de Platão mais recentes, Paul Friedländer foi um dos poucos que lhe deu uma atenção especial[6]. Ele sugeriu uma explicação biográfica para ele. Quando Platão conheceu Sócrates, ele teria encontrado uma esfera demoníaca. E, de fato, Sócrates conseguiu transmitir a experiência de algo demoníaco: conscientemente por meio de suas confissões do "Daimonion", que lhe proibia fazer ou dizer algo incorreto; inconscientemente por meio do efeito inexplicável que toda sua personalidade emanava. Mas tudo isso pouco tem a ver com o *daimon* do Simpósio. Os apelos socráticos ao Daimonion correspondem, em essência, às menções homéricas ao *daimon*. Em Homero, os seres cotidianos ignorantes costumam não saber qual das deidades acaba de provocar aquilo que lhes aconteceu e, por isso, falam do "*daimon*" no lugar de Atena, Apolo ou de algum outro deus do Olimpo. O aspecto do inexplicável exerce aqui o papel principal. Em Sócrates, a menção ao *daimonion* também era um sinal de ignorância, uma ignorância assumida por humildade. Pois podia ser o próprio Apolo que o mantinha puro desse modo.

No Simpósio, o *daimon* Eros é mais do que o efeito inexplicável de uma deidade não identificada. Ele tampouco se concretiza a partir das experiências do demoníaco que Sócrates pode ter feito consigo mesmo e Platão com Sócrates. Diotima o traz como matéria de sua esfera cultual. Como mulher e sacerdotisa sábia, ela lida com essa matéria. Ela é uma autoridade nessa matéria, assim como era uma autoridade no convívio com aqueles poderes de cujo efeito danoso ela salvara Atenas durante dez anos. É como autoridade que ela é citada aqui. Ele recorre a ela aqui da mesma forma como recorreu, no

---

[5] KRÜGER, G. *Einsicht und Leidenschaft*. Frankfurt a. M. 1939, VIII.
[6] *Platon I*. Berlim, 1928, p. 38ss., 91.

Mênon, aos homens e mulheres sábios que lhe eram autoridades no campo do destino da alma.

E também a situação, na qual precisamos apelar ao seu conhecimento secreto, é a mesma como no Mênon. Para o pensador, a afirmação dos outros oradores segundo a qual Eros, o "desejo", seria um deus e belo continha uma contradição. Esse "desejo" é um desejo do belo, ou seja, é carente do belo, e como carente não pode ser uma deidade. No nível em que se pensa exclusivamente na base do *principium contradictionis*, onde só existe "ter conhecimento" ou "não ter conhecimento", "ser belo" ou "ser feio", "ser deus" ou "ser mortal" – nesse nível não existe saída senão um ensinamento curioso como no Mênon. Diotima parte explicitamente do pressuposto de que existe algo entre "ter conhecimento" e "não ter conhecimento", entre sabedoria e ignorância: a opinião correta. Para tanto, porém, ela não precisava ser uma Diotima e ter vindo de Mantineia com uma sabedoria sacerdotal especial.

Sua doutrina mais secreta, que aqui representa a saída, é apresentada, como convém a uma sacerdotisa, de forma dogmática. A única garantia de sua verdade é a autoridade de Diotima. A princípio, toda a demonologia (que servirá como fundamento para todas as doutrinas demonológicas dos platônicos posteriores) se apoia apenas nisso e em nada filosófico (202 E): "Pois todo demoníaco é coisa intermediária entre deus e os mortais [...]. É aquilo que presta os serviços de mediação entre os seres humanos e os deuses, aquilo que dos primeiros transmite as orações e os sacrifícios aos segundos e que dos segundos transmite as ordens e a vingança. E visto que se encontra no meio entre os dois, ele cumpre os dois, para que o todo permaneça unido em si. Com sua ajuda ocorre todo tipo de profecia e a arte dos sacerdotes e sacrifícios, consagração, bênção e magia. Um deus não se rebaixa ao patamar de um humano. É com a ajuda dos demônios que acontece toda comunicação e interação dos deuses com os homens, tanto no sono quanto no estado desperto. Aquele que domina essa arte, é um ser humano demoníaco [...]. Esses demônios são numerosos e dos tipos mais diversos, e também Eros é um deles".

Nisso há de filosófico apenas a alusão à necessidade de um *syndesmos*, de uma ligação interna do universo (ὥστε τὸ πᾶ αὐτὸ αὐτῷ οὐδεδεσαι). A doutrina religiosa suporta uma alusão desse tipo tão bem quanto a doutrina religiosa no Mênon suportou a alusão ao parentesco interno da *physis*. A diferença em relação ao Mênon é que, lá, a saída hierático-dogmática ali aludida é usada filosoficamente pelo filósofo. Aqui, a sacerdotisa a usa com o mito de nascimento do *daimon* Eros. No entanto, ela o faz *para* o filósofo: para Sócrates, que não teria conseguido fazê-lo com a mesma mestria. Por um lado, ela aproveita a possibilidade contida em sua doutrina de compreender algo intermediário de forma conceitual e insere o estado flutuante do filósofo logo conhecedor, logo ignorante e jamais definitivamente um nem outro no cosmo das formas eternas do ser. Por meio do demoníaco, ela consegue determinar o filosófico. Por outro lado, ela preenche com o teor de vivência do filosófico o intermediário que é determinado apenas por seu lugar: o demoníaco outrora apenas misterioso e assustador ou inconfiável.

O que torna crível a matéria apresentada aqui de forma sacerdotal não é o avanço filosófico pela via científica, como no Mênon, mas a evocação da vivência do filósofo de sua própria oscilação entre a plenitude e o vazio. A evocação ocorre por meio de um mitologema de nascimento, mas o viver, o morrer e o reviver do *daimon* é experimentado pelo filósofo em si mesmo. Em seu mitologema, Diotima vincula Eros e Afrodite apenas ao declarar que o *daimon* foi concebido na festa de nascimento da deusa: a mendia Pênia o recebe do Poros embriagado. Não se trata de estados físicos. O pai Poros não é a plenitude física, mas a plenitude do conhecimento de todos os caminhos e de todas as saídas. A mãe Pênia não é a incapacidade, mas a capacidade de dissolver a riqueza e de permanecer pobre a despeito de um enriquecimento maior. Podemos expressar o mesmo também com os termos da doutrina da *amamnesis*: Eros provinha da união de uma capacidade maravilhosa de lembrar-se e de uma capacidade igualmente maravilhosa de esquecer-se. Estas compõem a natureza daquele *daimon* que, necessariamente, precisa ser filósofo (ἀναγχαιον Ερωτα φιλοσοφον ειναι), essencialmente igual à alma do filósofo que vivenciou isso (204 B).

Ou seja, o *daimon* era palpável não no corpo, mas na alma, e a alma não era limitada a servir ou dominar no âmbito de um corpo singular, mas vista como órgão daquela plenitude e daquele vazio. Ela pode ter seu estado de equilíbrio e flutuar calmamente entre plenitude e vazio. Ela pode também estar na posse da opinião correta. Quando a alma perde esse estado, ela revela outro, como no êxtase do profeta, na poesia, na busca da verdade. E também esse outro estado é um estado intermediário e flutuante, no qual, porém, a plenitude pode, de repente, ter um peso maior e até mesmo transbordar. Nesse estado inquieto revela-se o *daimon* na alma. Quando sua plenitude e seu vazio é contemplado sob o aspecto do conhecimento, ele é um ser que se lembra, que extrai suas lembranças de uma eternidade sem início e que sempre se perde em autoesquecimento, para então reemergir e voltar a viver. Visto dessa forma, o *daimon* se torna aceitável não só na base de sua autoridade sacerdotal, mas se torna compreensível também de forma puramente filosófica. *Daimon* e *anamnesis* – ambos conectam o ser humano com a fonte do possível transbordar humano: o transbordar em conhecimento, em obras, em descendência.

4 O mistério

Diotima inicia sua revelação sobre o aspecto erótico do *daimon* Eros apenas, após ter tornado acessível ao filósofo seu aspecto demoníaco por meio do mitologema evocativo – de certo modo por meio de uma *demonstratio ad hominem* – e substituir sua própria doutrina sacerdotal por uma vivência filosófica. Sobre esse fundamento, ela edifica sua revelação em duas fases, como dois graus de um conhecimento secreto de mistérios. Ela designa a transição de uma fase para a próximo com o modo de expressão dos mistérios eleusinos: ταῦτα μὲν οὖν τὰ ἐρωτικά ἴσως, ὦ Σώκρατες, κα'ν οὐ μυηθείς. τὰ δὲ τέλεα καὶ ἐρωτικά, ὧν ἕνεκα καὶ ταῦτα ἔστιν, ἐάν τις ὀρθῶς μετίῃ, οὐκ οἶδ'εἰ οἷός τ'ἂν εἴης (209 E).

A primeira fase era a μύησις, a iniciação: Sócrates estaria qualificado para a primeira fase inferior do amor, mas apenas a segunda fase seria o τέλος, e a ἐποπτεία, a meta alcançada, a grande visão. Assim, a doutrina de Diotima é, por assim dizer, rotulada como mistério. Por assim dizer: pois o uso da linguagem dos mistérios pode também ser puramente metafórico, como no Górgias (497 C). As duas fases da seguinte revelação devem ser examinadas independentemente dessas expressões: são elas realmente mistérios ou contêm elas matéria relacionada à doutrina dos demônios? Apenas então poderemos perguntar se tudo, ou parte disso, também é pertencente aos mistérios.

A primeira fase da iniciação apresenta um espírito que pode parecer ao leitor atual também como realismo biológico. Ouçamos apenas a parte mais impressionante (207 A): "Ou não percebes a tamanha excitação em que se encontram os animais quando desejam se procriar, os animais terrestres quanto os alados, como todos eles adoecem e ficam excitados pelo desejo, em primeiro lugar, por causa do acasalamento, depois por causa da alimentação da cria, e como estão dispostos, mesmo que sejam os mais fracos, a lutar com os mais fortes e morrer por ela, como se submetem à tortura da fome apenas para criar aquela e como fazem tudo por ela? Nos seres humanos, acreditamos que façam isso segundo sua reflexão, mas os animais – qual pode ser a causa de ficarem tão excitados pelo desejo?"

O intérprete moderno se sente totalmente à vontade nessa atmosfera. Ele reconhece aqui um impulso, que, como impulso em direção à imortalidade, pode lhe ser até sagrado. Ele compreende com facilidade por que Diotima fala da imortalidade como última razão e meta e não percebe que ela não fala simplesmente de "impulso". Até mesmo um tradutor filológico tão minucioso como Franz Boll inseriu na expressão ἐρωτικῶς διατίθεσθαι em vez de "desejo" o impulso do amor, mesmo que o próprio Platão recorre, no Fedro, mais ao cavalo ruim do que ao cavalo bom da alma amante para expressar o impulso. Nem mesmo no Simpósio Eros, o desejo, é mero impulso, mas um ser semidivino, que possui mais forma do que algo apenas sentido. Eros se distingue das figuras dos deuses pelo fato de ser caracterizado não só por traços positivos, mas também por uma *necessidade*. Positivo é seu flutuar, uma leveza incompreensiva, nada impulsiva diante de uma força invencível. Mas é apenas por meio da menção de sua necessidade característica que Eros é verdadeiramente designado. Apenas quando sua necessidade especial é satisfeita que se alcança imortalidade por meio dele.

Qual é a necessidade de Eros que deseja ser satisfeita para que se realize também a imortalidade dos seres desejosos? Essa é a pergunta que precisamos levantar se não quisermos mais abrir mão do *daimon*, do filho de Poros e de Pênia. Em Diotima é absolutamente natural que ela não abre mão de seu *daimon* nem mesmo quando prepara (204 B até 206 A) e faz (206 B) essa pergunta conceitualmente. O desejo exige algo bom para si mesmo. Nem todo desejo é, porém, Eros. De que modo, em qual objeto o Eros se realiza? Qual é a sua obra – a obra, acrescentamos, em que sua necessidade deixa de existir – pelo menos por um instante? A resposta é: τόκος ἐν καλῷ καὶ κατὰ τὸ σῶμα καὶ κατὰ τὴν ψυχήν (206 B). E mais tarde ela é repetida: οὐ τοῦ καλοῦ ὁ ἔρως, ὡς σὺ οἴει. Ἀλλὰ τί μήν; τῆς γεννήσεως καὶ τοῦ τόκου ἐν τῷ καλῷ (206 E). "Não é o belo objeto do desejo, como acreditas, mas...?"

Na primeira vez, o objeto, a obra e a realização do Eros era: "Parir (τόκος) no belo no corpo e na alma." Na segunda vez, o τόκος é explicado: "Gerar e parir no belo." O gerar (γέννεσις) é aqui apenas uma forma de parir. Aquilo que antecede a *esse* "parir" – ao gerar – já é *gravidez* tanto no corpo quanto na alma. κυοῦσιν πάντες ἄνθρωποι καὶ κατὰ τὸ σῶμα καὶ κατὰ τὴν ψυχήν (206 C). Do ponto de vista linguístico, não é o "portar da semente", mas o portar do fruto do ventre, aqui: de uma criança misteriosa, que engravida tanto o corpo quanto a alma por meio de sua presença, uma gravidez que testifica do presente e do efeito de Eros. A realização da gravidez, o cessar da necessidade de Eros é o "parir no belo". Em determinada idade, nossa natureza deseja parir (τίκτειν) – estas as palavras de Diotima – "parir ela não pode no feio, apenas no belo" (206 C). E ela ainda acrescenta: "Pois a união de homem e mulher é um parir (ἡ γὰρ ἀνδρὸς καὶ γυναικὸς συνουσία τόκος ἐστίν)".

Alguns editores excluíram essa oração, e nenhum intérprete ousou compreendê-la literalmente. O que vale entender aqui? Uma esfera especial de Eros, na qual uma fertilização misteriosa engravidou os corpos e as almas dos homens e das mulheres antes da verdadeira gravidez das mulheres. Também nessa esfera existem dores de parto (206 E), mas a deidade que delas liberta não é nenhuma das deusas de nascimento das mulheres, mas o belo ou, como deusa: Calone (206 D). Ela protege aquilo que aqui transcorre – Platão o designa com o termo mais geral do devir: *genesis* – como Ilitia ou a moira do nascimento. *Genesis* é a meta, ela já é realização no devir, a geração ou criação e a imortalidade nela contida são fruto de uma gravidez. Em relação ao seu princípio essa gravidez é aberta: ela se deve exclusivamente a Eros. O *daimon* de um transbordar sem início como causa não parece insensato ou paradoxal, mas natural se o estado dos seres vivos eroticamente excitados já é visto como gravidez.

No nível mais elevado, Diotima explica a Sócrates como essa gravidez pode ser orientada em direção a revelações cada vez mais elevadas e puras do belo e em direção ao próprio belo. Aqui, ela não fala mais da gravidez do corpo: aqueles que estão fisicamente grávidos (οἱ ἐγκύμονες κατὰ τὰ σώματα ὄντες) preferem voltar-se para as mulheres (208 E). Não corpos, que precisam ser carregados no corpo, devem ser paridos, mas obras. Quanto mais elevado o grau de beleza alcançado, no qual o grávido exerce sua criatividade, mais perfeita a obra. E ele próprio se torna cada vez mais forte e maior (210 D). Diante do próprio belo ele pare sua própria perfeição, a verdadeira Arete: ele pare a si mesmo como amigo dos deuses e como imortal (τεκόντι δὲ ἀρετὴν ἀληθῆ καὶ θρεψαμένῳ ὑπάρχει θεοφιλεῖ γενέσθαι, καὶ εἴπερ τῳ ἄλλῳ ἀνθρώπων ἀθανάτῳ καὶ ἐκείνῳ 212 A).

Essa é a realização máxima do Eros, do mediador entre mortais e imortais. Pois ele é o espírito impulsionador daquela gravidez que se dissolve nesse nascimento singular – como no renascimento de um iniciado como ser divino.

5 O pano de fundo

A pergunta pelo mistério parece ser dispensável agora. Temos aqui um mistério verdadeiro, mesmo que apenas insinuado em palavras, que vai muito além das possibilidades da filosofia. Platão enriquece o misticismo da Antiguidade. Ele estabelece o fundamento para uma do homem criativo e assim indica um novo caminho consciente para a realização do divino em nós. Mas devemos ainda dizer em que medida esse caminho é uma continuação genuína daquele caminho que Diotima realmente conseguiu mostrar. Em que medida ele é *antigo e místico* em oposição ao misticismo no sentido cristão e oriental?

O misticismo no sentido cristão e oriental é, para caracterizá-lo com as palavras de seu primeiro grande mestre no Ocidente: "Fuga do Uno para o Uno", φυγὴ μόνου πρὸς μόνον. Foi assim que Plotino o expressou (*Enn.* VI.

9, 11). Esse misticismo é assunto do indivíduo. Esse é o seu distintivo, e não só no sentido que Friedländer apresentou em seu livro sobre Platão. Ele lhe contrapõe a conhecida concepção de Platão segundo a qual o fogo da alma se inflama após um longo convívio e esforços comuns em prol da causa. É, sem dúvida, uma diferença, mas apenas uma diferença superficial. Aquela fuga do Uno para o Uno não é um mero afastamento e isolamento da sociedade dos vivos. A ascese, um dos fundamentos daquele misticismo, isola o místico desde o início da comunhão com os vivos e com os mortos, de uma comunhão, que, na continuação ininterrupta da vida, persiste por meio da geração. Quando o místico oriental se retira para a floresta ou para um mosteiro apenas após ter gerado e criado filhos, ele faz jus a ambos os tipos de mistérios: àqueles ligados à vida da família e àqueles ligados à ascese. Este segundo tipo é o tipo cristão e de Plotino; o primeiro, o tipo antigo.

A "vida da família" deve ser compreendida apenas no sentido vertical como contexto de ancestrais e descendentes, sem levar em conta as diferentes formas do convívio entre os sexos. A semelhança entre antigos costumes ligados aos mistérios (e os mitologemas correspondentes) e ritos de iniciação, vinculados à idade núbil dos jovens em sociedades arcaicas, chama atenção. Os cultos secretos das mulheres nos gregos e romanos dificilmente se inserem em outro contexto senão àquela linha vertical. Sabemos muito pouco sobre estes e os cultos igualmente secretos de certas famílias nobres, como, por exemplo, o culto de mistérios particular dos licômidas. Mas certamente é errado se estudos científicos sobre os grandes mistérios mais conhecidos não tratarem estes como casos individuais no contexto dos antigos cultos secretos também de caráter totalmente privado. A linguagem dos mistérios e atos correspondentes em nascimento e morte, em casamento e no erotismo exigem igualmente a suposição de um contato essencial dos mistérios e dos cultos familiares.

Misticismo antigo e a vida familiar no sentido mais universal não são polos contrários. Pelo contrário. Aquilo que precisamos supor como teor vivenciado dos mistérios de Deméter em Elêusis era uma maternidade sofrida, mas remida no final. O sofrimento consistia na separação do Uno arraigado, que se apresentava em mãe e filha, em Deméter e Coré como um par. A separação ocorria por meio de rapto. A morte e o mundo dos espíritos se inseriam na figura do noivo do submundo na unidade essencial do par. Mas o fio que ligava mãe e filha numa identidade profunda, se rompia apenas aparentemente. Ele assumia a forma de uma linha rítmica, da imagem primordial da vida indestrutível. Pois ao sofrimento, iniciado pelo casamento violento, pela intromissão do submundo, seguia a alegria: o reencontro e o nascimento da criança mística, da garantia da continuação ininterrupta da linha. O iniciado vivenciava o nascimento misterioso e contemplava a reencontrada, a rainha do submundo que brilhava em sua beleza. Por meio da visão e uma identificação expressada com a deusa mãe, ele voltava para o eterno destino materno. Não como um indivíduo solitário para o Uno, mas como um no qual o contexto vivo daquilo que foi e daquilo que virá se transforma em visão e vivência nos sofrimentos e nas alegrias da maternidade. Podemos deixar em aberto a quais profundezas a vivência do iniciado chegava. A linha em que *esse* misticismo se movimenta é clara. É a linha infinita das gerações, no aspecto feminino como alternância entre a existência como mãe e como filha.

O aspecto masculino correspondente se manifesta nos monumentos dos mistérios dos cabiros. O deus recebe uma vez o apelido *kallipais*: "aquele com o filho belo" (*Hippol.*, V6). Podemos perguntar se o "filho belo" não seria o próprio Cabiro, pois também Perséfone recebe o mesmo apelido καλ λίπαις (*Eur. Or.* 964): como se isso significasse "a linda filha" de Deméter. Em ambos os casos é linguisticamente mais fácil ler "aquele" ou "aquela com uma criança linda". Em um vaso do *Kabirion* de Tebas (ilustr. 25)[7] vemos a deidade paternal, deitada dionisiacamente. Na frente dele, um garoto. Ambas as figuras são claramente identificadas por inscrições como "Cabiro" e "Pais". A linha característica do misticismo antigo transparece claramente aqui.

Um ser rude e parecido com o anão está de costas para uma cratera que é o centro da trama, como se ele estivesse vindo diretamente dos dois acima mencionados. Seu nome é Protolao, o "primeiro ser humano". Sua atenção

---

[7] CHAPOUTHIER, F. *Les Dioscures au service d'une déesse*. Paris, 1935, p. 180.

está voltada para um casal na frente dele: para Crateia e Mito, cujo nome significa semente. Ambos estão imersos no olhar do outro: sem dúvida alguma, o casal de amantes primordial, cujo ato de geração levou o primeiro ser humano à *genesis*. A linha, na qual o iniciado nesses mistérios se inseriu, partia do casal divino Pai e Filho, se propagou por meio de Protolao e a primeira semente paterna, passando então, de modo ininterrupto e infinito, por todos os pais e gerações.

No início temos figuras divinas: uma deusa primordial nos mistérios de Deméter, que se duplicou em sua filha e revela em todas as mães e filhas a continuação da vida; um pai primordial nos mistérios dos cabiros, que se desdobra nas figuras especiais de Cabiro, Pais, Protolao e Mito. Como figuras divinas, ambas as deidades primordiais são atemporais, significam, portanto, não o início, mas a ausência de um início de uma *linha* eterna, uma na linha do aspecto feminino, a outra na linha do aspecto masculino. Existe ainda um terceiro aspecto dessa ausência de início. Ele é mais psíquico do que masculino ou feminino. Num monumento famoso de mistérios menos conhecidos da Grécia e do sul da Itália encontramos esse aspecto como Eros.

O monumento é problemático em vários sentidos. Trata-se da contraparte do Trono Ludovisi (ilustr. 26). O vínculo estilístico das duas peças não é problemático; nem o tempo de criação por volta dos meados do século V a.C. e a origem da região artística iônica e do sul da Itália. Observo apenas de passagem que a figura principal do Trono Ludovisi foi identificada por grandes autoridades arqueológicas como Afrodite ou como a deusa dos mistérios Coré. A briga é supérflua, pois no sul da Itália essas duas figuras estão tão próximas uma da outra que os pitagóricos as compreenderam como dois aspectos da mesma deusa: como duas Afrodites – uma celestial e outra subterrânea (em Roma como Libitina)[8]. As romãs da rainha do submundo estão presentes também na contraparte. Elas até se alternam com peixes, que, para certos iniciados em Elêusis, lembram os peixes sagrados. A proximidade com os mistérios de Perséfone é, no mínimo, provável.

---

[8] KERN, O. *Hermes*, 25, 1890, p. 7.

O que nos interessa aqui é apenas a representação principal nessa contraparte. Como efebo, Eros estende suas grandes asas entre duas mulheres sentadas e veladas. Ele segura uma balança com duas figurinhas masculinas. A mulher à esquerda, no lado em que a figurinha puxa a balança para baixo, ergue com um sorriso o braço esquerdo em direção ao deus alado, que inclina a cabeça levemente para ela. A outra mulher, em cujo lado a figurinha na balança se revela como a mais leve, está como que adormecida, sua cabeça apoiada em seu braço direito. A primeira é a mulher em realização, a outra, a não realizada. A realização vem de Eros por meio da figurinha mais pesada. A interpretação dessas figuras minúsculas como almas não nascidas é a mais evidente. Ela foi também explicitada[9], mas aqui precisamos pelo menos justificá-la sucintamente.

Na era da epopeia, a decisão sobre o fim da vida cabe a um ser invisível que, no início da vida, se apoderou do ser humano. O Pátroclo morto fala sobre isso na *Ilíada* com palavras claras (23.78): ἀλλ' ἐμὲ μὲν κὲρ ἀμφέχανε στυγερή, ἥπερ λάχε γεινόμενόν περ. "Mas eu fui agarrado pela terrível Quer, que me foi atribuída em meu nascimento." Esse ser se chama, portanto, Quer na epopeia e representa tanto o aspecto do destino da morte, que as Queres podem aparecer em multidões. O vínculo íntimo entre determinada Quer e certa pessoa se manifesta mesmo assim. Quando os deuses não sabem qual dos heróis deve morrer numa luta, eles colocam as Queres dos respectivos heróis na balança. A pergunta a ser respondida não pode ser feita desta forma: Qual demônio da morte derrota o outro? Pois estes não lutam uns contra os outros. A balança só faz sentido se perguntarmos: Qual dos dois demônios derrota *mais cedo* o próprio herói? Qual dos demônios, que tomou posse do herói como demônio da vida, já amadureceu como demônio da morte? Qual deles já chegou ao ponto de poder se revelar no dia da morte? O demônio de Heitor já era mais maduro como Quer da morte, já estava mais próximo do dia do destino. Esse dia pesa mais na balança: ῥέπε δ' Ἕκτορος αἴσιμον ἦμαρ – "pesou porém o dia do destino de Heitor" (22.212). O prato mais baixo na balança designa um ponto mais baixo num declive do destino individual.

---

[9] SCHOL. *Stat. Theb.*, 4. 526.

As Queres da morte soltas, que não se encontram numa ligação orgânica com um indivíduo, ou as Queres como tipos de morte, que também poderíamos escolher, são mais jovens, a doutrina apresentada no Fédon sobre o *daimon* atribuído a cada ser humano é mais antiga. Segundo essa doutrina, recebemos nosso *daimon* para a vida e a morte. Mas como já na epopeia a Quer e a alma são separadas, aqui também o *daimon* e a alma são mantidos separados: em Quer e *daimon* o destino da alma se objetiva. O significado original de Quer era, porém, "alma". Isso é apoiado pelo uso linguístico ático, que pode ter contido um teor iônico antigo, sobretudo em sua fórmula: θύραζε κῆρες, οὔκετ᾽ Ἀνθεστήρια – "para fora, Queres, a festa fúnebre acabou!" Com essa fórmula as almas mortas inoportunas eram expulsas da festa das antestérias. Ésquilo usou a balança das Queres de Aquiles e Mêmnon, da qual falava a epopeia pós-homérica, como "balança das almas", Ψυχοστασία. Este o título da tragédia. Ele se deve não só à consciência linguística de seu tempo, mas certamente também a um conhecimento que Ésquilo compartilha pelo menos com um de seus contemporâneos mais jovens: com o mestre do Eros na contraparte do Trono Ludovisi. Segundo a concepção de Ésquilo e iônica são as almas que são colocadas na balança: se elas tendem mais do que outra alma para a concepção (como no relevo[10]) ou para a partida (como em Homero e Ésquilo). Quando são concebidas, elas realizam a vida de uma mulher. Quando partem, realizam destinos da morte.

As representações da balança das Queres ou das almas de Aquileu e Mêmnon[11] mostram ora dois pequenos seres alados nos pratos da balança, ora as representações minúsculas dos dois heróis. O Eros da psicostasia de Boston também pesa seres não alados. É ele que possui as asas. Sobre estas precisamos ainda falar um pouco, visto que o mistério de Diotima é complementado pela concessão de asas no Fedro. Lemos ali que são as asas que, por meio de Eros, se agitam na alma. Segundo os versos antigos o nome correto de Eros seria Ptero, διὰ πτεροφύτορ᾽ ἀνάγκην, "já que é ele que faz crescer as asas" (252 B). Eros compartilha as asas com todos os seres psíquicos: com as

---

[10] GERKE, F. *Griechische Plastik*. Zurique/Berlim, 1938, p. 239, n. 137-139, segundo J. Marshall.
[11] CRUSIUS, O. In: ROSCHER. *Myth. Lex.*, II.1, p. 142s., Keren.

almas dos isolados, com as almas que buscam encarnação ou reencarnação, com os espíritos mortos danosos, com as Queres no sentido mais recente. Por causa dessa semelhança, Eros já foi chamado de "Quer da vida"[12]. O parentesco, porém, é muito mais profundo. Eros é aquele que insemina, ele é também a criança primordial alada, que renasce em todo fruto do ventre. Quando os erotes cercam uma noiva, a mesma figura primordial se faz presente em muitas realizações, que age como *daimon* e se funde ao mesmo tempo com almas individuais. As almas buscam a encarnação na figura dos erotes: num maravilhoso vaso do museu em Tarento, a criança alada já se encontra no seio da noiva e é amamentada. Em todos esses seres, as asas são tão essenciais que seria errada a conclusão de que Eros as teria recebido de outros; ou os outros, dele. As aves de Aristófanes nos contam no grande mito cosmogônico onde ele as conseguiu (693ss.). Como elas, Eros teria saído de um ovo com suas asas douradas: de um ovo primordial, posto pela noite alada, e cujo pai teria sido os ventos. A designação "ovo do vento" (ὑπηνέμιον ᾠόν) remete a algo anterior ao início primordial. Segundo uma poesia órfica, as almas vêm com os ventos[13], no livro dos hinos órficos, os próprios cabiros são "ventos que sopram sempre" – πνοιναὶ ἀέναοι (38.22). Asas e ventos são formas essencialmente unidas, não imaginadas, mas oferecidas pela própria natureza para aquilo que é anterior a todo início: para a abertura sem início.

Tivemos que mencionar versões órficas de uma matéria mística antiga apenas para citar paralelos, não para remeter o teor platônico a alguma coisa secundária. Platão se firma de modo imediato no fundamento de um misticismo não relacionado aos mistérios da descendência de gerações antigas, cujos elementos ele poderia muito bem ter aprendido de uma Diotima. No discurso de Diotima no Simpósio ele dá continuação à linha daquele misticismo que leva para além da eternidade imanente das gerações: primeiro para os nascimentos de obras e, por fim, para o devir em face da pura ideia da beleza – como se fosse um novo nascimento – de um homem divino graças à sua Arete. Conscientemente ele transpõe a fonte da

---

[12] HARRISON, J.E. *Prolegomena to the Study of Greek Rel.* Cambridge, 1922, p. 631ss.
[13] ARTIST. *De an.*, A 5, 410b. • Fr. 27, Kern.

existência grega para o nascimento histórico de um ser arraigado no mesmo fundamento primordial.

A criação de ser, porém, *é* sempre mística, também a criação de um novo ser humano. Em termos lógicos, é a mais pura contradição: criação de um ente. Um misticismo *natural*, não só pitagórico ou órfico, solucionou essa contradição vivenciada de forma imediata pelo ser de vida e morte "homem" antes mesmo de ela vir à consciência. As figuras eternas vislumbradas e vivenciadas nos mistérios gregos elevam a própria criação para o reino do ser e lhe concedem a mesma ausência de início como a doutrina da *anamnesis* o faz com o conhecimento. Nessa esfera, a alma não é sem figura e natureza. Ela não é nem só a vida do corpo nem só a imagem do cadáver, mas em seu ser mais secreto um *daimon*, que é capaz de se entregar ao esquecimento próprio, à Lete, mas também – como alertam os passaportes fúnebres encontrados em túmulos – de preservar a lembrança. Ela traz da fonte primordial de toda vida uma natureza espiritual.

Essa mesma esfera é o lar do Eros de Diotima. Não é mero sentimento, nem mero impulso, mas no mínimo uma lembrança flutuante, que logo se perde, logo se reencontra, capaz de repetidos nascimentos, uma lembrança do reino divino das origens e, nesse sentido, um mediador entre este mundo e um "além", um explorador da fonte sem início da imortalidade. Por menos que sabemos dos mistérios, uma coisa podemos afirmar: o discurso de Diotima emprega esse tipo de mistérios no sentido antigo da palavra. Os mistérios antigos não são iluminados por nenhuma outra figura em sua natureza física e espiritual com tanta clareza quanto pelo *daimon* do Simpósio, autor do devir físico e espiritual, como gravidez realizada provinda da infinitude. Aquele que gera pare, e quem pare algo superior como que renasce por meio do mesmo ato como ser superior – graças ao Eros de Diotima.

1942

Mnemosine/Lesmosine
Sobre as fontes "memória" e "esquecimento"

A fonte do "esquecimento", a Lete, seria uma expressão que hoje nos é familiar e que parece fazer parte do depósito fixo da mitologia grega; a era clássica, porém, não a teria conhecido, ela pertenceria à crença não clássica e "mística" no submundo e apenas a reflexão dos místicos do tempo pós-clássico teria criado a fonte da "Mnemosine", da "memória" como sua contraparte: foi esta a constatação feita por ocasião da última abordagem a essa matéria para avaliar e organizar as antigas tradições referentes a ela[1]. Um caso exemplar da filologia meramente histórica, diante do qual nos vemos obrigados a perguntar: Basta avaliar e organizar? E mais: Essa avaliação e organização pode ser bem-sucedida se nem mesmo perguntarmos *o que* está sendo avaliado e organizado? O caso é tão evidente que até mesmo o leigo é capaz de reconhecer imediatamente por que uma filologia humanista, mais voltada para o interesse humano geral, não pode se satisfazer com uma filologia meramente histórica.

Nem mesmo a fonte da Lete seria, portanto, clássica, a era clássica não a teria conhecido: pois fala apenas do "campo de Lete" ou da "casa de Lete", lá desaparecem os mortos... É estranho este axioma no qual se apoia esse método científico: "Não mencionado" significa "inexistente". Conhecemos isso

---

[1] NILSON, M.P. Die Quellen der Lethe und der Mnemosyne. *Eranos*, 41, 1943, p. 62ss. [*Opuscula selecta*, III, 1960, p. 85ss.].

como *argumentum ex silencio*, deduzir do silêncio, que pode ser justificado em muitos casos, menos no caso em que o silêncio é o silêncio dos escombros de uma ruína. O *argumentum ex silencio* só vale quando dispomos de um material sem lacunas. Este não é o caso aqui. Mas se perguntarmos: *O que* a "Lete" representava para os gregos, este nome que traduzimos tão levianamente com "esquecimento"? Esquecimento se refere a um processo puramente psíquico, sendo nós aqueles que esquecem ou aqueles que foram esquecidos. A palavra grega e toda a sua família significam originalmente "estar escondido", "esconder-se" e o "não perceber" escondido. Assim os mortos se encontram em seu "estado de escondidos": esse "estar escondido" é o "campo", a "casa" de Lete. As duas imagens mitológicas, casa e campo, condizem a esse estado que não flui, que é definitivo para os mortos, sobretudo para sua figura antiga. Com isso, transcendemos a aleatoriedade da tradição e alcançamos o sentido que aqui é confirmado pela tradição aleatória, mas que também chama nossa atenção para o fato de que, na mitologia grega, uma fonte jorrante como símbolo do estado da morte seria nada menos do que sensata.

Portanto, não basta identificar quem menciona onde e quando uma água fluente no contexto de Lete e assim atribuir um lugar ao testemunho. Este precisa ser questionado, precisamos perguntar *o que* ele diz. Encontramos o testemunho no mito final do diálogo platônico sobre a República. O perigo de recebermos aqui uma resposta não "só" de Platão, mas, ao mesmo tempo, também de uma tradição mais antiga, não é grande. A grande teoria que Platão quis expressar por meio de toda a narrativa – "A culpa é daquele que escolhe: Deus não tem culpa" – foi pronunciada na parte principal do mito e justificada por um processo na preexistência extratemporal e extraespacial da alma. Aqui nos interessa apenas a parte final, onde ele descreve o estado da transição do ser extraespacial e atemporal para a existência terrena. A narrativa é tão sumária nesse ponto, que Platão deve ter suposto: seus leitores conhecem todo o resto de mitos mais antigos da alma, sobretudo a "sede", que ele deixa de mencionar explicitamente, apesar de sua narrativa o abarcar.

As almas que se encontram nesse estado de transição já foram submetidas ao trono da "necessidade", da "Ananque" e, portanto, às leis da existência

• 315

terrena, inferior aos planetas. Primeiro caminham – e com isso inicia-se a transição – "todas elas para a planície de Lete, atravessando brasas terríveis e calor sufocante; pois ela não possui árvores nem qualquer coisa que brota da terra". Nesse ermo deserto, à noite, as almas acampam às margens de um rio. É evidente que, ainda aqui, entregues ao rio refrescante, elas se encontram na esfera de Lete, e as palavras de Sócrates confirmam isso expressamente: "Também nós somos salvos por esse mito", diz ele, "se nós lhe obedecermos: Felizes atravessaremos o rio da Lete e não mancharemos nossa alma" – i.e., depois, na vida terrena subsequente. À entrada na vida antecede a "travessia do rio". No mito final da "República" platônica, porém, isso ocorre apenas após as almas beberem do rio e caírem no sono: à meia-noite, acompanhado de trovões e terremotos, aos saltos, na forma de estrelas cadentes. Beber da água do rio e ser lançado no nascimento feito estrelas cadentes são aqui as imagens mitológicas para aquilo que Sócrates expressa com a outra imagem da travessia do rio.

O rio, cuja água é bebida, e aquele deserto ermo da Lete, com seu vazio e sua aridez que clama por uma bebida, formam uma unidade de sentido, mas Platão o identifica primeiro com um nome especial como "Rio Ameles". O nome "Ameles" não é apenas transparente em si e de mesmo significado como "Lete", com ênfase especial na inadvertência, mas evoca uma lembrança muito específica e oposta. No Rio Meles, sim, por meio dele, entrou na existência terrestre um homem das musas, das filhas de Mnemosine, a deusa "memória", um homem que, como nenhum outro, soube anular o efeito de Lete: Homero. Assim dizia uma tradição sobre ele, o "melesígene", aquele que nascera no ou do Rio Meles. O rio, no qual e por meio do qual os mortais sob o poder de Lete entram na vida, chama-se com todo direito também A-meles, de certa forma o contrário ao Meles. A água corrente simboliza o efêmero, como água que jorra da fonte é uma imagem primordial da origem da vida e – da memória. De forma alguma estamos afirmando com isso que Platão ou qualquer outro que tenha falado do "Rio Ameles" realmente pensou nos dois opostos dessa imagem: no Rio Meles na Ásia Menor e na experiência do lembrar-se "jorrante"!

A água do Rio Ameles pretende expressar o negativo, o esvaecimento e o desaparecimento. É uma água, assim nos conta Platão, que nenhum recipiente consegue conter. Todos que precisam nascer precisam beber certa medida dessa substância incontível. Os inteligentes se limitam a essa medida, os outros bebem mais. "E sempre que alguém bebe, ele esquece tudo." É um aspecto da Lete que não é incompatível com o outro aspecto expressado pelo calor sufocante da planície. O ermo e a sede *exigem* que o rio corra. Na vivência, o corrente e incontível é vazio e sede eternos. Essa vivência se torna insuportável apenas quando o rio para de correr. Assim, o vazio se transforma em uma *coerção* de ir em direção à corrente. Incentivaria essa coerção justamente aquilo que *nós* chamamos "esquecimento"? Ou até mesmo "dificuldade de lembrar", que, em Hesíodo (*Theog.* 227), aparece sob o nome de Lete como filha de Eris, do conflito? O que *era* aquela Lete, cuja natureza é idêntica àquela corrente desejada com tanto ardor? Em Platão, ela tem a função de impedir a lembrança das ideias. Mas também nele ela só pode ser algo que possui a qualidade de desaparecer constantemente, de ser esquecido, e é apenas por isso que ela é o esquecimento. E antes de Platão?

Uma corrente desejada ardentemente por ser idêntica à vida foi descrita antes de Platão por Heráclito. Não dever ser um acaso que a citação que, provavelmente, preserva as palavras originais do filósofo, ocorre no contexto de sua doutrina das almas: "Para aquele que entra nas mesmas correntezas são levadas águas sempre diferentes" (Fr. 12). Segundo Heráclito, a matéria básica móvel de todos os fenômenos deveria ser não a água, mas o fogo. Mas quando ele fala de rio e água, ele relata em linguagem de parábola uma experiência que, como podemos ver em Platão, mais se aproxima da natureza de Lete. Heráclito, o filósofo arcaico, fala em parábolas como, antes dele, a mitologia, e assim ele nos mostra como aquela experiência – a experiência daquilo que atravessa fluindo – pôde encontrar sua imagem pictórica numa narrativa mitológica. A oração citada testifica também que a possibilidade de compreender a própria vida como aquilo que atravessa fluindo já existia na Grécia no mínimo desde o século VI.

Aquele ciclo de imagens mitológicas no qual se insere também o rio de Lete nos conta ainda de outra maneira de algo que atravessa fluindo. Na representação do submundo com a qual Polignoto adornou a sala dos cnídios em Delfos nos meados do século V vemos quatro pessoas, que levavam água em quatro jarros quebrados para um recipiente maior. Uma imagem numa ânfora em Munique nos mostra a mesma cena com quatro almas arcaicas aladas exercendo a mesma função. Num vaso do sul da Itália com imagens do além de uma era posterior vemos danaides que despejam o conteúdo de seus jarros de água em um grande recipiente de barro. Esse grande recipiente é o "barril furado" do Górgias de Platão, o qual os amaldiçoados tentavam "encher com peneiras igualmente furadas" (493 b). São estas imagens de um fluir incessante, cujo sentido pode ser determinado de modo inequívoco e certo.

A cena na pintura de Polignoto apresentava segundo a nossa fonte, o relato de viagem de Pausânias, uma inscrição, que dizia que as pessoas assim castigadas eram os não iniciados: aqueles, acredita Pausânias (10. 31. 11), que não levavam a sério os mistérios de Elêusis. No Górgias de Platão, esse castigo é aplicado de modo mais geral aos não iniciados e tolos, cuja alma estaria "furada" e não conseguiria conter nada, também por causa do "esquecimento" (493 c). Mesmo que essa interpretação nos leve à origem da imagem, ela demonstra que o rio de Lete e o vaso das danaides apresentam um sentido relacionado. Esse sentido foi procurado corretamente naquele aspecto comum que se apresentava tanto nos não iniciados aos mistérios quanto nas filhas de Dânao, as assassinas na noite nupcial. O diálogo pseudoplatônico Axíoco chama seus vasos de "vasos de água não preenchidos" (371 E). Para os gregos, o casamento é *telos*, "preenchimento"; e os mistérios são *tele*, "preenchimentos". Ambos são realizações da vida, o casamento e os mistérios da vida, que – sem eles – simplesmente atravessa fluindo. O não iniciado e a moça que, na noite nupcial, em vez de se tornar uma mulher "preenchida", se transforma em assassina, são "não preenchidos". Para tanto não precisamos recorrer a uma doutrina especial e moralizadora, mas a mistérios como os de Elêusis: contemplação do *telos*, da vida *preenchida* em concepção, nascimento e morte. Uma vida que atravessa fluindo também é vida, mas não a vida autêntica, preenchida: é como "carregar água numa peneira", uma imagem da vida do não preenchido, que ocorre entre os castigos do inferno.

Os pregadores de mistérios moralizadores, que apelavam a Orfeu e Musaio, ensinavam que todos os pecadores e injustos "carregam água na peneira". Segundo a teoria órfica da migração de almas, todo aquele que permanece preso no "tristíssimo ciclo" dos renascimentos está ocupado com isto: carregando o jarro dos danaides, em vez de preencher, atravessar fluindo. Essa concepção da vida, segundo a qual ela passa atravessando como a água numa peneira, é, no fundo, nenhuma doutrina. É a forma palpável de uma experiência imediata que fala de si mesma em imagens e narrativas mitológicas. Parte dessa experiência é também o conhecimento de que aquele fluxo é desejado incessantemente e é recebido com uma sede insaciável, e faz parte dela também o medo de que, na morte, nos restará apenas a tortura da sede dessa mesma "água".

Esse temor surge, agora já na forma de uma vivência fúnebre retornante, em textos sepulcrais da religiosidade órfica. "La soif des morts", como é chamada na literatura da história das religiões, certamente não é apenas órfica e não apenas grega. Mas se não se fundamentasse numa experiência da alma grega, ela não teria conseguido invadir a Grécia. Na bebida de Lete compreendemos uma forma especificamente grega dessa experiência: da experiência do si mesmo, juntamente com a vida que deseja vivências incessantes. Essa experiência é dolorosa porque a vazemos em vão: aquilo que bebemos passa constantemente. No entanto, bebemos com prazer, e esse prazer nos faz esquecer as pequenas e grandes dores da vida. É bebida e correnteza ao mesmo tempo, com uma direção característica: em direção ao desparecer e esquecer. Designado segundo essa direção, sua imagem aparece no além-grego, repleto de imagens da nossa experiência terrena, como "rio da Lete". Bebemos sua água, e é justamente essa característica de *bebermos* um *rio* – e como foi observado corretamente: na Grécia, normalmente não se bebia de *rios* – parece ser o distintivo essencial e original da Lete contida na imagem da água.

Nos epigramas sepulcrais posteriores a "bebida da Lete" ainda domina, mas o sentido se diluiu na concepção exausta da água da morte que concede descanso: domina ali a semelhança de uma bebida narcotizante, onde o sono segue ao esquecimento próprio. Por fim, a "bebida" e o "rio" se transformam em um "porto", sim, até em um "mar de Lete". Uma mudança completa de atmosfera, diante da qual em Virgílio, como é de se esperar em um grande poeta, se manifesta a riqueza do conteúdo original. Ele descreve o rio de Lete "que atravessa os campos serenos" (*Aen.* VI 705):

> *Lethaeumque domos placidas qui praenatat amnem.*

Então, porém, ele dedica, em alusão explícita ao Rio Ameles (em latim: *securos*, "livre de preocupações"), um verso inteiro à bebida das almas:

> *Securos latices et longa oblivia potant.*

"O líquido 'despreocupação' e longo esquecimento é bebido" – como água da vida: ele leva de volta para a vida. Na descrição precedente, Virgílio fez aparecer não a "sede", mas o "aconchego seguro", que, no significado original de Lete, está contido como ocultação. Apenas com o ato de beber começa, segundo ele, a "vontade": *in corpora velle reverti*, "para que eles queiram voltar para o corpo". Originalmente, a sede era precondição do beber. A "sede" dos mortos nada mais é do que a "vontade" dos vivos: uma experiência fundamental da vida, que a humanidade fazia não só a partir de Schopenhauer.

A afirmação segundo a qual a fonte de Lete pertenceria apenas à crença no submundo "mística" não clássica precisa ser especificada no sentido de que, na Grécia, aquela experiência da vida que se expressa em imagens da bebida e do rio de Lete se revela como *fundamento* pré-clássico das doutrinas e narrativas místicas. Pois a forma grega dessa experiência, o beber sedento de uma correnteza incessante, chamada "rio de Lete", tem algo de negativo não só em direção à efemeridade e ao desaparecimento. Não: nessa experiência a sede de vida humana normal é vista como negativa, o ser temporal do ser humano é compreendido sob o aspecto de Lete. O "misticismo" que nisso se apoia não é idêntico ao misticismo dos mistérios mais antigos ou até mesmo de Elêusis! A água da vida, transformada em água de Lete, não permite um "preenchimento", um *telos*, como Elêusis. Mesmo assim, também esse "misticismo" é antigo, mais antigo do que Heráclito, que combate os sacerdotes dos mistérios moralizadores. Portanto, a água de Lete, no sentido de uma vida que flui, também pode ser vista como antiga. A imagem da "*fonte* de Lete", que aparece pela primeira vez nas pequenas tábuas de ouro em tempos pós-clássicos, pertence, provavelmente, a esse tecido mitológico como formação secundária em relação ao "rio" bebido, e podemos perguntar desde já se ela não tentou imitar a "fonte de *Mnemosine*", e não vice-versa. Assim como Lete é a "bebida e fluida", Mnemosine pode ter sido a "jorrante".

O paralelismo das duas fontes realmente existe nas tábuas de ouro acima mencionadas, que eram sepultadas com o morto como mapas do submundo. Mas os detalhes da descrição não correspondem nas versões longa e curta desse livro dos mortos grego. Na primeira, o falecido encontra no submundo a fonte de Lete à esquerda, ao lado dela, um cipreste branco. O nome da fonte não é mencionado, mas o morto deve ter o cuidado de não se aproximar dela. Então ele encontra outra fonte – num vaso do submundo, vemos como suas águas passam por uma máscara – e essa água fria jorra do lago de Mnemosine (Fr. 32 a). Na versão mais curta, a fonte correta é vista à direita do cipreste. Mnemosine não é mencionada explicitamente, em vez disso, alguém fala na primeira pessoa da fonte. O morto se queixa de uma sede insuportável: "Estou seco de sede e morrendo". Quem lhe oferece a bebida? Apenas aquele que possui a fonte pode responder desta forma: "Bebe então da minha fonte à direita, que flui eternamente..." (32 B). No vaso mencionado, a fonte se encontra sob os cuidados de uma figura feminina, que foi aleatoriamente identificada como Megara, a esposa de Héracles. A própria deusa Mnemosine parece estar presente aqui em imagem e palavra, uma grande deusa na Grécia, da qual provinha toda memória, não só a "mística". Uma das tábuas de ouro, porém, diz sobre ela explicitamente que esta é um presente de Mnemosine (Fr. 32. G). Graças a ela, o morto consegue se identificar no além como filho da terra e do céu, como os próprios deuses. De uma fonte de Mnemosine na Grécia nos fala Pausânias do século II d.C. (9. 39. 8). Uma fonte a caminho da caverna do oráculo de Trofônio tinha esse nome; outra ao lado dela: Fonte de Lete. Não podemos dizer se a designação das duas fontes pertence apenas a esse tempo posterior. Seria especialmente improvável se Mnemosine não tivesse possuído justamente naquela região já em tempos muitos remotos, talvez até arcaicos, um culto próprio e, no culto, uma fonte sagrada. Lebadeia se encontra na região da Beócia entre dois locais cultuais: um deles pertence a Mnemosine; o outro, às suas filhas, as musas. Estas eram veneradas em Hélicon e lá, como em todo solo grego, eram tão intimamente vinculadas com fontes sagradas como se elas mesmas fossem deusas de fontes. Alguns monumentos cultuais mostram que Mnemosine e suas filhas gozavam de uma veneração religiosa. Seu local cultual se encontrava na direção oposta a Hélicon, mas também próximo a Lebadeia. É Hesíodo que identifica esse local, quando, em sua teogonia, a mãe das musas é mencionada pela primeira vez (53):

> Na altura pieria, unida com Zeus, o pai,
> Mnemosine concebeu aquela que domina os corredores de Elêuter,
> Para ser consolo no sofrimento e alento de toda tristeza.

Essa a tradução de J.H. Voss. O lugar se chamava Eleutherai. O herói local Elêuter era, segundo a tradição da Beócia, irmão de Lêbado, fundador de Lebadeia. As cidades eram ligadas também por meio de seus fundadores míticos.

Sobre um santuário especial de Mnemosine em Eleutherai, Pausânias nada diz em seu relato de viagem, mas ele menciona uma caverna e uma fonte, que lá estavam vinculadas por meio de uma tradição mitológica. Em uma caverna próxima a Eleutherai, Antíope deu à luz, segundo a tradição local, os filhos de Zeus Anfião e Zeto, um casal de gêmeos, que um pastor encontrou e lavou nas águas da fonte próxima (1. 38. 9). Antíope era, como Mnemosine, uma esposa de Zeus. Só que, com base na teogonia, Mnemosine era considerada uma grande deusa primordial, segundo Hesíodo uma das seis, segundo a tradição órfica uma das sete titãs, das quais provinham todos os deuses. Um dos atos do fundamento do mundo foi a concepção das musas por Zeus com ela. Isso e todo o resto que lemos na teogonia de Hesíodo, neste mais antigo poema da Grécia, compõe o "núcleo férreo da mitologia grega", mas não exclui outros nomes para os participantes nos mesmos eventos. Assim, uma tradição que diverge de Hesíodo nos informa que a mãe das musas era Antíope[2].

---

[2] CICERO. *De nat. deor.*, 3.21.54. • *Ant. Lib.* 9. • OV. *Met.*, 5, p. 295ss.

Essa tradição nos é apresentada numa forma típica de uma variante mitológica recalcada pela versão vitoriosa. Na região de Emathia, na Macedônia, existiam nove virgens, chamadas pierides segundo seu pai, o rei nativo Piero. O pai deu a cada uma delas o nome de uma musa, e as próprias filhas desejaram tolamente competir com o canto das musas. Elas foram vencidas e transformadas em pássaros. Essas musas falsas e derrotadas, eram, segundo outra variante, as filhas de Antíope, que, no mesmo contexto, era vista não como amante de Zeus, mas como esposa de Piero. O quanto essa genealogia, que contém uma igualação muito arcaica das deusas com aves, era respeitada também na região de Hélicon, é demonstrado por Pausânias em um relato de Téspias (9. 29. 2). Antíope aparece em Eleutherai como ela é conhecida na Beócia e em outras regiões: como mãe dos dióscuros tebanos Anfião e Zeto. Não é por acaso que, em seu mito e também no culto local, um papel é exercido por uma caverna, à qual pertencia uma fonte sagrada. Segundo Hesíodo, Mnemosine dominava esse canto da paisagem de transição da Beócia para a Ática. Segundo as narrativas de Pausânias e dos mitógrafos de uma Antíope à qual serviam uma caverna e uma fonte em seu parto e de uma Antíope como mãe das musas, não podemos negar a possibilidade de que a fonte pertencia à mesma deusa – Mnemosine em Hesíodo, e Antíope para os outros.

Em Hesíodo encontramos uma prova para a tese de que uma fonte de Lete jorraria mais facilmente no âmbito de Mnemosine do que vice-versa: de que uma fonte de Mnemosine surgiria como imitação de Lete. A deusa Mnemosine, celebrada pelo poeta como mãe das musas, é, para ele, justamente nessa qualidade a fonte daquela bênção negativa, representada por suas filhas e suas dádivas positivas: "consolo no sofrimento" – assim lemos na tradução de Voss – "e alento de toda tristeza". Mas Hesíodo usa aqui no lugar de "consolo" outra palavra, em contraposição consciente ao nome de Mnemosine:

λησμοσύνην τε κακῶν ἄνπαυμά τε μερμηράων.

"Lesmosine" tem a mesma raiz de "Lete" e significa exatamente o mesmo. A qualidade das musas que jorra da deusa primordial Mnemosine, possui também esse bem: o de fazer desaparecer Lete, que pertence ao lado obscuro da vida. Ambos: o fazer brilhar e o fazer desaparecer, Mnemosine e seu polo oposto Lesmosine, compõem toda a natureza da deusa, que recebeu seu nome apenas do lado positivo de sua esfera de poder. Essa *unidade dos opostos sob o domínio do positivo* caracterizava aquela religiosidade grega mais antiga, que se apresenta como "não mística" se não levarmos em conta os mistérios naturais. Um outro tipo do misticismo era aquele por meio do qual a divisão em duas possibilidades dificilmente reunificáveis surgiu para os seres humanos: a divisão em um estado divino com Mnemosine e em um outro mortal, mas incessante, que era levado pela correnteza de Lete. Visto a partir dessa correnteza, a antiga deidade de Mnemosine se apresentava numa luz, que se destacava fortemente da escuridão do lado de Lete. Essa luz, porém, emergia desde sempre das próprias profundezas, que a pesquisa das camadas arcaicas da mitologia grega precisa escavar em toda a sua concretude.

1945

A cosmogonia órfica e a origem do orfismo
Uma tentativa de reconstrução

Orfeu canta!

O que é "orfismo"? Essa pergunta precisa ser feita da mesma forma como foi necessário fazê-la em relação à mitologia. Sim, a pergunta nos parece ser ainda mais necessária aqui. Porque, no mundo de educação e formação do europeu, a palavra "mitologia" estava, pelo menos, ligada a um conceito, que correspondia a um estado histórico – mesmo que ao mais tardio – daquele gênero especial das criações espirituais. Mas *qual* estado histórico de *que* é ligado ao conceito difuso que emerge no homem culto da nossa cultura quando ouve o nome "orfismo"? O autor de língua alemã se encontra numa situação um pouco mais feliz do que o escritor francês, inglês ou italiano com seu *orphisme, Orphism, orfismo*. O termo alemão "*Orphik*" tem a sorte de ser derivado de um conceito geral grego: τὰ Ὀρφικά. E as "órficas" são mais palpáveis, pois significam escritos, frutos de uma atividade autoral da qual conhecemos alguns fragmentos. Se conseguirmos desenvolver uma noção correta da origem daquela atividade autoral, conseguiremos compreender algo singular entre as criações da cultura grega. Uma escrita religiosa parece ser mais algo oriental do que helênico. No entanto, as escrituras sagradas das grandes "religiões do livro" pouco se prestam a uma comparação. O orfismo desenvolve seus dois temas fundamentais – sua cosmogonia e sua antropologia – ao modo da mitologia, com a mesma flexibilidade e amplificação das variações que ela combina com a forma escrita. Este é um traço essencial do orfismo, a princípio, um traço pouco significativo. Outro traço resulta do adjetivo Ὀρφικός, "órfico", que serviu como base para a formação daquele termo geral. O adjetivo pressupõe o nome Orfeu. Um verbo derivado deste não ocorre na terminologia grega que conhecemos. A Antiguidade não conhecia um "orfismo"[1], tampouco existia, pelo que sabemos, o verbo *orphizein*. Existia, por exemplo, o verbo *pythagorizein* ou *orgiazein*, atividades estas documentadas pelos próprios gregos. Portanto, "pitagorismo" e "orgiasmo" são formações justificadas, encontradas na tradição. Em vão, os autores modernos tentam colocar "orfismo" entre aspas[2] ou falam, com cautela ainda maior, de "Orphism and kindred religious movements"![3] A falta de uma palavra para uma atividade especificamente órfica no grego nos lembra de que devemos manter em primeiro plano aquilo que os próprios gregos documentaram, ou seja, os escritos órficos, a figura de Orfeu e todo o resto que é explicitamente vinculado a Orfeu, a seu nome, ou aquilo que é designado com o atributo "órfico".

A transformação da cultura grega nos séculos VII e VI a.C., a emergência de novos fenômenos espirituais, como, por exemplo, a filosofia e certamente também pretensões religiosas, é um fato que explica algumas coisas daquilo que podemos chamar de "órfico". Principalmente o surgimento de uma atividade autoral religiosa. Esta, porém, explica apenas um dos temas fundamentais da literatura órfica, a antropologia, não, porém, a cosmogonia. Ela explica por que certos fenômenos da história geral da religião, que, na Grécia, eram vinculados ao nome de Orfeu – como, por exemplo, a iniciação como assunto pessoal, a abstinência do consumo de carne e a necessidade de uma pureza especial – puderam alcançar certa popularidade e uma disseminação maior. No entanto, não explica esses fenômenos. Explica a ligação desses elementos de uma conduta de vida religiosa com a leitura de livros.

---

[1] WILAMOWITZ-MOELLENDORFF, U. *Der Glaube der Hellenen II*. Berlim, 1932, p. 202; injustificado e linguisticamente insuportável é "Orphizismus".
[2] WATHMOUGH, J.R. *Orphism*. Cambridge, 1934, quase comparável a Walter Pater.
[3] NILSSON, M.P. *Opuscula selecta II*. Atenas. 1952, p. 628ss.

Mas a fim de responder à pergunta o que seria o "orfismo", precisamos nos conscientizar de como era *estranha* essa ligação. O desenvolvimento do "orfismo", sobretudo a emergência da cosmogonia órfica em sua forma escrita, não representa apenas uma "vertente" típica (comparável talvez à Reforma), um novo "misticismo", mas um fenômeno histórico complexo, cujo estado ou situação primordial tentamos reconstruir aqui.

    É Eurípedes que nos ajuda a nos conscientizar do estranho. Ele descreve a figura ideal daquele que se destaca por uma pureza especial em seu Hipólito, herói da tragédia homônima. A fusão da prática de caça e da veneração da virgem Ártemis, de hostilidade em relação ao amor das mulheres na pessoa do jovem mitológico não foi uma invenção de Eurípedes. É um tipo[4], que também recebeu o nome daquele herói infeliz Hipólito, mas que teve também outros nomes, como Melanião, cujo mitologema é cantado pelas mulheres na "Lisistrata" de Aristófanes (781):

> Uma história quero vos contar, uma história
> que, ainda criança, eu ouvi.
> Era uma vez um jovem, Melanião,
> ele fugiu das núpcias, buscou a solidão
> e vivia nas montanhas.
> Caçava coelhos
> Com rede própria.
> Seu cão estava com ele,
> E nunca mais voltou para casa: por ódio,
> Por desdém das mulheres.

O tipo que, aqui, é elevado a um mitologema e que forneceu os traços do caráter do Hipólito de Eurípedes, é, em si, sem contradições. Era assim que os atenienses imaginavam seus filhos em determinada idade[5]. Se a importância da caça como meio educacional era discutido no tempo dos sofistas com grande seriedade[6], isso, de forma alguma, significa uma inovação, mas a ocupação com um costume antigo que era visto como um privilégio dos

---

[4] RADERMACHER, L. *Hippolytus und Thekla*. Viena, 1916, p. 3ss.

[5] Ibid., p. 27.

[6] XENÓFONO. *Cyneg.*, 2.3.

jovens helênicos. Por isso, a língua grega é – num curioso paralelismo com as consagrações dos mistérios em Elêusis – uma exigência na seleção dos jovens caçadores[7]. Um paralelo encontramos, por outro lado, também naquele costume dos macedônios, de um povo parente que permaneceu num nível arcaico, segundo o qual a caça possuía um valor social especial[8], certamente em sociedades masculinas fundadas ritualmente. A caça, a vida na floresta e na mata transfigurava – aparentemente – a juventude na Grécia de um modo mais sagrado e arcaico do que os jogos e exercícios nos ginásios. Essa transfiguração continua ainda no tempo daqueles sarcófagos áticos do século II d.C., que representavam meninos falecidos em roupa de caçador com cachorro. Os animais mortos eram bordados no tecido da almofada fúnebre. O curioso em Eurípedes é que ele não acusa o exagero da vida de caçador, da qual faziam parte também a misoginia e a virgindade[9], a falsidade à qual esse tipo de exagero leva, o assombroso e a extravagância na vida de Hipólito, na boca do pai como viço juvenil e depravação esportiva! Não, Teseu expressa as palavras significativas, um dos testemunhos mais antigos da existência do orfismo (952):

> Agora, vangloria-te e barganha com comidas de farinha,
> Pois comes apenas coisas sem alma, e entusiasma-te
> Com Orfeu, embriagado com a fumaça dos livros!

É nesse tom de desprezo que o pai decepcionado se dirige ao filho, cuja virtude se revelara um engano. O desprezo não vale, porém, para o orfismo. O público sabe que Teseu deixa se enganar. Hipólito não pretendia seduzir a madrasta. Quando é repreendido pelo pai como seguidor entusiasmado de Orfeu e como leitor dos escritos órficos, ele vislumbra a imagem do órfico virtuoso. O fato de que ele é representado por Eurípedes de modo consequente, desde o início e não apenas de vez em quando, como órfico nesse ataque de Teseu é comprovado pela expressão que, até agora, nenhum

---

[7] *Athenaeus*, 18 A. • RADERMACHER. Op. cit., p. 27.2.
[8] GÜTSCHOW, M. *Mem. Pont. Acc. Arch. Ser. III*, vol. IV, 1938, p. 142ss. • CALZA, G. *La necropoli del Porto di Roma nell' Isola Sacra*. Roma, 1940, p. 210ss.
[9] *Gesetze*, VI 782 c.

intérprete conseguiu entender: "barganha com comidas de farinha"! Um caçador, que, como órfico, não pode comer sua própria caça, é obrigado a barganhar, a trocar a caça por pão e outros alimentos de farinha. Isso já havia sido indicado no início do drama, quando Hipólito convida seus acompanhantes após a caça não para que preparem uma refeição com a caça, mas lhes pede comida feita de farinha (109).

De onde Eurípedes teve a ideia de retratar um caçador como seguidor de Orfeu? O que surpreende não é o anacronismo. A despreocupação com possibilidades históricas não seria surpresa nesse antigo autor de tragédias. Para os gregos, a abstinência de carne não era algo moderno, reformador. Na única passagem, em que ocorre a expressão "modo de vida órfico", Ὀρφκὸς βίος, Platão a atribui à humanidade primordial[10]. O curioso é que Eurípedes não reconheceu nenhuma contradição entre a vida de caçador e o orfismo, visto que, para ele como para nós, o orfismo era caracterizado pela escrita. A contradição consiste no fato de que Eurípedes não consegue separar o orfismo dos livros. Ele comete o anacronismo de remeter a forma histórica do orfismo para os primórdios heroicos. De resto, ele atesta que o orfismo, pelo menos em sua forma pré-histórica e, portanto, também na lenda, não era incompatível com a vida de caçador. Sim, a vida na floresta parece fazer parte de Orfeu e sua obra como elemento mais primordial. Ao conseguir atribuir a Hipólito o distintivo de um "órfico", Eurípedes atesta uma ligação de significado essencial, tanto para a compreensão daquilo que é o orfismo quanto para a compreensão da cosmogonia órfica.

Orfeu e sua doutrina como canto cosmogônico estão vinculados a um contexto natural, sobre o qual se afirmava – corretamente, mas de modo indiferenciado – que este era as montanhas selvagens, correspondentes ao modo de vida dionisíaco. Essa correspondência valia na Grécia mais para as mulheres. O que o deserto e a montanha podiam significar para os homens em tempos arcaicos é expressado por aquele mitologema cosmogônico. O nome "Orfeu" pertence, segundo sua formação, à camada mais antiga dos

---

[10] Ibid.

nomes de heróis gregos, que antecedeu aos nomes posteriores, mais transparente e, na maioria das vezes, compostos. São principalmente os filhos que têm nomes deste segundo tipo – como Diomedes, filho de Tideu –, os pais possuem nomes terminados em "eu"[11], que, provavelmente representam uma geração mais velha da época de transição do pré-grego para o helênico. Muitas vezes, esses nomes formados como "Atreu" revelam também uma origem estrangeira. Se "Orfeu" é, segundo sua terminação, um nome heroico de estilo arcaico e precisa ser visto ao lado de nomes lendários mais antigos do que Homero, uma interpretação da palavra não é, por outro lado, impossível na base da língua grega. Em termos linguísticos, vários significados são possíveis, a decisão só pode ser tomada na base de considerações de conteúdo. A sugestão de contrapor "Orfeu" como o "solitário" (de *orphanos*, "órfão") ao cantor "Tâmiris" (de *thamyris*, uma palavra que significa também Panegiris), ou seja, a um "cantor da assembleia festiva"[12], fracassa diante do fato de que uma assembleia pertence também a Orfeu. Podemos até não querer designar os argonautas, em cujo círculo ele aparece pela primeira vez[13], uma "assembleia" em torno de Orfeu", mas numa imagem preta em um vaso[14] ele certamente não sobe ao palco como "cantor solitário", mas evidentemente como citarista de uma assembleia festiva. Na representação mais antiga que o mostra com animais, pássaros e veados vêm até ele, atraídos por seu canto[15]. Ele não canta para eles; sua presença indica apenas um lugar livre, apesar de o cantor se acomodar numa poltrona – outro sinal contrário à solidão. Precisamos imaginar seus ouvintes de pé na frente dele. Nos testemunhos escritos e monumentais, a companhia de ouvintes é formada por homens. Mas por homens aos quais pertence uma paisagem montanhosa selvagem: segundo a interpretação dominante no tempo clássico, eles eram da Trácia. E é justamente isso que parece ser característico de Orfeu: ele vive no deserto – não

---

[11] KRETZSCHMER, P. *Glotta*, 4, 1912/1913, p. 305ss.
[12] KERN, O. *Orpheus*. Berlim, 1920, p. 16.
[13] POULSEN, F. *Delphi*. Londres, 1923, p. 73ss.
[14] *Arch. Ztg.*, 42, 1884, p. 272.
[15] KERN, O. *Ath. Mitt.* 63/64, 1938/1939, p. 107.

é à toa que seu pai se chama Oiagro, o "caçador solitário" – mas Orfeu não permanece solitário nem mesmo no deserto.

Outro significado possível de "Orfeu" seria o "escuro" (de *orphne*, "escuridão da noite"), não no sentido de uma pessoa de "difícil compreensão", mas de "adaptado à noite"[16]. Encontramos um paralelo no nome mitológico "Celaino", o "escuro", que ocorre numa genealogia dos fundadores dos mistérios. Trata-se de dois cultos de mistérios de caráter arcaico[17]. O primeiro é o culto de Flia na Ática, no tempo histórico sob os cuidados da família nobre dos licômidos; o segundo é o culto secreto mais antigo de Andania na Messênia, fundado por Caucon – um herói regional –, filho de Celaino[18], cujo pai era Flio, o herói padroeiro de Flio. Ambos os cultos secretos são, já no tempo de nossos testemunhos, formas complexas sob a influência dos mistérios clássicos dos gregos, sobretudo dos mistérios de Elêusis. Mas a afirmação[19] segundo a qual as iniciações em Flia são mais antigas do que as de Elêusis é, sob o ponto de vista topológico, correta.

Encontramos os traços de um tipo de mistérios arcaico, divergente dos de Elêusis, no fato de que, em Flia, o espaço da iniciação não era um prédio feito de pedras, mas uma tenda – *klision* ou *pastas*[20] – ou quando, em Andania, até mesmo um arbusto, o chamado Λύκου δρυμός, "mata de Lico", era usado como local das iniciações[21]. O sacerdote das iniciações na mata se chamava Lico, "lobo", e era, supostamente, um irmão de Egeu, rei de Atenas[22]. Seu nome é a variante mais curta entre os muitos nomes de heróis formados na base de *lykos*, como Licão, segundo a tradição arcádia pai de Caucon[23], e Licômedes, do qual descendem os guardiões cultuais de Flia, os licômidos,

---

[16] Ele veste durante um sacrifício *orphnina phare*, "vestes noturnas" na Argonáutica órfica, 965.
[17] PAUS. Op. cit., 4. 1. 5.
[18] Uma heroína chamada Celaino deu à luz os filhos Lico e Nicteu de Poseidon: a "escura" deu à luz "o lobo" e o "noturno".
[19] *Hippol. Refutatio*, 5. 20. 5.
[20] Ibid., 5. 20. 6.
[21] PAUS. Op. cit., 4. 1. 6.
[22] Ibid., 4. 1. 7. • HERÓDOTO I, 173.
[23] *Apollod. Bibl.*, 3. 8. 1. • SCHOL. *Lycophr.*, 481.

sem falar de outros nomes de lobos em famílias sacerdotais e fundadoras[24]. Todos esses nomes testificam do fato de que determinadas cerimônias de amadurecimento, a iniciação de jovens, que viviam como lobos jovens na mata, mantinham-se distantes do outro sexo e praticavam também o jejum, haviam sido comuns na Grécia. Essas iniciações noturnas no deserto combinam com o nome mítico com o significado "escuro".

A etimologia em si não é importante – ela pode ser linguisticamente enganosa a despeito da maior probabilidade em termos de conteúdo –, mas sim a descoberta de uma *iniciação pré-órfica* e uma *situação* correspondente, que nos transmitem uma imagem da fase pré-literária do orfismo. Se perguntarmos de modo muito restrito: O que Orfeu encarna como figura?, precisamos responder que é a ideia de uma iniciação que transforma também os seres mais selvagens, animais e homens que vivem no deserto; não por meio do poder de uma comida ou de uma instituição como o pão e a amizade das deusas de Elêusis, não por meio do uso de fogo e artesanatos, os presentes de Prometeu, mas por meio de algo que os jovens homens vivenciaram na natureza selvagem entre si sem a presença dos seres femininos. Nessa situação, revelou-se a eles em canto e música algo essencial, algo que os libertava da selvageria sanguinária. Era algo espiritual, um mitologema que conferia às cerimônias de transição da idade imatura para a idade madura um sentido mais profundo. O proclamador do mitologema cantava e tocava a lira. No entanto, ele era mais do que todos os outros cantores, poetas e citaristas: ele era o iniciador. Este é o conteúdo da figura e do nome "Orfeu".

Essa interpretação é confirmada de modo inequívoco pela tradição. Não eram apenas os livros que ostentavam o nome de Orfeu, mas também as *teletai*, as cerimônias de iniciação, cujos executores eram os *Orpheotelestai*, os "sacerdotes iniciadores de Orfeu". Desligados do solo de ritos secretos masculinos primordiais ligados a tribos e transmitidos nas velhas famílias de geração para geração, eles ofereciam sua arte[25], adequando-se às novas necessidades religiosas do novo tempo. Nesse processo histórico, eles transformaram

---

[24] JEANMARIE, H. *Couroi et Couretes*. Lille, 1939, p. 463ss.
[25] LINFORTH, J.M. *The Arts of Orpheus*. Univ. of California Press, 1941, p. 234ss.

também o sentido e o modo da iniciação. Eles se dividiam em uma corrente inferior, meramente ritual, e em uma corrente superior, puramente espiritual, onde os filósofos, primeiro os pitagóricos e depois também outros – eram os iniciadores. Mas os traços de uma aliança masculina preservaram a tradição em conexão com a pessoa lendária de Orfeu. Ele foi acusado de amor pueril e misoginia[26], mesmo que isso se encontrasse em contradição com a justificativa de sua jornada ao Hades – um mitologema que vincula culto à alma e culto à mulher de modo notável. Atestada é a conexão do orfismo com o culto secreto dos licômidos, cujo caráter arcaico se manifesta claramente no nome de lobo do herói fundador da família e por meio da tenda. Hinos de Orfeu e de Musaio, do segundo autor sagrado dos órficos, eram cantados ali[27]. Panfo, o terceiro compositor de hinos do culto, é colocado ao lado de Orfeu: "estes dois" – assim lemos em Pausânias (9.27.2) – "compuseram hinos dedicados a Eros, para que os licômidos também pudessem cantá-los em seus mistérios; eu os li." Não apenas escritos órficos, também Eros, o deus criador da cosmogonia órfica, tinha seu lugar no culto secreto de Flia.

Aquela camada pré-histórica da religião grega à qual remetem os iniciadores com nomes de lobo – como o fundador da família dos licômidos ou o Lico, o irmão de Egeu –, foi caracterizada também por máscaras e fantasias de animais, cujos traços também se preservaram[28]. Na região mediterrânea, as fantasias de bode eram muito mais comuns do que as peles de lobo. Mesmo nessa camada, é preciso distinguir diferentes elementos e correlacioná-los com os diferentes elementos da religião grega – também com diferentes deuses. No século VI a.C., os "bodes", favorecidos pela religião de Dionísio, dominam quase que exclusivamente. Eles recalcam ou adotam a maior parte dos ritos e mitos teriomorfos anteriores. Talvez seja esta a razão pela qual Orfeu, que, em sua pessoa, ainda foi representado como heleno por Polignoto[29], aparece ao mesmo tempo ou pouco depois em relação íntima com a Trácia

---

[26] KERN, O. *Orph. Fragm. Test.* Berlim, 1922, p. 77.
[27] PAUS. Op. cit., 1. 22. 7; 9. 27; 30. 12.
[28] GERNET, L. *Dolon le loup, Mélanges Cumont.* Bruxelas, 1936, p. 189ss.
[29] PAUS. Op. cit., 10. 30. 7.

e os trácios. Estes vestem na imagem de um vaso do tempo de Polignoto, enquanto ouvem as palavras de um Orfeu heroico e seminu, os rudimentos de uma antiga fantasia de feras: a "*alopeke*", um capuz de pele de raposa[30], que os caracteriza não como homens-lobo, mas como algo parecido. Seria um exagero afirmar que os "animais de Orfeu" eram, originalmente, apenas homens-animais. Os outros animais da floresta também fazem parte de Orfeu como elementos do ambiente, mas os "lobos" eram os acompanhantes perfeitos do *vates Apollineus*. Orfeu é atestadamente "apolíneo"[31]. E também os licômidos parecem ter venerado Apolo de modo especial[32], e a lenda que vincula Lico ao Apolo Lício[33] também testifica que os "lobos" faziam parte de Apolo não só mitologicamente como forma de expressão e atributo. Eles faziam parte dele no nível da realização cultual também como iniciandos naquela situação da qual afirmamos acima que ela correspondia a uma iniciação pré-órfica e representava ao mesmo tempo a fase original pré-literária do próprio orfismo.

Uma imagem dessa situação – a assembleia de homens-animais da floresta ou de homens primordiais em torno do citarista – nos foi preservada (ilustr. 27). Trata-se de um relevo na coleção de antiguidades na Ince Blundell Hall na Inglaterra, provavelmente da região de Roma[34]. Provavelmente, é do mesmo tempo em que a cena apareceu também na literatura romana, em Horácio[35] e Lucano[36]. Horácio diz sobre os animais de Orfeu que, originalmente, eles eram homens da floresta que teriam impedido Orfeu de matar e comer os animais. Aparentemente, era tão óbvio pensar nas roupas de pele animal desses habitantes da floresta que Horácio nem as menciona como razão para confundi-los com os animais. Lucano, porém, em sua poesia perdida "Orfeu",

---

[30] FURTWÄNGLER, A. *Orpheus* – Berliner Winckelmannsprogr., 1890, p. 154ss.

[31] OV. *Met.*, 11.8.

[32] TOEPFFER, J. *Attische Genealogie*. Berlim, 1889, p. 209.

[33] PAUS. Op. cit., 1. 19. 3.

[34] MICHAELIS, A. *Arch. Ztg.*, 35, 1877, p. 124ss., taf. 12.2. • Ashmole, B. *A Catalogue of the Ancient Marbles at Ince Blundel Hall*. Oxford, 1929, p. 106, taf. 45, n. 290.

[35] *Ars. Poet.*, 391ss.

[36] Segundo *Liber monstrorum*, 1. 6.

falava dos *fauni silvicolae*, dos deuses semianimais da floresta, dizendo que eles foram atraídos pela lira de Orfeu juntamente com os animais, e isso segundo a concepção grega! Os *fauni*, esses sátiros com pé de cabra, que aparecem praticamente sozinhos nos monumentos de arte como representantes de fantasias animais desde o tempo helênico, permitiam tanto a concepção de Horácio quanto a de Lucano, ou seja, a concepção de suas fontes gregas.

O relevo de Ince caracteriza o local dessa assembleia em torno de Orfeu sem animais por meio de duas árvores poderosas e rochas como um abismo florestal. O cantor com sua lira está sentado numa grande pedra. Jovens sátiros o ouvem encantados. Num deles, sua natureza semianimal é indicada pelo rabinho, enquanto um jovem que se aproxima com o bastão dos pastores e caçadores de coelhos na mão veste algo que permite a interpretação como pele de animal. Um garoto pequeno está sentado de costas para o cantor e os outros jovens. Sua postura expressa claramente que a iniciação não diz respeito à idade do pequenino. Num nível mais elevado, acima das rochas, alguns seres superiores assistem à música de Orfeu: um casal, que poderia ser Endimião e Selene. O disco ao lado da deusa representa a lua cheia, ou *in natura* ou suspensa como *oscillum*. A terceira figura no alto – provavelmente em sua caverna especial – me parece ser Pã. É, em todo caso, uma cena de iniciação na floresta, que concorda com a nossa reconstrução da situação órfica original em todos os seus traços. Isso demonstra no mínimo que *a nossa imagem* não é nem não antiga nem improvável. Mas se levarmos em conta os estereótipos quase atemporais de situações de vida arcaicas em "selvagens" antigos e modernos, na Antiguidade, por exemplo, em habitantes de regiões montanhosas afastadas, é possível que demonstre mais do que isso.

Esse tipo de imagem pertence como contexto à cosmogonia órfica. Com todo direito poético, ela pôde ser apresentada como mitologema de origem – não de homens e de seus deuses antropomorfos, mas como mundo de aves[37]. O motivo que incentivou Aristófanes a compô-la encontra paralelos na região grega apenas em narrativas mitológicas de caráter muito arcaico, por exemplo nos nascimentos do ovo de Leda. O fato de que, após ela, tudo

---

[37] ARISTÓFANES. *Vögel*, p. 693ss.

surgiu de um ovo é, por um lado, um elemento altamente arcaico. Por outro lado, esse elemento arcaico é um bem tão especificamente órfico que todas as outras cosmogonias dependentes da cosmogonia órfica ou o substituem por algo diferente – como, por exemplo, Empédocles pela figura redonda de seu *sphairos*[38] – ou o descartam como (por assim dizer) uma casca de ovo vazia, que não merece ser mencionada. O caso mais notável disso ocorre no fragmento cosmogônico de "Melanipe", de Eurípedes[39]. Nele, a heroína apresenta uma doutrina transmitida pela mãe segundo a qual todos os seres teriam uma origem comum, assim como também o céu e a terra possuíam originalmente uma figura comum:

> Não é notícia minha – é da minha mãe
> Que terra e céu eram apenas *uma* forma...

Não há dúvidas de como essa "uma forma" deve ser imaginada, desde que o segundo verso foi encontrado como inscrição, num contexto de outros fragmentos órficos, num monumento religioso tardio – numa adoração à serpente alada abraçada no ovo[40]. Na continuação, Melanipe narra a separação, a fase da cosmogonia órfica que seguiu ao ovo, e nós perguntamos apenas: "Por que ela não enunciou a palavra 'ovo'?" Essa *imagem feminina da origem* seria perfeitamente adequada à boca da mulher sábia! No entanto, é justamente esse motivo que parece ser reservado à iniciação originalmente puramente masculino do orfismo: a imagem de um ovo prateado (ὠεὸν ἀργύρεον)[41], que, gerado por vento e noite, foi colocado no início do mundo (tendo como conteúdo um deus alado e criativo) e que é vivenciado pelos iniciandos na floresta numa noite de lua cheia.

O propósito desse estudo não foi mostrar mais do que isso: Mostrar como uma reconstrução provável, fundamentada na analogia de iniciações

---

[38] STAUDACHER, W. *Die Trennung von Himmel und Erde*. Tübingen, 1942, p. 103ss. [diss.].

[39] Fr. 484, Nauck. • BIGONE, E. *Empédocle*. Turim, 1925, p. 578s. • WILAMOWITZ. *Sitz.-Ber.* Berlim, 1921, p. 73s.

[40] DELBRÜCK, L. & VOLLGRAF, W. *Journ. Hell. Stud.*, 54, 1934, 135. • *Staudacher*, p. 104, 16. • LEISEGANG, H. *Eranos-Jahrbuch*, 5, 1939, p. 166ss.

[41] Fr. 70, Kern.

masculinas primitivas, da situação de origem do orfismo – uma reconstrução exclusivamente a partir de uma matéria antiga – e a cosmogonia órfica em sua forma mais antiga se apoiam e iluminam mutuamente. Pretendo limitar-me à versão de Aristófanes. Não é difícil compreender que esse tipo de versão cosmogônica, após ser confiada à escrita e se transformar em doutrina *lida* e não mais ouvida e vivenciada na situação original, passou a atrair fragmentos mitológicos do mesmo estilo e de conteúdo semelhante[42] e se desenvolveu em uma estrutura complexa. Aristófanes, por sua vez, abrevia e simplifica ou exagera – de acordo com seu propósito paródico – traços individuais daquilo que lhe veio ao conhecimento. Ele parodia também os proclamadores dessas doutrinas, os donos dos livros que ele mesmo parece ter lido não sem comoção[43]. Um coro de pássaros inicia sua paródia com um discurso voltado contra os não iniciados, para então abandonar o estilo dos pregadores contemporâneos e adotar o tom da poesia cosmogônica arcaica (693):

> Eram Caos e Noite e o negro *Erebos* no início e o amplo *Tartaros*.
> Terra, ar e céu não existiam. No colo gigante de *Erebos* pare
>   primeiro a alada negra a noite, um ovo de vento.
> Deste brotou após tempos o amável *Eros*:
> Suas asas douradas brilhavam em suas costas, era veloz como
>   os rápidos turbilhões do vento.
> Unindo-se ao Caos noturno alado, onde o *Tartaros* se estende,
> Gerou ele a nossa raça e a trouxe à luz pela primeira vez.
> Pois antes não era nem mesmo a raça dos imortais, até Eros
>   tudo misturar.
> Do universo misto surgiram céu e oceano
> E terra e a raça dos benditos deuses, a eterna.

Nos primeiros versos, a noite primordial é descrita com um acúmulo tão pomposo de todas as expressões sinônimas da escuridão da teogonia de Hesíodo que reconhecemos imediatamente a paródia (que inclui aqui também Hesíodo) e atribuímos essa imitação ao Aristófanes, não à cosmogonia órfica parodiada. A diferença essencial entre a imagem do mundo de Hesíodo e do

---

[42] COOK, A.B. *Zeus II*, 2. Cambridge, 1925, p. 1.033ss.
[43] ZIEGLER, K. *Neue Jahrb.*, 31, 1913, p. 529ss.

orfismo se manifesta, logo em seus inícios, também na mistura paródica. A imagem do mundo camponesa de Hesíodo se fundamenta desde o início na "terra de peito largo" e sólida, na Γαῖα εὐρύστερνος (117). A imagem órfica do estado primordial, por sua vez, consiste apenas em noite e escuridão, sem terra. Quando não são dados *kolpoi* (o que pode significar também "seios") à escuridão subjacente, ao Erebos, no qual se apoia o pássaro negro da noite, essa palavra pode significar também "ventre materno". Existe algo enfaticamente *animal* que irrompe em quase cada traço da imagem órfica do mundo. A terra surge apenas por meio da *separação* dos elementos do ovo colocado pela noite. Aristófanes ignora essa fase da cosmogonia órfica – o fragmento de Melanipe ainda a conhece[44] – e passa correndo pelo surgimento de Eros para a atividade conhecida desse deus, para a *mistura*, atribuindo a ela a criação de todo o nosso mundo – céu, oceano e terra. Assim, ele dá preferência àquele aspecto da história da criação órfica que mais condiziam às concepções científicas de seu tempo. Algo característico da situação órfica é este traço ainda não mencionado: na noite primordial *sopra o vento*. O ovo colocado pela noite animal é um *ovo de vento* em ambos os significados da palavra: um ovo sem pai biológico, assim como o povo acreditava que os pássaros eram fecundados de forma assexual por meio dos ventos da primavera e assim colocavam os seus "ovos de vento"[45], ao mesmo tempo, era um ovo da mesma origem *como as almas*. A única coisa que foi perfeitamente preservado da teoria órfica das almas afirma: "dizem que a alma provém do universo e é inspirada, carregada pelos ventos"[46].

Não faríamos injustiça ao sentido da cosmogonia órfica se designássemos o "vento" que sopra no estado primordial com outra palavra para aquilo que sopra, com "espírito", no entanto, preservando o significado original da palavra – "movimento do ar" e se compreendêssemos aquele ovo como um produto de caráter feminino (como a alma), do qual surge o masculino e móvel, movedor e criativo! Do ovo surge o deus Eros, que cria o mundo

---

[44] ARISTOPH. *Thesm.*, 13s.
[45] ARISTOT. *De an. Hist.*, Z2, 560a 6.
[46] Ibid., A 5, 410b.

separando e misturando. Seu nascimento divide o ovo, e ele se mistura com o "caos noturno alado" (que, em Aristófanes, é apenas um outro nome para a mãe noite), para dar continuação à criação. Suas asas são a forma de expressão animal daquele "sopro" anterior, que alcançara, preenchera e fecundara a noite primordial como que de longe: o alado ainda se parece – diz o texto explicitamente – com "os rápidos turbilhões dos ventos". O nome Eros, o "desejo", é um nome cultural antigo, em relação a qual precisamos perguntar, na base dessa reconstrução da situação órfica como possibilidade, se ele não teria *surgido pela primeira vez* em algum dos hinos órficos mais antigos e perdidos, para então se transformar em grande *daimon* no "Simpósio" de Platão. Em Aristófanes, o ouro de suas asas pode lembrar o ouro do mundo do amor, do mundo da Afrodite dourada. Lembra, porém, também o ouro do sol, cuja luz tudo revela. A expressão πρῶτον ἀνήγαγεν ἐς φῶς, "ele trouxe à luz" para "ele criou" é a execução verbal do nome *Phanes* (de *phanein*, "trazer à luz"), que Eros adota nos escritos órficos posteriores. Ou vice-versa: aquele nome resume essa atividade de Eros, que, apenas visto de fora, é o deus das brincadeiras com garotos e moças. No sentido verdadeiro, ele é o revelador e, por isso, o criador do mundo. A criação de um mundo ao trazê-lo da escuridão para a luz é a ação de Eros como Phanes, e ele já o era na cosmogonia parodiada por Aristófanes: uma vivência de iniciação, que não alcançou conceitos claros no orfismo – e menos ainda em alguma iniciação pré-órfica – alcançando, porém, imagens com uma ambiguidade inerente, não construída nem resolvida pelo pensamento filosófico, que transforma a vivência da natureza em mitologema. E isso já significa a emergência de um novo mundo.

Não é a todos que a mesma sequência de imagens se apresenta na situação das mesmas iniciações, mesmo que a probabilidade disso tenha sido muito maior no estado psíquico coletivo das pessoas arcaicas do que hoje. O iniciador certamente não era um intérprete: era o evocador do mitologema rico em imagens por meio de seu discurso apresentado na lira. É assim que precisamos imaginá-lo, é assim que os poetas da epopeia dos argonautas apresentam Orfeu[47]. Precisamos, porém, confessar também que só podemos

---

[47] APOLLON. *Rhod. Argon.*, 1., p. 494ss. • ORPH. *Argon.*, 12ss.

falar do orfismo como fenômeno histórico a partir do momento em que o mitologema cosmogônico e uma doutrina do tempo dos deuses correspondente, que abarcava também uma antropologia, já estava fixada em livros. Isso ocorreu em medida crescente a partir do século VII. A precondição negativa para isso era o fim daquela iniciação mais antiga, nobre e vinculada a determinadas formas de feras, que, em tempos posteriores, se preservou apenas em traços individuais, como no culto secreto dos licômidos. A precondição positiva era a necessidade de amplas camadas populares de rituais semelhantes, do enobrecimento de ritos antigos, da transformação e substituição do aspecto animal no ser humano por meio da iniciação. É nisso que se fundamenta a apropriação e penetração mútua, que se encerrou no século VI: a apropriação da religião de Dionísio e outros cultos orgiásticos por meio de Orfeu e vice-versa.

A necessidade de iniciação não é exclusivamente própria de pessoas com tendências místicas nem de eras e correntes místicas. É uma necessidade humana primordial, que, originalmente, nada tem a ver com "misticismo", mas sim com os "mistérios" naturais do decurso da vida humana, que estão vinculados ao "amadurecimento" respectivo. As cerimônias de maturidade para rapazes ou moças, que ainda existiam na forma de rudimentos na Grécia histórica, são exemplos disso. Em grego, essa fase de maturidade alcançada e confirmada pela iniciação se chama *telos*, "realização", "perfeição". Significa sempre a superação de uma "imperfeição", do estado do ainda não iniciado. Todos os discursos injuriosos contra esse estado têm certo cabimento, independentemente de como os pregadores e missionários de um modo de iniciação compreendem "imperfeição" e "perfeição": a permanência no estado da não iniciação é uma permanência em algum tipo de imaturidade. Para os sacerdotes de Orfeu, esses missionários de um modo especial de iniciação nos séculos VI e V, perfeição e imperfeição certamente eram algo diferente do que para os iniciadores pré-órficos, cujo tipo foi elevado ao mito na figura de Orfeu. Provavelmente, só conheciam imaturos reais, que, no decorrer da iniciação, se transformavam em homens maduros. As *ideias* relacionadas às qualidades de um homem maduro se transformaram não só nos donos dos escritos órficos. Sua propriedade exclusiva e invenção não era o sentido das antigas cerimônias. Nesse ponto, os filósofos, sobretudo os pitagóricos, os ultrapassaram em muito. O aspecto especial que, sob o nome de Orfeu, chegou também aos pitagóricos e que foi cultivado por estes com grande dedicação, foi esse instrumento da iniciação que, mais tarde, viria a substituir todos os outros atos e sofrimentos: *o livro iniciador*. Isso expressa muito mais do que a mera existência de escritos sagrados.

A possibilidade de satisfazer a necessidade primordial de iniciação por meio da leitura pública – e em breve também pela leitura solitária – *esta* existiu na Europa pela primeira vez na forma do "orfismo"! Nesse ponto ele se distingue tanto da "mitologia", cuja liberdade extensiva, que se desdobra em infinitas variações – a liberdade de um mundo de deuses que extrai sua riqueza das forças criadoras de imagens de almas abertas ao mundo –, zomba da fixação em escrita, quanto da "gnose", cuja intensidade interiorizada priva seus recursos, as imagens, de seu valor próprio por meio da escrita e as transforma em meras marcas ao longo do caminho da iniciação psíquica. O orfismo permanece no meio, na região das imagens, que possuem conteúdo e valor próprios. Ele alcançou sua forma mais pura num livro de hinos, que consiste quase que exclusivamente de atributos divinos – imagens – e no qual cada hino é um sacrifício acompanhado de aromas. O livro inteiro é uma *teletai*, uma iniciação executada. Além do vínculo com a figura de Orfeu e do conteúdo tematicamente igual, mas variado em sua execução mitológica, o caráter órfico aqui é representado pelo *modo* da iniciação. E ele permanece órfico, mesmo quando os dois outros traços distintivos se dissipam e desaparecem. Nesse sentido, podemos falar de "orfismo" sempre que um rolo de escritos aparece em representações gregas de ritos de iniciação e reconhecer uma continuação involuntária, uma pós-vida de Orfeu mesmo sem nome em cada "livro de iniciação" do nosso mundo ocidental, muito menos, porém, em escritos canônicos do que nos livros repletos de imagens e melodias dos poetas.

1949

Homem e máscara

As fábulas antigas são de poucas palavras. Elas se limitam ao essencial, sobretudo, a uma *imagem* inesquecível: "Certa vez, a raposa encontrou uma máscara trágica. 'Ai, um grande rosto que não possui – um cérebro!' ela exclamou após virar a máscara para cá e para lá".

       Personam tragicam forte vulpes viderat:
       quam postquam huc et illuc semel atque iterum verterat
       "O quanta species" inquit "cerebrum non habet!"

O fato de que a raposa virara a máscara para todos os lados foi excluído no texto já clássico dessa fábula de Fedro[1]. E caso nos passasse pela cabeça perguntar: Onde a raposa encontrou a máscara? Os contadores de histórias da Antiguidade tardia também fizeram essa pergunta. Os contadores gregos suspeitavam que a raposa havia invadido a casa de um ator, de um músico, de um artesão que produzia máscaras[2]. Os latinos daquela mesma era tardia parecem ter tido outras informações. Segundo eles, foi o lobo que encontrou a máscara trágica, ao ar livre, na natureza: *personam tragicam lupus in agro invenerat...*[3]

Máscaras na floresta e no campo, pendendo de árvores, depositadas em elevações semelhantes a altares, eram imagens familiares ao homem do período imperial romano. Ele admirava distritos sagrados dominados por máscaras, naturezas mortas ao ar livre compostas de máscaras, imagens estas representadas em maravilhosos vasos de prata produzidos segundo o padrão

---

[1] Reintroduzido por J.P. Postgate. Oxford, 1929.
[2] *Babrius*. Leipzig, 1897, p. 230 [org. O. Crusius].
[3] Postgate, na base de Cod. Periphrastarum.

alexandrino[4], em murais[5], relevos[6] e mosaicos[7]. As máscaras traziam algo da natureza livre, algum aspecto da paisagem antiga para dentro das casas, a aura de um mistério da paisagem representada especialmente por alguns tipos de máscaras. A natureza era o palco; a máscara, o instrumento daquele mistério. Existe um mistério comum a todas as máscaras: uma função comum para a qual esse instrumento primordial da humanidade foi criado. Não será fácil expressar em palavras qual foi essa função primordial. Posso, porém, antecipar: Um tipo das máscaras gregas, ao qual a maioria dos outros tipos de máscaras – as máscaras trágicas e cômicas, as máscaras satíricas – é subordinada em sua função como instrumento cultual, a máscara de Dionísio, pertence originalmente à natureza selvagem.

Assim como máscara e natureza livre, máscara e deserto selvagem formam uma unidade, assim o fazem também o homem e a máscara. Ambas as relações são arcaicas, elas provêm de um estado da humanidade ao qual aludimos com o conceito geral do "homem natural" e que nos autoriza a falar de um "instrumento primordial". A função original desse instrumento não era aquilo em que pensaria uma pessoa da nossa era. Esta pretende "despir-se da máscara" que ele usa continuamente, para então finalmente poder ser "ela mesma". Ou ela arranca a máscara de forma súbita: que visão abominável! Apresenta-se o ser incivilizado, hostil e desumanizado. Acreditamos que a máscara foi inventada apenas para ocultar seu portador. A criminalidade de fato recorre à máscara para essa finalidade. E quando usamos a máscara ritualmente durante o carnaval, dando continuação à tradição dos arcaicos costumes mascarados, nós nos transformamos por trás dela na pessoa incivilizada que, normalmente, não ousaríamos ser. Máscara metafórica e máscara verdadeira: ambas possuem hoje uma função apenas

---

[4] DREXEL, F. Alexandrinische Silbergefässe. *Bonner Jahrb.*, 118, 1909, p. 176ss. • PERNICE, E. WINTER, F. *Der Hildesheimer Silberfund*. Berlim, 1901, p. 35ss., taf. 12-16 etc.

[5] *Le pitture antiche di Ercolano e contorni IV*. Nápoles, 1765, p. 170ss. • HELBIG, W. *Wandgemälde der vom Vesuv verschütteten Städte Campaniens*. Leipzig, 1868, p. 414ss.

[6] SCHREIBER, T. *Die hellenistischen Reliefbilder*. Leipzig, 1899, taf. 98-101. • MUSTILLI, D. *Il Museo Mussolini*. Roma, 1939, taf 35/36.

[7] NOGARA, B. *I mosaici antichi*. Milão, 1910, taf. 5.

negativa, determinada por nossa civilização. A máscara é, de modo inevitável, um instrumento de ocultação, no entanto, esta deve ser considerada, no máximo, uma função secundária.

Outra função quase inevitável da máscara é o susto. Existe um tipo de máscara especialmente arcaico que possui essa função mais do que todos os outros tipos: a Górgona. As narrativas mitológicas atribuem a essa figura de terror um poder mortal que dela emana[8]. Portanto, a função especial da máscara da Górgona não é um simples assustar: é a *morte por meio do estarrecimento*. O estarrecimento é algo próprio a todas as máscaras, até mesmo às máscaras teatrais mais antigas feitas de linho, e até mesmo, em certo sentido, às pinturas faciais ainda mais antigas. No mitologema da Górgona, ele se apresenta intensificado como efeito de um ser sobre-humano, de um rosto que emana esse efeito até mesmo após ter sido separado do tronco. Máscara e Górgona não podem ser *separadas*, elas são idênticas. Os dois tipos mais antigos da máscara grega – o tipo primordial masculino: Dionísio, e o tipo feminino: a Górgona – têm isso em comum. Eles são *as* máscaras, foram as primeiras a subsistirem sem portador humano. Antes disso, porém, precisa ter existido um portador humano: Sem ele, a invenção da máscara é impensável[9]. Com a exceção daquelas máscaras não gregas que eram usadas para cobrir o rosto dos mortos nos túmulos micênicos ou nos túmulos de Trebenice e onde a pessoa representada pela máscara e a pessoa por ela coberta eram idênticas, permanece como característica irrefutável da máscara a relação entre o ser humano e um outro ser. A máscara *oculta*, a máscara *assusta*, mas ela *cria*, sobretudo, uma relação entre a pessoa que a usa e o ser que ela representa.

Assim, o estarrecimento inerente vincula a máscara principalmente aos mortos, que ela representa em seu uso arcaico em diferentes povos. Ela estabelece uma relação entre os vivos e os mortos. Uns se transformam nos outros ou, mais precisamente, a máscara permite sua união, que ocorre na alma do portador da máscara não só externamente. A máscara – e talvez seja essa a melhor forma de descrever sua função – é o instrumento de uma

---

[8] PIND. *Pyth.*, 10. 47; 12. 12. • AESCH. *Prom.* 798 etc.
[9] *Werkausgabe*, VIII (1994), p. 175.

transformação unificadora: de modo negativo, anulando as fronteiras entre mortos e vivos e revelando aspectos ocultos; de modo positivo, no sentido em que essa libertação do oculto, esquecido e ignorado é, ao mesmo tempo a autoidentificação do portador da máscara com ele. Aquele que limitar essa função primordial da máscara à evocação de espíritos de mortos, que precisariam ser compreendidos concomitantemente como demônios de fertilidade – também uma suspensão de limites – pode apelar às palavras de Shakespeare: "Morrer significa ser máscara, pois apenas aquele é máscara de um ser humano que não tem a vida de um ser humano"[10]. Um ponto que fala a favor da relação da máscara com os mortos é, nos gregos, seu uso na tragédia, onde "mortos", os heróis dos primórdios, aparecem nas máscaras tesa, reanimados pela vivacidade intensificada da atmosfera cultual e Dionísio. Na comédia acontecia o contrário. A intensificação do risório e do entristecedor: um efeito mortal libertador, mas que vai além da referência aos mortos. A máscara trágica faz o mesmo, que não era larva, máscara de fantasma, mas um instrumento do poeta e do ator para a transformação unificadora para as figuras representadas.

Se não nos limitarmos à constatação de que o sentido de toda mascarada, seja ela secular ou espiritual, é o de transformar o portador em um outro ser especial[11], faremos jus justamente àqueles usos da máscara em que não se tratava de meras "mascaradas". No tempo arcaico e clássico, ela nunca tratava apenas disso. Nem mesmo no palco trágico: a tarefa do poeta e ator grego não era a representação de algum ser imaginado, mas a evocação de algo que existira no passado. As palavras de W.F. Otto se aproximam aqui mais da realidade, mesmo que se percam no incompreensível[12]: "Toda a majestade daquilo que se perdeu no passado se apresenta em proximidade cativante, apesar de estar perdido no infinito. O portador da máscara é dominado pela alteza e dignidade daqueles que não existem mais. Ele é ele mesmo e, mesmo assim, um outro. A loucura o tocou, algo do mistério do deus furioso, do

---

[10] MEULI, K. *Schweizer Masken*. Zurique, 1943.
[11] BIEBER, M. Die Herkunft des trag. Kostüms. *Jahrb. Arch. Inst.*, 32, 1917, p. 69.
[12] OTTO. Op. cit., p. 194ss.

espírito da existência dupla, que vive na máscara e cujo último descendente é o ator". Nessa concepção, a unificação exerce um papel tão dominador que a máscara se torna quase supérflua.

Aqui, porém, falamos da máscara concreta, palpável em suas formas gregas. Sua função principal é a transformação unificadora, sim, talvez até num sentido mais original: a unificação transformadora. E nisso não nos esquecemos das funções secundárias que lhe são inerentes: o esconder-se e o susto. Um instrumento que une em si essas três funções é um instrumento dos mistérios ou – para usar outra palavra – um instrumento do culto secreto. A defesa por meio de figuras assustadoras, que, ao mesmo tempo, representam seres superiores, e o fazem no contexto de um jogo de esconde-esconde rico em acessórios, pertence aos cultos secretos primitivos[13]. É melhor chamá-los "arcaicos", apesar de possuirmos apenas poucos testemunhos para o tempo arcaico da Grécia: os mistérios clássicos dos gregos se diferenciam consideravelmente daqueles. O uso de, no mínimo, *um* instrumento primitivo e, na Grécia, arcaico do culto secreto além da máscara, do rompo, foi comprovado[14]. Certos *mysteria* ou *teletai*, como os gregos chamavam seus cultos secretos, preservaram, porém, também outros traços de seu caráter arcaico até o tempo imperial romano, e ocorrem em contexto com eles também máscaras e portadores de máscaras.

As máscaras assustadoras dos cultos secretos arcaicos nem deveriam ser vistas por aqueles que não seriam iniciados – estes deveriam ouvir, no máximo, as suas vozes – caso contrário estariam fadados a morrer. O mitologema do poder que mata pela visão da Górgona corresponde exatamente a essas ameaças. Os mistérios gregos, porém, desistiram do uso desses meios assustadores de defesa já muito cedo. O rosto da Górgona conseguiu propagar-se por toda parte desde o século VII como sinal de uma proteção divina especial ou da defesa por meio de forças misteriosas. Pausânias nos fala do emprego de uma máscara de defesa em um dos cultos arcaicos de Deméter. Nos "mis-

---

[13] HARRISON, J.E. *Themis*. Cambridge, 1927, p. 18s. • GREGOR, J. *Die Masken der Erde*. Munique, 1936, p. 12ss. • FROBENIUS, L. *Monumenta Africana*. Weimar, 1939, p. 114ss.

[14] HARRISON, Op. cit., p. 61. • PETTAZZONI, R. *I misteri*. Bolonha, 1923, p. 1ss.

térios maiores" de Deméter em Feneo, o sacerdote retirava do recipiente redondo que repousava na pedra sagrada da deusa, do *petroma*, uma máscara. Era a máscara de Deméter Cidária, uma forma de manifestação da grande deusa dos mistérios. Faziam parte disso certo adorno no cabelo e certa dança – ambos chamados "*kidaria*". O sacerdote usava essa máscara e, com uma vara, batia os "terrestres": uma designação enigmática que, talvez, Pausânias (8. 15. 3) cite de uma lenda cultual versificada. Não conhecemos aquela máscara, mas sabemos que faz parte daquela forma de manifestação da Deméter como a furiosa, a "Erinys", e sua filha, "Brimo" (um apelido que também alude ao "rugir") também a cabeça da Górgona. Como aqui a máscara, assim as vestes da deusa "transformava" em outro lugar seu sacerdote masculino[15]: talvez apenas um arcaísmo preservado em traços, ao qual parece corresponder a barba de algumas máscaras arcaicas da Górgona ou a designação masculina do portador da cabeça de Górgona em antigas representações etruscas[16].

A suposta linha de desenvolvimento, que, como sempre em casos assim, seria a da decadência e do esvaziamento de sentido, poderia ser traçada claramente. O instrumento do culto secreto se transformou, de um lado, em uma máscara "apotropaica" assustadora e, como tal, um tema da arte decorativa (ilustr. 28)[17], de outro, se transformou em máscara assustadora infantil, sendo que as muitas "Górgonas para crianças": Aco, Alfito, Gelo, Empusa e a Lâmia devoradora, mas também a Mânia romana e todas as outras formas de manifestação da *mater larum* precisariam ser citadas[18]. Nossas considerações, porém, se aterão a aspectos mais gerais, que podem servir à pesquisa como hipóteses de trabalho. Basta mencionar aqui que a máscara de Dionísio também compartilhara da função assustadora – como função secundária – com as outras máscaras do culto secreto. Dionísio, o "deus das máscaras", como era chamado[19] porque uma máscara era capaz de representar

---

[15] PLUT. *Dion.*, 56.
[16] KÖRTE, G. *Arch. Ztg.*, 34, 1876; III, taf. 11, 1.
[17] Ornamento no templo arcaico de Apolo em Veji, Roma, Mus. Villa Giulia.
[18] TABELING, E. *Mater Larum*. Frankfurt a. M., 1932.
[19] WREDE, W. *Der Maskengott, Ath. Mitt.*, 53, 1928, p. 66ss.

o deus como imagem cultual de validade plena, mais se relaciona como tipo com a máscara de Aqueloo, o deus do rio e da fonte, que se manifesta como metade homem barbudo, metade touro, ou seja, sempre cornudo. A máscara de Icária, um local cultual rural de Dionísio na Ática, essa epifania arcaica do deus das máscaras que mais nos impressiona, ainda é ταυρηδὸν βλέπων, ela "olha como um touro" (ilustr. 29)[20]. É, porém, típico que o segundo exemplo já clássico desse modo de representação foi inicialmente interpretado como um "Aqueloo" (ilustr. 30)[21]. Em máscaras arcaicas cornudas de homens a diferenciação é, em termos tipológicos, quase impossível (ilustr. 31)[22]: ocorre aqui o mesmo tipo primordial, a mesma máscara masculina do culto secreto.

Dionísio pode ter sido bem-vindo às mulheres, às portadoras de tantos de seus cultos secretos, em figura de touro – ele era invocado por elas em Elis como "touro digno"[23]: no entanto, tudo indica que a mesma forma de manifestação era usada também para afastar os não iniciados. Uma tragédia de Ésquilo, dedicada à iniciação ao culto de Dionísio na Trácia (intitulada de "Edonoi" segundo uma tribo trácia), descrevia os sons que anunciavam a chegada do deus em meio aos seus acompanhantes. "Estridentes ressoavam os instrumentos de corda" – assim começa a descrição – "grave como um touro berram de algum lugar invisível os imitadores que provocam assombro" – imitadores da voz do touro – "e é como o som de um tambor, como se fosse um trovejar subterrâneo". Um antigo conhecedor desse tipo de rituais acrescenta[24] que o mesmo ocorria na Frígia, em seu culto dionisíaco. Especialistas modernos vinculavam essa voz com outro instrumento de cultos secretos, o rombo. A voz de touro exige uma máscara de touro e anuncia a chegada de um deus que se manifesta naquela máscara, do qual todos os não iniciados precisavam fugir. O Dionísio grego levanta sua face sem os traços animais: esses traços são preservados pela máscara inofensiva, mas mesmo

---

[20] Athenas, museu nacional, inv. 3.072; segundo Wrede, taf. 1.
[21] Antes em Berlim. *Altes Museum*, inv. 100; segundo Wrede, taf. II.
[22] No museu de Tarquinia.
[23] PLUT. *Quaest. Gr.*, 299 A. Foto: Anderson, 40.976.
[24] STRABO, 10. 3. 16.

assim misteriosa e muda do deus do rio e da fonte Aqueloo. Os gregos sabiam muito sobre a paternidade dos deuses dos rios: o deus do rio antecedia no rito nupcial ao noivo[25]. Por fim, a mesma máscara se torna o rosto do pai Oceano, da "origem de tudo" homérica.

A máscara de Dionísio sem portador, pendurada numa árvore ou – após a introdução na cidade do deus venerado no deserto – em uma coluna adornada de galhos[26], é um instrumento dos mistérios transformado em imagem cultual. O deus está presente nela e com ela mesmo sem a ajuda de um portador humano. Mas mesmo assim ela efetua a transformação unificadora das mênades que dançam ao redor dela: estas são agora transformadas e estão unidas com seu deus. Um laço entre deus e ser humano é estabelecido até mesmo pela máscara sem portador, uma relação que vai muito além da atualização da deidade por meio de uma imagem cultual. Aqui, podemos falar com Otto do "fenômeno primordial da dualidade, da distância presente, do encontro abalador com o irrecuperável, do encontro fraterno da vida com a morte"[27]. Apenas a palavra "morte" precisa ser compreendida num sentido muito mais amplo. No âmbito de Dionísio não existe morte, no máximo existem mortos, que, mesmo assim, estão presentes e testificam da irredutibilidade da vida. Um ser apenas aparentemente distanciado invade por meio da máscara o ser presente. E o mesmo fazem os próprios deuses: eles também podem se presenciar por meio de uma máscara, voltar a residir e não só aparecer em nosso meio, mas também estar distantes ao mesmo tempo sem abrir mão de seu distanciamento. Esse fenômeno paradoxal se expressa ainda nas máscaras teatrais usadas decorativamente em tantos sarcófagos antigos. Pois a máscara antiga permanece sempre ligada ao túmulo por meio da dualidade descrita.

Os vínculos, conexões e relações originais, nos quais um instrumento antigo ainda possuía seu sentido pleno – não um sentido alegórico, como se fosse expressão de uma *doutrina*, mas sua razão de ser, por meio da qual ele se tornou exatamente aquilo que se tornou – lhe permanecem ineren-

---

[25] WEINREICH, O. *Der Trug des Nektanebos*. Leipzig, 1911, p. 34ss.
[26] WREDE. Op. cit., p. 83s.
[27] OTTO. Op. cit., p. 194.

tes, nunca se perdem completamente e sempre são capazes de voltar à vida. As máscaras teatrais permaneceram ligadas não só ao túmulo, mas voltaram com o antigo "deus das máscaras", em cujo âmbito rural ou urbano elas surgiram, para a natureza selvagem. Estas considerações partiram desse vínculo, de um vínculo que não é original às máscaras trágicas e cômicas, mas sim para a máscara dionisíaca. Sabemos como surgiu o vínculo para aquelas máscaras teatrais. As descrições de grandes eventos dionisíacos do tempo alexandrino e romano nos contam como as cavernas, imitações daquelas em que Dionísio era venerado na natureza, eram produzidas artificialmente. Nelas eram pendurados todos os acessórios do culto dionisíaco, também com máscaras trágicas, cômicas e de sátiros[28].

Entre todas as máscaras que surgiram no âmbito cultual de Dionísio ou que se aliaram a ele os *satyroi* – tanto os representados, os sátiros, quando os representantes, os atores –, que pertenciam à montanha e à floresta desde sempre como espíritos da natureza ou dançarinos por eles possuídos. Diga-se de passagem que em tempos arcaicos, quando Ártemis ainda usava de vez em quando o rosto da Górgona, esses dançarinos (e também homens representantes de seres femininos) também se apresentavam no culto dessa deusa[29]. É uma ideia contraditória que os dançarinos mascarados realizam: eles são uma sociedade que se apresenta na frente de todo mundo, mas cujos membros permanecem escondidos por trás das máscaras. Na vida cultural grega esse aspecto secreto desapareceu cada vez mais – desde o início tratava-se de um "mistério sagrado público", como todos os mistérios. Os acompanhantes clássicos de Dionísio aparecem nas representações completamente independentes de sua atualização por meio de dançarinos mascarados e se apresentam como genuínos semianimais-semideuses fálicos. Uma máscara de sátiro, pelo menos, permanece palpável como instrumento: a máscara do "pai Sileno". *Sileni patris imago*, como é chamado por Propércio na descrição de uma grota dionisíaca (2.3.20). Como rosto de um homem barbudo ela

---

[28] *Athenaeus*, 148 B e 198 D.
[29] BUSCHOR, E. *Ath. Mitt.*, 53, 1928, p. 105ss.

se aproxima muito da máscara de Aqueloo e Dionísio, mas ela se distingue desta por meio de um traço animal e destacadamente físico (ilustr. 32 e 33)[30].

A máscara de Sileno se apresenta em três aspectos: como máscara de defesa, como instrumento cultual e como acessório de jogo, mas também como referência clara a um rito cultural. Novamente nossas considerações precisam se limitar a alguns pontos essenciais. Encontramos a relação mencionada num sarcófago romano do tempo de Adriano. O rito representado nesse sarcófago do Museu de Latrão (n. 662) é o casamento de Dionísio e Ariadne. No grande relevo do sarcófago, eles vão ao encontro um do outro em carruagens puxadas por centauros. Nas costas de um dos centauros atrelados ao carro do deus vemos um pequeno Eros com uma máscara de Pã na cabeça, mas com o rosto descoberto, e com a vara de um pastor na mão. A ele corresponde um Eros nas costas de um centauro de Ariadne, também com uma vara de pastor na mão. A esse Eros a noiva divina oferece uma máscara de Sileno. Máscara de Pã e Sileno parecem ser variações do mesmo instrumento: na primeira, se destaca mais o traço animal; na segunda, o traço humano. Encontramos variações deles também na parede do quarto de Íxion na Casa dei Vetti em Pompeia, onde logo uma, logo a outro aparece unida com o *liknon*, o mangual[31]. Esses instrumentos dos mistérios, os *mystica vannus Iacchi*, forma carregados também na procissão nupcial, em Atenas juntamente com pão[32], de resto, porém, assim como o mostra a maioria das representações: com frutas e um falo. Muitas vezes, a máscara de Sileno se encontra ao seu lado ou próximo dele[33]. Ariadne o oferece ao seu Eros, porque, aparentemente, ela já está disposta a ir ao encontro como *noiva* do noivo determinado, cujo Eros é portador da máscara de Pã. Essa interpretação é confirmada pelo relevo na tampa do sarcófago. Mostra o casal de noivos, deitado e se beijando: o casamento se aproxima de sua consumação. Um Eros corre em direção dos noivos. Ele veste a máscara de Sileno e segura

---

[30] A primeira imagem, segundo Wrede, p. 66. A segunda, da Casa dei Amorini, Pompeia.
[31] CURTIUS, L. *Die Wandmalerei Pompejis*. Leipzig, 1929, ilustr. 17 e 18.
[32] HARRISON, J.E. *Prolegomena*. Cambridge, 1903, p. 522ss. • *Journ. Hell. Stud.*, 23, 1903, p. 292-324.
[33] SCHREIBER, T. *Die Wiener Brunnenreliefs*, 1888.

a vara de pastor. Uma sátira deitada ao lado tenta em vão puxar o pequeno portador da máscara em sua direção.

O prelúdio ao casamento de Dionísio e Ariadne é representado de modo diferente em um sarcófago de Roma[34]. O deus vem, acompanhado de um cortejo festivo de mênades e sátiros, para a Ariadne adormecida em Naxos. E também aqui encontramos um pequeno Eros: atrás dele, a máscara de Sileno, ao lado dela, um instrumento dos mistérios. Trata-se da *cista mystica*, uma cesta da qual surge uma cobra e que, como o *liknon*, costuma ser reunido com essa máscara[35]. Aqui, porém, aparece também um Sileno, ele guia o Eros que tem medo da cobra, Eros, a criança divina, que, no casamento, lida com esse tipo de instrumentos misteriosos. Cito aqui de outro grupo de cenas com Eros e máscaras de Sileno aquela do Palazzo Mattei[36]. Nessa cena, Eros segura a cobra pela boca de uma máscara de Sileno que ele usa em sua cabeça, assustando assim outro Eros. Esse tipo de conteúdos da *cista mystica* e da *mystica vannus*, como cobra e falo, pode facilmente ser relacionado ao casamento. No contexto das cenas pré-nupciais e nupciais, a máscara de Sileno parece ter a mesma relação, mas ainda não entendemos: Por quê?

Um afresco da famosa Villa dei Misteri em Pompeia nos dá a resposta exata. Nas imagens da "sala dos mistérios" encontramos o mesmo paralelismo. À esquerda do casal divino, de Dionísio e Ariadne, que dominam os ritos sagrados, a *mystica vannus* e seu conteúdo, o falo ainda velado, servem para a iniciação nupcial de uma garota[37]. Nunca esteve em dúvida que a mesma sequência de imagens fala também da iniciação de um garoto[38]. A cena à direita de Dionísio e Ariadne representa o auge dessa iniciação: um rito com uma máscara de Sileno (ilustr. 34). Só que o sentido da cena e da iniciação não é mais tão evidente ao contemplador de hoje como ocorre com

---

[34] LEHMANN-HARTLEBEN, L. & OLSEN, E.C. *Dionysia Sacrocphagi in Baltimore*. Baltimore, 1942, ilustr. 9.

[35] Cf. Relevo de Dresden em SCHREIBER, T. *Die hellenist. Reliefbilder*. Leipzig, 1894, taf. 101. • Relevo de Munique. Ibid., taf. 100, 2.

[36] REINACH, S. *Rép. De Reliefs Grecs et Romains III*. Paris, 1912, p. 295, 3.

[37] BIBER, M. *JdI*, 43, 1938, p. 306ss. • MAIURI, A. *La Villa dei Misteri*. Roma, 1931, p. 166ss.

[38] RIZZO, G.E. *Mem. Acc. Napoli III*, 1918, p. 61ss.

a iniciação com o *liknon* do outro lado. Cerimônias de maturidade, por meio das quais os garotos são incluídos na classe dos homens progenitores e que representam a precondição para um casamento posterior, são conhecidas[39]. Dificilmente podemos considerar o fato de que os garotos adolescentes dos atenienses eram acrescentados à lista de uma *phratria* no terceiro dia da festa de Apaturia algo diferente de uma forma de cerimônia de maturidade, a inclusão à "aliança secreta" pública dos homens, que documentava também moças em idade de casamento como possíveis cônjuges[40].

Com isso já nos aproximamos daquele sentido da cerimônia representada no afresco que mais corresponde à interpretação da técnica do rito. Três pessoas participam de um jogo curioso: um Sileno e dois garotos sátiros. O líder e iniciador é Sileno. Isso corresponde à sua invocação num hino órfico como "líder dos mistérios de uma aliança da pastores"[41]. A inscrição de uma dessas alianças cultuais em Pérgamo menciona além do "pastor principal", o *archibukolos*, e dos "pastores", os *bukoloi*, sois "mestres de hinos" e três "Silenos", um dos quais era o "líder do coro"[42]. Em termos mitológicos, o ofício do líder de dança e cerimônia de um culto secreto dionisíaco é expressado de tal forma que Sileno se apresenta como educador de Dionísio ou como professor do flautista mítico Olimpo. A cena pastoral que antecede a nossa cena na sequência de imagens na sala de mistérios – e certamente também no decurso de toda a iniciação dos garotos – é dominada nesse sentido pela figura de um Sileno que toca a lira.

Na cena que nos interessa Sileno está sentado e oferece a um garoto sátiro uma taça de prata. Um instrumento dionisíaco, um tambor poderoso, está entre os dois. São dois instrumentos diferentes com os quais aqui o jogo ou a cerimônia – ambas as designações parecem adequadas – é executado. O primeiro é a tigela de prata. O garoto fixa seu olhar no fundo da taça, mas

---

[39] JENSEN, A.E. *Das religiöse Weltbild einer frühen Kultur*. Stuttgart, 1949, p. 152ss. • *Beschneidung und Reifezeremonien bei Naturvölkern*. Stuttgart, 1933.

[40] MOMMSEN, A. *Feste der Stadt Athen*. Leipzig, 1898, p. 323ss. • MOGNIEN, V. *Mélanges Cumont*. Bruxelas, p. 305ss.

[41] *Orph. Hymn.*, 54, 4.

[42] DITTENBERGER. *Syll. III*, 1920, p. 1.115. • CUMONT, F. *Am. Journ. Arch.*, 37, 1933, p. 245.

sem que os lábios a toquem: ele não está bebendo. Mas aquilo que ele *vê* na taça pode ser calculado com precisão matemática[43]. O recipiente de prata serve como espelho côncavo, cuja ocorrência é testificada no inventário de um templo[44]. O garoto não vê, como esperaríamos, seu próprio rosto no espelho, mas outro objeto, que se encontra fora do foco. Esse outro objeto é a máscara de Sileno, que o outro garoto sátiro, como assistente de Sileno no jogo, ergue por trás do garoto de modo que ele não vê o seu rosto, mas a máscara. Ela aparece invertida no espelho côncavo, mas a surpresa é tão instrutiva por outro motivo, de modo que isso passa a não importar. O garoto acredita ver a si mesmo, e ele se reconhece como um daqueles homens mais velhos, dos pais e mestres, que até agora o dominaram e instruíram e aos quais ele mesmo pertence. É uma transformação unificadora, efetuada pela máscara como imagem paterna: *Sileni patris imago*. O garoto se une com os pais e é consagrada um homem progenitor.

    O método com o reflexo do espelho não é arcaico. Ele deve ser uma invenção do tempo heleno, como sugere um segundo afresco em Pompeia[45]. A cena, porém, que um afresco na chamada "sala dos mistérios" da Casa del Criptoportico nos mostra, não representa a cerimônia com a máscara de Sileno, como acreditava ainda Rostovtzeff. O que ela registra é a surpresa diante da primeira observação do fenômeno, diante da "descoberta" aleatória. Leiamos a descrição do próprio Rostovtzeff: "Num leito ou numa rocha natural estão deitados Sileno e uma mênade. O Sileno está altamente excitado. Ele levanta sua direita em surpresa e olha com atenção para um espelho redondo ou para uma taça côncava, segurada por um sátiro atrás do leito com a mão direita para um garoto sátiro. Este está ajoelhado e olha para o espelho. A boca do pequeno sátiro está aberta. O sátiro que segura o espelho ou a taça faz um gesto com a mão esquerda, por meio do qual ele incentiva o pequeno a olhar para o espelho. O pequeno sátiro parece dizer algo, para

---

[43] MACCHIORO, V. *Zagreus*. Bari, 1920, p. 94ss. [1930, p. 82ss.]. • DELATTE, A. *La catoptromanice Grecque*. Liège, 1932, p. 190ss. • HERBIG, R. *Neue Beobachtungen am Fries der Mysterienvilla in Pompeji*. Baden-Baden, 1958, p. 43.

[44] PLÍNIO. *Nat. hist*. Op. cit., 33.129.

[45] ROSTOVTZEFF, M.I. *Mystic Italy*. Nova York, 1928, p. 66. • DELATTE, A. Op. cit., ilustr. 23.

a grande surpresa de Sileno. Por trás desse grupo está uma moça com um prato sacrificial na mão esquerda. Também ela olha surpresa e assustada para aquilo que está acontecendo entre as quatro pessoas dionisíacas". A história representada aqui é, provavelmente, esta: Sátiros que serviram o Sileno durante um banquete descobriram o fenômeno óptico que então passou a ser usado na iniciação dos garotos – na iniciação dos pequenos sátiros ao mistério segundo o qual eles, como seres masculinos, são idênticos ao pai "Sileno". O fato de que foi escolhida uma máscara de um Sileno mais jovem e não do velho, não é uma objeção séria contra essa interpretação. Foi *assim* que a cerimônia foi inventada – e foi assim também que foi inventada a *história* de sua invenção – espirituosa, não elaborada.

Brincadeiras com a máscara, o instrumento da transformação unificadora, nas quais a *outra* idade, a idade da pessoa a ser iniciada, aparece em estilização exagerada, são encontradas também em obras posteriores, em parte de origem helênica, que mostram a interação de meninos, Eros e *putti* sem asas com a máscara de Sileno. Um *putto* está sentado numa pele de cabra, com um laço festivo na cabeça, e tenta vestir a enorme máscara de Sileno (ilustr. 35)[46]. Ou um *putto* se esconde por trás da máscara colossal e enfia o braço pela boca do rosto barbudo (ilustr. 36)[47]. Essas plásticas se tornam compreensíveis apenas como elementos de uma composição maior. O *putto* que estica o braço pela boca da máscara e que pode também segurar uma cobra é acompanhado naquela composição por um outro *putto*, que, assustado, cai para trás[48] ou faz um gesto assustado. Trata-se de relevos de sarcófagos, que combinam esse motivo com outros motivos que remetem ao mesmo contexto pictórico, por exemplo, ao início de uma luta entre dois *putti*. Um sarcófago em Porto di Roma contrapõe apenas esses dois motivos[49]. Talvez a composição mais instrutiva seja o relevo de sarcófago no Pallazo Mattei. Ele contém além dos motivos mencionados – máscara de Sileno, cobra e luta –

---

[46] No Museu Cpitolino. Cf. STUART JONES, H. *Catalogue*. Oxford, 1912, 317.8, taf. 79.
[47] Na Villa Albani. Foto Alinari, 27.617.
[48] BENNDORF, O. & SCHÖNE, R. *Die ant. Bildw.* – Des Lateran. Museums. Leipzig, 1867, p. 256, n. 381. • MUSTILLI. Op. cit., taf. 70.
[49] CALZA. Op. cit., p. 190ss.

ainda outros motivos, entre estes, aquele que, como o motivo da luta, parece apontar para a iniciação dos garotos atenienses, a *apaturia*.

O motivo é o grande recipiente misto no fundo, não uma "cratera" comum, mas uma taça gigante, da qual um Eros está prestes a retirar um líquido com um jarro. Na margem oposta vemos um Eros deitado, de modo que seu tronco mergulha na taça gigante. Outro recipiente gigante, no qual dois Eros despejam uma jarra de vinho[50], também se encontra no fundo, por trás de dois pequenos lutadores, enquanto o primeiro recipiente forma o pano de fundo para a cena de máscara. Vemos ainda outros instrumentos dionisíacos: um poderoso *thyrsos*, um tambor, uma cesta com frutas e um vaso, talvez com frutas. O autor da *Vetera Monumenta Matthaeorum* chamou tudo isso uma colheita de vinho[51]. No entanto, não vemos nenhuma uva[52]. A antiga interpretação é certamente errada. Uma oferta de vinho, a chamada *oinisteria*, ocorria no terceiro dia da festa de *apaturia*. É mencionada aqui também uma grande taça[53]. Os próprios garotos, e não só os pais, estavam envolvidos com o vinho[54]. A festa era dedicada a diversas deidades, entre elas Dionísio, o *melanaigis*, aquele com a escura pele de cabra[55]. A cabra é atestada como animal sacrificial da festa[56]. Frutas indicam o mês de outono *pyanopsion*, quando ocorria essa festa.

O motivo da luta encontra sua correspondência na lenda cultual da festa. Os atenienses derivavam o nome "apaturia" de *apate*, "ilusão", relacionando a festa a uma luta lendária na fronteira entre a Ática e a Beócia, uma luta em que Melanto (o "negro") enganou seu adversário Xanto (o "loiro"). Ele o acusou de ter recebido a ajuda de um assistente, e quando Xanto olhou para trás para identificar o suposto ajudante, Melanto o matou pelas costas. Essa lenda não pressupõe um ajudante real. Mas existia também uma versão em

---

[50] MATZ, F. & DUHN, F. *Antike Bildwerke in Rom II*. Leipzig 1881, p. 208, n. 2.755.
[51] Ibid., taf. 47, 1.
[52] RODENWALDT, G. *Jdl*, 45, 1930, p. 171ss.
[53] *Athenaeus*, 494F. • *Pollux*, 3. 52-53.
[54] ZIEHEN, L. *RE*, 34, col. 2.229s., verbete Oinisteria.
[55] HALLIDAY, W.R. *Class. Rev.*, 40, 1926, p. 177s.
[56] *Pollux*, 3. 52.

que um jovem sem barba[57] ou uma figura assustadora em pele de cabra[58] – em ambos os casos: Dionísio – realmente aparece por trás do lutador enganado. Além da oferta de vinho e da luta, que, em vista dessa lenda cultual, deve ser vista como luta dos garotos para a festa, parece ter ocorrido ainda um ato sagrado, que consistia numa enganação não só por meio de palavras, mas por meio de uma figura assustadora – no fundo, um jovem sem barba. Nos relevos de sarcófagos vemos, em paralelo com a luta, a brincadeira com a máscara de Sileno, por meio da qual um garoto assusta outro.

Originalmente, o jogo dos *putti* era um encontro sério, em que um garoto mais velho assustava os mais novos, para então se revelar como portador da máscara e assim demonstrar a identidade dos mais novos com os velhos. A máscara de Sileno se transformou em símbolo como instrumento dessa iniciação, que, mais tarde, antecedia ao casamento. Podemos supor que, além da máscara de Sileno, também a *cista mystica* com a cobra exerça um papel na iniciação dos garotos áticos? Num relevo de sarcófago da Villa Albani, que mais se aproxima do relevo no Palazzo Mattei e reúne todos os motivos mencionados[59], um Eros abre a cesta que guardava a cobra, enquanto um outro, assustado ao vê-la, cai de costas. Uma análise mais minuciosa revela no relevo do Palazzo Mattei uma *cista mystica* aberta por dois *putti*: a cobra enfiada pela boca da máscara provém da cesta dos mistérios. Não sabemos se a relação entre cobra e máscara de Sileno remete a uma cerimônia verdadeira. Sabemos apenas que todas as iniciações dos jovens seres humanos na Grécia eram bem-vindas aos artistas dos sarcófagos infantis. Às vezes, suas obras remetiam a padrões inspirados pela grande arte ática e também pela vida religiosa ática. Outro padrão com a iniciação dionisíaca de garotos, executado em duas variações na própria Ática, atesta o caminho dessas representações para a Roma[60].

A união da máscara com o *putto* efetua na arte dos monumentos fúnebres uma transformação diante dos nossos olhos. Não a transformação do

---

[57] *Konon*, 39. • JACOBY. *Fragm. Griech. Hist.*, n. 26, taf. 1.
[58] Suidas *Oinisteria*.
[59] ZOEGA. G. *Li bassirilievi antichi di Roma II*. Roma, 1808, taf. 90.
[60] CUMONT, F. *Syria*, 10, 1929, p. 219.

menino que, alado ou não, representa a figura atemporal da *criança*, mas a transformação da própria máscara. Se, até agora, sua rigidez apontava para os mortos e para um tipo de não existência com o vazio da boca e dos olhos, que, sob o aspecto de Dionísio se transforma novamente na vida mais vivaz, agora, essa vida mais vivaz se estende em nossa direção com a mão da criança pela boca da máscara. O jogo intensifica o assombro e, ao mesmo tempo, suspende a rigidez da morte. Ele reaviva e anima a máscara. No sarcófago de Porto aparece uma borboleta entre o *putto* assustado e o rosto de Sileno[61] e assim expressa a palavra *psyche*, como os gregos chamavam a borboleta. O jogo com o instrumento dos mistérios permanecia um jogo de mistérios.

As máscaras animais dos gregos – como também outros tipos de máscaras – foram ignoradas nessas considerações. Partimos do encontro de um animal com a máscara de um ser humano, *nós*, porém, nos interessamos pelo encontro do *ser humano* com o rosto não individual – seja ele divino ou animal, heroico ou simplesmente típico. Trata-se de um encontro que nos abala, ocorra ele no culto secreto ou no teatro. Como – perguntaria o psicólogo – um tipo de encontro com o arquétipo, no caso da máscara de Sileno com o arquétipo do pai, poderia não nos abalar? O rosto humano, normalmente portador de traços individuais, dos traços de uma "personalidade", é a forma de manifestação do geral e coletivo. A situação do ser humano entre um ser *individual* e um ser mais amplo que abarca todas as figuras ao modo de Proteu se revela na máscara. Daí o êxtase criativo que é provocado e propagado pela máscara. Ela é um verdadeiro instrumento de magia, que permite ao ser humano em cada momento se dar conta dessa situação e encontrar o caminho para um mundo mais espiritual e mais amplo sem abandonar o mundo de uma existência natural. Se alguém sempre usasse uma máscara, ele seria um morto ou um monstro. Na Antiguidade, ela era usada apenas de modo festivo e em combinação com a arte, como o fazemos, por exemplo, com instrumentos musicais, instrumentos de uma magia parecida.

1948

---

[61] CALZA. Op. cit., ilustr. 95.

Reflexões sobre a Pítia
Um fragmento

O mistério da serva vidente de Apolo em Delfos era um dos mistérios da vida e da alma da Antiguidade. Um mistério desse tipo jamais pode ser desvinculado completamente do tecido da realidade concreta e explicado por abstrações. Nesse caso, a realidade concreta pertence ao passado. Evocá-la novamente significaria ir além daquilo que a ciência pode aceitar como sua tarefa – pois a seriedade histórica seria, também numa tentativa desse tipo, uma exigência imprescindível. O drama "Paian"[1], de Inge Westpfahl, quase me fez cair em tentação. A experiência dessa peça, da obra de uma mulher em profunda sintonia com o mistério, me fez voltar aos textos e monumentos com uma nova abertura. Certamente não conseguirei expressar o essencial em sua totalidade. Talvez consiga, na base das evidências antigas[2], designá-lo aproximadamente.

Nas eras arcaica e clássica da religião grega – muito antes e séculos após as Guerras Persas – existia pelo menos *um* lugar, que, em termos de autoridade, poderia ser comparado à Roma da Idade Média, *um* centro moral, onde se ouvia, para cada projeto humano apresentado, um "sim" e "não" divino mais válido do que em outros oráculos. Esse lugar era Delfos. As perguntas eram formuladas em sua forma tradicional e fixa do seguinte modo: "É *melhor* agir assim e assim? Ou é melhor fazê-lo de outra forma?" E nesse caso, a "outra forma" também precisava ser elaborada e informada com precisão por

---

[1] Impresso parcialmente em "Gestalt und Gedanke". *Jahrb. Bayer. Akad.* – Der Schönen Künste, 1951.
[2] AMANDRY, P. *La mantique Apollonienne à Delphes.* Paris, 1950.

aquele que pedia a decisão. Pois o deus exigia clareza nas perguntas. E suas respostas, elas eram igualmente claras?

Vemos: Não se esperava uma profecia. O futuro não era revelado. Ela podia, devia permanecer velada. E isso acontecia nas exposições versificadas sobretudo do "não", da resposta indesejada. O deus não revelava o "como", o tipo da fatalidade evocada pelo inquisidor. A famosa obscuridade dos oráculos adere apenas à versificação, à ornamentação provavelmente espontânea, mas não necessária, não, porém, às próprias decisões, que ali caíam sobre aqueles que as recebiam, pois apenas *pareciam* cair. Na verdade, *saltavam* – do fundo para o alto.

A decisão que saltava do misterioso caldeirão do oráculo valia para o inquisidor. Mas quem a recebia em seu lugar eram o deus Apolo, que, em Delfos, tinha o cognome Pítio, e sua serva eleita, a Pítia. Esse ato de absorver e receber – esta é a tradução da palavra grega correspondente *aneleîn* – de certo modo, um tipo de "puxar" a sorte, é atribuído aos dois, ao Pítio e à Pítia, mas mais ao deus. Pois não se tratava de um "puxar" a sorte ordinário! Um ato tão trivial – que, falando nisso, não teria sido um ato grego, já que, na Grécia, a sorte era lançada agitando-se um copo – jamais teria conseguido alcançar a autoridade que elevou Delfos ao centro moral do mundo helênico e, durante muito tempo, também extra-helênico. Era o deus invisível que escolhia e suspendia as sortes no caldeirão e as fazia saltar na mão da serva.

E assim já chegamos ao essencial, ao papel extraordinário de uma *mulher* na religião grega arcaica e clássica. Pois o Pítio, invisível e distante, agia apenas por meio da Pítia. Como, porém, ela era capaz de preencher esse papel da mediação entre o além e o aquém? Transferindo de tal modo a abundância de sua vida plena para aquele "puxar a sorte" que este se transformou em um "atrair", em um "receber" daquilo que saltava ao seu encontro.

No santíssimo do templo de Delfos encontrava-se o caldeirão de ferro que se sustentava num tripé. Na verdade, tratava-se de um único objeto sagrado, de modo que para ambos se usava a palavra "*Tripus*", chamando o caldeirão também de "a taça do Tripus". Os latinos falavam da *cortina Apollinis*, do "caldeirão de Apolo" e da *mensa tripes*, da "mesa trípode", que lhe servia como sustento. Em representações antigas, vemos o deus – ou a deusa Têmis, antecessora de

Apolo como senhora do oráculo – sentado sobre o caldeirão trípode com uma taça na mão. Existia uma fase no misterioso processo de receber e distribuir o oráculo em que a Pítia se assentava no caldeirão, não em contato imediato com o vaso sagrado, mas num assento especial, num epítemo, no *holmos*, posicionado sobre o Tripus. Mas ela é representada também naquele ato decisivo em que a Pítia estende sua direita sobre o caldeirão do oráculo – para receber a sorte. Ela o tocava agora? Ela não teria conseguido agitá-lo com a força da mão, e podemos perguntar com Plutarco: "Qual era a coisa extraordinária que acontecia com a Pítia quando ela entrava em contato com o trípode?"

O extraordinário nos é descrito com palavras sóbrias, como motivo tradicional, transmitido pelo conhecimento dos antiquários gregos, no léxico de "Suidas" e em outros, que recorrem à mesma fonte erudita: "Lá está o trípode de cobre e sobre ele a taça, que continha as sortes, que, quando as pessoas vinham para o oráculo e faziam suas perguntas, começavam a saltar e a Pítia, entusiasmada, dizia o que Apolo revelava". Essa tradução é literal. Aparentemente, as sortes consistiam em ossos. Alegava-se que a caldeira continha dentes ou os ossos da serpente Píton, morta por Apolo quando ele se apossou do local do oráculo. Apenas desse modo, com alusões mitológicas, falava-se do conteúdo da taça que entrava em movimento e começava a saltar quando a Pítia estendia sua mão sobre o *tripus*.

Hoje, temos um nome para esse tipo de fenômenos, mesmo que eu cite a designação apenas com uma reserva histórico-cultural: Manifesta-se aqui claramente o dom mediúnico. No entanto, na Antiguidade, o fenômeno não correspondia completamente ao fenômeno atual na vida religiosa, muito menos nessa excentricidade. Existe uma tipologia comum tanto do fenômeno – nesse caso, o movimento das sortes provocado sem contato físico – quanto das medidas de precaução, por meio das quais é garantida a proteção durante a consulta de um oráculo mediúnico. O procedimento dos atenienses em um assunto de extrema importância religiosa revela essa tipologia. Uma inscrição do século IV a.C. documenta como as possíveis respostas eram registradas em duas tábuas de estanho; como as tábuas eram embrulhadas em lã e colocadas num recipiente de cobre; como estas eram tiradas às cegas e trancadas num recipiente de ouro e de prata sem que alguém conseguisse dizer qual das tábuas se encontrava em qual recipiente; e como a Pítia era consultada apenas sobre o recipiente que continha a resposta do deus, o de prata ou o de ouro.

Os gregos não possuíam um conhecimento teórico sobre a mediunidade, nesse campo, eles não faziam observações científicas. Por isso, os estudiosos inventaram, num tempo em que o oráculo de Delfos funcionava apenas raramente e com dificuldades, a teoria dos gases que teriam provocado um estado de êxtase na Pítia, mas que podia também não ocorrer. De vez em quando – não com frequência nem com regularidade, como observa Plutarco – o templo se enchia de aromas agradáveis: o apelido "cheiroso, aromático" é comum em santuários antigos. Aroma e fumaça da árvore apolínea, o loureiro, eram típicos de Delfos, mas sem efeito extasiante e dificilmente causados pela consistência do solo no templo.

A árvore sagrada deve ter se erguido no Santo dos Santos. Ela tremia quando a Pítia experimentava o extraordinário. Seu trono era feito da madeira do loureiro, de sua boca saía, juntamente com as palavras decisivas do oráculo, o aroma do loureiro. Ela dormia sobre galhos da mesma árvore. O que sabemos dos preparativos é apenas que ela bebia da água cristalina da fonte de Kastalia e nela se banhava. Uma das exigências à Pítia era talvez não virgindade vitalícia, mas lealdade exclusiva ao deus, que excluía qualquer homem mortal.

Além disso, precisamos atribuir a essas mulheres aquele dom que hoje chamamos mediunidade. Ela era escolhida como Pítia para o serviço ao deus não na base de observações científicas, mas na base da atenção religiosa e da experiência dos homens que cuidavam do culto. No entanto, a prática daquele dom só pode ser considerada um fenômeno acompanhante, apenas um *sintoma do essencial*: do essencial que a Pítia precisava fazer. E o dom não se ausentava enquanto aquele essencial *podia* ser desempenhado. "Desempenhar" é aqui a palavra correta, no sentido do poeta do nosso tempo, ao qual não faltava esse mesmo dom, no sentido de Rilke: "Desempenhar" no sentido de "gerar, produzir" e "pagar o preço por isso", "ativar a força para o suportar".

A Pítia precisava *desempenhar* a festa. Pois o oráculo não era comunicado todos os dias em Delfos: originalmente, apenas no sétimo dia do mês Bísios na primavera, no dia da chegada anual do Deus, que vinha da terra do norte da Hiperbórea, num grande aniversário de Apolo. Mais tarde, também nos pequenos aniversários de Apolo: no sétimo dia de cada mês. Pítia precisava sentir a chegada do deus, ela precisava desempenhar o nascimento do deus para que ele se agitasse no caldeirão e fizesse saltar as sortes, as decisões fossem tomadas e ressoasse o hino de vitória em homenagem ao deus. Ela só conseguia fazer isso partindo da vida cultual de uma natureza feminina ricamente dotada, que precisava desempenhar não só esse clímax do ano sagrado, mas também tudo que antecedia a este: os mistérios obscuros e os ritos do inverno dedicados ao deus cujo túmulo se encontrava no Santo dos Santos do templo, exatamente onde se erguia o trípode e, segundo um relato lendário, no próprio caldeirão – ao deus Dionísio.

Seria precoce citar nessa forma condensada de reflexão também todos os exemplos histórico-religiosos e histórico-culturais que estendem a esfera até a Ásia Menor e o Sudoeste Asiático e que nos obrigariam à inversão da sequência não histórica e apenas suposta: primeiro Dionísio e apenas depois Apolo em Delfos. No culto e na mitologia é Apolo que chega e que se apropria do nascimento divino – um renascimento a partir de sofrimento e morte divina – como se ele tivesse retornado não da Hiperbórea, mas de um túmulo e recipiente misterioso. Precisaríamos nos ocupar também com o rito das mulheres dionisíacas em Parnaso, talvez com as "abelhas" do hino a Hermes, cuja dignidade pertencia também à Pítia como "abelha délfica"; com os atos sagrados no *Korykion antron*, na caverna chamada segundo o "saco de couro", que encontram suas correspondências nos ritos da caverna cultual homônima na Ásia Menor – ou seja: com a pré-história do ano cultual délfico, cujo conteúdo dionisíaco e apolíneo é conhecido em partes também historicamente.

A *vida de uma mulher*, que absorvia completamente o conteúdo sagrado e o ritmo festivo do ano cultual, era capaz de se contrair tanto no dia em que deveriam fluir luz e clareza do deus, a ponto de atrair o sim ou não das sortes e comunicar a proclamação que revelava a direção do destino de comunidades e indivíduos, de gregos e não gregos: uma capacidade palpável apenas em seu entrelaçamento cultual e em seus efeitos, mas um elemento da história da humanidade...

1953

Autoconfissões de Lívio

Quando tratamos de um escritor que teve uma vida póstuma de dois milênios, é grande a tentação de se ocupar com as ondas que este provocou: com seus efeitos e com os efeitos de seus efeitos. As ondas revelam algo sobre o peso da pedra à qual devem sua origem. E não é um testemunho ruim da importância de um historiador quando homens como Maquiavel, Montesquieu e Bachofen se renderam a ele e permitiram que as ondas passassem por cima deles e continuassem a agitar o mar. Mas o *ser humano* representado por aquele escritor desaparece facilmente por trás desses efeitos, ainda mais quando se trata de um objeto tão monumental quanto a história de Roma que provoca essas ondas altas. Uma erudição que, concentrando-se nos efeitos daquilo que nos interessa em primeiro lugar, pretendesse evitar a natureza de um homem importante que se comunica conosco de modo imediato teria jogo fácil. Pois o próprio historiógrafo costuma começar sua obra escondendo-se e esquivando-se do nosso olhar por trás de sua matéria como mero continuador da grande poesia épica.

Isso é uma prática do historiador moderno na ilusão de que ele pode ser um instrumento completamente objetivo do conhecimento científico, não, porém, do historiador antigo, que procuram apresentar sua obra histórica sempre também como sua própria *obra*, como seu produto altamente pessoal, como sua própria criação – e o tamanho dessa obra é maior quanto mais ela foi executada *sine ira et studio*, ou seja, "objetivamente". O historiógrafo antigo se identifica com sua obra apenas no sentido de que sua obra seja um monumento também para ele. "Esta é a exposição da pesquisa histórico de Heródoto" – assim inicia o "pai da historiografia" a sua obra. Lívio se apresenta como modesto em seu prefácio: "Se meu empreendimento de escrever a história completa do povo romano desde a origem da cidade tem algum mérito, disso não tenho certeza, e mesmo se ou soubesse, não ousaria afirmá-lo..." Estas são suas primeiras palavras. Mas será que realmente entendemos plenamente esse prefácio? E será que conhecemos Lívio tão bem a ponto de podermos avaliar se ele apenas faz o papel de modesto e começa assim apenas porque ele é *in historia orator*, um orador na historiografia?

Uma avaliação correta é dificultada pelo fato de que a forma retórica, portanto, também a modéstia do orador, representa o bom estilo de toda declaração autoral dos romanos desde Cícero. Se quisermos descobrir com certeza o que o *homem* Lívio tinha a dizer sobre si mesmo e sua obra, precisamos procurar aquelas passagens em seus livros históricos cujo caráter confessional não permite qualquer dúvida. No capítulo 13 do livro 43, ele pede perdão pela atenção que ele dedica à descrição dos eventos históricos dos prodígios, daqueles signos de alerta maravilhosos dos deuses. Esse pedido de perdão o identifica involuntariamente como homem "moderno", para o qual esse tipo de signos já não faz parte natural da história, para o qual a história não é idêntica a um evento cósmico inseparável que abarca a natureza e a humanidade – traço típico da ação divina. Mesmo assim – ele confessa aqui – não lhe resta alternativa: ao descrever aquelas coisas primordiais, sua alma se torna primordial de modo inexplicável, e, pela cautela primordial dos romanos, pela *religio*, ele é impelido a fazê-lo: *mihi vetustas res scribenti nescio quo pacto antiquos fit animus et quaedam religio tenet...* Uma confissão preciosa daquele evento interior que passa a dominar o trabalho consciente do historiador e o leva a se identificar na história que se compõe em sua obra! Autoconfissão do verdadeiro homem criativo, sem que este o deseja ser. Visto que agora só nos interessamos por Lívio como ser humano, por aquele que se apresenta na imediação extrema e assim consegue enriquecer também a nossa humanidade, não levantamos aqui a pergunta referente à historicidade de sua representação. Seria ele, que imerge com sua alma no mundo estranho de seus antepassados, menos confiável do que o historiador atual, que faz o oposto e que compreende as figuras, criações e eventos daquele mundo estranho como se pertencessem ao seu próprio mundo determinado pelas forças identificadas para o nosso tempo? Não precisamos responder a essa pergunta. Lívio confessou a existência de algo que agia nele de modo impessoal, de algo alheio ao seu eu, também no prefácio perdido a um de seus livros perdidos de sua obra. Essa declaração nos foi preservada por Plínio o Velho, em seu próprio prefácio. Essa citação nos ajuda a compreender também o primeiro prefácio mais modesto.

Naquele prefácio posterior, Lívio se mostra menos modesto. Afirma que já adquiriu tanta fama que poderia se aposentar. No entanto, existe algo nele – *a mesma alma capaz de se tornar primordial*, e essa inquietação se deleita insaciavelmente na obra: *ni animus inquies pasceretur opere*. Assim, a obra histórica de Lívio se tornou, quase contra a sua vontade, independentemente de sua habilidade consciente, algo mais do que o monumento pessoal do autor. No primeiro prefácio, ele ainda se sente inseguro diante dessa força involuntária. Ele sabe exatamente qual é a sua intenção: Ele pretende fazer algo valioso, algo meritório e assim alcançar a fama. Ele não esconde isso, mas está em dúvidas. A boa forma da modéstia oratória corresponde a uma situação em que o escritor realmente se encontra. Trata se de uma situação *anterior* à obra e que se encontra fora da matéria histórica que aqui se transforma em obra, uma situação que permite a Lívio, antes de se entregar à matéria e àquele sobrepessoal inquieto, se dirigir a nós da forma mais imediata possível. Apenas quando nos conscientizamos dessa situação, conseguimos entender completamente o prefácio como autoconfissão de Lívio e obtemos também uma imagem correta do grande historiógrafo romano.

Essa imagem emerge com o conhecimento daquela situação da própria interpretação do prefácio, após termos afastado a suspeita de que estaríamos lidando aqui com uma modéstia falsa ou com algo meramente retórico. Lívio justifica primeiro sua dúvida de estar fazendo algo de mérito ou valor ao escrever uma história completa de Roma. Pois tantos autores já se empenharam nessa tentativa. "Seja qual for o resultado" – ele continua – "no mínimo me dará alegria ter contribuído a minha parte para a memória dos atos do maior povo da terra. E se permanecer obscura a minha fama em meio a tantos historiógrafos, servirão como consolo a alta posição e a grandeza daqueles que ofuscarão o meu nome".

Ou seja, são necessárias posição alta e grandeza para ofuscar o Lívio! Assim não fala uma pessoa que duvida de sua própria posição e grandeza. A razão verdadeira de suas dúvidas é algo diferente. E ao citar essa razão, ele adota um tom que vai além da dúvida em relação às suas próprias habilidades. "Não só a tarefa é incomensurável, visto que seu objeto se estende por mais de sete séculos e visto que o Estado, por menor que tenha sido seu início, tem crescido tanto que agora ele corre o perigo de sucumbir ao seu tamanho (*ut iam mangitudine laboret sua*), mas sem dúvida alguma dará menos prazer à maioria dos leitores a história primordial e aquilo que mais se aproxima dela, porque se apressam a chegar à mais próxima atualidade, onde as forças populares há muito predominantes se destoem a si mesmas (*iam pridem praevalentis populi vires se ipsae conficiunt*)."

Isso não é uma dúvida referente ao tamanho de Roma, mas ao seu futuro. E logo segue o diagnóstico avassalador do tempo de Lívio, "quando não suportaremos nem nossa perdição nem os remédios contra esta (*tempora, quibus nec vitia nostra nec remedia pati possumus*)". E então, imediatamente depois disso, a mudança para a segunda pessoa do singular: "Assim o conhecimento de fatos históricos se torna curador e frutífero, quando *tu* contemplas todo tipo de exemplos instrutivos num monumento visível (*omnis te exempli documenta in inlustri posita monumento intueri*). Disso possas extrair para ti e tua comunidade (*tibi tuaque rei publica*) aquilo que *tu* deves imitar e aquilo que deves evitar como prejudicial em seu início e prejudicial em seu resultado".

Esse discurso não se dirige a uma generalidade difusa, mas ao ser humano que não precisa ser necessariamente um romano. Não é um indivíduo anônimo no sentido geral, mas tampouco alguém cuja *res publica*, cuja comunidade seria necessariamente idêntica à romana. Também os habitantes de cada cidade provincial possuíam uma *res publica* no Império Romano. De repente, o texto fala daquilo que um cidadão urbano na Itália ou em qualquer outra parte do império possuía independentemente de *Roma*, de uma possível situação *fora* de Roma. Essa é também a nossa situação. Na segunda pessoa do singular – a forma gramatical do imediato – Lívio de repente não fala mais apenas aos romanos, mas a nós, os não romanos. Nisso ele não esconde nenhuma de suas dúvidas. Pelo contrário: ao pensar em *você*, o próximo na forma mais livre, ele se revela de modo tão imediato como só o ser humano pode se revelar ao ser humano. Ele *é* romano, e ele falava do estado fatídico do povo romano na primeira pessoa do plural. Ele não conhece nada maior e mais sagrado na terra do que Roma, ele mergulha com uma alma sedenta e criativa em sua história e a representa conscientemente para *o benefício da humanidade*. Sua grandeza consiste nessa dedicação e nessa consciência.

1945

Conceitos fundamentais e possibilidades futuras do humanismo
Uma carta aos humanistas jovens

Seu ensaio sobre "Humanités et humanisme" e a carta que o acompanha fazem emergir das profundezas da minha memória um continente submerso. Sim, vocês constroem uma ponte para aquela terra e estabelecem uma ligação que a torna muito real e a obriga a sair da esfera subjetiva das vivências de um homem solitário e a se elevar ao nível dos interesses comuns de muitas pessoas espirituais, mesmo que esta não tenha sido a sua intenção. Sua voz – a voz de um estranho que, por acaso, alcançou um estranho num jardim encantado – foi o primeiro canto do galo que noticiou o fim do estarrecimento de todos esses anos e anunciou um tempo de um despertar que não deveria ser a vigília de um indivíduo inaudito.

Era de se esperar que, no primeiro momento em que a pressão do terror que pesava sobre nós durante esses anos começa a ceder, perguntas seriam dirigidas aos representantes dos antigos ideais educacionais e culturais, que precisam ser examinados pelas pessoas e seus ideais. Respostas devem e querem ser dadas. Essas respostas são exigidas ainda mais pela confiança daqueles que se formam nos diferentes ramos dos estudos clássicos e que se manifestaram quase que simultaneamente como defensores de uma concepção mais ampla e mais humana do humanismo. Visto que esta carta chegará a vocês por meio de um público maior, permitam-se responder primeiro à sua preocupação, depois, porém, também a outras perguntas que nunca foram explicitadas ou que lemos apenas nos olhos inquisidores, resultantes dos nossos anos difíceis.

Quanto mais comum se tornar uma concepção ampla do humanismo, mais atenção merece a acusação que vocês lançam contra seus teóricos e historiógrafos em seu ensaio[1]. Vocês se mostram insatisfeitos com o fato de que a ideia do humanismo sempre é misturada com a ideia dos estudos clássicos, que, na Europa Ocidental, são chamados "*humanités*" ou "*humanities*". Vocês explicam isso com a definição meramente histórica do humanismo, que, no início, realmente era idêntico àqueles estudos. Por isso, cedemos constantemente à tentação de pensar no destino dos elementos educacionais gregos e latinos na nossa cultura mesmo quando, na verdade, estamos tratando da preocupação mais essencial de todos os humanistas verdadeiros. Refletir sobre tudo que existe no mundo do ponto de vista do ser humano e identificar em tudo que já foi pensado a partilha humana especial – esta poderia ser a definição no sentido mais geral do humanismo como contemplação filosófica do mundo. Nisso, porém, não se esgota a preocupação do humanista. Pois esse pensamento conscientemente humano inclui também a ambição de criar um mundo, que inclui o próprio pensador, mais digno e mais humano: a humanidade. Quando tratamos dessa nobre pretensão da nossa existência humana, a inclareza gerada pela inclusão das "*humanités*", da ocupação com a Antiguidade, realmente pode ser percebida como fator de irritação.

Tenho vivenciado essa confusão também na direção inversa, e já que vocês me fazem relembrar essa experiência, não posso pensar naquilo que testemunhamos desde 1933 sem me abalar profundamente. Em 1936, o "Comité Permanent des Lettres et des Arts" da Sociedade das Nações realizou uma conferência em Budapeste sobre "le rôle des humanités dans la formation de l'homme contemporain". A intenção era falar sobre os estudos humanistas de um ponto de vista puramente histórico – o "homme contemporaine" já existe, ele já foi formado –, mas os organizadores pretendiam também voltar a atenção do mundo erudito para a ideia do humanismo, que abarca também a humanidade, como objetivo daqueles estudos. Não surpreende que, à épo-

---

[1] TECOZ, J.F. Humanités et Humanisme. *Schweizer Hochschulzeitung*, 1944, cad. 3.

ca, as falas eram dominadas não pela clareza conceitual, pela vontade de separar e identificar os sentidos das palavras, mas pela grande ideia abrangente, principalmente do ponto de vista daquele lado em que ela se via ameaçada de morte: em sua realização como humanidade.

Não surpreendia, mas, mesmo assim, gerou incômodo no filólogo. Ele, mais do que qualquer outro, percebe os perigos das palavras confusas, cujo conteúdo permanece indefinido. Se tivéssemos nos preocupado mais com o uso correto das palavras pelos eruditos na Europa, principalmente na Alemanha, talvez jamais tivesse surgido aquela ameaça que, na época, transmitiu a impressão de atraso no esforço pela precisão das designações. Eu percebi isso claramente no momento em que me passaram a palavra como filólogo. Foi um dos presidentes que se dirigiu a mim com a pergunta se eu tinha algo a dizer. A irrelevância daquilo que eu diria se expressava em seu riso arrogante: no riso não só do aristocrata, mas de um homem mortalmente ferido em seu ideal de justiça, do portador de uma ferida nacional que já não acreditava mais na cura por meio da humanidade.

Se o grito por *humanitas*, que mal se escondia no *pathos* dominado pelo humanismo de Thomas Mann, Huizinga, Madariaga, não tivesse proibido o pedantismo ao filólogo, aquele sorriso arrogante do Conde Teleki, que, mais tarde, quando o caminho fatídico de sua pátria o levou ao abraço mortal do desumano, se matou com um tiro, o teria obrigado a se calar. O que o filólogo pôde dizer e recomendar aos humanistas não filólogos naquela palestra sobre "O humanismo e o helenismo", que se tornou o epílogo ao seu livro *Apollon*, foi: "Não deixem se enganar nem embriagar, nem mesmo pelos sedativos mais poderosos do nosso tempo; não se apaixonem pelo não espiritual e não deixem se seduzir por ele, antes preservem o homem espiritual em nós também para a possibilidade de que, em algum momento, a *humanitas* retribua – talvez – ao seu polo contrário todos os conhecimentos que ela conquistou na luta e na tensão com ele e devolva sua clareza ao lado em que os estados são construídos e devorados".

Hoje, momento em que já passamos do ponto em que qualquer clareza pudesse voltar para o polo contrário à *humanitas*, está na hora de aproveitar os conhecimentos alcançados na luta e na tensão com a inumanidade para o próprio humanismo e para os estudos humanistas, sobretudo para aquilo o que restou desses estudos como ocupação científica com a Antiguidade. Agora, a filologia precisa elevar sua voz: ciente de que sua ocupação com o "humanismo" no sentido mais geral.

"Philosophie de l'homme" – assim os senhores resumem sua descrição do humanismo no sentido mais geral – "ele est à la taille de toutes les circonstances, ele este de toutes les latitudes, ele est de tous les temps. La paix et la guerre, l'ignorance et le savoir, la prière et la discussion, le laboratoire e l'oratoire sont de l'homme même. Ils ne sauraient suprendre aucun humaniste. Toutes les joies, toutes les peines, toutes les esperances, toutes les déceptions, et la pitié, et la piété sont humaines. Et comme tells, nourissent abondamment l'humanisme philosophique, celui que nous défendons ici, et non l'étroite et éthique doctrine que l'on nous représente si souvent, privée des sucs lourds qui se pressent de ses profondes raciness à l'extrémité verdoyante de ses feuilles".

"*Homo sum, nil humani a me alienum puto* – homem eu sou, nada humano me é, acredito, estranho": assim diz aquela famosa oração do poeta romano de comédias Terêncio, que subjaz também ao humanismo no sentido mais estrito, à ocupação com a Antiguidade. E devemos ter reconhecido imediatamente, que alegria sua descrição do humanismo, sobretudo ao humanista filológico, sim – e não temo de me confessar adepto desse modo complexo da pesquisa da Antiguidade –, ao humanista histórico-filológico. Por trás de Terêncio encontramos como sua fonte verdadeira, como incentivador de seu talento mais pessoal, o poeta grego de comédias Menandro, com aquela outra oração famosa que eu coloquei no centro da palestra sobre "Humanismo e helenismo": "Que coisa agradável e amável é o ser humano – quando é humano!" E na mesma linha, que parte de Menandro e passa por Terêncio, se posiciona também a sua defesa de um humanismo impregnado de verdadeira humanidade que já não quer mais ser confundido com o estudo dos autores gregos e romanos.

Mesmo que o filólogo aceite a separação das ideias do humanismo como visão filosófica do mundo e os estudos humanistas, os senhores precisam permitir-lhe que ele examine essa concepção do mundo em sua própria área de pesquisa na base das citações mencionadas de Terêncio e Menandro. Assim ele examina os fundamentos de sua ciência, dos estudos outrora humanistas, que hoje só querem ser históricos, apesar de continuarem a se ocupar com o puramente humano. A citação de Terêncio, que nem mesmo o filólogo puramente histórico precise negar, tem em seu emprego como axioma, do qual uma ciência ou filosofia pretende extrair sua validade, algo enganoso. "Humano sou – nada humano me é alheio" basta, provavelmente, para uma conduta empática e compreensiva em relação a tudo que é humano: mas não para a compreensão clara e para o conhecimento certo! A existência humana é apresentada como fonte científica e, ao mesmo tempo, privada de seu valor científico, pois apresenta seu *caráter evidente* como justificativa para participar na avaliação de todos os fenômenos humanos, também dos mais estranhos, da história.

Não é apenas na mera existência humana que Terêncio e todos os humanistas fundamentam sua ambição de moldar um mundo cada vez mais digno para a humanidade. Eles a fundamentam no ideal do *homo humanus*, do "ser humano humano", é o ideal visado na Grécia e na Roma do ser humano que tudo absorve, tudo sofre, tudo compreende e tudo expressa cuja realização Terêncio e Menandro ambicionavam com suas peças. Foi por meio desse ideal que a exigência da humanidade foi justificada uma vez por todas. Mas será que a primeira e evidente exigência do humanismo no sentido mais geral, a exigência de investigar incansavelmente o próprio ser humano, a partir de cujo ponto de vista o humanismo contempla o mundo e que ele pretende compreender em todos os seus reflexos do mundo, é igualmente justificada por esse ideal? O verso de Menandro: "Que coisa agradável e amável é o ser humano – quando é humano" expressa além da satisfação com o "ser humano", com o ser humano civilizado, também algo diferente: o conhecimento da existência do não homem, que, de modo paradoxal, mesmo assim é homem.

O homem como homem e não homem, como ser ambíguo e até monstruoso com possibilidades incríveis, mas opostas umas às outras: É assim que ele se apresenta numa passagem notável do diálogo de Platão "Fedro". O belo e curioso jovem Fedro, que aparenta amar as explicações racionalistas em voga dos seres mitológicos, pergunta a Sócrates se ele acredita no mitologema do lugar em que eles se encontram naquele momento, no rapto da Orítia por Bóreas, o deus do vento alado. Sócrates dá uma resposta que, no fundo, condena qualquer pesquisa mitológica *anterior* ao nosso tempo. Estragamos nosso tempo com raciocínios rudes, diz ele, se quisermos explicar os centauros e as quimeras, as górgonas e o Pégaso, todos os seres monstruosos da mitologia. O oráculo délfico: "Conhece-te a ti mesmo" o remete a uma pergunta que precisaria ser respondida antes de todas as outras e que ele ainda não consegue responder: Não seria ele, o homem Sócrates, um monstro de forma ainda mais aberrante e retorta do que o monstruoso Tifão? Ou seria ele, o homem, talvez realmente um ser mais manso e simples que participa de algo divino, não monstruoso?

Certamente, os senhores desejam saber por que eu disse "*anterior* ao nosso tempo". Não existia um conhecimento mais profundo do ser humano, que deveria viabilizar uma pesquisa mitológica no sentido socrático, também antes do nosso tempo, por exemplo, nos grandes conhecedores cristãos da alma? O cristianismo trouxe uma mitologia própria que conseguia abarcar todo o monstruoso e assim excluí-lo da imagem do homem: a mitologia do diabo. Os humanistas não cristãos preferiam desviar seu olhar do não homem no ser humano. É uma descoberta dos nossos dias à qual todos os humanistas – pagãos ou cristãos – deveriam ter chegado na luta e na tensão com a inumanidade: o ser humano é divino *e* tifônico, homem *e* não homem. Ele pode se revelar um bárbaro pré-grego até mesmo em meio à civilização cristã – mas com isso insulto igualmente os "pré-gregos" altamente cultivados e também os mais primitivos e preciso pedir perdão aos seus espíritos. Em inglês, a ocupação científica com os não civilizados é chamada "*anthropology*", "pesquisa do homem". Com todo direito, Aldous Huxley perguntou já antes da Segunda Guerra Mundial em seu diário de viagens "Beyond the Mexique Bay" por que o "antropólogo" estudava os hábitos e costumes dos "selvagens". "Anthropology, like charity, should begin at home." E após a Segunda Guerra Mundial, precisamos colocar o humanismo, se é que ele realmente pretende ser uma concepção filosófica do mundo, num fundamento antropológico e não nos assustar com nenhuma profundeza para a qual a pesquisa médica da alma – hoje com Jung e Szondi – nos conduz.

Pretendo permanecer em casa, em meu próprio campo de trabalho, com minha exigência antropológica e explicar sucintamente qual é a exigência que a emergência do rosto humano primordial e novo e monstruoso faz ao humanismo em seu sentido mais restrito. A clássica ciência da Antiguidade pretende ser hoje uma pesquisa apenas histórica e ser "humanismo" no máximo no sentido em que ela necessariamente se ergue sobre o fundamento do *homo sum* de Terêncio. O valor desse fundamento foi examinado. Para um humanismo filosófico – e espero com os senhores: uma concepção do mundo que nos leve para o futuro – ele se revelou como insuficiente. Ele basta como fundamento para "estudos humanistas"? Ou mais precisamente: ele basta para os estudos humanistas *do passado*, que hoje formam as disciplinas individuais da clássica ciência da Antiguidade? Para uma ocupação que satisfaça as exigências socráticas com a mitologia antiga e suas figuras (os deuses) que dominavam a vida dos gregos e dos romanos, ele certamente não basta. Mas a pergunta à qual precisamos responder antes de tudo não é: que tipo de conhecimento sobre o ser humano serviria a este ou àquele ramo da pesquisa da Antiguidade ou até mesmo aos propósitos do ginásio humanista atual, mas vice-versa: Como a pesquisa da Antiguidade poderia servir ao conhecimento melhor sobre o ser humano e, assim, a uma educação melhor para a humanidade?

Preciso explicar primeiro como eu compreendo a emergência da "face monstruosa do ser humano", daquela imagem total, que abarca não só as possibilidades divinas do ser humano, mas também suas possibilidades tifônicas. Nós a vivenciamos. No entanto, para recorrer a uma parábola platônica, lemos agora em letras grandes aquilo que sempre esteve escrito em letras pequenas. A grandeza das letras provém hoje das massas humanas que se transformaram em portadores evidentes do tifônico e dos meios de violência estatal que as transformaram naquilo. Em dimensões menores, a vida e a história sempre nos apresentaram o mesmo não homem contido no homem. Isso não minimiza a monstruosidade insuperável da grande letra. Os signos tristes precisam ser lidos. O rosto de Górgona que esteve diante dos nossos olhos sem que o tivéssemos visto adquire vida: ele aparece e age. Espero que aja de modo bem diferente da cabeça mitológica de Górgona: aquela estarrecia o que era vivo; este deveria reavivar o estarrecido.

• 375

Especialmente àqueles pesquisadores da Antiguidade que pretendiam ser humanistas se dirige a acusação que Julien Green (sob o pseudônimo de Théophile Delaporte) levantou contra os católicos da França em seu panfleto de 1924: "L'habitude a raison de tout. Si la tête de Gorgone était pendue au centre de Paris, les Français finiraient par s'accoutumer à la voir. Elle em pétrifierait quelques-uns, mais la majorité s'habituerait bientôt à contempler cet horrible visage, sans em ressentir d'éffroi, ni de malaise d'aucune sorte". O poder do hábito de ver apenas a imagem ideal do ser humano ou, pelo menos, seu aspecto civilizado, foi rompido. A imagem ideal e a cabeça de Górgona que fomos obrigados a ver não são mais separadas pelos degraus de um "desenvolvimento normal" e assim são unidas uma à outra. Levar a humanidade ambígua, dividida e dilacerada ao humanismo é muito mais do que um problema educacional para os professores dos ginásios, mais do que uma tarefa ao antigo estilo humanista.

A rigidez do estilo antigo das ocupações humanistas – dos estudos, da pesquisa, da educação dos pesquisadores e professores (não falemos aqui do trabalho na escola) – precisa ser dissolvida e submetida a uma nova necessidade: à necessidade de cura da humanidade. A reorientação de todos os estudos humanistas no sentido mais amplo, de todas as ciências que dizem respeito ao ser humano, deveria ser contemplada a partir dessa necessidade: uma reorientação de tal modo que o centro de seu sistema relacional seja ocupado pela medicina. Uma medicina, porém, de todo o ser humano, que abarque a psicologia profunda tanto quanto a biologia e que tem em vista, além de sua tarefa prática, a cura individual, também a construção daquela antropologia que poderá representar o fundamento científico do humanismo como concepção filosófica do mundo. Nesta carta, que escrevo como filólogo clássico, pretendo me concentrar em minha própria ciência.

Os estudos clássico-filológicos voltariam a ser humanistas no sentido pleno da palavra se eles ajudassem a desenvolver aquela antropologia, o conhecimento do ser humano. Como? – já perguntei acima. Focando na relação se seus objetos de pesquisa com o ser humano, com aquele ser que abarca o divino e o tifônico, o objeto da antropologia. Os objetos da pesquisa da Antiguidade são fenômenos da vida antiga, vida compreendida não como processo biológico, mas como a designação mais simples para tudo que o ser humano sofre e cria. E não devemos entender a designação "vida antiga" como algo imutável ou homogêneo. No decorrer da história, ela sofreu transformações e revela diferentes aspectos em seus diversos âmbitos – no festivo e cotidiano, naquilo que subsitiste e no efêmero, no comunal e individual. Os fenômenos são, mesmo quando caracterizados por um estilo de vida comum – o estilo da cultura grega ou romana –, diferentes em seus respectivos tempos e campos.

A orientação histórica da ciência da Antiguidade focava nesses fenômenos em sua relação temporal uns com os outros: como um se desenvolve a partir do outro, como um determina o outro. Um modo de pesquisa absolutamente justificável, mas que só conseguia oferecer algo confiável, conhecível e valioso na mera constatação de sua sequência. Todas as descrições "científicas" de desenvolvimentos e processos do desenvolvimento não são melhores – muitas vezes, são muito piores – do que os romances históricos. Elas não podem ser comprovadas nem sabidas. E nisso o herói do romance, o portador dos desenvolvimentos, o ser humano, ou é totalmente esquecido ou apresentado de forma irreal – sem qualquer interesse passional por ele, sem o interesse dos antigos humanistas e dos grandes pesquisadores da alma do nosso tempo.

A concepção humanista da ciência da Antiguidade é determinada pelo interesse no ser humano. Um pesquisador humanista da Antiguidade não precisa ser necessariamente a-histórico ou até mesmo anti-histórico nos dias de hoje. Ele prezará os resultados cronológicos de uma pesquisa histórica minuciosa e ter a ambição de alcançar a mesma profissionalidade em seus conhecimentos, que tratarão de coisas mais importantes do que a mera sequência de eventos. Ele se interessa pelo homem por trás do fenômeno histórico. A grande pergunta que ocupava implícita ou explicitamente as mentes dos antigos humanistas era: Como era o homem que conseguiu realizar *isso*? – um ato incrível ou uma expressão espirituosa. Era uma pergunta prática essencial, pois ela não podia ser separada de outra: Como poderíamos ser semelhantes a ele? Alcançar novamente a grandeza dos gregos e romanos? O pesquisador moderno da alma e, com ele, o humanista atual, faz a pergunta de outra forma. Nossa situação é dominada por uma imagem do ser humano que une à grandeza o caráter da Górgona. Para nós, os fenômenos da vida antiga são soluções, soluções naturais, imediatas, não artificiais e até artísticas de uma problemática humana multifacetada, mas eterna em seus componentes. Sabemos que não há nada ali que possamos imitar. As soluções são irrepetíveis, mesmo assim, elas nos dão respostas insubstituíveis à pergunta – e esta não é menos humanista do que a pergunta dos antigos humanistas –: Quais são os problemas que o ser humano contém e carrega e soluciona desde sempre?

No entanto, as soluções em si não são irrelevantes. Não, pelo menos, as puramente artísticas! Não é à toa que são chamadas "clássicas"! Elevadas a isso não por meio de uma palavra meramente repetida como um papagaio, não por meio de sentenças de autoridades irresponsáveis, nem por meio de ensinamentos dos teóricos que apenas as rotulavam assim, mas por meio de algo profundamente arraigado e contraditório em nossa própria humanidade. O clássico é caracterizado também pelo paradoxo de ser exemplar e, ao mesmo tempo, inimitável. E sempre foi humano e humanista aproximar-se da Antiguidade com a aceitação desse paradoxo, por causa do clássico. A filologia clássica era humanista na medida em que fazia isso. Uma virada do meramente histórico em direção ao humanista foi realizada logo após a Primeira Guerra Mundial na Alemanha. Os estudiosos tentaram aprofundar o conhecimento histórico novamente no sentido de uma compreensão humana, no entanto, apenas dentro das possibilidades daquilo que *já* havia sido formado. Também aquele humanismo procurou soluções na Antiguidade: soluções para a problemática da educação, não só da existência humana. O conhecimento de que o lugar do homem pode ser ocupado também pelo não homem e que este pode se esconder por trás da educação escolar tradicional ainda não havia irrompido na consciência. Foi necessária a Segunda Guerra Mundial para que um grande filósofo pudesse expressar, pelo menos em alusões, que a solução clássica surge onde "lutamos pela imagem do ser humano como ser ameaçado"[2].

---

[2] REINHARDT, K. *Vermächtnis der Antike*. Göttingen, 1960, p. 360.

Pela via da interpretação dos clássicos estritamente científica, mas realizada com seriedade existencial, a filologia pode reconhecer por trás das soluções clássicas o ser humano com todas as suas ameaças, que vão muito além da problemática de sua "educação". Defino de modo ainda mais nítido a "exigência antropológica" dirigida à filologia no sentido de estudos "clássicos" verdadeiramente humanistas. O ser humano primeiramente ameaçado na filologia clássica, pelo qual precisamos lutar, é o próprio filólogo. Ele é aquele órgão com o qual trabalha também a mais rígida pesquisa histórica e filológica[3]. Este órgão está exposto à uma ameaça da humanidade singular, seduzido à inumanidade e à barbárie no sentido antigo. Trata-se de uma ameaça ainda maior na medida em que ela não é percebida pelo não psicólogo. Nós, os filólogos mais velhos, líamos com entusiasmo em nossos tempos de estudos – não Bachofen ou Nietzsche, esses autores tão evidentemente equivocados em alguns pontos, como determinantes em nossa ciência, mas as palavras do "filólogo exemplar"[4]:

"Hesitamos em falar da insuficiência do poder de absorção e aprendizado do ser humano individual diante da grandeza imensurável do objeto: Pois o que interessa a filologia aos filólogos? Deve o eterno orientar-se pelo mortal? [...] Quando o filólogo levanta seu olhar de seu trabalho diário para a majestade da ciência, ele se sente como que imerso no silêncio sagrado da noite estrelada. As sensações de majestade e infinitude e da unidade do todo permeiam a alma. Humildemente, ele precisa dizer a si mesmo: 'Coitado filho dos homens, que és tu?' Mas quando nasce o novo dia, ele exclama: 'Levanta, filho dos homens, levanta e faz o que o dia exige de ti, aquilo para o qual Deus colocou em tua alma a força criativa: conquista por meio do trabalho uma partilha do eterno e do infinito'".

Não teria sido necessário acrescentar que isso era "o fim de todo humanismo – visto que seus objetos não estão contidos na filologia como os números na matemática" – como o fez Karl Reinhardt com um pensamento simples e saudável, sem adotar o ponto de vista do psicólogo? É a razão humana que permanece em contato com o real que nos diz que não existe uma

---

[3] KERÉNYI, K. *Gespräch in Briefen*. Zurique, 1960, p. 31.
[4] WILAMOWITZ-MOELLENDORFF, U. *Reden und Vorträge*. Berlim, 1913, p. 108.

"filologia eterna", mas sempre apenas a filologia de um filólogo individual e, no máximo, um impulso humano geral de se empenhar nessa atividade com leis imanentes para sua execução correta e uma tradição humilde de mestres correspondente. E é também evidente que *a* filologia, apresentada como algo eterno, só podia ser para aquele que assim falava aquilo que *ele* via como filologia, com a qual ele se identificava, por meio da qual ele elevava sua própria atividade e visão geral, um mundo construído com os conteúdos de sua própria consciência, à validade, majestade e santidade eternas, a um deus no céu estrelado. E nisso o psicólogo precisa reconhecer uma ameaça imensa a todos os sucessores ingênuos desse tipo de "ciência": o perigo de um absolutismo desumano, cuja natureza subjetiva – a projeção do próprio eu que se apresenta como ciência – permanece oculta. E ele não se surpreende quando a modéstia convencional se manifesta como ambição aberta e apresenta o não conhecível como conhecimento histórico.

Trata-se de uma ameaça à humanidade do pesquisador e do aluno, de um *hubris* bárbara disfarçada, que se transformou em comédia trágica de uma "pesquisa metódica" que pretendia ser sincera. Como seria, perguntamos então, se os filólogos realmente praticassem "anthropology, like charity, at home" e desejassem conhecer-se melhor em termos psicológicos? Isso seria tão contrário ao famoso oráculo de Delfos ao qual Sócrates apelou? E não estamos falando aqui de algo privado, mas do estado de "órgãos" que funcionam consciente ou inconscientemente, de forma responsável, mas mesmo assim imprevisível! Nenhum humanista jovem se sentirá humilhado se eu lhe recomendar: Sejam vocês mesmos de modo cada vez mais refinado e transparente! Sejam iluminados até as camadas mais profundas de sua humanidade, para que vocês vivenciem com uma consciência mais alta aquilo que Lívio confessa a respeito de si mesmo: "Mihi vetustas res scribenti nescio quo pacto anticus fit animus et quaedam religio tenet". Além das habilidades filológicas, aprendam também de todos os céticos da Antiguidade e da Modernidade a suspeitar de afirmações científicas exageradamente certas de si mesmas. Aprendam a seriedade de filósofos que consigam lhes comunicar respeito da realidade, o senso para a beleza a partir da contemplação de obras de arte imortais e da interação diária com mortos imortais: os grandes poetas. Pois muitas vezes

resta ao pesquisador humanista – ao pesquisador ainda mais crítico do que o crítico-filológico – diante um fenômeno antigo nada mais do que essa forma mais humana da resignação diante do conhecimento do inconhecível:
> Beauty is truth, truth beauty – that is all
> Ye know on earth, and all ye need to know.

Isso muitas vezes, mas nunca a renúncia ao conhecimento do homem e não homem, das bênçãos e dos perigos e nós, ao fundamento da nossa ciência, à nossa humanidade consciente, ao nosso humanismo. E talvez isso torne mais compreensível a sentença na qual resultaram as minhas considerações sobre "Bachofen e o futuro do humanismo"[5], sobre esse exemplo de esforços cientificamente ultrapassados e ainda não alcançados pelo humanismo pela imagem verdadeira e ameaçada do ser humano: Caso o humanista escape ileso da catástrofe mundial, ele precisa prestar honras não só a Apolo e a Dionísio, mas também a Esculápio. Pois os conhecimentos sobre aquelas profundezas da humanidade que se expressam de modo mais transparente nas altas obras do classicismo grego, mas de modo mais arcaico e rico nas criações mitológicas (igualmente características para os gregos) – esses conhecimentos dão acesso a uma fonte que se encontra também sob o signo do deus dos médicos. No tempo da criação do meu livro sobre Apolo, eu via diante de mim apenas as duas possibilidades mais altas da existência do humanista: ser lobo diante da não espiritualidade, ser cisne diante da mais alta pureza do espírito. Foi assim que, na época, eu compreendia os dois animais simbólicos do deus. Hoje eu sei que também o rosto de Esculápio que brilha fracamente na noite é uma manifestação apolínea. Verdade, clareza e cura são a mesma coisa em sua raiz. Hoje o humano as anseia mais do que nunca quando busca o autoconhecimento no grande humanismo e nos pequenos estudos humanistas. Se ele o alcançar, ele já não teria ido além do meramente humano? Essa pergunta demarca o limite superior do humanismo, onde encontramos o riso do sobre-humano e belo, e o fim daquilo que eu quis expor nesta carta.

Ascona, Villino del Sogno, março de 1945.

---

[5] Com um *intermezzo* sobre Nietzsche e Ariadne. Zurique, 1945.

Louvor ao concreto
De uma carta a um amigo poeta alemão

Você cita minha carta dirigida a humanistas jovens, mas também mais velhos, e sua definição de humanidade na tradição de Menandro, Terêncio e Cícero como "ambição de criar um mundo, que inclui o próprio pensador, mais digno e mais humano", e expressa seu desejo que a imagem futura do ser humano seja esboçada, para ver como nós nos poderíamos aproximar dessa ideia no presente. Trata-se de um desejo absolutamente justificado se reconhecermos que as formulações "l'homme est l'avenir de l'homme" e "homo humanos" nada mais são do que tautologias vazias, exemplos perfeitos de uma definição ruim – pelo menos para um pensamento que trabalha com abstrações puras.

A abstração é um processo necessário e muito útil! Ela possibilitou as ciências e – acrescento isto desde já – a ideia de um "ser humano mais nobre". O próprio humanismo, na forma como o compreendemos e praticamos, se apoia na abstração. Para que consigamos reconhecer neste ou naquele próximo não só o vizinho desdenhado, não só o indivíduo insuportável, o obstáculo no nosso caminho, mas o representante venerado e venerável do conceito "ser humano" – precisamos da abstração! E: não pensar em termos de indivíduos, mas com o conceito do ser humano, com a ideia da humanidade e da existência humana – isso é, certamente, humanismo. Ainda mais se unirmos esse pensamento à ambição que chamamos "humanidade". Ou seja: Quando se junta algo mais ao resultado da abstração, ao conceito do ser humano. A mera abstração não leva, jamais levou ao humanismo. Ela pode, porém, levar a algo bem diferente.

Imagine alguém – e perdoe-me se eu pedir isso por razões de um reconhecimento humano muito necessário –, imagine alguém que diz: "Apagarei cidades do mapa!" A cidade como ponto no mapa que pode ser apagado é o resultado muito prático de uma abstração. E não existe nada mais doloroso do que apagar um ponto. Não pensemos, porém, de modo abstrato, mas sensual. Existe uma cidade – em sua concretude. Ruas. Pessoas. Jovens. Idosos. Mulheres. Crianças. Cachorros. Infelizmente, só posso fazer alusões: Por meio de abstrações. A própria "concretude" é uma "abstração". Minhas filhas também estão ali. E meu melhor amigo, o pesquisador de Platão, coitado. Não consigo nem mesmo transmitir uma ideia do número dos outros "coitados"! O homem da abstração vem e apaga. Ele não imagina os corpos. Não imagina as convulsões da realidade física. É incapaz de pensar senão em conceitos abstratos. O que é o judeu? Um conceito abstrato. E em que se transformou a abstração em pessoas em que nada equilibrava o pensamento abstrato? Em assassinato em massa. No melhor dos casos: em escravidão. Podemos fazer qualquer coisa com o "ser humano" que é apenas resultado de uma abstração. Podemos inseri-lo como roda numa máquina e fazer com que a máquina se choque contra uma parede. Cinco máquinas, cem máquinas, o número suficiente de máquinas para derrubar o muro. Menos é melhor. Quando pensamos em conceitos abstratos, pensamos em números. Menos rodas, menos "pessoas" são uma solução mais vantajosa desse problema: o muro. Pois nem mesmo o muro continua sendo muro: é um problema. O resultado de uma abstração.

Paro por aqui. Pois lamento até o muro. Posso citar o poeta que expressou tudo isso para nós?

>Estamos *aqui* talvez para dizer: casa,
>ponte, chafariz, portão, jarro, pomar, janela –
>no máximo: coluna, torre... mas *dizer*, entenda,
>dizer como as próprias coisas jamais
>pretendiam ser.

Um pensador sensual e intelectual ao mesmo tempo, como Rilke nestes versos. E não só quando se trata de seres humanos!

>[...] Mais do que nunca
>as coisas se vão, aquelas que podemos vivenciar, pois
>aquilo que as recalca e substitui é ação sem imagem.

Nós, porém, nos interessamos pelo ser humano, e conseguiremos, em algum momento, expressá-lo assim como ele mesmo pretendia ser? E mesmo que não consigamos expressá-lo, devemos, pelo menos, tentar pensá-lo de forma sensual. Um pensamento cuja sensualidade – um sentido pelo visível, palpável, vulnerável – própria, sobretudo, aos poetas e artistas é algo que pode ajudar a equilibrar uma abstração perigosa. Um equilíbrio sem o qual um humanismo não é possível.

Foi aquele processo fatal e inevitável, a abstração, que, no âmbito das coisas, levou e continua a levar à "ação sem imagem", ao puro conceito da utilidade, à máquina, à máquina cada vez mais perfeita. Foi ele também que levou ao conceito "ser humano", um fundamento de todo humanismo, e mais: levou a um conceito aperfeiçoado de "ser humano", que foi também chamado de "ser humano superior". Podemos não querer esse tipo de resultado de um processo contínuo da abstração como meta do nosso humanismo? Aquilo que me fez duvidar do ser humano superior de Nietzsche pôde ser reconhecido em meu texto "Bachofen e o futuro do humanismo"[1]: Trata-se da origem daquela sobre-humanidade que resulta de uma divisão excessivamente masculina, da qual nenhum humanismo abrangente pode resultar. Motivo de preocupação era também que os gregos reconheciam seus "seres humanos superiores" em figuras heroicas concretas. E nisto os cristãos concordam com os pagãos: "seres humanos concretos" são também os seus "seres humanos superiores", cujos méritos lhes são oferecidos, um baú de tesouros inesgotável, como, em outro sentido, também foram fontes de força Homero e a lenda de heróis para os helenos.

O processo do pensamento abstrato é, porém, irrefreável, e para onde ele deve nos levar senão para o ser humano superior? Inicialmente, ele pretende nos levar apenas para aquele conceito científico do ser humano que nós ainda não possuímos, para um conceito abrangente e que abarca todas as possibilidades da existência humana, para o objeto de uma antropologia ainda não alcançada, para uma verdadeira ciência do homem. Esse processo pretende ampliar os horizontes e sondar as profundezas, sem se desprender

---

[1] Wolfgang Cordan, o recipiente da carta, segundo PONGE. *Centaur*, 2, 1946, p. 168.

do trabalho empírico, mas desenvolver uma rede fina e densa, da qual nenhum aspecto do humano pode escapar. Você, porém, espera há muito que aquele outro fundamento do humanismo também seja mencionado, aquele fundamento que não pode ser substituído nem mesmo pela mais perfeita ciência do homem, pelo melhor resultado de empiria e abstração.

E é aqui que preciso relatar uma vivência, uma experiência nas primeiras viagens que se tornaram possíveis após a guerra. Foi a vivência da grande arte reemergente, uma abertura de câmaras de tesouro subterrâneas, que abrigavam altas obras da pintura italiana e holandesa durante o período mais destrutivo de todos os tempos. Era como se os heróis tivessem surgido de seus túmulos, assim nós ficávamos maravilhados diante das pinturas de Ticiano, Rúben ou Jordaen, para mencionar apenas esses gigantes, cujas pinturas de Viena foram expostas em Zurique. Por acaso, estive em Milão naqueles dias em que as primeiras sete salas da famosa galeria no Palazzo Brera foram reabertas, com obras seletas dos mais excelentes mestres. Dias de novembro frios e nebulosos, salas sem aquecimento e – é disso que quero falar – as pessoas vieram em massa, como em procissões, maravilhadas e devotas como numa igreja. O mesmo aconteceu em Roma e certamente aconteceu da mesma forma em Munique e em outros lugares da Alemanha.

São dois os momentos que desejo documentar da vivência que se repetiu em Zurique, Milão e Roma. Sobretudo o estar aí de uma grande arte, de uma câmara de tesouros e de uma fonte de energia, que deve seu surgimento justamente àquele sentido pelo visível, palpável, frágil – em uma palavra: pelo concreto, no caso do ser humano: pelo homem concreto. O outro momento é a estranha comoção causada pelo reencontro, que deve ter sido muito mais forte nos italianos do que em mim: certamente não um êxtase puramente estético, mas uma comoção semelhante à de Odisseu, cujos deuses foram repentinamente devolvidos à sua pátria. Em mim, que cheguei ali vindo da mitologia grega, da ocupação com matéria arquetípica e humana, a vivência de certas descobertas objetivas pode ter sido mais forte. Uma dessas descobertas, que não foi feita por mim pela primeira vez, seja acrescentada aqui como terceiro momento: o fato de que cada grande arte europeia era, até o fim do Renascimento como arte barroca, arte religiosa. No entanto, o conceito histórico do humanismo precisa ser ampliado, como o fez Konrad Burdach: que humanismo e humanidade sejam reconhecidas como religião pertencente àquela religião e por ela exigida[2].

Apenas assim recebemos uma resposta à pergunta que o "conhecedor do homem" já fez há muito tempo: Para onde desapareceram na Itália aquelas energias religiosas das gerações medievais que, em outros lugares, se transformaram em portadores de um protestantismo hostil às imagens? Uma atenção religiosa voltada para o ser humano havia gerado aquelas obras de arte, que hoje nos comovem tanto e nos instruem e de onde provém o "ser humano" do humanismo. Ele provém da fonte de todas as grandes obras de arte religiosas, naquele momento em que a "religio", a atenção humana em relação ao divino, que gera esse tipo de obras, se volta também para o ser humano. Não para o ser humano "superior", mas para o ser humano visível, palpável e vulnerável: ao ser efêmero, mas amável, para usar as palavras de um grego conhecido. Voltada para ele, a alma artística religiosa gera aquela *imagem* do ser humano que eleva o *conceito* do ser humano para a *ideia* verdadeira do ser humano. Dessa imagem primordial resultam também leis fundamentais da vida digna, as leis morais observadas por todo humanista verdadeiro, cuja primeira é: Não destrua o ser humano, não o mate de forma alguma e não fira esse ser infinitamente vulnerável sempre que possível!

Com isso não esbocei uma "imagem futura" do ser humano, pois esta só poderia ser abstrata, e não é o "ser humano futuro" abstrato, mas o ser humano atual e concreto que precisa da nossa humanidade. Mas mencionei também a fonte de algo que, talvez, represente um segundo – não, porém, o último – fundamento do humanismo: uma fonte da alegria diante do ser humano – talvez ainda mais do que antigamente, agora que reconhecemos o rosto de Górgona, do anti-homem, que ele também é capaz de mostrar.

Tegna nas proximidades de Locarno, Suíça, Natal de 1946.

---

[2] BURDACH, K. *Reformation, Renaissance, Humanismus*. Berlim, 1918.

FONTES

Para o prefácio
Palestras na Sociedade Filológica de Budapeste
1 Klasszika-filológiánk és a nemzeti tudományok [Nossa filologia clássica e as "ciências nacionais"]. In: *Egyetemes Philologiai, Közlöny*, 54, 1930, p. 20-35.
2 Wilamowitz filológiája és a magyar föld antik emlékei [A filologia de Wilamowitz e os monumentos antigos em solo húngaro]. In: *Egyetemes Philologiai, Közlöny*, 56, 1932, p. 1-16.

Palestra romana, 1935
1 La filologia latina nell'Ungheria del dopoguerra. In: *Gli Studi Romani nel Mondo*, 3, 1936, p. 368-380.
2 Római ókortudományunk a háború után [Nossa ciência da antiguidade romana após a guerra]. In: *Pannonia*, 2, 1936, p. 214-225.

Imortalidade e religião de Apolo
1 Halhatalanság és Apollonvallás. In: *Athenaeum*, 19, 1933, p. 106-118.
2 Unsterblichkeit und Apolloreligion. In: *Die Antike*, 10, 1934, p. 46-58.
3 Unsterblichkeit und Apollonreligion. In: *Apollon* [1. ed.: Viena, 1937; 2. ed.: Amsterdã/Leipzig, 1941; 3. ed.: Düsseldorf, 1953].

Espírito da literatura romana
1 A római irodalom szelleme [O espírito da literatura romana]. In: *Egyetemes Philologiai Közlöny*, 56, 1932, p. 77-92.

2 Geist der römischen Literatur. In: *Apollon* [1. a 3. ed.].
3 Geist der römischen Literatur. In: *Römertum, Wege der Forschung XVIII*. Darmstadt, 1962, p. 142-154.

A literatura de romance greco-oriental à luz da história da religião
1 Tübingen, 1927.
2 Darmstadt, 1962 [com contemplações posteriores].

A ciência do descartável
1 HATVANY, L. *Die Wissenschaft des nicht Wissenswerten*. 2. ed. Munique, 1914.

Para o texto
Pitágoras e Orfeu
1 Orphikus lélek [Alma órfica]. In: *Athenaeum*, 19, 1934, p. 361-368.
2 Orphische Seele. In: *Gedenkschrift in Akos von Pauler*. Berlim/Leipzig, 1936, p. 237-244.
3 Pythagoras und Orpheus. In: *Aufsätze zur Geschichte der Antike und des Christentums*. Berlim, 1937, p. 16-51.
4 *Pythagoras és Orpheus* [Pitágoras e Orfeu]. Budapeste, 1938.
5 *Pythagoras und Orpheus*. 2. ed. Amsterdã/Leipzig, 1940 [Albae Vigiliae, II].
6 *Pythagoras und Orpheus*. 3. ed. ampl. Zurique, 1950, p. 11-45 [Albae Vigiliae, N. F. IX].

O nascimento de Helena
1 *Mnemosyne*, 3, ser. 7, 1939, p. 161-179.
2 *Die Geburt der Helena samt humanistischen Schriften aus den Jahren 1943-1945*. Zurique, 1945, p. 9-28 [Albae Vigiliae, N. F. III].

A festa egeia
1 Amsterdã/Leipzig, 1941 [Albae Vigiliae, XI].
2 *Spiegelungen Goethes in unserer Zeit*. Wiesbaden, 1949, p. 115-146.
3 3. ed. ampl. Wiesbaden, 1950.

Mitologia e gnose

1 *Eranos-Jahrbuch 1940/1941*. Zurique, 1942, p. 157-229.

2 Albae Vigiliae, XIV, 1942.

3 Die Prolegomena: Über Ursprung und Gründung in der Mythologie als Einleitung, In: JUNG, C.G. & KERÉNYI, K. *Einführung in das Wesen der Mythologie*. Amsterdã/Leipzig/Zurique, s.d., p. 9-37 [Zurique, 1951, p. 9-38].

Aretusa

1 KERÉNYI, K. & LANCKORÓNSKI, L.M. *Der Mythos der Hellenen in Meiserwerken der Münzkunst*. Amsterdã/Leipzig 1941, p. 7-34.

O mistério das cidades altas

1 *Europäische Revue*, 18, 1942, p. 386-391.

2 *Centaur*, 1947-1948, p. 25-31.

3 Mysterium der Hohen Städte. In: *Apollon*. Düsseldorf, 1953, p. 263-270.

Estudos sobre labirintos

1 Amsterdã/Leipzig, 1941 [Albae Vigiliae, XV].

2 Zurique, 1950 [Albae Vigiliae, Neue Folge X].

Do labirino ao sirto

1 Gedanken über den griechischen Tanz. In: *Atlantis* 35, 1963, p. 627-633.

O grande daimon do simpósio

1 Amsterdã/Leipzig, 1942 [Albae Vigiliae, XIII].

Mnemosine/Lesmosine

1 *Schweizer Monatshefte*, 24, 1945, p. 678-687.

2 *Die Geburt der Helena samt humanistischen Schriften aus de Jahren 1943-1945*. Zurique, 1945, p. 91-104 [Albae Vigiliae, N. F. III].

A cosmogonia órfica e a origem do orfismo
1 *Eranos Jahrbuch 1949*. Zurique, 1950, p. 53-78.
2 *Pythagoras und Orpheus*. 3. ed. ampl. Zurique, 1950, p. 48-65 [Albae Vigiliae, N. F. IX].

Homem e máscara
1 *Eranos Jahrbuch 1948*. Zurique, 1949, p. 183-208.

Pensamentos sobre a Pítia
1 Das Geheimnis der Pythia. In: *Apollon*. Düsseldorf, 1953, p. 280-287.

Autoconfissões de Lívio
1 *Neue Zürcher Zeitung*, 13/07/1943.
2 *Die Geburt der Helena*. Zurique, 1945, p. 105-110 [Albae Vigiliae N. F. III].

Conceitos básicos e possibilidades futuras do humanismo
1 *Schweizer Monatshefte*, 25, 1945, p. 103-113.
2 *Die Geburt der Helena*. Zurique, 1945, p. 119-135 [Albae Vigiliae N. F. III].

Elogio ao concreto
1 Gedanken über Humanismus in der Zeit der Heimkehr. In: *Centaur* 2, s.d., p. 169-175.
2 Lob des Konkreten. In: *Apollon*. Düsseldorf, 1953, p. 288-294.

Índice de nomes e temas

Aland 245
Abelha 120, 363
Abismo do núcleo 164
Abstinência 42, 48, 329
Acamote 181, 196
Acasalamento; cf. Cópula
Aco 347
Acteon 217s., 219
Acusmático 28
Adão 127
Aditya 89, 202
Adorno de cabelos 347
"Aeneis"; cf. Virgílio 347
Afaia 218
África 173s.
Afrodite 59, 68s., 105-108, 133-136, 144s., 154, 219, 221, 256, 302, 309, 339
    Anadiômena 218s.
    Ceríntia 146
Afrodito 106
Agamemnon 68
Agatão 299
Agido 287
Agieu 105
Agni 202
Agnostos theos 204
Agorácrito 59, 152
Agrai 125
Agrigento 27s., 30, 49

Água, água primordial 58, 131, 143, 147, 148s., 161, 170, 215, 217-219, 243, 274, 316-322
Ahamkara 190
Aidos, *aidos* 58
Aitiologia, aitológico, *aition* 160s.
Alce 78
Alceste 124
Álcmã 287
Alcmeão 35-38, 48
Alcon 146
Alegoria 250, 264, 349
Além 18s., 35, 206, 313, 318s.
Alemanha 245, 247-249
Aleteia 28, 180
Alexandria, alexandrino 350
Alfeu 217s.
Alfito 347
Alighieri, D. 23
Alma 13s., 18-20, 26-28, 31-51, 153, 186, 199, 220, 227, 237, 243, 268, 295-297, 301-303, 311-313, 315, 318, 320, 338, 341
    do mundo 181
Alopeke 334
Alquimia 188, 194, 204
Altar 174, 257
Altheim, F. 22, 166s.
Altyn Sabak 75
Ama 73-75, 115, 118
Amaravâtî 169
Amarelo; cf. Cores

Amatonto 256
América 272
Ameta 240
Amonita 261
Amor 304, 339
  pueril 333
Anagni 223
Anamnese 295s., 302, 313
Ananque 315
Anão 130, 142, 148s., 308
Anaxágoras 128, 130, 144
Anaximandro 97-99, 101, 269
Ancestrais 167, 172, 227, 242s.
Andania 331
Aneleín 360
Anfião 323
Anfitrite 134, 154
Animal(is) 19, 23, 29, 34s., 41, 43, 45, 49, 53, 59s., 62, 134, 138, 183, 206, 209, 222, 235, 240, 276s., 304, 330-335, 338-340, 350s., 358
  marítimo(s) 132, 136, 276
Anjo 195
Anquises 260
Antestérias 311
Anthropos 180, 199, 202, 211s., 220
Antiguidade 13, 15, 132, 134, 139, 153, 160, 165, 175, 206, 370, 372, 375, 377s.
  clássica 17, 252s.
Antíope 322s.
Antropologia 326, 340, 374s., 384
Antropomorfismo 199, 208, 211s., 215s., 299, 335
Apaturia 353, 356
Apâtayat 182
Apeiron 162, 269
Apolo 24-26, 30, 39, 42s., 45, 48s., 52, 71s., 74, 96-104, 109s., 118-120, 148, 175, 210, 251, 257, 264, 300, 334, 359, 361-363, 381
  Delfínio 101s., 110, 118

Leucata 264
Lício 334
Pítio 360
Aposiopese 126
Aqueloo 348s., 351
Aquileu 56, 67s., 124, 311
  em Corfu 287
Ar 37, 53, 150, 169, 337
Arado, arar 166
Arcaico 17, 21, 62, 71s., 107, 109, 111s., 114, 117, 129, 206s., 212, 214s., 252, 256, 260, 267, 282, 290, 295, 307, 320-324, 328-332, 334-336, 339, 343-348, 350, 354, 359s., 381
Arché, archai 162-166, 173, 179
archibukolos 353
Arco 78
Ares 133
Arete 297, 306, 312
Aretusa 206-222, 277
Argos 25, 106
Ariadne 255-257, 266, 283, 288-290, 351
Arimaspos 129
Árion 102
Ariosto 123s., 130
Aristocracia, aristocrático 31-33, 45s., 48
Aristóteles 21, 24, 26, 37, 162, 188, 269
Arquétipo, arquetípico 178, 185, 229, 276s., 358, 385
Arte, obra de arte 132, 142, 148, 158s., 179, 206s., 212s., 381, 385s.
Ártemis 58-62, 103, 144, 207, 210, 216-219, 257s., 327, 350
  Alfeia 218
  Britomártis 258
  Potamia 217
Artesanato 332
Árvore 82s., 90-92, 240-243, 247, 335, 340, 349, 362
  da vida 248
  do mundo 196

Asas, alado 60-62, 68, 101, 107, 119, 136, 149, 251, 264, 291, 310-312, 318, 336-338, 355, 358
Ascensão de Cristo
   Festa da 249
Ascese, ascético 48, 195, 307
Astério 275
Astrologia, astrológico 187
Astronomia 284
Astros 36, 39, 284
   cf. tb. Planetas
Atena; cf. Palas Atena
Atenas 60, 298, 300, 327, 331, 351, 356, 361
   acrópole 264
Athena Agoraia 151
   Bulaia 151
   Cíntia 151
   Fêmia 151
   Fratria 151
   Itônia 151
   Polias 151
Ática, ático 56, 60, 252, 274, 299, 323, 328, 331, 348, 356s.
Atlas 263
Atman/*âtman* 182, 184s., 190, 199, 201
Atreu 330
Áugures 167
Austrália 238-243
Avalokiteshvara 77
Aves 29, 53s., 61s., 241, 259-263, 274, 290s., 312, 323, 330, 335, 337s.
   cf. tb. Aristófanes
Axíoco 318

Babilônia 55, 66, 187, 230-234, 244, 276
Bacantes 283
Bachelard, G. 154
Bachofen, J.J. 132, 135, 364, 379
Baco 45
Bambu 241

Banquete 43, 329
Barba, figura barbuda 71s., 111, 305, 343s., 350s., 356s.
Basílides 192, 194s.
Bebida, beber 316, 319-321
Beleza 125s., 129, 144, 209, 219, 301, 305-308, 312
Beócia 105, 152, 299, 321-323, 356
Bíblia 64
Biologia 33, 376
Bísio 362
Bizâncio 136
Bodhisattva 76
Böhl, F.M.P. 232
Bohuslän 245, 267
Boi 49, 182, 207
Bol, H. 248
Boll, F. 304
Borboleta 154, 358
Bóreas 374
Bousset, W. 199
"Bakchai"; cf. Eurípedes
Brāhama 93
Brâman 184, 190
"Brhadâranyaka-Upanishad"; cf. Upanixades
Brimo 347
Britomártis 218, 258
Bruxa 145
Buda 77, 168, 190, 196
Budismo, budista 43, 76, 168-170, 172, 191, 196
   Mahâyâna 168
Bufonia 49
Bukolos, bukoloi, archibukolos 353
Burdach, K. 386
Burro 182
Butmir 271
Byliny 93
Byron, N.G. 136
Bythos 198, 203

• 393

Cabeça; cf. Partes do corpo de Medusa; cf. Górgona
Cabiros 138-143, 145, 148s., 308, 312
Cabra, bode 293, 333, 355s.
Caça 60, 66, 326-331
Cachorro 27, 328
Cadmo 31, 283
Caerdroia 245
Calendário, calendário mundial 127s., 247, 356, 363
Calímaco 25
Calipso 215
Calor 36-39
  cf. tb. Qualidades
Caminho 184-186, 195, 198, 203s.
Canibalismo 49
Canto 239, 257, 283, 330-334, 340
Cantor 18, 29, 40, 330-334
Caos 108s., 197s., 337
Caracol 265
Carducci, G. 218
Cármides 282s.
Carnaval 248, 343
Carne 42s., 48s., 329, 334
Caronte 205
Carvalho 90, 92
Casa dei Vetti; cf. Pompeia
Casa del Criptoportico; cf. Pompeia
Casal 134, 198, 307s.
Casamento, casamento sagrado, casamento divino 134, 148s., 154s., 183, 235, 263, 307s., 351-353, 357
"Castelo de Troia" 245
Cástor; cf. Dióscures
Catacumbas 249
Catedral 224
Cavalo 209, 260, 304
Caverna/grota 145, 220, 242s., 251-254, 262-266, 270, 321s., 335, 350, 363
Cebes 38
Celaino 331
Celtas 249
Censorinus 97
Centauro 132, 351, 374
Ceram 235, 237-241, 245, 268, 270
Cérbero 152
Cérebro; cf. Partes do corpo
Cerimônia 166, 170, 182, 227s., 278, 340, 353, 357
Cervo 240, 277
Cesar 127
Céu 37, 76-78, 83, 90, 92, 107, 145, 167, 171s., 214, 219, 228, 263, 286, 321, 336s.
Chartres 250
China, chinês 20, 109, 155, 178, 185, 191, 193s., 200, 272
Chipre 106, 135
Choros 255, 287
Ciané 219
Cibele 51
Cícero 208s., 215, 365, 382
Cíclades 270, 273s., 277
Ciclo 46, 319
  cf. tb. Periodicidade
Cidade
  alta 223-228
Cidária 347
Ciência
  da Antiguidade 12, 15, 372s., 375-377
  natural 21, 33
Cípria 53, 55-58, 62
Cipris; cf. Afrodite
Círculo 166-175, 214, 227, 249, 255, 267, 270, 273, 277
Circumambulatio 261
Cisne 183, 381
Cista mystica 352, 357
Citarista 330
Classicismo, tempo clássico 64, 252s., 282, 314, 345, 359s., 381
Clitemnestra 62

Cnido 217, 219
Cnossos 214, 252s., 255, 260, 265, 269, 274, 277, 289
Cobre 40, 239
Coelho 327, 335
Colo 37s., 198, 233, 242, 267, 337
Coluna 224, 349
Comédia 345, 350
Concepção 194, 302
Confissão 66
   dos pecados 65s.
Confúcio 20, 185
Conífera 286
Consciência 172
Conto de fadas 53, 183
Conversão religiosa 27
Cook, A.B. 246
Cópula 154, 182, 197, 203, 221, 304
   cf. tb. Casamento
Coração; cf. Partes do corpo
Coral 239
Corda 257, 288
Cordan, W. 384
Coré 49, 70, 234, 240, 308s.
   cf. tb. Virgem, Menina
Coreia 272
Cores 168
   amarelo 90, 94, 170
   azul 170
   dourado; cf. Ouro
   preto 60, 337s., 356
   verde 170
   vermelho 170
Corfu 129, 207, 258, 285, 287
Corno, cornudo 257, 348
Coroa 61
Coroneia 152
Corpo 19, 26s., 31, 33-35, 37-39, 41s., 44, 47, 292, 302, 305s., 313, 383
Corsini, sarcófago 134
Cortina Apollinis 360

Cosmo/universo 37s., 58, 133, 147s., 163, 165, 171-173, 175, 183, 192s., 200s., 211-217, 219, 284, 295, 301
   cf. tb. Mundo
Cosmogonia 54, 148, 197, 237, 312, 325-341
   cf. tb. Evolução do mundo
Crateia 149, 309
Creta, cretense 23, 43, 46, 48, 52, 218, 231, 251, 258, 269s., 275, 285, 289s.
Creuzer, F. 125, 132
Criação 147, 180, 182, 200, 227s., 305s., 337-339
   da mulher 65
   do homem 65, 147
   do mundo; cf. Criação
Criança 44, 62s., 151, 305, 358
   divina 149, 164, 200, 307s., 352
   primordial 148s., 312
Criativo 338
Crisaor 208
Cristal 168
Cristianismo, cristão 13, 19, 96, 149, 153, 174, 199, 248-250, 286, 294, 306s., 374, 384
Cristo 186, 197, 250
Crono 73, 107
Crotona 20s., 23, 32, 35, 41
Cruz 136
Ctônico 206, 215, 217, 219
Culto, imagem cultual 43-45, 49-51, 59s., 151, 174, 236, 238, 264, 267, 271, 275, 292, 298-300, 307, 321-324, 333, 345, 347-350, 362s.
   às mulheres 50, 258, 295, 307, 333
   secreto 307, 331-333, 340, 346-348, 353, 358
Cultura
   atlântica 175
   cretense-micena 269-271
   de Villanova 225s.
   do norte da Eritreia 175

• 395

megalítica 243, 271, 289
neolítica 266, 270
palacial; cf. Cultura minoica
sirta 174s.
Cuma 251, 254, 264

Daedalium 249
Daimon 29, 31, 294-313, 339
Dalai Lama 77
Danaides 318s.
Dânao 318
Dança 143, 230, 238-240, 242, 247, 253-261, 264s., 268s., 273, 280-293, 347, 350, 353
 "das virgens/Jungfrudans" 245, 256
 de Maro 238-240, 255, 257, 268
Dárdano 145
Dédalo 250s., 253-256, 263-265, 291
Deificação 45s.
Delfim 29, 100-102, 107, 109-111, 132, 149, 151, 153, 215, 217, 260, 264
Delfos 45, 102s., 108, 218, 318, 359-363, 374, 380
Delos 74, 100, 102s., 130, 218, 256-258, 289s.
Deméter 24, 40, 48-52, 133, 141, 145s., 149, 174, 183, 219, 258s., 270, 307-309, 346s.
 Cabiria 145
 Kidaria 347
Democracia 32
Demônios, demoníaco 23, 132, 135, 146, 233, 299-303, 310
Desmistificação 115s.
Destino 29, 44, 47, 154, 161, 204, 234s., 297, 310, 363
Deucalião 56
Deus, deuses 24-26, 28-32, 35s., 38, 43s., 45s., 49-51, 132, 140-142, 145s., 149, 163, 166, 197-199, 206-213, 221, 300s., 305, 348, 360, 375
 fluvial 217s., 348
Deusa
 da lua 128, 130
 da morte 215, 234s., 241, 295
 de Sais 125
 do submundo 233, 238, 257, 288, 292, 307-309
 cf. tb. Perséfone, deusa da morte
Deusa-mãe 23, 42, 51, 145s., 308
Deuses olímpicos, ordem olímpica 58, 63, 133-136, 139-141, 208-209, 215, 219
Deus-sol 142
Di Manes 167
Diabo 127, 195, 250, 374
Diamante 169, 172
Didimaio (Mileto) 252
Dikte, B. 113s.
Dilúvio 56, 145
Dinheiro/Moeda 206, 209, 213-216, 219
Diomedes 330
Dionísio, dionisíaco 40-45, 47s., 71-74, 78, 88, 118-121, 133s., 136, 141, 236, 283, 298, 308, 329, 333, 340, 343-345, 347-353, 363, 381
 de Halicarnasso 167
 Limnagenes 118
 Melanaigis 356
 Pelágio 118
 Zagreu 43
Dióscuros 62s., 323
Diotima 295, 298-306, 312s.
Direita 76, 265
 cf. tb. Esquerda/direita
Divino 70s., 109, 133, 153, 165, 204, 207-211, 214s., 220s., 235, 281, 306, 376, 386
Dólmen 242s.
Dórida 136s., 144
Dörpfeld, W. 288

Dravidianos 243
Dromoi 254
Dualidade 151, 349
Duncan, I. 281, 284

"Edonoi"; cf. Ésquilo
Egeu 331, 333
Egina 129
Egito, egípcio 46s., 99, 200, 208, 224, 259, 269, 277
Égua 182
Eidolon 136
Eilman, R. 259
Êkal tirâni 232s.
Ekklesia/Ecclesia 180, 250
Elefante 89
Elemento 37, 51, 83-85, 93s., 99s., 115s., 118, 122, 131, 133-135, 139, 143, 147, 149s., 153s., 169s., 196, 220s.
Elêusis 49, 51, 134, 136, 234, 303, 307, 309, 318, 320, 328, 331s.
Elêuter 322
Eleutherai 322s.
Elias
    Festa do Profeta 287
Élio Aristides 151
Elis 348
Emathia 323
Embrião, embriologia 21, 34-37, 98, 101, 148
Empédocles 27-30, 32s., 46, 48, 51, 336
Empsychosis 31
Empusa 347
Endimion 335
Eneias 124, 251, 254
Êngio 23
Enkidu 66
Enna 223
Ennoia 180, 189, 196
Ensomatosis 31
Enteléquia 19

Entímese 181
Entranhas; cf. Intestino
Entusiasmo 44
Éon 181, 197
Epicarmo 33s., 38
Epicuro 27, 237
Epifania 45, 78s., 88s., 102, 104, 118, 136, 148, 217, 222, 348
Epifânio 195, 197
Epopeia dos argonautas 330, 339
Era
    adriana 351
    férrea 58
    helênica 64, 252, 354
Erebos 337
Eremita 89
Ericto 128
Eridano, rio 263
Erinys 347
Eris 68, 317
Erística 294, 298
Eros 101, 105-108, 110, 119, 133, 140, 143, 150, 198, 284, 298-306, 309-313, 333, 337-339, 351s., 357
Erotismo, erótico 195-197, 307
Escandinávia 243-245, 248s., 276
Escaravelhos 270
Escobas 145
Escrita cuneiforme 231
Escritos herméticos, "Poimandres" 186, 200, 202
Escudo 138s.
Esculápio 381
Escuridão 148, 154, 181, 337
Esfinge 128-130
Esparta 59, 147, 208, 287, 297
Especulação 155-157, 181
Espelho 273, 354
Esperma 36-38, 193, 195s., 198s., 268
Espiga 218

Espírito, espiritual 22, 30, 32s., 146-150, 170, 176s., 183, 191, 208s., 220s., 268, 338, 381
Espíritos de mortos 120, 227, 240s., 307, 309-311, 345
Esquerda/direita 241, 257, 265, 286, 310, 321s.
Ésquilo
"Aitareya-Upanishad"; cf. Upanixades
"Edonoi" 348
"Psicostasia" 311
Este
cardeal de 123
Estoicismo, estoico 199
Estrabão 152
Estrela(s) 128, 136, 149, 214, 275
fixas 284
cf. tb. Astros
Etalides 24
Etiópia 58
Etrusco 22s., 46, 74, 78, 88, 90, 106, 167s., 171, 226s., 254, 259s., 264-266, 277, 347
Euforbo 25s., 48, 52
Eugênica 50
Eurídice 124
Eurípedes 23, 43
"Hipólito" 262, 291, 298, 308, 327-329
"Ion" 136
"Melanipe" 336
Europa, europeu 23
figura mitológica 23, 51, 133
Eusébia 28
Eustácio 256
Evolução
do homem 35-37, 95-99
cf. tb. Criação do homem
do mundo 93s., 194s., 200
cf. tb. Cosmogonia
Existência 12s., 315
Êxtase, extático 44, 190, 297, 303

Fábula 340
Fada 79
Faetonte 145
Falo 174, 350
Família 50, 307
Fantasma 25, 129, 148, 345
Farsália
batalha 127s.
Fausto I, II"; cf. Goethe
Fé 19, 24-27, 296
Fedra 262
Fedro 340
Feminino 49s., 58s., 61-68, 137, 141, 147, 152s., 174s., 177, 234, 258, 308
Feneo 347
Fenomenologia 155
Fenrir 276
Ferécides de Siro 27
Ferreiro 86, 142
Ferro 78s., 92
Fertilidade 242, 345
Fertilização 233, 305, 311, 339
Festa 122-124, 128, 130-138, 142-144, 146s., 256s., 330, 355s., 362
do Mastro 248
egeia; cf. *Fausto* de Goethe
Fígado 232s., 298
Figura 60-62, 70-73, 104s., 191, 207-222, 229, 280s., 312
mista 60s., 129, 131, 208
Filha 64, 136s., 141, 149, 151-154, 174, 308
Filho 141, 149, 151, 154, 204, 235, 308
Filipópole 266
Filius ante patrem 73
Filolao 34, 37s., 41s.
Filologia clássica 12-14, 314, 371s., 376, 378s.
Filosofia, história da filosofia 17-21, 28, 51, 97, 99, 121, 140, 163, 179, 236s., 294-313, 326, 370, 372-376

Finlandês-úgrico 54
Finlândia, finlandês 15, 80-88, 93s., 112, 158, 244s.
Fio da Ariadne 257, 263, 266, 290
Fiord de Varanger 245
Flia 299, 331, 333
Flio 331
Flor 94, 97s., 101
Flora 176
Floresta/deserto 233, 328-335, 340, 349s.
Fogo 77, 82-84, 149s., 154, 162, 169, 184, 194, 196, 202, 317, 332
Fonte 126, 152, 206, 212, 215-222, 314-324, 348, 362
  de Kastalia 362
Formigas 182, 265
Fortuna 117
Forum Romanum 288
Fragrância 362
França, francês 249, 254, 277
Frank, E. 51
Friedländer, P. 300
Frígia 25, 348
Frio 37
  cf. tb. Qualidades
Frobenius, L. 53, 66, 84, 94, 173-177
Fruta 351, 356
Fuga 58
Fumaça 362
Função social 162
Fundação 155-179, 184
  de cidades 165-170, 174-176, 214, 226-228, 278

Gaia 107, 197
Galateia 136s., 143s., 146, 148-154
Gales 245
Ganges 89
Ganso 53s., 77
  selvagem 183
Garamantes 174

Garanhão 183
Garoto; cf. Jovem
Gasturi 287
Gato 240
Gautama Buda; cf. Buda
Gayômard 200-202
Gê 103
Gelo 347
Gêmeos 62, 322
Genesis 305
Genius Cucullatus 121
Geometria 296
Geração 34, 36, 140-142, 149, 193-199, 219, 305, 307-309, 313, 337, 352
Geranos
  dança 257-261, 264, 288-293
Gesto 255, 267, 279, 281, 283
Gigante 148
Gilgamesh 66, 232
Gimnosofistas 190
Ginásio 328
Gnoma 34
Gnose, gnóstico 155-205, 211, 220, 341
Gnosis
  anthropou 203
  hodou 186s., 203
  Theou 186s., 203
Goethe, J.W. 19, 26, 64, 69, 95, 99, 122-127, 129, 164, 179, 188, 195, 207s., 268
  Diálogos com Eckermann 123, 140
  Divã ocidental-oriental 153
  Fausto II 122-154
  Gorgias; cf. Platão
Górgona 62, 125, 129, 207-209, 344, 346s., 350, 374-376, 378, 386
Gortina 253
Grande Grécia/Ocidente grego 20-24, 27, 32, 41, 45, 50, 53
Grande Mãe; cf. Mãe deusa
Gravidez 268, 306, 313

• 399

Green, J. 376
Grifo 60, 277
Grota; cf. Caverna
Grou
  dança 54, 139, 257-261, 264, 289-291
Gruma 171
Guardini, R. 229
Gubbio 228
Guerra
  do Peloponeso 298
  Tebana 55
  Troiana 67
Guerras Persas 359
Guilherme II, imperador 287
Gundolf, F. 147

Hades
  fronteira 152, 219, 228, 237
  travessia 23, 41, 46s., 124, 254, 333
  cf. tb. Travessia do submundo
Hadrumentum
  inscrição de 259
Hagia Triada 270
Haguesicora 287
Hainuwele 235s., 238-241, 255s., 275
Halios Geron 153
Harmonia 37-40, 204, 281
  das esferas 37s., 51, 172, 284
Hécate 128, 145s., 174
Hécato 175
Hefaisto 142, 255
Hegel, G.W.F. 189, 219
Heitor 25, 310
Helena 123s., 126s., 147s., 150
Helena de Simão Mago 196
Hélicon 322s.
Hélio 128, 142, 263
Hera 96
Héracles 72, 119, 129, 321
Heráclito 18s., 196s., 236, 317, 320
Heraião de Argos 25

Heresia, herético 155, 189
Herma 105, 108, 119, 141
Hermafrodita 106, 148, 203
Hermes 24
Heródoto 136, 140, 259, 364
Herói, lenda heroica 53
Heróis 25, 31, 295, 310, 327, 329, 345, 384
Hesíodo 56, 58, 60, 62s., 65, 100, 107, 145, 151, 197s., 216, 221, 317, 322s.
Hespérides 59, 219
Hildebrandt, K. 295s.
Hiperbórea 363
Hipermnésia 261
Hipocampo 276
Hipólito
  heróis 327-329
  Padre da Igreja 193, 197
  cf. tb. Eurípedes
História, histórico 17s., 20-22, 47
Historiador 17, 20, 364-368
Historiógrafo; cf. Historiador
Historismo 12
Hölderlin, F. 146
Holmos 361
Homem primordial 139, 149, 199-203, 211, 235
Homero, homérico 24s., 33, 35, 55, 57s., 61-63, 67-69, 72, 97, 151, 188, 207s., 215s., 222, 282, 300, 316, 330, 349, 384
  Hino a Hermes 363
  Ilíada 219, 255, 260, 310
  Odisseia 215
Homúnculo 127s., 139, 143, 146, 148-151, 153
Horácio 334
Huizinga, J. 371
Humanidade 12, 124, 130, 149, 371-376, 382-386
Humanismo, humanista 11-15, 369-381, 382-386

Humbaba 233
Hungria 12
Huxley, A. 374

Icária 348
Icário 264
Idade da Pedra 225, 244, 271
    cf. tb. Neolítico, Paleolítico
    da vida 328
    do Bronze 244, 271s.
    do Ferro 225
    filosófica (platônica) 17s., 35, 193, 236, 296, 317, 385
    mitológica 18, 57s., 134s., 178, 206-222, 229-279
Ídolo 139, 266, 271
Igreja 246, 249s.
    cf. tb. *Ekklesia*
Igualdade de todas as almas 19, 24, 26, 28s., 32s., 42
Ilha(s) 100
    dos bem-aventurados 31, 115
    Trobriand 161
Ilíada; cf. Homero
Ilitia 305
Ilmarinen 86s.
Imagem(ns) 340, 386
    do mundo 228
    em rochas 267
    primordial 170, 273, 277, 308, 316, 386
Imortalidade 17, 35, 38, 44, 137, 202, 264-269, 295-297, 304, 313
Ince Blundell Hall, o relevo de 334
Inconsciente 157
    coletivo 155, 171s.
Índia, indiano 19, 138, 158, 168, 170, 174, 182-185, 190-192, 195, 199-202, 243
Individuação 169, 172, 192
Indo-germânicos 225
Indonésia 234s.
Indra 89, 168

Inferno 250
Inglaterra 246, 249
Iniciação 214, 243, 303, 307, 326, 331-337, 339-341, 355
    cf. tb. Consagração
Iniciado 31, 125, 318
    cf. tb. Iniciação
Iniciador 332, 353
Instrumento
    cultual 134, 343-345
Intestinos 232s., 276
Introversão 203
Ioga 155s., 168, 178, 194
Íon de Quios 27, 47
    cf. tb. Eurípedes
Irã/Pérsia 200-202, 211, 276
Ireneu, Santo 180s., 189, 196s., 203
Islândia 245
Itália, itálico 20, 225-227, 248, 258
    cf. tb. Cultura da antiga Itália, Grande Grécia
Itome, B. 115

Japão 271
"Jatulintarha" 245
Jejum 332
    cf. tb. Abstinência
Jensen, A.E. 238-242
Jericó 244
Jerusalém 244, 250
    celestial 169
Jogo 245, 249, 252, 255, 259s., 293, 351, 353s., 357
Johansen, F. 290
Joia 168
Jonas 276
Jonas, H. 156, 187
Jovem 208, 210-212, 327s., 332, 340, 353s., 357
Julgamento de Páris 55
Jung, C.G. 14s., 111, 115s., 169, 171s., 174s., 178, 374

• 401

Kabeiro 146
Kaçyapa 109
Kalervo 80s., 86-88
"Kalevala" 80s., 84s., 89, 93
"Kalewipoeg" 54
Kallipais 308
Kamarina 41
Keats, J. 279
Kolpoi 338
Korykion antron 363
Kövendi, D. 110, 294
Kristensen, B. 230, 246
Kullervo 15

Labirinto, *labyrinthos* 143, 214, 229-279, 280-293
Labrys 254
Lacônia 297
Lada 63
Lâmia 347
Lao-Tsé 20, 185, 187
Lapônia 244s.
Laum, B. 206
Lawrence, D.H. 14, 44
Layard, J. 242s.
Leão 29, 136, 207, 276
Lebadeia 321
Lêbado 322
Leda 335
Leis; cf. Platão
Leisegang, H. 195
Leite 115, 196
Lemnos 146
Lesmosine 314-324
Lete 313, 314-324
Leuce 124
Levitação 261
Libitina 309
Licaão 331
Lico, *lykos* 331, 333s.
Licômedes 331

Licômidos
  raça 299, 307, 331, 333, 340
Licosura
  mistérios de 134, 146
Liezi 193
Liknites 119
Linda 54
Língua 286
Linha em espiral 230-233, 238-244, 247s., 253, 255-257, 261, 265-278, 284, 289
Lisboa 244
"Lisístrata" de Aristófanes 327
Lívio 257, 364-367, 380
Livro sagrado 47, 325, 341
Lobo 276, 331-334, 340, 381
Lobus pyramidalis 233
Logos 157, 181, 190, 199, 295
Logos spermatikos 199
Lönnrot, Elias 85
Lótus 169
Loucura 43, 345
Louro 29, 362
Lua 128-131, 136, 142, 144-146, 149, 174-177, 235s., 267, 275, 284, 335s.
Lucano 334s.
Lucca 249
Luciano 25, 284, 291
Lucrécio 27
Lugalanda 234
Luna 128, 130, 132, 145, 176
Luta 355s.
Luz 128, 131, 135s., 149, 154, 181, 194, 337

Mabita 241
Maçã 59, 263
Macaco 260
Macedônia 323, 328
Machado 85s., 254, 270
Madariaga, S. 371

Madeira 105
Mãe 49s., 124, 136s., 141, 149, 151, 174, 189, 196, 204, 308s.
Magia, mágico 53s., 57, 131, 135, 141, 301
Mahâsukha 169s.
Maia 50
Malinowski, B. 161s., 182
Mallia 270
Malta 270
Mandala 168-175, 178, 214, 227
Mandamento 301
Mandeanismo 199
Mandili 288, 291
Mânia 347
Mann, T. 160, 371
Mansi 54, 237
Mantineia 298, 301
Manto 124-126
Maquiavel, N. 364
Mar/oceano 29, 53, 129-138, 142s., 145s., 149s., 153s., 215-219, 263s.
    Egeu 129, 135, 272
Marcos o Gnóstico 196s.
Marmeke 248
Marmorarii 278
Marsos 135
Máscara 153, 321, 333, 340-358
Masculino/feminino 141, 147, 149, 174, 177, 203, 221, 309, 353
Matemática 21, 251
Mater Larum 347
Matrimônio 196, 203, 318
Mausoléu de Adriano (Engelsburg) 277
Meandro 250, 252, 255, 265s., 271-275, 279
Medicina 30, 51
Médico 29, 35s., 47
Mediunidade 362
Megara
    cidade 258, 287
    esposa de Héracles 321

Meier, C.A. 262
Mel 289
Melanião 327
"Melanipe"; cf. Eurípedes
Melanto 356
Meles
    rio 316
Mêmnon 311
Memória; cf. Mnemosine
Mênade 40, 42s., 349, 352, 354
Menandro 191, 373, 382
Mende 214
Menina 209, 234s., 238s., 245, 340, 352
    divina 174, 184, 219, 234-236
Menîr 243
"Menon"; cf. Platão
Mensa tripes 360
Mês 128
Mesopotâmia 230-234, 276
Messênia 331
Metal 359-361
Metaponto 52
Metempsicose 31
Méter 50s.
México 66
Migração da alma 17-19, 24, 26, 29, 31, 38, 44, 50, 297
Mileto 252
Milos 270
Minos 52, 254
Minotauro 250, 253, 256, 274s., 290
Míria 96
Misoginia 333
Mistério 42s., 45, 49, 124s., 133-136, 138s., 141s., 146, 149-154, 160, 168-170, 191, 220, 226, 229s., 291-299, 303-313, 318-320, 324, 331, 340, 343, 346, 349-352, 357, 359
    "da flor dourada" 155, 170, 192, 194

• 403

Misticismo, místico 17s., 45s., 148s., 168-170, 178, 227, 294, 306-308, 312, 314, 320, 324, 340
Mito, mítico 17-20, 23s., 40, 42s., 46-48, 151, 157s., 161s., 206, 222, 236, 275, 291, 315, 340
   da alma, doutrina da alma 20, 22, 24, 26, 29, 31, 37, 47, 317, 333
Mitologema 130s., 148, 151s., 159s., 162-165, 170, 178, 180, 182s., 201, 206, 222, 229, 234-238, 240, 255, 265, 269, 295, 302, 307, 327, 332, 335, 339s., 346, 373
Mitologia, mitológico 14s., 122-154, 155-204, 205-222, 233, 236s., 248, 255, 262s., 275, 315, 320, 322-324, 341, 363, 373s., 381, 385
Mitos 149, 309
Mnemosine 314-324
Moeda; cf. Dinheiro
Moira 25, 305
Momos 56
Mônades, monádico pré-monádico 175-179, 185, 204
Monstro 206, 208s., 243, 275, 358
Montanha 113s., 225-227, 241
Montesquieu, C. 364
Morte 23, 35, 44, 47, 65, 134, 154, 186, 193, 201, 211, 234-238, 241-243, 250-259, 263-264, 275, 292, 306s., 310s., 314s., 318, 346, 349, 363
Mortens Naes 245
Morto, culto ao morto 46s., 50, 200, 227s., 243, 255, 264, 273, 278, 314, 320s., 344s., 349, 358
Mulher 50s., 62-66, 174, 234-236, 258s., 262, 297, 300s., 311, 329, 348, 360, 363
   primordial 64-66, 68, 183
   cf. tb. Feminino
Müller, W. 166, 171
Mulua Satene 240s.
Munapojka 80, 94

Mundo 51, 136-140, 160-164, 165-168, 170s., 175s., 181-184, 200-204, 221-222, 226-228, 235, 250, 268, 271, 278, 280, 283
   mediterrâneo 20, 22, 33, 41s., 46, 49, 51, 225, 255, 258, 271
   primordial 60, 63, 76, 103, 109, 225, 255, 258, 271
   cf. tb. Cosmo
Mundus 166s., 227, 250
Munkácsy, B. 76s.
Muro ciclópico 224, 226
Murray, G. 57
Musa 28, 126, 220, 316, 322s.
Musaio 319, 333
Música, instrumentos musicais 38, 40s., 86, 88, 110, 133, 148, 158-160, 179, 191, 236, 283, 285, 332, 358
Myesis 305
Mystica vannus Iacchi 351

Nada 124, 192
Náiade 220
Não ser, não entes 47, 148, 192-195
Nascimento, parir 24s., 37, 54, 56, 60, 64, 67, 70, 72-74, 76, 79s., 93-95, 98s., 105-108, 110, 113-115, 133-135, 149, 151, 165, 192, 218, 235, 257-259, 266, 273, 302, 304-313, 316-318, 335, 339, 363
   imaculado 77
Natureza 19, 22s., 28-32, 63s., 131s., 147, 176, 220s., 340s., 349s.
Navio 273
Naxos
   ilha 352
Néctar 263
Nêmesis, *nemesis* 53, 55-64, 66-69, 183
Neopitagóricos 284, 291
Nereida 132-140, 143, 145s., 149
Nereu 136s., 143, 151-154
Nerito 154

Nestor 292
Netuno 138
Nice 61
Nietzsche, F. 140, 379, 384
Ninfa 50, 115, 216-218, 220, 266, 286
Nínive 244
Nirvana 169
Nissen, H. 225
Nitu 241
Noite, noite primordial 57-61, 128, 131, 219, 238s., 275, 289, 312, 331, 336s.
    nupcial 318
Noiva
    sequestro 23, 59, 62, 125, 133, 183, 197, 218, 235, 238, 248, 308, 311s., 349-351
    cf. tb. *Raptus in terram*
Nomes 192, 329, 339
    de Deus 140
Norden, E. 186
Normandos 275-279
Norte dos Bálcãs 266, 271
Nova Guiné 272
Novas Hébridas 242s.
Novo Testamento 13
Números 35, 39, 51, 140
    1: 172s., 143
    2: 25, 152, 172s., 260
    3: 25, 34, 139s., 143, 145, 172-176, 247s., 288
    4: 49, 51, 62, 139, 150, 167-176, 214-217, 274, 277
    5: 241s.
    6: 322
    7: 140, 175, 260, 322, 362
    8: 140s., 169, 214, 241
    9: 238-242, 288, 295, 323
    10: 51, 201
    12: 173
    27: 288
    28: 175
    50: 136
    100: 194
    1.000: 201, 211s.
    3.000: 18
Nus, *nous* 34, 190

Oceania 158, 271
Oceano; cf. Mar
Oceanos 53, 58, 132s., 136, 143, 153s., 215, 337, 349
Ocelo 50
Odisseia; cf. Homero
Odisseu 385
Ogdóade 181s., 186
Oiagro 331
Oinisteria 356
Oken, L.
Olimpo
    figura mítica 353
    montanha 139, 282
    Onomácrito 41
Opostos
    união dos 38, 169, 185s.
Oração 301
Oráculo 218, 321, 359-363
Orbis terrarum 228
Orco 279
Orcômeno 269
Ordem da natureza 56s.
Órfão 330
Orfeoteleste 42, 332
Orfeu, órfico 17-52, 124, 134, 136, 145, 160, 284, 291, 294, 299, 312, 319, 325-341, 353
Orgias, orgíaco, orgiasmo 23, 43, 45, 48, 326, 340
Oriente, oriental 19s., 51, 55s., 206, 294, 306, 325
Origem 130s., 152s., 155-179, 181, 192s., 196, 198, 200, 205, 222, 274, 313, 316, 335
Orítia 374

Orleansville 249s.
Ornamento 267-275
Orphanos 330
Orphizein 326
Ortígia 216-218
Oscillum 335
Osíris 44, 270
Otto, W.F. 208s., 280s., 283s., 287, 290, 345, 349
Ouro, dourado 165, 168, 239, 263, 337-339, 361
Ovídio 42, 124, 166
Ovo 54, 62s., 79s., 93s., 107, 168, 201, 312, 335-338

Pã 283, 335, 351
Padrão de Tragliatella 260, 265, 267, 275-277, 289, 292
Pafos 144
Pai 141, 149, 151-153, 180, 196, 198, 203, 210, 354, 358
Paian 359
Paideuma 177
Pais
Paládio 139
Palas Atena 151, 217, 219, 300
Palatino 226
Palavra; cf. Logos
Palazzo Mattei
    sarcófago do 352, 355, 357
Paleolítico 271
Palestrina 228
Palikaria 285
Palingenesia 31
    cf. tb. Reencarnação
Pandora 65
Panfo 299, 333
Pântano 53s., 61
Pantomima 291
Pão 49, 329, 332, 351
Paracelso 148

Parmênides 19, 21, 28
Parnaso 363
Partes do corpo 34s., 47, 200s., 267
Páscoa 247, 258, 287
Pastor, cajado de pastor 351, 353
Patalima 241s.
Patasiwa 241s.
Pater (gnóstico) 180
    mundus 126, 128
Pati, patnî 182
Pátroclo 25, 310
Pausânias 152, 299, 318, 321-323, 333, 346
Pecado 45, 250
Pedra 167, 224s., 244-248, 270, 347
    dos Sábios 148
Pégaso 209, 374
Peixe 29, 53, 96-98, 101s., 108, 117, 136s., 142, 241, 274, 276, 309
Peleu 31, 56
Peloponeso 218, 298
Penates 139
Penélope 264
Pênia 302, 304
Penitência 27-30, 66, 246, 249
Perdiz 263
Pérgamo 353
Periodicidade 152
Período
    da Itália antiga 22, 60, 118, 120, 214, 224s., 277
    miceno 116, 254
    minoico 116, 252s., 269s., 274, 292
Persa; cf. Irã
Perséfone 44, 123, 125s., 133s., 136, 141, 144, 146, 149s., 174, 216, 218s., 234s., 256-258, 275, 295, 308
Personalidade 358
Perúgia 227
Pesquisa da alma 13-16
Petroma 347

Phanes 339
Phratria 353
Philippson, P. 198, 207
Phrenes 34
Physis 295, 297, 302
Pierides 323
Piero 323
Pietar-inleikki 245
Pigmeus 139, 148
Pilo 292
Pinang 238
Píndaro 28, 31s., 41, 221, 295s.
Pirâmide 224, 278
   de Céstio 278
Pirra 56
Pisístrato 41
Pitágoras 17-52, 295s.
Pitagórico 18-22, 24-30, 32-43, 45-51, 144, 175, 235, 284, 309, 333, 341
Pítia 359-363
Pítio; cf. Apolo
Píton 361
Planetas
   esfera dos planetas 149
Planta 34, 176, 179, 223, 270
Plasma 176
Platão 18, 24, 34, 42, 48, 140, 158, 193, 236, 294-313
   Fédon 38, 311
   Fedro 298, 304, 311, 373
   Górgias 303, 318
   Mênon 294-297, 301
   República 315s.
   Simpósio 140, 294-313
   Thymós 34
Pleroma 197
Plínio o Velho 145, 366
Plotino 156, 306s.
Plutarco 167s., 226, 361s.
Pluto 235, 238s.
Poesia, poeta 27s., 122s., 158-160, 179, 188, 236, 297, 303, 332, 341, 380

"Poimandres"; cf. Escritos herméticos
Polícrates 20
Polideuces; cf. Dióscuros
Polignoto 318, 333
Polinésia 238-243
Polis 213
Pomba 144s.
Pompeia 351s., 354
Ponto cardeal 169-172, 174
Porco/porca 235, 240
Poros 302, 304
Porrete 119
Porta Maggiora, basílica subterrânea 264
Porto
   sarcófago de 358
Posídon 133s., 136, 154
Positano
   relevo de 275
Positivismo, positivista 13, 18
Potamia; cf. Ártemis
Pothos 145
Prâna 202
Prata 336, 361
Predador 207s., 277, 333, 340
Pré-história, pré-histórico 266, 271s., 275, 289, 329, 333
   cf. tb. Idade do Bronze, do Ferro, da Pedra
Preto; cf. Cores
Prevelakis, P. 285
Primeiro homem 65, 98s., 101, 201, 308
   cf. tb. Homem primordial
Príncipe 29
Prometeu 65, 332
Propator 180
Propércio 350
Proserpina; cf. Perséfone
Protesilau 124
Protestantismo 386
Proteu 143, 147, 149, 153
Protolao 149, 308s.

• 407

Psicanálise 13s.
Psicogonia 35-38, 40, 50
Psicologia, psicólogo, psicológico 13s., 155s., 173, 178, 190, 204, 227, 379s.
   profunda 14
"Psicostasia"; cf. Ésquilo
Psilos 135
Psyche 31, 172, 358
Ptero 311
Ptolemeu 181, 228
Punição 64s., 67, 69
   cf. tb. Penitência
Purificação 39, 43
Purusha 182, 184, 199, 201s., 210
Purushamedha 201
Putto 355
Pyanopsion 356

Quadrado 168s., 175, 213-217, 219, 227, 277
Quadratum incusum 213s.
Qualidades, as quatro 37, 51
Quaternidade 277
Quelone 138s.
Queres 310-312
Quimera 61, 374
Quinto Julio Mileto 278
Quíron 128s.

Rabie 235s.
Raffael 143
Raposa 75, 334, 340
Rapto; cf. Noiva
Raptus in terram 239
Razão; cf. Nus
Redenção 202
Reforma 13
Região de Altai 75
Reguly, A. 76
Reia 51, 174
Reinhardt, K. 378s.

Reino dos mortos 120, 240s., 246, 251, 275, 289
   cf. tb. Submundo
Reitzenstein, R. 186, 200
Relâmpago 56
Religião
   de Páris 200
   hindu 168s.
   religioso 13, 19, 24-27, 33-43, 48-51, 115-117, 121s., 132, 205, 292, 359-363, 385s.
Religio 365, 386
Relógio do mundo 171s.
Renascimento 13, 19, 31, 46, 50, 242s., 266, 270, 312, 316, 363, 385
República; cf. Platão
Res publica 367
Respiração 37
Retângulo 168, 174s., 227, 253, 274
Revelação 47, 52, 303, 306
Rigveda 193, 201
Rilke, R.M. 362, 383
Rio 89, 115, 316-322
   Ameles 316s., 320
Riqueza 235, 339
Rito, ritual 115, 328, 363
Rocha 115, 117, 335
   de Leucas 264
Roda 274
Rodes 59, 142
Rohdde, E. 14
Róheim, G. 243
Roland Holst, H. 229
Romã 309
Roma
   cidade 166s., 170, 173, 176, 226-228, 264, 277s., 359, 365
   romano 22, 129, 132, 187, 226-228, 251, 275-278, 350, 365
Roma quadrata 167
Rômulo 166s.

Rostovtzeff, M.I. 354
Rússia, russo, o russo (mitológico) 54, 271
Ruvo 258
Rychner, M. 211

Sabedoria 28, 295-297, 300s.
Sacerdote 41s., 295, 301, 331, 347
Sacrifício, animal sacrificial 43, 49, 63, 78, 114, 117, 166, 174, 182, 200-202, 206, 219, 231s., 235, 242, 289, 301, 341
Safo 264
Salahua 241
Samaria 190
Samos 20, 25
Samotrácia 138, 145
Sangue 45, 196
Santa Trindade 174
Sarcófagos, relevos em sarcófagos 132-135, 137s., 273, 349, 351, 355
Sassânidas 276s.
Sátiro 283, 335, 350-355
Saturnilo/Saturnino 195
Saturno 71, 153
Schelling, F.W. 140
Schiller, F. 125
Schopenhauer, A. 320
Schweitzer, B. 253
Seco 37
   cf. tb. Qualidades
Selene 335
Self 182, 184, 190s.
Semana 175
Semente 34, 36, 149, 173, 195-197, 203, 268, 305, 309
Senhora dos animais 62
Sens
   labirinto na igreja de 249s.
Sentido 160, 162, 185, 245, 250, 252, 268, 273-275, 315, 340, 349
Sepulcral; cf. Culto fúnebre

Sequestro; cf. Noiva
Ser
   ente 30, 35s., 39, 45, 48, 152, 164, 190-195, 204, 210, 280, 302, 313, 320, 349, 358
   humano 13s., 18s., 24, 26-31, 34-37, 42, 44s., 50s., 146s., 164s., 170, 180-183, 185, 200s., 203, 205-222, 237, 281, 297, 301, 313, 320, 340-358, 370-386
Serápis 278
Sereia 130, 132, 138, 140s., 150
Serpente 199, 336, 352, 355
   de Midgard 276
Shakespeare, W. 188, 345
Shiva 169
Síbaris 23, 46
Sibéria 54
Sicília 23, 33, 41, 49, 51, 216, 218, 225
Siena 223
Sige 198, 203
Silêncio 126, 198, 203
Sileno 283, 350-355, 357s.
Simão Mago 189s., 196
Símbolo, simbolismo, simbólico 23, 26, 51s., 63s., 66-69, 142, 149, 161, 185, 209s., 214-215, 229, 236, 254, 265, 267s., 278, 298, 357
Símias 38
Simpósio; cf. Platão
Siracusa 212, 215-222, 282
Sirih 238s.
Sócrates 140, 282s., 295-300, 303, 306, 316, 373s., 380
Sofia 181
Sófocles 265, 298
Sol 37, 41, 142, 144, 148, 165, 171, 174s., 177, 215, 235s., 241, 266-268, 274, 277, 284, 339
Solstício 267
Soma 184

• 409

Sonho 31, 95s., 121, 169, 171, 174
Sono 316, 319
Sorriso 207
Sorte, lançar a sorte 360-363
Spengler, O. 187, 224
Spoleto 228
Suástica 214s., 274
Submundo 41, 46s., 123-127, 129, 146, 167, 176, 206, 214s., 218s., 227-233, 250, 254, 259, 262, 275, 278, 308, 314, 318, 320s.
Subterrâneo 152, 206, 228, 253s., 270, 308s.
   cf. tb. Submundo
Suécia; cf. Escandinávia
Suíça 247, 292
Suida 361
Sulcus primigenius 167
Sumeru, montanha 168
Szondi, L. 374

Tah-gook 272
Tales 147, 154
Tambor 348, 353, 356
Tamene siwa 238, 241
Tantra "Shrichakrasambhâra" 168
Tao 185, 187, 195
Tarquínia 264
Tartaros 337
Tartaruga 138
Tatuagem 243
Teatro 344, 349, 358
Tebas 139, 141, 149, 308, 323
Tecoz, J.F. 370
Tele, teletai 318, 332, 341, 346
Teleki, P.G. 371
Telos 318, 340
Telquines 128, 136, 142, 148
Têmis 56s., 360
Tempo 296s.
   primordial 60, 161, 163, 165, 167

Teodiceia 280
Teodóridas 265
Teologia, teológico 13
Teomorfismo 208, 212
Teoriomorfismo 57, 199, 333
Terêncio 259, 288, 372s., 375
Terra
   cósmica 78, 107, 175, 215, 228
   elemento 83, 97, 150, 169
   mãe 73s., 103
   mitológico 54, 196s., 233, 263, 321, 335
   planeta 237, 284
   solo 54, 239, 263
Terremoto 133, 316
Teseu 250, 256, 266, 290, 328
Téspias 105, 108, 299, 323
Tessália 127, 131, 266
Téstio 62
Tétis 56, 136, 154
Tetraeteris 247
Tetragon schema 167
Tetraktys 51
Thamyris 330
Thymós 34
Thyrsos 356
Tíaso 133
Tibete 168
Tideu 330
Tilia 248
Timaio; cf. Platão
Tíndaro 62
Tirano 20, 23, 32
Tirésias 283
Tirinto 266, 269
Titã 43, 45, 139, 145, 148, 284
"Titanomachia" 281s., 284s.
Tocha 134, 145
Tomba dela Caccia e Pesca; cf. Tarquínia
Tomoje 272

Totalidade 166, 169, 172, 214, 227s., 235s., 272, 275, 277
Touro, deus-touro 23, 51, 136, 182, 207, 219, 275, 348
Trácia 40s., 43, 46, 146, 266, 330, 333, 348
Tradição 12s.
Tragédia grega 345, 350
Transformação 53s., 57s., 182, 262, 345, 349, 354s., 357s.
Tratta 248
Tríade 174
Triângulo 174
Tridente 136, 142
Trigo 167
Tripartição 32, 173, 177
Tripé 360
Tripolje 271s.
Tritão 132-135, 137-140, 142s., 146
Trofônio 321
Troia 145
Trombeta de concha 133
Trono 146, 150, 154
   de Boston 311
   Ludovisi 309, 311
Trovão 78, 316
Tubérculos 235, 243
Túmulo 23, 120s., 169, 228, 246, 254, 262, 269, 273s., 313, 349
   de Porsena 259, 277
Turan 106
Turms 106
Tuwale 241

Uhland, L. 247, 292
Umbigo 101
   cf. tb. Partes do corpo
Úmido 37, 118, 154
   cf. tb. Qualidades, Água
Universo; cf. Cosmo
Uno, o 193, 306-308
"Upanixade" 187, 190, 200-202

Urano 107
Urbino 223
Urbs/orbis/urves 168
Urso 79, 86, 88
Urukagina 234
Útero; cf. Ventre

Vaca 23, 174, 182
Val Camonica 267
Valentiniano 180s., 197s.
Valentino 191, 197
Valkenborch, L. 248
Varro, M.T. 168, 175, 260, 292
Vaso François 256, 290
Vasos de Camares 270, 277
Vates Apollineus 42, 334
Vâyu 202
Veado 59s., 330
Veleio 208
Velho sábio 153
Velo de ouro 142
Veneza 136
Vento 38, 40, 202, 312, 336-339
Verdade 294, 296, 303
Vergonha; cf. Aedos
Vida 20s., 26, 33-40, 42-51, 134, 141, 149, 165, 173, 181, 234-238, 242s., 250, 256s., 262-264, 268-270, 277, 281, 292, 307, 310, 316-320, 358, 376
Vidente 29, 31, 41s.
Villa Albani, sarcófago 357
Villa dei Misteri; cf. Pompeia
Vingança/retribuição 58, 60
Vinho 356
Virgem 49, 245, 256, 323
   Maria 175
Virgílio 188, 249-254
Virgindade 328
   cf. tb. Virgem
Visão 95, 171, 198, 227, 303, 308
Visby 248, 267

Volterra 223
"Völundarhus" 245
Voo, voar 261-264, 291
Vulcão 130, 139

Weidner, E.F. 231
Westpfahl, I. 359
Wier, ilha 265
Wilamowitz-Moellendorff, U. 40, 262, 379
Wilhelm, R. 155, 185
Wolters, F. 274

Xanto 356
Xenófanes 27
Xenofonte 282

Yama 201
Yang 272
Yima 201
Yin 272

Zagreu 43s.
Zeto 322
Zeus 23, 47, 53, 55-57, 59, 62s., 65, 67, 133, 151, 163, 174, 209, 282-284
   Agoraio 151
   Bulaio 151
   Catactônio 152
   Cíntio 151
   Fêmio 151
   Fratrio 151
   Polieu 151
Zigoto 172
Zimmer, H. 168, 170
Zodíaco 169
Zoé 181, 291s.

CULTURAL
- Administração
- Antropologia
- Biografias
- Comunicação
- Dinâmicas e Jogos
- Ecologia e Meio Ambiente
- Educação e Pedagogia
- Filosofia
- História
- Letras e Literatura
- Obras de referência
- Política
- Psicologia
- Saúde e Nutrição
- Serviço Social e Trabalho
- Sociologia

CATEQUÉTICO PASTORAL
Catequese
- Geral
- Crisma
- Primeira Eucaristia

Pastoral
- Geral
- Sacramental
- Familiar
- Social
- Ensino Religioso Escolar

TEOLÓGICO ESPIRITUAL
- Biografias
- Devocionários
- Espiritualidade e Mística
- Espiritualidade Mariana
- Franciscanismo
- Autoconhecimento
- Liturgia
- Obras de referência
- Sagrada Escritura e Livros Apócrifos

Teologia
- Bíblica
- Histórica
- Prática
- Sistemática

REVISTAS
- Concilium
- Estudos Bíblicos
- Grande Sinal
- REB (Revista Eclesiástica Brasileira)

VOZES NOBILIS
Uma linha editorial especial, com importantes autores, alto valor agregado e qualidade superior.

VOZES DE BOLSO
Obras clássicas de Ciências Humanas em formato de bolso.

PRODUTOS SAZONAIS
- Folhinha do Sagrado Coração de Jesus
- Calendário de mesa do Sagrado Coração de Jesus
- Agenda do Sagrado Coração de Jesus
- Almanaque Santo Antônio
- Agendinha
- Diário Vozes
- Meditações para o dia a dia
- Encontro diário com Deus
- Guia Litúrgico

CADASTRE-SE
www.vozes.com.br

EDITORA VOZES LTDA.
Rua Frei Luís, 100 – Centro – Cep 25689-900 – Petrópolis, RJ
Tel.: (24) 2233-9000 – Fax: (24) 2231-4676 – E-mail: vendas@vozes.com.br

UNIDADES NO BRASIL: Belo Horizonte, MG – Brasília, DF – Campinas, SP – Cuiabá, MT
Curitiba, PR – Fortaleza, CE – Goiânia, GO – Juiz de Fora, MG
Manaus, AM – Petrópolis, RJ – Porto Alegre, RS – Recife, PE – Rio de Janeiro, RJ
Salvador, BA – São Paulo, SP